Selwyn Hughes

Jeder Tag mit Jesus

SELWYN HUGHES

Jeder Tag mit Jesus

Licht für den Weg

Die englische Originalausgabe erschien unter dem Titel:
Every Day With Jesus – Light for the Path
bei CWR, Waverley Abbey House, Waverley Lane,
Farnham, Surrey, England

Die deutsche Ausgabe erschien aufgrund einer besonderen Vereinbarung mit CWR.

Aus dem Englischen übersetzt von Detlev Simon.

Bibelstellen wurden, soweit nicht anders vermerkt, nach der „Hoffnung für alle“-Bibel, © 1986, 1996, 2002 by International Bible Society, Colorado Springs, USA (übersetzt und herausgegeben von Brunnen Verlag, Basel), zitiert.

DTP: Verlagsagentur H. Otto, D-Monheim
Umschlag: Image Grafik-Design, D-Landsberg
Druck: Ebner & Spiegel, Ulm

Best.-Nr. 147327
ISBN 3-935703-27-9

1. Auflage 2003

Printed in Germany

Für kostenlose Informationen über unser umfangreiches Lieferprogramm an christlicher Literatur, Musik und vielem mehr wenden Sie sich bitte an:

ASAPH, D-58478 Lüdenscheid

eMail: asaph@asaph.net – Internet: www.asaph.net

Inhalt

Wie Sie möglichst großen Gewinn aus diesem Buch ziehen

Jeder Tag mit Jesus ist ein klassisches Andachtsbuch und zugleich ein Hilfsmittel zur täglichen Bibellese. Die Andachten sind undatiert, lediglich die Tagesfolge ist vorgegeben. Die Andachten decken sechs große Themenbereiche zu je etwa 60 Tagen ab. Um die Gedankenfolge, die der Autor innerhalb dieser Themenbereiche entwickelt, nachvollziehen zu können, sollte der Leser, wenn er nicht sowieso bei Tag 1 anfängt, beim ersten Tag des jeweiligen Themas beginnen.

Der einleitende Bibelvers ist immer dem längeren Schriftabschnitt „Zum Lesen & Nachdenken" entnommen. Es empfiehlt sich, diesen längeren Abschnitt zuerst im Zusammenhang zu lesen.

Das der Andacht folgende, kursiv kenntlich gemachte Gebet soll eine Hilfe darstellen, den Inhalt der Andacht in das eigene Leben zu integrieren. Dem Leser, dem vorformulierte Gebete nicht liegen, kann es als Grundlage für eigene Gebete dienen.

Die mit  gekennzeichneten Abschnitte sollen zu weiterem Studium anleiten. Sie erweitern jeweils das Thema, das in der Andacht besprochen wurde. Auch hier steht die Anwendung auf das persönliche Leben im Mittelpunkt.

Der Verlag

Vorwort

Es wird uns nicht leicht gemacht zu glauben, dass Gott Licht auf unsere täglichen Wege geben will, schon die Unermesslichkeit des Universums könnte uns daran zweifeln lassen. Sie fragen sich, ob der Schöpfer und Erhalter des Alls überhaupt Notiz nimmt von den Nöten der Menschen, die auf der vergleichsweise mikroskopisch kleinen Erde leben. Fragen Sie sich nicht länger – er tut es.

Viele Bibelstellen machen das klar, etwa diese: „In Liebe und Treue führt er alle, die sich an seinen Bund und seine Gebote halten" (Psalm 25,10). „Du führst mich nach deinem Plan und nimmst mich am Ende in Ehren auf" (Psalm 73,24). Oder: „Wenn ihr mich sucht, werdet ihr mich finden. Ja, wenn ihr mich von ganzem Herzen sucht, will ich mich von euch finden lassen" (Jeremia 29,13-14).

Gott hat viele Methoden, mittels derer er Licht auf den Weg seiner Kinder geben kann (durch betendes Nachdenken, Rat durch andere Menschen, Umstände usw.), doch ist die effektivste und kraftvollste Weise die, wenn er uns durch sein Wort, die Bibel, erleuchtet. Der Psalmist drückt das so aus: „Dein Wort ist wie ein Licht in der Nacht, das meinen Weg erleuchtet" (Psalm 119,105). Sich jeden Tag der Schrift aussetzen, ist der beste Weg, den ich kenne, um Licht und Führung für das Leben zu erlangen.

In dieser dritten Ein-Jahres-Ausgabe finden Sie sechs Themen, die, wie ich hoffe, Ihren Weg als Christ erhellen werden. Die Themen wurden der *Jeder Tag mit Jesus*-Serie entnommen, die mittlerweile seit über dreißig Jahren erscheint und von der Tausende von Menschen bezeugen, dass sie ihnen geholfen hat. Die Betrachtungen über den *23. Psalm* gehören zu den beliebtesten Themen, die ich je vorgelegt habe. Gleiches gilt für *Auf der Suche nach Sinn*, einer Vers-für-Vers-Auslegung der Buches Prediger. Auch die anderen Themen wurden sehr populär.

Wieder einmal ist mein Gebet, dass die sorgfältige Lektüre dieser Themen Ihre Beziehung zu Gott vertiefen und Licht Ihren Weg überfluten wird.

Selwyn Hughes

Über den Umgang mit der Bibel

Vor allem junge Christen fragen mich immer wieder: Warum muss ich eigentlich die Bibel lesen?

Es ist notwendig, die Bibel zu lesen, um die tägliche Gemeinschaft mit Gott zu erneuern und um Gottes Gedanken über die Zukunft kennenzulernen. Gott benutzt sein Wort, um Menschenleben zu verändern – um diese veränderten Menschen dann in eine engere Gemeinschaft mit sich selbst zu bringen und um eine größere Übereinstimmung mit seinem Willen zu erreichen. Über vier Jahrzehnte habe ich nun wöchentlich viele Stunden damit zugebracht, die Heilige Schrift zu lesen und zu studieren. Gott hat dieses Buch benutzt, um mein Leben zu verändern und mir ein Gefühl der Geborgenheit in einer sich beständig ändernden und unsicheren Welt zu geben.

Wie lesen wir die Bibel? Beginnen wir bei 1. Mose und lesen uns bis zur Offenbarung durch? Es gibt viele Möglichkeiten. Lass mich die drei beliebtesten beschreiben.

Eine Möglichkeit besteht darin, nach einem Studienplan zu lesen, der in einer Studienbibel enthalten ist. Der große Vorteil liegt darin, dass ein Leseplan für dich bereits vorbereitet ist. In gewissem Sinne erhältst du eine Anleitung. Du bist nicht der Laune eines unsicheren Zufalls ausgeliefert: Was werde ich heute lesen? Wo soll ich beginnen und wo enden?

Eine zweite Möglichkeit ist, einen roten Faden durch die Schrift zu finden, indem du ein bestimmtes Thema verfolgst. Es ist ganz erstaunlich, wie viele Themen sich in der Schrift finden lassen und welch großen geistlichen Gewinn du daraus ziehen kannst, wenn du dich mit ihnen vertraut machst. Als ich 1965 mit der Herausgabe von *Jeder Tag mit Jesus* begann, beschloss ich, nach einem thematischen Ansatz vorzugehen, und fragte mich, wie lange ich das wohl durchhalten könne. Jetzt – über dreißig Jahre später – schreibe ich noch immer und entfalte immer neue Themen der Bibel. Ich habe herausgefunden, dass es mehr biblische Themen gibt, als man in einem Menschenleben durcharbeiten kann!

Ein dritter Weg ist, ein ganzes biblisches Buch zu lesen. Das hilft dir, das Denken des Verfassers kennenzulernen und seine Botschaft zu verstehen. Jedes Buch der Bibel hat etwas Einzigartiges und Besonderes mitzuteilen. Wie bei allen Büchern, kann ich das nur herausfinden, wenn ich es vom Anfang bis zum Ende ganz durchlese.

Jedes Lesen der Bibel sollte mit Gebet begonnen werden. Dies bringt dich in eine Haltung der geistlichen Aufnahmefähigkeit für das, was Gott dir durch sein Wort sagen will. Jedermann kann die Bibel lesen, doch verstanden wird sie nur von denen, deren Herzen mit Gott im Einklang sind – die zu einer persönlichen Beziehung zu ihm gefunden haben und diese Beziehung durch tägliches oder regelmäßiges Gebet aufrechterhalten. Die Bibel formuliert es so: „Der Mensch kann von sich aus, mit seinen natürlichen Fähigkeiten, nicht erfassen, was Gottes Geist sagt. Für ihn ist das alles Unsinn, denn Gottes Geheimnisse erschließen sich nur durch Gottes Geist" (1. Kor 2,14).

Das Gebet vor dem Öffnen der Bibel sollte keine Formalität sein. Die Bibel wird nicht durch einen Akt des *Willens* lebendig, sondern aufgrund einer bestimmten *Einstellung*. Das Gebet gibt uns die Möglichkeit, uns der Schrift mit einem demütigen Geist zu nähern. Der Wissenschaftler, der nicht mit einem offenen Geist vor den Fakten des Universums sitzt – der nicht bereit ist, jede vorgefasste Meinung fahrenzulassen und dem zu folgen, wohin die Natur ihn führt, wird wenig oder nichts entdecken. Dasselbe gilt für das Lesen der Heiligen Schrift. Zu ihr müssen wir mit einem demütigen und aufnahmebereiten Geist kommen, oder wir werden überhaupt nichts entdecken. Durch das Gebet kommen wir zu der Haltung: „Sprich, Herr, ich höre" (1. Samuel 3,10).

Wenn wir im christlichen Leben wachsen wollen, müssen wir mehr tun als die Bibel nur zu *lesen* – wir müssen sie *studiere*n. Das heißt, wir müssen uns die Zeit nehmen, über ihr zu brüten – darüber nachzudenken, was sie uns sagen will, und ihre Lehren und Ideen in unser Herz und in unseren Geist aufnehmen.

Ich habe bereits darauf hingewiesen, dass eine Möglichkeit des Bibellesens darin besteht, sich ein Thema vorzunehmen und es durch die verschiedenen Bücher der Bibel zu verfolgen. Die Freude, die das vermittelt, kann noch unendlich gesteigert werden, wenn wir das Thema als Leitfaden für das regelmäßige Bibelstudium verwenden. Wenn wir die Bibel mit Hilfe von Konkordanzen, Lexika usw. studieren, füttern wir unseren Geist – wenn wir sie jedoch voller Andacht studieren, wenden wir das Wort Gottes auf unser Herz an. Beides ist erforderlich, wenn wir ausgewogen leben wollen. Das andachtsvolle Studium ist es jedoch, das unsere Herzen und uns selbst für die Ressourcen Gottes öffnet.

Gern ermutige ich dich, einen Bibelleseplan als Grundlage für dein weiteres Studium einzusetzen. Indem du ihm folgst, lernst du in einer bestimmten Zeit die ganze Bibel kennen. Diejenigen, die damit schon gearbeitet haben, berichten von erstaunlichem geistlichen Gewinn. Eine Frau, die die ganze Bibel in einem Jahr durchgelesen hatte, sagte mir: „Es kostete mehr Disziplin, als ich anfangs meinte aufbringen zu können, aber der Gewinn war enorm." Als ich sie bat, das zu konkretisieren, sagte sie: „Bisher hatte ich einen begrenzten Überblick über die Absichten Gottes, weil ich hier und da einmal in die Bibel eingestiegen bin – wie es mir gerade einfiel. Jetzt kommt es mir so vor, als habe ich Gott über die Schulter geblickt, während er das Universum schuf, und ich fühle mich sicher in dem Wissen, dass er in diesem wunderbaren Plan auch einen Platz für mich hat." Durch das Lesen der ganzen Bibel in einer festgesetzten Zeit gewinnt man ohne Zweifel eine Perspektive, die außerordentlich positive geistliche Konsequenzen hat.

Die dritte Studienart – ein ganzes Buch der Bibel durchzulesen – hat den Vorteil, dass du die Einheit und die Vielfalt der Bibel verstehen lernst. Es ist erstaunlich, dass so viele verschiedene Autoren, die ihre Gedanken zu verschiedenen Zeiten in der Geschichte weitergegeben haben, zusammengenommen zu ähnlichen Aussagen kommen und eine gemeinsame Grundlinie haben. Das zu lesen und zu bedenken weckt in dir eine große Wertschätzung der Weisheit Gottes, der sie alle in diesem einen wunderbaren Band zusammengefasst hat. Das beflügelt die Seele und bringt augenblicklich Lobpreis und Anbetung auf deine Lippen.

Die beste Art, ein ganzes Buch der Bibel zu studieren, ist – meiner Erfahrung nach –, es zuerst einmal ganz durchzulesen und dann noch einmal von vorn zu beginnen, um mir dabei Notizen zu machen von allem, was mich unmittelbar anspricht: z. B. von einem Prinzip, das umgesetzt werden muss; einer Einsicht, die ich in meinem Herzen verankern muss; oder einem Gedanken, den ich mit jemandem teilen sollte, der gerade zu kämpfen hat.

Eins ist sicher: Die mit der Bibel verbrachte Zeit ist nicht verschwendet. Je mehr du Gott liebst, desto mehr wirst du die Bibel lieben. Und je mehr du die Bibel liebst, desto mehr wirst du Gott lieben. Denke immer daran, dieser einzigartige Band – Gottes einziges veröffentlichtes Werk – gibt seine Schätze nur dem preis, der ihn liest, ihn studiert und ihm gehorcht.

Selwyn Hughes

Die Einzigartigkeit unseres Glaubens

Ein Glaube, ein Herr

„Setzt euch entschlossen für den Glauben ein, wie er denen, die zu Gott gehören, ein für alle Mal überliefert ist.“ (V. 3)

Zum Lesen & Nachdenken – Judas 1-16

Was unterscheidet den christlichen Glauben von allen anderen Glaubensrichtungen? Prinz Charles, erster Anwärter auf den britischen Thron, hat durchblicken lassen, dass er, wenn er König würde, eher als Verteidiger *aller* Glaubensrichtungen angesehen werden möchte denn als Verteidiger *des* – eben des christlichen – Glaubens. „Wir leben heute eher in einer multireligiösen denn in einer christlichen Gesellschaft“, sagte er, „und diese Verschiebung muss sich auch in den Pflichten des Monarchen widerspiegeln.“

Kein Christ wird einem anderen Menschen das Recht absprechen wollen, einem Glauben seiner Wahl zu folgen, doch müssen wir aufpassen, dass diese Toleranz anderen Religionen gegenüber uns nicht in die Falle tappen lässt zu denken, dass das Christentum nur eine Religion unter vielen sei. Das ist nämlich ganz entschieden nicht der Fall! Das Christentum stellt eine ganz eigene Kategorie dar. Wenn uns das den Vorwurf der Arroganz eintragen sollte – okay, dann muss es so sein.

Kürzlich hörte ich einen Fernsehkommentator sagen, dass eine Religion so gut sei wie die andere. Völlig absurd! Es hört sich vielleicht tolerant an, doch zeugt das von absoluter Ahnungslosigkeit. Niemand, der den Zweck von Jesu Kommen in diese Welt, seines Sühnetods am Kreuz und seiner herrlichen Auferstehung kapiert hat, würde sich zu solch einer Aussage versteigen. Wir sind uns schon des spirituellen Leuchtens bewusst, das von anderen Lampen ausgeht, doch ist unser Anspruch an Jesus derselbe, den er an sich selbst stellte – er allein ist das Licht der Welt und damit unverzichtbar für das Heil.

O, Vater, hilf mir, die Wahrheiten des Glaubens, in den du mich durch Gnade gebracht hast, mehr und klarer zu begreifen. Ich kann nicht auf der Grundlage von Meinungen leben, ich brauche Überzeugungen. Möge deine Wahrheit meine Überzeugung werden. In Christi Namen. Amen.

Phil. 1,1-27; Gal. 2,1-8; 1. Kor. 9,17
1. Wozu ermunterte Paulus die Philipper?
2. Was war Paulus anvertraut worden?

Tag 2

Kein anderer Name

„Nur Jesus kann den Menschen Rettung bringen …" (V. 12)

Zum Lesen & Nachdenken – Apostelgeschichte 4,1-12

Gestern haben wir uns mit der Aussage befasst, dass alle Religionen gleichwertig seien. Wir müssen auf derartige Statements Acht geben, denn wenn sie wieder und wieder getätigt werden – und das von augenscheinlich ernst zu nehmenden Leuten –, werden wir einer Gehirnwäsche unterzogen und akzeptieren diese Meinung schließlich.

1966 fand der erste multi-religiöse Gottesdienst in einer anglikanischen Gemeinde in London statt, unter gleichberechtigter Beteiligung von Hindus, Buddhisten, Moslems und Christen. Christliche Zeitschriften beschrieben diese Veranstaltung seinerzeit als „Betrug am Glauben". Heutzutage sind derartige Treffen kaum mehr einer Meldung wert, obwohl sie in unserem Land und auch woanders häufig abgehalten werden. Es hat den Anschein, dass die Idee des Synkretismus – die Vorstellung, dass alle Religionen zusammenfließen – der des Pluralismus – der Erkenntnis, dass alle Glaubensrichtungen gleichwertig sind – Platz macht. Ich halte es mit Dr. W. Visser't Hooft, der sagte: „Es ist höchste Zeit, dass die Christen neu entdecken, dass Jesus Christus nicht gekommen ist, um seinen Beitrag zum religiösen Gemischtwarenladen der Menschheit zu leisten, sondern dass in ihm Gott die Welt mit sich selbst versöhnt hat."

Eine Londoner Gemeinde hatte die Worte unseres heutigen Texts groß an die Außenmauern ihres Gebäudes plakatiert. Daraufhin wurde sie von den lokalen Behörden angewiesen, den Schriftzug zu entfernen, da einige Anwohner, Anhänger anderer Religionen, sich dadurch belästigt fühlten. „Das ist nicht der beste Weg, seinen Nächsten zu lieben wie sich selbst", äußerte ein Kritiker. Aber wie können wir denn unseren Nächsten lieben wie uns selbst, wenn wir keine Anstalten machen dürfen, mit ihm das Wissen um das Heil in Jesus zu teilen?

O Vater, es ist eine Zeit, in der der den Heiligen ein für alle Mal überlieferte Glauben verwässert wird. Vertiefe deshalb meine Erkenntnis, damit ich darum streiten kann, ohne streitsüchtig zu sein. Das bete ich im Namen Jesu Christi. Amen.

Joh. 3,1-17; 6,35; 14,6
1. Welches alttestamentliche Beispiel zeigt uns, dass es nur einen Weg zur Errettung gibt?
2. Wie bezeichnet sich Jesus selbst?

Die Überzeugungskraft des Pluralismus

„Mein vergängliches Leben auf dieser Erde lebe ich im Glauben an Jesus Christus, den Sohn Gottes." (V. 20)

Zum Lesen & Nachdenken – Galater 2,11-21

Dem Argument, das uns von den Pluralisten präsentiert wird, nämlich, dass das Christentum nur eine Religion unter vielen sei, muss energisch widerstanden werden. Es mag arrogant klingen, doch ist und bleibt es ein Faktum, dass das Christentum einmalig, absolut, maßgeblich, endgültig und abschließend ist.

Kritiker dieser Einmaligkeit können sehr überzeugend sein. „Die Welt steht einer großen Bedrohung gegenüber", so sagen sie uns, „durch Umweltverschmutzung, wirtschaftliche Ungerechtigkeit und viele andere Probleme. Nichts von alledem, was uns trennen könnte – die Religion eingeschlossen –, darf als so wichtig angesehen werden wie die Notwendigkeit, in Harmonie zusammenzuleben." Auch wird viel Nachdruck auf vergleichende Religionswissenschaft gelegt. Das Verständnis dafür, was andere Menschen glauben, wird als hilfreich angesehen, doch nur so lange, wie das Christentum nicht seinen Anspruch auf Endgültigkeit geltend macht. Das Christentum unterwirft sich nicht der „Vergleichbarkeit der Religionen"; vielmehr offenbart es Gottes einen und einzigen Weg, in eine persönliche Beziehung zu ihm zu gelangen.

Die *Amplified Bible* umschreibt unseren heutigen Text so: „Das Leben, das ich jetzt lebe … lebe ich im Glauben – im Festhalten an und im völligen Vertrauen auf – den Sohn Gottes, der mich geliebt und sich für mich hingegeben hat." Bischof Leslie Newbigin traf es gut: „Wenn es wirklich wahr ist – und das ist es –, dass der ‚Sohn Gottes mich geliebt und sich selbst für mich hingegeben hat', wie könnte ich dann zustimmen, wenn es heißt, dass dieser Akt unvergleichlicher Gnade nur zu einem Eintrag im Inhaltsverzeichnis der ‚vergleichenden Religionswissenschaften' reicht?" Christus ist nicht der Erste in einer Kategorie, nein, er beansprucht die Kategorie ganz für sich.

Mein Vater und Gott, möge doch die Person deines Sohnes für mich so real und wertvoll werden, wie sie dir ist. Und lehre mich mehr über ihn, damit ich anderen klar machen kann, warum er der unvergleichliche Retter ist. Um deines lieben Namens willen. Amen.

Apg. 4,1-12; 1. Tim. 2,1-6; 1. Kor. 3,11
1. Was verdeutlichte Petrus dem Sanhedrin?
2. Was erklärte Paulus seinem Schüler Timotheus?

Tag 4

Der Letzte ist der Beste

***„… doch jetzt sprach Gott durch seinen Sohn zu uns,
… und ihn hat er auch zum Erben über alles eingesetzt.“** (V. 2)*

Zum Lesen & Nachdenken – Hebräer 1,1-14

Unser heutiger Text streicht heraus, dass Gott, wiewohl er in vergangenen Zeiten durch Propheten geredet hat, sein letztes Wort an die Welt durch seinen Sohn ergehen ließ. *Das* ist unser Anspruch als Christen! Nicht, dass die jüdische Religion nichts Wertvolles beinhalten würde. Gott bewahre! Aber das war eben *nicht* Gottes letztes Wort an die Männer und Frauen seiner Schöpfung.

Keine andere der Hauptreligionen beansprucht für sich, dass ihr großer Lehrer der Fleisch gewordene Gott selbst sei. Doch genau das sagen wir von Christus – und dass er als Gott jedweder menschlichen Not begegnen kann. Er begegnet uns dort, wo wir uns befinden, und *er* macht die Arbeit. Er kann die Menschenseele aus jeder Notlage erretten, und er hat die Macht, jedem Problem zu begegnen. Jeder geistlich empfindsame Mensch weiß um die Realität von Schuld, die aus der innewohnenden Sünde resultiert, und ihm ist auch bewusst, dass er nichts dagegen tun kann. Christus schaffte Sühnung für die Sünde und kann sie vergeben. Dazu fürchtet sich jeder normale Mensch vor dem Tod, wohl wissend, dass man ihm nicht entfliehen kann. Doch Christus hat den Tod besiegt und die Tür zum ewigen Leben aufgestoßen.

Der Ruf Christi ergeht an die gesamte Menschheit. Er macht keinen Unterschied zwischen Volksgruppen und Rassen. Vor ihm haben keine Klassen- oder Glaubensschranken Bestand. Sein unausgesetzter Ruf lautet: „Wer da will, der komme!“ Gläubige anderer Religionen sehen die Christen als intolerant an, wenn sie nicht einmal die Möglichkeit zugestehen können, dass es andere „Götter“ oder Propheten ihm gleich geben könnte. Er ist einzigartig – in Bezug auf seine Person, seinen Auftrag und sein vollbrachtes Werk.

O Gott, wie kann ich meine Dankbarkeit darüber ausdrücken, dass ich das Beste gefunden habe, oder besser: dass das Beste mich gefunden hat? Dass ich doch alles das, was Jesus ist, festhalten und ihn widerspiegeln möge, nicht arrogant, sondern voller Demut. Amen.

Phil. 2,1-11; Eph. 1,22; 1. Kor. 8,6
1. Warum hat Gott seinen Christus hoch erhoben?
2. Was erkennt Paulus an? Was ist seine Schlussfolgerung?

„Nichts!“

„Christus kam als ein Mensch, und der Geist Gottes bestätigte seine Würde.“ (V. 16)

Zum Lesen & Nachdenken – 1. Timotheus 3,1-16

Max Muller, der sich häufig zu religiösen Themen zu Wort meldet, äußerte einmal einen interessanten Gedanken: „Den Wert Ihres christlichen Glaubens kennen Sie solange nicht, bis Sie ihn mit anderen verglichen haben.“ Im ersten Glaubenssatz, den wir uns ansehen wollen, geht es darum, dass Gott in der Person seines ewigen Sohns auf diese Welt kam. Unser Glaube beruht nicht auf dem Wort eines Propheten, sondern, wie wir gestern sahen, auf dem Wort des Sohnes selbst. Keine der Weltreligionen hat auch nur den Versuch unternommen, ihren großen Lehrer als Mensch gewordenen Gott zu präsentieren. Doch genau das nehmen wir für Christus in Anspruch. Er als Gott kommt aus der höchsten Höhe und nimmt den ganzen Weg auf sich.

Ich erinnere mich an einen Indienmissionar, der sich angesichts anderer Religionen und Lebensentwürfe genötigt sah, seinen Glauben zu überdenken. „All die alten Gewohnheiten, Ausdrucksformen und Lebensentwürfe werden herausgefordert“, sagte er, „und man besinnt sich auf das Wesentliche.“ Er fing Diskussionsrunden mit Hindus, Buddhisten, Moslems und Vertretern vieler anderer in Indien verbreiteten Religionen an. Diese Treffen wurden „Runder-Tisch-Diskussionen“ genannt, womit bedeutet werden sollte, dass jedem gestattet war, die Besonderheiten seines Glaubens darzulegen. Dabei konnte man, erinnert sich der Missionar, hier und da Wahrheit durchscheinen sehen, wenn die Leute von ihren Erfahrungen oder von ihren heiligen Schriften berichteten. Doch wann immer ein Christ das Wort ergriff und die Wahrheit der Fleischwerdung darlegte, legte sich ein Schweigen über die Versammlung. Manchmal dauerte dieses Schweigen mehrere Minuten, um dann von der Bemerkung unterbrochen zu werden: „In unserem Glauben haben wir nichts Vergleichbares. Nichts!“

Lieber Gott und Vater. Wenn du nicht zu uns gekommen wärst, wie hätten wir je zu dir gelangen können? Welch Demütigung muss das für dich gewesen sein. Und welch eine Liebe! Unsere Herzen singen voll Dankbarkeit. Gelobt sei dein Name für immer. Amen.

Apg. 1,1-5; 1. Kor. 15,1-8; Apg. 9,1-6
1. Was bezeugte Paulus?
2. Wie begründete und bewies er das?

Tag
6

Die große Trennungslinie

„Das Wort wurde Mensch und lebte unter uns.“ (V. 14)

Zum Lesen & Nachdenken – Johannes 1,1-18

Wir denken weiter über den Umstand nach, dass der christliche Glaube darin einzigartig ist, dass er nicht auf dem Wort eines Propheten, sondern des Sohnes Gottes höchstselbst beruht. Und wenn ich mich dabei auf den Sohn Gottes beziehe, dann meine ich damit auch Gott, den Sohn. Der Sohn ist in gleichem Maße Gott wie Gott selbst. Ein Ausleger sagt zu unserem heutigen Vers: „Wenn ich auf den wichtigsten Vers in der Schrift zeigen sollte, dann würde ich meinen Finger ohne zu zögern auf diesen legen: ‚Das Wort wurde Mensch.‘“

Dieser Vers wurde als „die große Trennungslinie“ bezeichnet, weil keine andere Religion für sich beanspruchen kann, dass das Wort, das sie von Gott empfangen hat, Mensch wurde. Das wesentliche Element in allen anderen Religionen ist das Wort, das Wort wurde – eine Philosophie, ein Moralsystem usw. Nur im Christentum erscheint Gott in Menschenform – das Wort wurde Mensch.

Am Anfang meines Werdegangs als Verkündiger stellte ich fest, dass, wann immer ich Menschen anderer Religionen das Evangelium des Glaubens mitzuteilen versuchte, diese höflich entgegneten: „Genau, das ist gut, was Sie da sagen. Wir finden die gleiche Lehre in unseren heiligen Schriften.“ Die Bergpredigt? Die Moslems haben etwas Ähnliches in ihrem Koran. Die andere Wange hinhalten? Der Hindu entgegnet: „Das steht so auch in unseren Schriften.“ Das Bemühen und die Sensibilität für den Anderen? Buddhisten sagen uns: „Daran glauben wir auch, vielleicht mehr als ihr.“ Jede Aussage hatte ihre Entsprechung. Ich war verwirrt. Wo war die Einzigartigkeit des Christentums? Dann dämmerte es mir: die Fleischwerdung. Keine andere Religion kann mit so etwas wie der Inkarnation aufwarten.

Gott, unser Vater, schon das Nachdenken über die Inkarnation reicht aus, mit Bewunderung und Freude erfüllt zu werden. Nicht wir klopfen an der Himmelstür. Du klopfst an unsere demütigen Herzenstüren. Kann das wahr sein? Ja, es ist wahr. Danke. Amen.

Jes. 9,1-6; 7,14; Gal. 4,4; Lk. 1,30-33
1. Wie beschrieb Jesaja die Fleischwerdung?
2. Wie lautete die Botschaft der Engel?

Eine begeisternde Wahrheit

***„Er nahm menschliche Gestalt an
und wurde wie jeder andere Mensch geboren.“** (V. 7)*

Zum Lesen & Nachdenken – Philipper 2,1-11

Wir denken darüber nach, dass der christliche Glaube nicht nur etwas Besseres als alle anderen Religionen ist, sondern radikal anders. Religion bezeichnet die Suche des Menschen nach Gott, das Christentum hingegen ist Gottes Suche nach dem Menschen. Darum gibt es viele Religionen, doch nur ein Evangelium. Religion heißt: Das Wort wurde Wort, im Evangelium wurde das Wort Fleisch.

Als der Ausleger William Barclay über den Vers „Und das Wort wurde Fleisch“ – den wir uns gestern ansahen – schrieb, bemerkte er, dass dieser Vers den Grund angibt, warum Johannes sein Evangelium verfasste. Augenscheinlich kam Johannes gar nicht darüber hinweg, dass Gott in Gestalt seines Sohnes Mensch geworden war, und so erwähnt er diesen Gedanken in allen seinen Schriften. Augustinus, dieser große Heilige des vierten und fünften Jahrhunderts, bemerkte einmal, dass er in seinen „vorchristlichen“ Tagen nie etwas Vergleichbares gelesen hätte: „Das Wort wurde Fleisch.“

Eine Sache, welche die alten Griechen nicht begreifen konnten, war, dass sich Gott in leiblicher Gestalt offenbaren könnte. Für sie war der Leib ein Gefängnis, in dem die Seele angekettet war, ein Gefängnis für den Geist. Für Plutarch, den alten, weisen Griechen, kam es einer Lästerung gleich zu erwarten, dass sich Gott in die Angelegenheiten der Welt einmischt. Und dann entfaltet sich der höchste Gedanke, den die Welt des Neuen Testaments aufzubieten hatte, die begeisternde Wahrheit, dass der Sohn Gottes zum Menschensohn wurde, damit aus den Söhnen der Menschen Söhne Gottes werden könnten. Könnte irgendetwas im Himmel oder auf Erden herrlicher sein als das? Wenn ja, lassen Sie es mich wissen.

Gesegneter Herr Jesus, wie können wir dir genug dafür danken, dass du menschliche Gestalt angenommen und gezeigt hast, wie Gott wirklich ist? Wir wüssten es nicht, wenn wir es nicht gesehen hätten. Und es gesehen zu haben, reicht uns. Wir brauchen nicht mehr. Amen.

1. Joh. 4,1-2; Röm. 1,1-4; 8,1-4
1. Was wird ein wahrer Gläubiger immer anerkennen?
2. Wie hat Paulus das ausgedrückt?

Tag
8

Gott kam selbst

„Gott [sandte] seinen einzigen Sohn in die Welt, damit wir durch ihn leben können.“ (V. 9)

Zum Lesen & Nachdenken – 1. Johannes 4,7-21

Im Laufe der Geschichte hat es zwei große Ansätze gegeben, Gott zu finden“, bemerkt Dr. E. Stanley Jones. „Der eine ist die Philosophie, der andere ist der Moralismus.“ Der Ansatz der Philosophie, Gott zu finden, wird durch die drei großen Philosophen-Nationen repräsentiert: Griechenland, Indien und China. Männer und Frauen dieser Nationen sind in ihren philosophischen Überlegungen bis an die Grenzen des Denkmöglichen gegangen, haben ihre Philosophien bis zum Äußersten strapaziert – und waren auf ihrer Suche nach Gott doch nicht erfolgreich. Laotse, der chinesische Philosoph, kam zu dem Schluss, dass das letzte Wort, das über Gott gesagt werden kann, *Stille* ist. Laotses indischer Kollege Shankaracharya fand über Gott heraus: „Er ist nicht dies und nicht das.“ Beide endeten mit ihrem Denken bei null.

Und so kann auch der Moralismus uns nicht zu Gott führen. Gott durch das Gesetz finden zu wollen war der achtenswerte Ansatz, den die Juden verfolgten. Weder war ein moralisches System so durchdacht wie ihres, noch war das Ergebnis der Bemühungen je so enttäuschend. So brachte es zum Beispiel jenen Pharisäer hervor, der stolz dastand und sagte: „Ich danke dir, Gott, dass ich nicht so bin wie andere Leute“ (Lk. 18,11). Jesus verurteilte den Ansatz des Pharisäers, Gott durch Moralismus zu finden, als er sagte: „Wenn ihr das Gesetz Gottes nicht besser erfüllt als die Pharisäer und Schriftgelehrten, kommt ihr nicht in Gottes neue Welt“ (Mt. 5,20). So groß ihre Anstrengungen auch sein mochten, sie konnten nicht an das Reich Gottes heranreichen. Sowohl die Philosophie als auch der Moralismus greifen zu kurz.

Als unser Bestes nicht gut genug war, als unsere kühnsten Anstrengungen uns nicht ins Reich Gottes zu bringen vermochten, da kam Gott herab, um uns aufzuheben. Keiner muss in seinem Fragen nach Gott sagen: „Nicht dies und nicht das.“

O Gott, dein Hinuntergreifen ist meine einzige Hoffnung. Mein Hinaufgreifen ist kläglich und schwach, reicht kaum über meinen Kopf hinaus. Aber dein Griff reicht bis in die Tiefe der Tiefen, bis zu mir. Ich halte mich an deiner Gnade fest und werde emporgehoben – zu dir.
Gepriesen sei dein Name für immer. Amen.

Röm. 5,1-8; Eph. 2,4-5; Joh. 3,16; 2. Tim. 3,5
1. Was ist das Ergebnis von Moralismus?
2. Was ist das Herz des Christentums?

„Ich habe Jesus Christus“

„Aber zu der von Gott festgesetzten Zeit sandte er seinen Sohn zu uns.“ (V. 4)

Zum Lesen & Nachdenken – Galater 4,1-7

Die Fleischwerdung, so stellten wir fest, ist eines der Hauptmerkmale des christlichen Glaubens. Doch gibt es auch innerhalb der Kirche solche, die diesen und andere Aspekte des Christentums bezweifeln. Der christliche Glaube wird nicht nur von außen, sondern auch aus den eigenen Reihen attackiert.

Die Quelle dieser Angriffe lässt sich zu jenen Ausbildungseinrichtungen und Seminaren zurückverfolgen, die einen eher liberalen Standpunkt gegenüber dem Christentum vertreten. Christus wurde nicht von einer Jungfrau geboren, so sagen sie, die Wunder müssen psychologisch erklärt werden, und wenn Christus auch am Kreuz gestorben ist, so ist seine Auferstehung doch nicht leiblich, sondern geistig zu verstehen. Ein Theologiestudent, der einen Kurs in Vergleichender Religionswissenschaft belegt hatte, sagte: „Wenn ich das annehmen würde, was man mir beigebracht hat, dann würde ich das College mit der Vorstellung verlassen, dass das Christentum moralisch etwas höher steht als andere Religionen, dass es in seiner Sicht von Gott und den Menschen etwas logischer ist, vielleicht grundsätzlich etwas besser, aber nicht einzigartig.“ Ist es da verwunderlich, dass so viele Studenten an diesen Einrichtungen ihren Abschluss machen, ohne wirklich Überzeugungen gewonnen zu haben und ohne etwas zu haben, das sie predigen könnten – kein Evangelium, keine Frohe Botschaft – nichts, mit Ausnahme einiger philosophischer Argumente und eines Moralkodex? Wie traurig, dass man von vielen Kanzeln nicht mehr hört als ein Wort, das Wort wurde – Moralismus, Philosophie und dergleichen.

Anlässlich eines Radiointerviews wurde ich gefragt: „Sie ziehen um die Welt und predigen. Was haben Sie zu bringen, was andere Religionen nicht haben?“ Die Antwort war einfach und schnell gegeben: „Ich habe Jesus Christus, das Wort wurde Fleisch.“

Vater, wenn wir dich auch schwach in der Natur erkennen können, so kann das doch nicht das Verlangen unseres Herzens stillen. Du bist im Sohn zu uns gekommen, jetzt ist es uns genug. Alle Ehre und Herrlichkeit sein deinem kostbaren Namen. Amen.

Lk. 2,1-11; Mk. 1,15; Röm. 10,15
1. Wie beschreibt die Bibel die Fleischwerdung?
2. Teile die gute Nachricht heute mit jemandem.

Schattenboxen

„Das Gesetz des alten Bundes war lediglich ein matter Abglanz und Vorgeschmack all dessen, was Gott für uns bereithält." (V. 1)

Zum Lesen & Nachdenken – Hebräer 10,1-18

Vorgestern unterhielten wir uns über die Anstrengungen des Menschen, mittels Philosophie, Moralismus oder durch das Gesetz zu Gott zu gelangen. Das Unangemessene, ja, eigentlich die Bankrotterklärung, die in diesem Versuch liegt, wird uns mit unserer heutigen Textstelle vor Augen geführt. Das Gesetz, so wird uns gesagt, trägt nicht das wirkliche Bild in sich, es gleicht mehr einem Schatten. Das Wort wurde nur wiederum Wort, es war nur ein Schatten, nicht die Wirklichkeit. In der Folge wird uns gezeigt, dass die Diskussion, ob uns das Gesetz den Weg zu Gott zeigen kann, einem Schattenboxen gleicht, einem nutzlosen Unterfangen.

Eines Tages, nachdem jahrhundertelang Tiere geopfert wurden, ein Vorgang, durch den Gott den Menschen den Gedanken der Stellvertretung beigebracht hat, eines Tages geschah das Unerwartete. Der Schreiber des Hebräerbriefes fasst es so in Worte: „Schlachtopfer und andere Gaben wolltest du nicht, aber du hast mir einen Leib gegeben" (V. 5). Christus sagte zum Vater: „Hier bin ich, gekommen, um deinen Willen zu tun." Als sich der Sohn Gottes in einen menschlichen Körper zwängte, geschah das größte Wunder aller Zeiten. *Das* war das wirkliche Wesen, alles andere war nur Schatten.

Das Wesen – die Fleischwerdung – überragte alle vorhergehenden Manifestationen Gottes und behauptet sich als größte und wahrhaft einzige wirkliche Offenbarung. Niemand hätte je gedacht, dass der Gott des Universums sich einen Körper nehmen und Mensch werden würde, um die Menschheit zu erretten. In den Kategorien der Philosophie ist eine derartige Liebe nicht zu finden. Doch sehen heißt glauben. Immer, wenn wir ein Datum – „vor Christus" oder „nach Christus" – schreiben, bestätigen wir: Gott war auf diesem Planeten, und zwar in der Gestalt eines Menschen.

O Gott, was soll ich sagen? Sprachlos stehe ich vor dem Wunder. Ich liege im Staub, doch dort werde ich dich finden: im Staub, dort nimmst du mich an und erhebst mich in die höchsten Himmel.
Welch herrliche Herabneigung. Ich bin für immer dein. Amen.

Eph. 2,14-18; Kol. 2,13-15; Hebr. 7,18; 8,13
1. Was hat Christus abgeschafft?
2. Wie wird das Gesetz beschrieben?

Erlangt oder empfangen?

„Er, … der auch als Erster von den Toten zu neuem Leben auferstand.“ (V. 18)

Zum Lesen & Nachdenken – Kolosser 1,1-20

Erreicht uns die Errettung durch strebendes Bemühen, vielleicht unterstützt von der Gottheit, oder kommt sie von oben herab, durch einen Akt Gottes und unsere Annahme dieses Tuns? Wird sie erlangt oder empfangen? Die Antwort scheidet das Christentum von allen anderen Religionen. Nichtchristliche Religionen lehren, dass die Errettung ein Werk des Menschen sei, der christliche Glaube besagt, dass sie ein Geschenk Gottes sei – damit fällt nur das Christentum in die Kategorie des Empfangens.

Manche Leute versuchen der Frage, ob es auf ein Mühen seitens des Menschen ankommt oder ob Gott durch den Fleisch gewordenen Christus herabkommen musste, um Errettung zu wirken, die Schärfe zu nehmen, indem sie sagen, dass beides zutreffend sei. Doch liegt es in der Natur der Sache, dass nicht beides stimmen kann, denn die Ausgangspositionen sind zu unterschiedlich. Das eine geht vom Menschen aus, das andere von Gott. Und weil die Startpositionen so unterschiedlich sind, muss das auch für die Ziele gelten. Das ganze Neue Testament dreht sich um die Person und das Werk von Jesus Christus. Jede Seite spricht auf die eine oder andere Weise von ihm.

Ich erhielt einen Brief, in dem der Schreiber gegen eine Äußerung Einspruch erhob, die in etwa so lautete: „Es gibt nur eine einzige Person, um die herum sich das Universum versammeln kann, und diese Person ist Jesus Christus.“ „Es gab durch die Geschichte hindurch viele gute Leute“, widersprach der Briefautor. „Warum sollte sich nicht alles um diese versammeln, statt nur um einen?“ Weil sich in Christus das Menschliche und das Göttliche treffen. Niemand sonst nimmt diese Position ein. Kürzlich bemerkte ein Hindu aus Indien: „Kein anderer hat sich je um das Herz der Menschheit bemüht, keiner – außer Jesus. Es findet sich niemand sonst.“ Nein, niemand sonst!

O Vater, wir möchten dir danken, dass du, weil wir nicht zu die hinaufsteigen konnten, du in der Fleischwerdung die Leiter zu uns hinabstiegst. Auf ewig danken wir dir. Amen.

Eph. 1,1-23; Joh. 3,31; 1. Kor. 8,6
1. Zähle einige der Dinge auf, die wir durch Christus erlangt haben.
2. Was sagte Johannes über Jesus?

Tag 12

Das Geniale am Christentum

„Eine Jungfrau wird schwanger werden und einen Sohn bekommen. Immanuel wird sie ihn nennen.“ (V. 14)

Zum Lesen & Nachdenken – Jesaja 7,13-17

Einige Religionen, wie etwa der Hinduismus, nehmen für sich in Anspruch, dass ihre Gottheiten Menschengestalt annahmen, doch entspringen derartige „Inkarnationen“ eher der Fantasie als der Faktenlage. Die Menschwerdung Jesu Christi ist nicht nur eine großartige Idee – sie fand wirklich statt, unter den Augen von Zeugen, und wurde schriftlich festgehalten.

Das Geniale am Christentum ist, dass es nicht nur eine Religion mit vielen Einflüssen, Werten und Prinzipien ist, sondern eine Religion, in der etwas passiert, voll von schlichten und dennoch wunderbaren Begebenheiten. Die Menschwerdung ist der Kern des Christentums, darum können wir behaupten, dass, zu einem genau bestimmbaren geschichtlichen Zeitpunkt, Gott in Gestalt seines Sohnes auf die Erde kam, unter uns lebte und starb, um dann von den Toten aufzustehen. Diejenigen, die sagen: „Ich bewundere die Ethik der Bergpredigt, die Taten und Lehren Jesu finden meine volle Zustimmung und ich versuche, diese Prinzipien in meinem Leben umzusetzen. Doch den historischen Teil, dass Gott sich einen Leib aussuchte und Mensch wurde, kann ich nicht glauben“, können nicht für sich in Anspruch nehmen, wirklich Christ zu sein. Wenn sie Christi Aussagen über sich selbst und den Grund seines Kommens keinen Glauben schenken, dann sind sie, welch großartige Dinge sie auch tun mögen, keine Jünger Jesu.

Christ sein bedeutet zuallererst, die große Tatsache der Menschwerdung anzunehmen, dass Christus, die zweite Person der Dreieinigkeit, wie in der Schrift beschrieben, in Bethlehem geboren wurde. Seien Sie versichert: Der christliche Glaube beinhaltet eine ganze Reihe von Fakten, wovon das Größte dieses ist: „Das Wort wurde Fleisch und wohnte unter uns.“

Vater, ich bete, dass niemals etwas in meinem Herzen die wunderbare Wahrheit deiner Menschwerdung verdunkelt. Denn ohne das wärst du eine weit entfernte Gottheit, vage und unerreichbar. In Jesus bist du mir nahe gekommen. Und wie! Auf ewig sollte ich dankbar sein. Amen.

1. Tim. 1,1-17; Jes. 59,16; Joh. 15,13
1. Was steht unumstößlich fest?
2. Was bezeugte Paulus?

Ohne Rivalen

„Nach dieser Rede wandten sich viele, die ihm gefolgt waren, von Jesus ab und gingen nicht mehr mit ihm." (V. 66)

Zum Lesen & Nachdenken – Johannes 6,60-71

Der nächste Aspekt der Einzigartigkeit des Christentums befasst sich mit der Person unseres Herrn selbst. „Christentum ist Christus", sagte einmal ein großer Prediger. „Er ist nicht nur der Gründer des Christentums, sondern der Grund selbst. Auf ihm ruht die Last, alle Männer und Frauen zu Gott zu bringen."

John Stott erinnert uns daran, dass es wichtig ist, sich an diesem Punkt klar zu machen, dass wir die Einzigartigkeit und Endgültigkeit nur für Christus selbst, nicht aber für das Christentum beanspruchen dürfen. Wir müssen gestehen, dass im Laufe der Jahrhunderte Dinge im Namen des Christentums getan wurden, die Christus nicht gutheißt. Die Person Jesu und seine Lehren müssen der Maßstab sein, an dem sich alles andere messen lassen muss. „Jesus Christus", so sagt uns Bischof Stephen Neill, „ist in keinster Weise mit jemand anderem, der je gelebt hat, zu vergleichen." Keine andere Person der Geschichte kann sich an ihm messen. Es ist nicht so, dass wir Jesus Christus aus einer Reihe von Rivalen aussuchen müssten. Er steht für sich alleine. Jesus ist nicht etwa der Klassenprimus, er beansprucht eine ganz eigene Kategorie.

Unser heutiger Text zeigt uns, dass Petrus dessen gewahr wurde. Als Jesu Nachfolger anfingen sich abzuwenden, weil er ihre Hoffnungen enttäuscht hatte, schienen auch die Jünger ihre Haltung zu ihm zu überdenken. Jesus wusste, was in ihren Köpfen vorging, und unterbrach sie in ihren Gedanken: „Wollt ihr auch weggehen und mich verlassen?" (V. 67) Irgendwie schien diese Frage wieder Klarheit in ihre Gedankenwelt gebracht zu haben. Blitzartig wurde ihnen klar, dass es keinen anderen Weg gab. Petrus ergriff für sie alle das Wort: „Herr, zu wem sollten wir denn gehen? Nur deine Worte schenken ewiges Leben" (V. 68).

Gott, treibe mir diesen Gedanken tief in mein Herz, dass es für Jesus keinen Ersatz gibt. Er hat keine Rivalen. Wie bin ich froh, dass er zu mir gehört und ich zu ihm. Möge das Wunderbare daran Tag für Tag in mir wachsen und leuchten. Amen.

Phil. 1,21; Kol. 1,27; Offb. 3,20
1. Was ist die Hoffnung der Herrlichkeit?
2. Was hat Christus denen verheißen, die auf seine Stimme hören?

Entlarvender Realismus

„Denn anders als ihre Schriftgelehrten sprach Jesus mit Vollmacht.“ (V. 29)

Zum Lesen & Nachdenken – Matthäus 7,13-29

Wenn die Männer und Frauen dieser Welt einen unvoreingenommenen Blick auf den Jesus, wie er uns in den vier Evangelien gezeigt wird, werfen würden, dann würden sie, wie Bischof Stephen Neill sagte, sehen, „dass er in keinster Weise mit jemand anderem, der je gelebt hat, zu vergleichen ist“. So ist etwa die Art und Weise, wie er lehrte, nicht zu vergleichen mit der anderer religiöser Führer. Als er die Bergpredigt beendet hatte – die manche für Idealismus halten –, da waren die Leute „erstaunt und überwältigt, ja bestürzt über seine Lehre, denn er lehrte wie jemand, der Autorität hatte und war“ (nach der *Amplified Bible*).

Was war dies für eine „Autorität?“ Eine von außen verliehene? Nein, vielmehr eine Autorität der Fakten. Jesus enthüllte die Wahrheit über das Leben, brachte die Realität ans Licht. Es war die Autorität Gottes; wenn *er* sprach, sprach Gott. Es war die Autorität der Wahrheit, der Tat und der Liebe.

Der Großteil der Menschen macht den Fehler anzunehmen, dass Jesus kam, um der Menschheit einen Moralkodex aufzuerlegen. Aber in dieser Hinsicht war Jesus überhaupt kein Moralist. Er offenbarte das Wesen der Wirklichkeit. Zunächst offenbarte er das Wesen Gottes und die Tatsache, dass eben dieses Wesen Gottes die Grundlage seines Umgangs mit uns ist. Dann stellte er die Gesetze des Universums auf den Leuchter und zeigte uns, dass der einzige Weg zu leben der Weg Gottes ist. Hier zeigte sich kein selbst verordneter Idealismus, sondern wahrer Realismus, die Realität selbst ergriff das Wort. Kein Wunder, dass dieses Wort in Autorität erging. Hier wurde aus dem Indikativ ein Imperativ.

Herr Jesus Christus, Offenbarer des Verborgenen, danke für alles, was du mir von Gott gezeigt hast. Du bist der Weg, die Wahrheit und das Leben. Alle deine Wege wurden zu dem Weg – für jeden, überall. Und ich darf nun auf dem Weg sein. Halleluja!

Mk. 1,1-27; Mt. 28,18; Joh. 5,27; Mt. 8,27
1. Worüber verwunderten sich die Leute?
2. Worüber wunderten sich die Jünger?

Gut-Mensch oder Gott-Mensch?

„Oder kann mir einer von euch nur eine einzige Sünde nachweisen?“ (V. 46)

Zum Lesen & Nachdenken – Johannes 8,31-47

Jesus forderte öffentlich heraus: „Wer von euch kann mir auch nur eine Sünde nachweisen?“ Hier stehen wir Auge in Auge mit einer Sorte Mensch, die man seit Adam – in seiner „Vor-Sündenfall-Situation“ – nicht mehr gesehen hat: ein Mensch ohne Sünde.

Die Jünger hatten jegliche Erfahrung, deren ein Sterblicher teilhaftig werden kann, mit ihm durchlebt. Tag und Nacht haben sie ihn gesehen, müde, hungrig, enttäuscht, verachtet, missbraucht, halb zu Tode gehetzt. Sie waren mit ihm auf der Welle der Popularität geritten und hatten sich mit ihm vor wundersüchtigem Publikum verborgen. In all dem konnten sie keinerlei Fehlverhalten an ihm feststellen. Es ist gut möglich, über manche Leute zu viel zu wissen. Ein Gärtner, der von einem Diener Gottes angestellt war, wurde gefragt, warum er nicht komme, um ihm zuzuhören. Halb im Spaß, halb im Ernst entgegnete er: „Ich weiß zu viel über ihn.“ Derartiges konnte keiner der Jünger über Jesus sagen. Sie fanden keinen Makel an ihm.

Mehr noch: Nicht nur war es seinen intimen Vertrauten unmöglich, Sünde an ihm zu finden; er selbst hatte kein Sündenbewusstsein. Ganz eng lebte er mit Gott, seinem Vater, zusammen, und doch musste die Heiligkeit Gottes ihn nie zurückweisen, und zwar deshalb nicht, weil es nicht ging. Er war sündlos, makellos, perfekt. Angenommen, Jesus war ein guter Mensch, weiterhin angenommen, dass ein guter Mensch jederzeit bereit ist, die Wahrheit zu sagen. Nötigen uns dann nicht seine eigenen Worte, ihm zu glauben, dass er mehr war als nur ein guter Mensch? Er ist mehr als ein guter Mensch, er ist der Gott-Mensch.

O Jesus, mein Gott und Retter, wenn ich an dich denke, den Sündlosen, der meine Sünde auf sich genommen und getragen hat, denk ich, dass das fast zu schön ist, um wahr zu sein. Doch weiß ich: Es ist zu gut, um nicht wahr zu sein. Danke, mein Vater. In Jesu Namen. Amen.

Lk. 23,47; 2. Kor. 5,1-21; Jes. 53,9; Hebr. 4,15; 1. Petr. 1,18-20
1. Was verkündete der Hauptmann?
2. Wie beschreibt Petrus die Sündlosigkeit Christi?

„Nicht vor Gericht“

***„Ich will euch nur das eine sagen:
Hier ist einer, der ist mehr als der Tempel.“ (V. 6)***

Zum Lesen & Nachdenken – Matthäus 12,1-14

Fahren wir mit unserer Betrachtung darüber fort, dass Jesus nicht so ist wie alle anderen, die je gelebt haben. Nehmen wir den Anspruch, den er in unserem heutigen Text erhebt: „Hier ist einer, der ist mehr als der Tempel.“ Tatsächlich vergleicht sich Jesus mit der Herrlichkeit des Tempels und mit der Bedeutung, welcher dieser als Lebensmittelpunkt des gläubigen Juden einnahm: „Ich bin größer als alles das.“ Das musste lächerlich, geradezu grotesk anmuten, doch haben ihn die Jahrhunderte gerechtfertigt. Den Tempel gibt es nicht mehr, alles, was übrig geblieben ist, ist die Klagemauer. Doch Christus lebte und lebt – und ist die potenteste Kraft innerhalb der menschlichen Angelegenheiten.

Ein Mann betrachtete einige Bilder in einer berühmten Galerie und kommentierte einem Freund gegenüber: „Ich halte nicht viel von diesen Bildern.“ „Entschuldigen Sie, mein Herr“, entgegnete ein anderer Besucher, der die Bemerkung mitbekommen hatte, „die *Bilder* stehen hier nicht vor Gericht.“ Natürlich wollte er sagen, dass die ausgestellten Bilder von Autoritäten auf dem Gebiet anerkannt worden waren. Nicht die Bilder mussten sich dem Urteil aussetzen, sondern die Leute, die sie betrachteten.

Einige Menschen denken, dass Jesus vor Gericht stünde, doch das tut er nicht. Durch unser Urteil über ihn beurteilen wir uns selbst. Dort, im ersten Jahrhundert, stand jemand, der größer war als der Tempel und der es bis heute ist. Jesus ist größer als jedes System, mag es religiöser, politischer oder wirtschaftlicher Natur sein. Sie beziehen sich auf ihn, nicht umgekehrt. Sie müssen alle auf der Anklagebank vor ihm Platz nehmen. Wenn sie mit ihm übereinstimmen, seinen Geist und seine Gesinnung widerspiegeln, dann haben sie ihre Berechtigung, wenn nicht, dann nicht. Jesus ist nicht nur der Größte, den die Welt je gesehen hat, er ist der Größte, den sie je sehen wird.

Herr Jesus, du bist Zentrum und Umfeld zugleich für mich. Ich fange mit dir an und ende mit dir. Wenn ich nicht mit dir beginne, dann ende ich in der Desillusionierung. Hilf mir, jeden Gedanken, jede Aufgabe mit dir anzugehen. Um deines lieben Namens willen. Amen.

Lk. 11,14-32; Jes. 53,12; 63,1; Phil. 2,9-10
1. Wonach hält eine böse Generation Ausschau?
2. Welchen Vergleich stellt Jesus an?

Herr und Gott

„Thomas antwortete: ‚Mein Herr und mein Gott!'" (V. 28)

Zum Lesen & Nachdenken – Johannes 20,24-31

Jesus Christus akzeptierte, dass man ihn als Gott anbetete. Welcher andere Mensch mit klarem Verstand hat je einen derartigen Anspruch zugelassen?

Schon vorher hatte Simon Petrus bekannt: „Du bist der Christus, der Sohn des lebendigen Gottes" (Mt. 16,16), eine gleichermaßen schwerwiegende und kraftvolle Feststellung. Einige Bibelgelehrte nehmen an, dass sich Petrus in dem Moment nicht über die volle Tragweite seiner Worte im Klaren war, doch dass er sie später erkannte. Wir müssen immer vor Augen haben, dass die zwölf Jünger allesamt Juden waren. Als solche waren sie mit dem hergebrachten Glauben durchtränkt, der Glaube an den einen Gott war in ihren Herzen eingebettet. „Höre, Israel", so hatten sie tausende Male gesprochen, „unser Herr ist ein einziger Gott." Sie waren überzeugt, dass der Messias, der Verheißene, kommen würde, doch werden sie kaum angenommen haben, dass Gott höchstpersönlich, als Mensch, gekleidet wie ein einfacher Arbeiter, kommen würde. So war es für die Jünger schwierig, sich die Lehre über Christus, wie wir sie heute kennen, oder die Wahrheit über die Dreieinigkeit zu eigen zu machen. Sie hatten vielleicht einen Schimmer davon, doch verstanden sie es nicht völlig.

Er, den wir „Thomas, den Zweifler" nennen, er war es, der dort im Obergemach, als Jesus aus dem Grab zurückgekehrt war, der Wahrheit einen Schritt näher kam. Wenn Jesus ein guter Mensch, jedoch nicht Gott gewesen wäre, dann hätte er, als Thomas „Mein Herr und mein Gott" sagte, diesem antworten müssen: „Du darfst mich wohl verehren, doch nicht anbeten. Ich bin nicht Gott." Doch das tat er nicht, weil er Gott ist, und damit der rechtmäßige Empfänger der Anbetung.

Herr Jesus, voll Staunen und sprachlos stehe ich vor der Tatsache, dass du, der du Gott bist, als Arbeiter in diese Welt kamst. In meinem Herzen klingt es nach: „Mein Herr und mein Gott." Indem ich dich anbete, weiß ich, dass ich Gott anbete. Amen.

Mt. 16,1-16; Mk. 5,1-7; 15,39 Joh. 1,49; 4,42; 11, 24-27
1. Stelle eine Liste von Leuten auf,
die Jesus als Gott (an)erkannten.
2. Wer erkannte ihn noch in dieser Weise an?

Größer als die Bibel

***„Ihr lest die Heilige Schrift gründlich … Und tatsächlich weist sie auf mich hin.“** (V. 39)*

Zum Lesen & Nachdenken – Johannes 5,31-47

Jesu Anspruch war, größer als die Heilige Schrift zu sein. Jeder andere muss sich unter die Autorität der Bibel stellen. In einer Hinsicht ordnete sich Jesus natürlich der Schrift unter, in anderer Hinsicht stand er jedoch über ihr. Er ging nicht aus der Schrift hervor, sondern die Schrift hatte in ihm ihren Ursprung. In Anlehnung an die *Amplified Bible* kann unser heutiger Vers wie folgt umschrieben werden: „Ihr sucht und erforscht die Schrift gründlich, grübelt über ihr, denn ihr glaubt und vertraut darauf, dass ihr darin ewiges Leben habt … trotzdem seid ihr nicht willens … zu mir zu kommen, auf dass ihr leben mögt.“ Bereits vorgestern sahen wir Christus, wie er bekundete: „Hier ist einer, der ist mehr als der Tempel.“ Er könnte genauso gesagt haben: „Hier ist einer, der ist mehr als die Schrift.“

Ein bekannter Theologe äußerte: „Die Bibel ist die Methode der Wahl bei der Kommunikation zwischen Gott und Mensch.“ Ist sie das? Ich dachte, Christus sei der bevorzugte Weg der Kommunikation zwischen Gott und Mensch. „Es gibt … nur einen Einzigen, der zwischen Gott und den Menschen vermittelt … der Mensch Jesus Christus“ (1. Tim. 2,5). Es stimmt schon, dass wir wenig über Jesus wüssten, wenn es nicht das Neue Testament gäbe. Ich sage das auch nicht, um die Schrift irgendwie zu diskreditieren. Sie ist von Gott inspiriert und inspiriert mich. Und doch ist die Person größer als das Produkt. Wir ehren das Produkt, aber nur so weit, wie es uns zu den Füßen Jesu und zur treuen Gefolgschaft ihm gegenüber führt. Wahrlich, da ist einer, der ist größer als die Bibel.

Herr Jesus, aus vielen Gründen bin ich dankbar für die Bibel, doch am meisten, weil sie mich zu dir führt. Du bist das Wort, größer als Menschenwort. Nicht nur eine Buchseite, sondern eine Person. Ehre und Herrlichkeit deinem Namen! Amen.

Joh. 10,1-10; 1,4; 11,25; Röm. 5,21; 1. Joh. 5,12
1. Wovon ist Jesus die Quelle?
2. Was bedeutet das für uns?

Unsere Norm ist ein Charakter

„Ein neues Gebot: Liebt einander! So wie ich euch geliebt habe.“ (V. 34)

Zum Lesen & Nachdenken – Johannes 13,1-38

Welcher andere Lehrer hat sich die Zehn Gebote genommen und mit Recht ein weiteres Gebot hinzugefügt? Doch, und das zeigt uns unser Text, genau das hat Jesus gemacht. „Ich gebe euch ein neues Gebot“, sagte er. „Liebt einander. So, wie ich euch geliebt habe, müsst ihr einander lieben.“

Auch das Alte Testament und andere religiöse Schriften schrieben die Nächstenliebe vor, neu war dies: „Wie ich euch geliebt habe“. Die Haltung unseres Herrn – „wie ich euch geliebt habe“ – brachte einen neuen Verhaltenskodex für die Menschheit hervor. Als Paulus an die Philipper schrieb, traf er genau diesen Punkt: „Behandelt einander in demselben Geist, den ihr bei Jesus kennen gelernt habt“ (Phil. 2,5, frei übersetzt). Hier erleben wir Tugend auf ihrem absoluten Höchststand. Von dem Moment an, als Jesus diesen Befehl äußerte, zieht er unsere Aufmerksamkeit auf sich. Was sich hier vor unseren Augen enthüllte, war mehr als nur eine neue Verhaltensnorm – unsere Norm ist ein Charakter, der Charakter von Jesus Christus.

Wenn mich jemand fragt, ob ich an die Zehn Gebote glaube, dann antworte ich: „Ja, und darüber hinaus glaube ich noch an Jesus Christus.“ Die Zehn Gebote stellen eine gesetzliche Verfügung dar, erlassen von Gott. Jesus jedoch bedeutet Gesetz plus Inspiration. Ein Gesetz zu beachten bedeutet, einer auferlegten Moral zu folgen. Einer Person zu folgen und die Dinge zu tun, die sie tut, ist eine inspirierte Moral. Das eine ist Gesetzlichkeit, das andere Liebe. Ersteres bringt dich in Fesseln, das Zweite macht dich frei. Das eine hemmt, das andere lässt dich entspannt und spontan sein. Unsere Verhaltensnorm ist kein Gesetz, sondern ein Charakter. Hier ist jemand, der größer ist als die Gebote.

Christus, dein Gesetz erlegt mir etwas auf, doch dein Leben, das sich in meinem breit macht, inspiriert mich, danach zu leben. Das ist es, was dein Joch leicht macht. Ich bin dir zutiefst dankbar. Amen.

Joh. 15,1-17; Jak. 2,8; Mt. 7,12
1. Worauf gründete sich die Liebe Christi?
2. Was ist die Voraussetzung, um das königliche Gebot halten zu können?

Wer kann vergeben?

„… der Menschensohn [hat] die Macht, hier auf der Erde Sünden zu vergeben.“ (V. 6)

Zum Lesen & Nachdenken – Matthäus 9,1-13

Seine Fähigkeit, Sünden zu vergeben, ist vielleicht die hervorstechendste Eigenschaft, die Jesus von allen anderen, die je gelebt haben, unterscheidet. Vielleicht kennen Sie die bekannten Liedzeilen, die sich auf die von Christus angebotene Vergebung beziehen:

Er bricht die Macht getilgter Sünde,
macht die Gefangnen frei.

Ich kenne niemanden sonst, der dazu in der Lage wäre. Manche Psychoanalytiker versuchen, die Seele von Schuld zu befreien, doch wenn sie auch mit Pseudo-Schuld (eher eingebildete denn wirkliche Schuld) erfolgreich sein mögen, so sind sie angesichts des Schandflecks der Sünde, der sich tief im menschlichen Herzen gebildet hat, machtlos. Weltliche Therapeuten werden deine Traumwelt durchforsten, dich auffordern, eine Reihe harmloser Fragen zu beantworten, und dann aus der längst vergessen geglaubten Vergangenheit die Quelle deine Probleme hervorzerren – einige frühere Übertretungen und Vergehen. Doch kann auch das bestausgebildete Team von Psychoanalytikern eines nicht: *vergeben.* Sie mögen eine alte Wunde offen legen, können sie aber nicht heilen. Vielleicht zeigen sie dir, dass die Ursache deines Problems irgendeine alte Sünde ist, doch können sie sie nicht loswerden. Doch das ist es, was unsere kranken Seelen am meisten brauchen – *Vergebung.*

Vor kurzem sprach ich mit einem Mann, der einen professionellen Berater – kein Christ – aufgesucht hatte. Der hatte die Wurzel seines Problems offen gelegt, eine alte, ganz üble Sünde. „Und“, fragte der Mann, „wie sieht die Hilfe aus?“ „Vergeben Sie sich selbst“, entgegnete der Analytiker. Sich selbst vergeben? Das ist wesentlich einfacher, wenn man weiß, dass einem vorher vergeben worden ist.

Herr Jesus, du hast mir nicht nur einmal vergeben, sondern vergibst mir immer wieder. Hilf mir zu erkennen, dass deine Vergebung nichts kostet, obwohl sie doch nicht billig ist. Denn damit ich Vergebung erfahren kann, musstest du sterben. Hilf mir, das niemals zu vergessen. Amen.

Mt. 26,17-30; Apg. 2,38; Hebr. 9,22; Apg. 13,38
1. Warum ist Vergebung überhaupt verfügbar?
2. Sehen Sie zu, für Ihre heutigen Sünden Vergebung zu erlangen.

Dieses eine, einzigartige Leben

„Alle fragten sich voller Staunen: Was ist dies für ein Mensch?“ (V. 27)

Zum Lesen & Nachdenken – Matthäus 8,18-34

Haben Sie sich je gefragt, warum man Jesus nie als „Jesus den Großen“ bezeichnete? Wir reden von Alexander dem Großen, Karl dem Großen und Peter dem Großen, doch nie von Jesus dem Großen. Und warum? Weil er sich in einer Sphäre bewegt, die keinen wirklichen Vergleich zulässt. Es scheint einfach nicht angemessen zu sein, den Titel „der Große“ so auf unseren Herrn anzuwenden, wie wir es bei anderen tun.

Unser Herr hat keine ihm Ebenbürtigen, keine Konkurrenten und keinen Nachfolger. Er unterscheidet sich derart von anderen Führern, ist so einmalig, so überlegen, dass ihm ein ganz eigener Platz gebührt. Das, was er über Gott sagte, lässt sich nicht mit dem vergleichen, was andere religiöse Lehrer dazu äußerten. Der Anspruch, den er für sich erhob, kennt keine Parallele. Seine Analyse der menschlichen Gesellschaft greift tiefer und ist vernichtender als alles, was sonst dazu formuliert wurde. Die Heraus- und Anforderungen an seine Nachfolger gehen viel weiter als das, was andere erwarteten – sei es gestern oder heutzutage. Wie James Francis es ausdrückte: „Er hat nie ein Buch geschrieben, kein Amt innegehabt, hatte keine Familie, hat nie studiert, hat nie etwas von dem getan, was man üblicherweise mit Größe in Verbindung bringt. Und doch … ist er das Zentrum der menschlichen Rasse und ihre Säule des Fortschritts.“

Ich befinde mich in dem gleichen Gedankengang, wenn ich sage, dass alle Armeen, die je marschiert sind, alle Flotten, die je gebaut wurden, alle Parlamente, die sich je versammelt haben, alle Könige, die je regiert haben, dass all dies zusammengenommen, das Leben der Menschen auf dieser Erde nicht so mächtig beeinflusst hat wie dieses eine, einzigartige Leben.

Jesus, mein Herr und mein Gott, alle Beschreibungen deiner Herrlichkeit und deines Wertes greifen zu kurz. Und wenn ich es auch nicht in Worte fassen kann, so erkennt meine Seele wohl, dass dir die Ehre durch königliches Recht gebührt. Ich liebe dich, Herr Jesus. Von ganzem Herzen. Amen.

Jes. 40,1-31; Ps. 89,7; Joh. 1,34
1. Welche Frage stellt Jesaja?
2. Was bezeugte Johannes?

Der suchende Gott

„Freut euch mit mir, ich habe mein Schaf wiedergefunden!“ (V. 6)

Zum Lesen & Nachdenken – Lukas 15,1-10

Es gibt einen weiteren Aspekt, der das Christentum einzigartig macht: die persönliche Errettung. Der Ausdruck „Errettung“ ist den Vertretern anderer Religionen zuwider, und mancher meint, wir sollten diese Vokabel aufgeben. „Das klingt so nach geistlicher Selbstgefälligkeit und Arroganz“, halten sie uns vor.

Bevor wir den Kritikern antworten, müssen wir uns erst klar werden, worum es beim Christentum überhaupt geht. Das Christentum ist im Wesentlichen eine „Errettungs-Religion“, die Verkündigung der guten Nachricht, dass Gott selbst in Gestalt seines Sohnes gekommen ist, um uns von der Macht der Sünde, von der Strafe für Sünde und, in der Zukunft, von der Gegenwart der Sünde zu retten. In unserem heutigen Abschnitt vergleicht sich Gott mit einem Hirten, der den Rest der Herde zurücklässt, um einem verlorenen Schaf nachzugehen. Weit davon entfernt zu glauben, dass das blutend daherstolpernde Schaf seinen Weg nach Hause schon allein finden wird, setzt der göttliche Hirte sein eigenes Leben ein, um es zu suchen.

Das Judentum verneint, dass Jesus der Messias sei und dass sein sündenbeladener Tod der einzige Weg ist, auf dem göttliche Vergebung angeboten wird. Ganz großzügig geht ein jüdischer Gelehrter, C. G. Montefiore, so weit, die „Größe und Einzigartigkeit“ Jesu im Blick auf seine Haltung den Sündern gegenüber einzuräumen, „statt sie zu meiden, suchte er sie aktiv auf“. Doch wenn das orthodoxe Judentum auch weiß, dass Gott den Sünder aufnimmt, der zu ihm umkehrt, wird doch nicht wahrgenommen, dass Gott ihn aktiv aufspürt. Wie wunderbar: Derjenige, der *sucht* und rettet, ist Gott!

Vater, welch ein Gedanke: Du hast nicht etwa einen Engel gesandt, um uns zu suchen und zu retten, sondern kamst selbst durch deinen Sohn. Ich kann meine Dankbarkeit kaum in Worte fassen. Darum hilf mir, den Dank durch mein Leben auszudrücken. Amen.

Lk. 19,1-10; Mt. 18, 10-14; Joh. 1,43; 5,14; 9,35
1. Was war die Botschaft Jesu an Zachäus?
2. Wie beschreibt Jesus das Herz eines Hirten?

Vorzimmer des Glaubens

„Er rief: ‚Es ist vollbracht'." (V. 30)

Zum Lesen & Nachdenken – Johannes 19,28-37

Der Hauptunterschied zwischen den anderen Religionen und dem Christentum in Bezug auf persönliche Errettung lautet: Jede andere Religion ist eine Form der Selbst-Erlösung, das Christentum hingegen lehrt, dass Gott in Gestalt seines Sohnes kam, um das zu tun, was wir für uns selbst nie hätten tun können. Der christliche Theologe Emil Brunner weist auf „den selbstsicheren Optimismus aller nichtchristlichen Religionen" hin, „weil diese ein Evangelium der Selbsterlösung lehren, wohingegen die Gute Nachricht allen Nachdruck auf die gütige ‚Selbst-Bewegung' Gottes hin zu den Sündern und auf die Selbst-Verzweiflung als ‚Vorzimmer des Glaubens' legt".

Für den Buddhismus liegt das Hauptproblem des Lebens mehr im Leid als in der Sünde, wobei das „Begehren" die Wurzel des Leidens sei. Befreiung wird durch die Abschaffung des Begehrens mittels eigener Anstrengung erlangt. Es gibt keinen Gott und keinen Retter. Die letzten Worte Buddhas an seine Nachfolger waren: „Strebet ohne Unterlass". Was für ein Unterschied zu den Worten unseres Herrn am Kreuz, das wunderbare „Es ist vollbracht" inbegriffen.

Der Hinduismus erkennt im *maya* oder *karma* das Hauptproblem, wobei *maya* die Illusion beschreibt und *karma* die Strafe für begangene Sünde mittels der Reinkarnation. Jeder Mensch, so der Hinduismus, muss die Frucht seines eigenen Fehlverhaltens in künftigen oder dem jetzigen Leben ernten. Aus diesem endlosen Kreislauf von Wiedergeburten oder Reinkarnationen gibt es kein Entrinnen, außer durch die finale Erlösung im *nirvana*, in der Auslöschung allen Seins.

Wenn die Menschen doch nur dem Vers oben auf dieser Seite Beachtung schenken würden! Was für einen Unterschied würde das für sie bedeuten. Die Errettung ist bewerkstelligt. An uns liegt es, sie anzunehmen.

Gott, danke, dass ich nicht länger in die gefährlichen Versuche verwickelt bin, mich selbst zu retten. Stattdessen ruhe ich im Wissen um die Erlösung, die du für mich auf Golgatha erkauft hast. Gib, dass noch heute Millionen weiterer Menschen durch den Glauben hinzukommen. Das bitte ich in Jesu Namen. Amen.

Röm. 10,1-13; Apg. 2,21; Tit. 2,11; 1. Tim. 2,4
1. Was ist die Grundlage der Erlösung?
2. Wonach verlangt es Gott?

Tag 24

Der Weg beginnt vielleicht in einem Loch

„… als wir noch hilflos waren, … ist Christus zur rechten Zeit für uns gottlose Menschen gestorben.“ (V. 6)

Zum Lesen & Nachdenken – Römer 5,1-8

Warum ist das Angebot der kostenlosen, freien Erlösung in Christus ein derartiger Stein des Anstoßes? Wohl in erster Linie deshalb, weil es tief in den menschlichen Stolz hineinschneidet. Bischof Neill sagt, dass „das, worum wir einen Moslem bitten, nach dem er in Jesus suchen soll, eine Beleidigung für den moslemischen Stolz“ ist. „Wir weisen ihn darauf hin – wir können nicht anders – dass er einen Erlöser suchen muss. Der Moslem beteuert, dass er dafür keinen Bedarf hat.“

Der Stolz nimmt die Haltung ein: „Ich kann mich schon selbst retten – durch Fasten, gute Werke und andere löbliche Dinge.“ Doch lautet die Botschaft des Evangeliums: Wir können nichts zu unserer Erlösung beitragen. Wir müssen uns von Gott retten lassen – oder verloren gehen. Helen Woodhouse, eine weitere christliche Schriftstellerin, schreibt: „Wir denken, dass wir uns zu einem gewissen Maß an Gut-Sein steigern müssen, bevor wir an Gott heranlangen können, doch sagt er nicht: ‚Am Ende des Weges werdet ihr mich finden‘, sondern: ‚Ich bin der Weg, ich bin die Straße unter euren Füßen, die Straße, die dort unten ihren Anfang nimmt, wo du dich gerade befindest‘.“ Wenn wir gerade in einem Loch stecken, dann beginnt die Straße eben in dem Loch. In dem Moment, wo wir unseren Stolz ablegen, uns Gott zuwenden und bekennen, dass wir zu unserer Rettung nichts beitragen können, in dem Moment versetzen wir uns in den Stand, in dem wir errettet werden können. Der nächste Schritt ist dann einfach der, dass wir zu Gott rufen und ihn um sein Heil bitten. Wenn Sie das bislang noch nicht getan haben, dann bitte ich Sie dringend: Tun Sie's jetzt!

O Gott, mir ist klar, dass ich mich nicht selbst erretten kann und dass ich mich deswegen an dich wenden muss. Ich bereue meine Sünde, bin deinem Wort gehorsam und komme zu dir. Rette mich. In Jesu Namen bete ich. Amen.

2. Kor. 9,1-15; Röm. 6,23; Eph. 2,8; Joh. 4,10
1. Wie wird die Errettung beschrieben?
2. Auf welche zwei Arten können wir reagieren?

Keine Veränderung – keine Bekehrung

„Grüßt ... Epänetus, der als Erster in der Provinz Asia zum Glauben an Jesus Christus kam.“ (V. 5)

Zum Lesen & Nachdenken – Römer 16,1-16

Ein Begriff, den das Evangelium im Zusammenhang mit Errettung kennt, lautet „Bekehrung“. Errettung ist das Angebot göttlicher Vergebung und das Geschenk des ewigen Lebens; Bekehrung beschreibt den Weg, wie wir zu dieser Erfahrung kommen und das Geschenk empfangen können. Das Wort „Bekehrung“ bedeutet „umkehren“ oder „die Richtung ändern“. Obwohl auch andere Religionen von geistlicher Bekehrung reden, steht diese Erfahrung doch in keiner Beziehung zu dem, was Jesus im Hinterkopf hatte, als er sagte: „Wenn ihr euch nicht bekehrt ..., werdet ihr nicht in das Himmelreich eingehen“ (frei nach Mt. 18,3).

Wir unterscheiden die Menschen nach Rasse, Klasse, Geschlecht, Nationalität, nach reich und arm, gebildet oder ungebildet, doch kannte Jesus bei Mann und Frau nur zwei Gruppen: bekehrt oder nicht bekehrt. Augenscheinlich war für ihn kein anderer Unterschied von Bedeutung. Wenn Sie bekehrt sind, gehören Sie zum Königreich, wenn nicht, dann nicht. Da gibt es keine Ausnahmen.

Hören wir noch einmal auf das Wort: „*Wenn* ihr euch *nicht* bekehrt ..., werdet ihr nicht in das Himmelreich eingehen.“ Ich finde es traurig, dass manche Übersetzung, wie etwa die englische NIV, in Matthäus 18,3 nicht die Worte „Wenn ... nicht“ und „bekehrt“ benutzt. Da heißt es nur: „außer ihr ändert euch und werdet wie kleine Kinder“. Die Wahrheit ist wohl immer noch da, doch sind meiner Meinung nach die benutzten Worte nicht so anschaulich und kraftvoll. Bekehrung kann man so beschreiben: Es ist eine Veränderung, schrittweise oder auf einmal, durch die jemand vom Königreich des Selbst ins Königreich Gottes hineinkommt. Und wo es diese Veränderung nicht gibt, da gibt es auch keine Bekehrung.

Gott, danke, dass ich inmitten der Erweckungen und neuen Erfahrungen in das neue Leben eintreten darf. Du bist begierig darauf, mir dir erste und wesentliche Erweckung zu geben – die geistliche Bekehrung. Mögen sie heute scharenweise einziehen. In Jesu Namen. Amen.

Jes. 43,25; 55,7; Mi. 7,18; 1. Joh. 1,1-9
1. Was entfaltet Gott vor den Unbekehrten?
2. Was Ist die Folge der Bekehrung?

Tag
26

Zwei Arten von Bekehrung

„Überall berichteten sie, wie auch die Nichtjuden zu Gott bekehrt waren, und alle freuten sich darüber.“ (V. 3)

Zum Lesen & Nachdenken – Apostelgeschichte 15,1-21

Mit dem Begriff „Errettung“ bezeichnen Christen die Erfahrung der Vergebung der Sünden und des Empfangs der Gabe des ewigen Lebens. „Bekehrung“ beschreibt den Weg, wie man zu dieser Erfahrung gelangt. Auch andere Religionen kennen diesen Begriff, doch meinen sie damit zumeist das Überwechseln von einer Religion zu einer anderen. Wenig bis nichts weiß man von diesem tiefen inneren Wandel, eben das, was im christlichen Glauben geschieht, wenn wir uns bekehren und errettet werden.

In dem Buch *Mirrors of Downing Street* schließt der Autor seine Beschreibung von Winston Churchill, einem der bekanntesten britischen Premierminister: „General Booth, der Gründer der Heilsarmee, sagte einst zu Mr. Churchill, dass er es nötig hätte, sich zu bekehren. *Dieser alte Mann war ein bemerkenswerter Menschenkenner.*“ Doch stand Winston Churchill nicht allein mit der Notwendigkeit, sich zu bekehren. Jeder, so sagt uns die Schrift, muss diese Erfahrung machen, um in das Reich Gottes eingehen zu können.

Manchmal brauchen nichtchristliche Religionen das Wort Bekehrung, um eine Haltungsänderung bei einem ihrer Anhänger zu beschreiben, doch bezieht sich diese Änderung immer auf die Horizontale, nie auf die Vertikale. Mit der Änderung in der „Horizontalen“ meine ich die, die sich im menschlichen Bereich abspielt, eine Änderung des Denkens oder der Einstellung, nicht jedoch in der Beziehung zu Gott, also in der „Vertikalen“. In Madras las ich einmal in einer der Lokalzeitungen, dass sich eine Gruppe Hindus anschickte, ein Gerichtsverfahren hinsichtlich der Bekehrung einer Hotelgehilfin zum Islam durchzufechten. Das war eine *horizontale* Bekehrung. Die Bibel weiß nichts von einer derartigen Bekehrung, die biblische Bekehrung ist immer „vertikal“.

Gott, mein Vater, gibt es im Himmel oder auf Erden etwas Herrlicheres, als „vertikal“ errettet zu sein – verändert durch dich? Ich kenne nichts. Ich kann das nur dankbar annehmen. Ob ich dankbar bin? Ganz gewiss! Danke, Vater. Amen.

Joh. 15,19-24; 3,17-18; Röm. 8,1-2
1. Wie beschreibt Jesus die Bekehrung?
2. Was beseitigt sie?

Vertikal vs. horizontal

„Aber Gottes Barmherzigkeit ist groß. Wegen unserer Sünden waren wir … tot. Doch er hat uns … mit Christus neues Leben geschenkt." (V. 4.5)

Zum Lesen & Nachdenken – Epheser 2,1-10

Ein Hindu bemerkte einst in meiner Gegenwart: „Ein Mann mag sein Tun ändern, nicht jedoch seinen Charakter." Damit sagte er, dass Veränderung möglich sei, doch nicht in vertikaler Richtung. Es kann Verbesserungen, Modifikationen, Veränderungen der Einstellungen geben, doch keine tiefe, radikale Veränderung.

Die christliche Kirche weiß schon etwas von dem, was ich gestern „horizontale" Bekehrung genannt habe. Viele Historiker haben unsere Aufmerksamkeit auf den Umstand gelenkt, dass es, als das Christentum über Europa schwappte, viele echte Bekehrungen zu Christus gegeben habe, aber auch viele auf horizontaler Ebene, nämlich dann, wenn die Leute es für ratsam hielten, den Namen Christi für politische oder wirtschaftliche Zwecke zu nutzen. „Horizontal bekehrt", hatten sie die „vertikale Bekehrung" immer noch nötig.

Im Alter von vierzehn bekehrte ich mich horizontal. Ich war ein verdorbener junger Mann, und eines Tages, als ich in der Kirche war, entschloss ich mich, „ein guter Junge" zu werden. Ich bemühte mich redlich, Dinge wie Schwören, Stehlen und Ähnliches abzulegen, doch hielt ich es nicht durch. Obwohl ich mich irgendwie religiös fühlte, gab es keine innerliche Veränderung. Auf der horizontalen Ebene war ich bekehrt, nicht jedoch in meiner Beziehung zu Gott. Ein Jahr darauf, ich saß in derselben Kirche, erfuhr ich eine tiefe Überführung von Sünde und lieferte mich völlig und ganz an Gott aus. Das war die vertikale Bekehrung. Ich ging aus der Kirche hinaus mit dem Gefühl, als sei mein Innerstes nach außen gekehrt worden. Von dem Augenblick an begann sich mein Leben zu ändern, alte Gewohnheiten schwanden, mein ganzes Wesen wurde von Licht durchflutet. Ich sage Ihnen aus vollster Überzeugung: Die vertikale Bekehrung war ganz anders als die horizontale.

Herr, hilf uns, dass wir uns nicht zu den Dingen bekehren, die Christus umgeben – etwa Rituale –, sondern zu Christus selbst. Denn, wenn wir ihn nicht anrühren, berühren wir auch das Leben nicht. Dann gibt es keine wirkliche innerliche Veränderung. In deinem Namen bitten wir. Amen.

Tit. 3,1-5; Hes. 36,26; Joh. 3,3-7; 1. Petr. 1,23
1. Wie wird die Veränderung in einem Menschen beschrieben?
2. Wie wird sie erlangt?

Tag
28

Bekehrung – ein Wunder

„Wenn wir mit Christus verbunden sind, ist es völlig gleich, ob wir beschnitten oder unbeschnitten sind." (V. 6)

Zum Lesen & Nachdenken – Galater 5,1-15

Erlauben Sie mir, dass ich bei unserer Betrachtung der Hauptunterschiede zwischen dem christlichen Glauben und nicht-christlichen Religionen eine Pause einlege, damit wir unser Augenmerk auf die Lage der Dinge innerhalb der Gemeinde richten können. In Bezug auf die „vertikale Bekehrung" haben wir nicht soviel Sorgfalt walten lassen wie nötig. Oftmals galt unser Interesse mehr den Statistiken denn der wahren Bekehrung. Allgemein gesprochen ist uns die Kirche hier einige Antworten schuldig. In einigen Bereichen der institutionalisierten Kirche hat das Horizontale das Vertikale überrundet. Darum taufen auch manche Gemeindeverantwortliche in einigen Ländern die Bekehrten erst dann, wenn sie ausreichend Belehrung über das christliche Leben erfahren haben.

In den Tagen des Paulus – das zeigt uns unser Text – drehte sich viel um die Frage der Beschneidung, ob sie unentbehrlich war oder nicht. Paulus legte den Nachdruck darauf, dass es wichtig sei, eine neue Schöpfung geworden zu sein. Ansonsten hatte weder Beschneidung noch Unbeschnittensein einen Wert. Alles, was zählt, so sagt er uns, ist Glaube, der in der Liebe seinen Ausdruck findet.

Bekehrung bringt eine wunderbare Veränderung mit sich, wenn nicht, ist es keine wahre Bekehrung. Um was für eine Art von Veränderung handelt es sich dabei? Die Bestie in uns wird erschlagen, die widerstreitenden Kräfte unserer Seele werden in Harmonie zusammengeführt, das schlechte Gewissen erfährt Reinigung, wir treten in ein Leben ein, das mehr und mehr überströmt, und bekommen ein tiefes inneres Gespür für die Gemeinschaft mit Christus. Um echt zu sein, muss eine Bekehrung nicht äußerlich umwälzend sein. Die zugrunde liegenden Tatsachen sind das neue Leben und eine neue Beziehung. Und doch ist eine Bekehrung ein großes Wunder, vergleichbar mit der Auferweckung des Lazarus von den Toten.

O Gott, befreie uns in der Gemeinde von dem Übel horizontaler Bekehrungen – wo Menschen sich nur in der Beziehung zueinander ändern, aber nicht in Bezug auf dich. Wir wollen das Echte, und nur das Echte. Gib uns deinen Geist in größerem Maße. Amen.

1. Kor. 6,1-11; Apg. 13,39; Röm. 5,1; Gal. 3,24

1. Mit welchem Begriff wird der Prozess der Bekehrung beschrieben?

2. Was bedeutet das?

Bankrotterklärung

„Ihr seid abgewaschen,... seid geheiligt, ... seid gerechtfertigt worden durch den Namen des Herrn Jesus Christus.“ (V. 11; REÜ)

Zum Lesen & Nachdenken – 1. Korinther 6,1-11

In seinem Buch *Conversion – Christian and Non-Christian* sagt uns C. Underwood, dass die Zukunft der Religionen im Osten zu suchen sei, etwa im Hinduismus oder im Buddhismus, wo sich auch Bekehrungen ereignen würden. Er hat deren Gläubigen zugehört und mitbekommen, wie sie über Dinge wir Selbsthingabe und das Tun guter Werke sprachen und das als geistliche Bekehrung bezeichneten. Wenn Menschen jeglicher Religion anfangen, sich mehr für andere als für sich selbst zu interessieren, dann sollte dies Zustimmung finden und als nützlich angesehen werden. Das jedoch hat nichts mit dem zu tun, was Jesus als Bekehrung bezeichnete.

Einer meiner Bekannten aus Indien, Rektor einer Highschool, erzählte mir von einem christlichen Studenten, der zur Unmoral neigte. Besagter Student wurde mit einem Pastor bekannt gemacht, und nach einem Monat tiefgehender Seelsorge war der junge Mann wie verwandelt. Einige Monate später sah sich ein Hindu-Student mit dem gleichen Vorwurf, in Unmoral zu leben, konfrontiert. Als der Rektor davon erfuhr, wandte er sich an einen Mann aus dem Kollegium, ebenfalls ein Hindu: „Bitte nennen Sie mir einen frommen Hindu, mit dem ich darüber reden kann, oder eine Einrichtung, bei der die Hoffnung besteht, dass sich dieser junge Mann dort ändern könnte.“ Der Kollege schüttelte den Kopf und entgegnete: „So etwas gibt es bei uns nicht. In diesem Fall kann der Hinduismus nichts tun. Können Sie ihn nicht zu einem Ihrer christlichen Pastoren bringen, dass der mit ihm betet und die Bibel liest?“ Das war eine Bankrotterklärung.

Ich erzähle das nicht, um die Hindu-Religion in einem schlechten Licht erscheinen zu lassen. Ich möchte damit nur feststellen, dass, wenn andere Helfer versagen und aller Trost schwindet, Jesus immer da ist.

Herr Jesus, ich bin so dankbar, dass du, nur du allein, der wahre Retter bist. Alle anderen sind Pseudo-Heilande. Du errettest mich nicht nur von der Sünde, sondern auch vom Sündigen. Ich bin zutiefst dankbar. Amen.

Röm. 3,20; Gal. 2,16; Eph. 2,8-9
1. Warum muss man mit der Beachtung des Gesetzes scheitern?
2. Was unterstreicht Paulus bei den Ephesern?

Tag 30

„Ich weiß, dass ich errettet bin“

„… wird [Jesus] auch alle endgültig retten, die durch ihn zu Gott kommen.“ (V. 25)

Zum Lesen & Nachdenken – Hebräer 7,11-28

Ist es möglich, ohne einen Schatten des Zweifels zu wissen, dass man errettet ist, bereit, Gott gegenüberzutreten? Diese Frage, sagt ein Schreiber, geht direkt an die Wurzel religiöser Erfahrung. Die Christen beantworteten die Frage mit „Ja“, die anderen sind sich nicht sicher. Ohne Ausnahme werden sie einem jedoch sagen, dass es nach Anmaßung riecht, wenn jemand sagt, dass er sicher sei, errettet zu sein.

Ich weiß, dass auch einige Christen an dieser Stelle Probleme haben. Sie behaupten, dass wir darauf *hoffen* können, errettet zu sein, oder dass wir Errettung zwar *beanspruchen* können, niemand könne jedoch mit Sicherheit sagen, dass er errettet *ist*. Hier und jetzt auf dieser Welt zu behaupten: „Ich bin gerettet!“ ist in ihren Augen ein Zeichen von Ich-Zentriertheit. Doch hat John Wesley genau dies bezeugt. Am 24. Mai 1738 betrat er einen Raum in der Aldersgate Street in London, wo er jemanden laut die Vorrede zu Luthers Römerbriefkommentar vorlesen hörte. Während er noch zuhörte, empfing er die innere Zusicherung, dass Gott ihm seine Sünden genommen und ihn von dem Gesetz der Sünde und des Todes errettet hatte.

Millionen in aller Welt können mit Wesley sagen, dass sie errettet sind und dass sie wissen, dass sie nach ihrem Tod in den Himmel gehen werden. Vorausgesetzt, Sie sind tatsächlich in die Beziehung mit Jesus Christus eingetreten, dann ist es keine Vermessenheit zu behaupten, errettet zu sein. Im Gegenteil: Für jemanden, der sich Christus hingegeben hat, ist es eher verwerflich *nicht* zu sagen, dass er errettet sei. Unser heutiger Text zeigt uns, dass Christus verheißen hat, zu erretten, *vollständig und endgültig* zu erretten. Ich weiß, dass ich errettet bin. Wie steht's mit Ihnen?

O Vater, danke, dass du mich nicht nur von meinen Sünden errettest und mich zu dir ziehst, sondern mir auch die Sicherheit gibst, für ewig dein zu sein. Wie könnte ich dir je genug für diese wunderbare Gnade danken? Mit stammelnden Worten will ich es trotzdem versuchen. Amen.

2. Tim. 1,1-12; 1. Joh. 3,14; Hiob 19,25
1. Was durfte Paulus dem Timotheus schreiben?
2. Was konnte Hiob sagen?

Volle Gewissheit

„Darum wollen wir uns Gott nähern mit aufrichtigem Herzen und im festen Glauben." (V. 22)

Zum Lesen & Nachdenken – Hebräer 10,19-25

Im Blick auf die persönliche Errettung trägt jede Religion, abgesehen vom Christentum, ein Moment der Unsicherheit in sich. Kann uns das zufrieden stellen? Augustinus wünschte sich, im Blick auf die unsichtbaren Dinge so sicher zu sein wie in dem Wissen, dass sieben plus drei zehn ergibt. Das menschliche Herz sehnt sich nach Gewissheit – ohne eine Spur des Zweifels muss es wissen, dass die Errettung der Seele sichergestellt ist. Die gute Botschaft ist, dass diese Gewissheit in Jesus Christus gefunden werden kann. Wenn wir uns von den anderen Religionen weg dem Wort Gottes zuwenden, dann ist es, als träten wir aus dickem Nebel hinaus in das strahlende Sonnenlicht.

Unser heutiger Text spricht nicht nur von Sicherheit, sondern von voller Gewissheit – der vollen Gewissheit des Glaubens. Was ist Glaube? Schlichtweg Gott beim Wort nehmen, anerkennen, was er sagt, und dann entsprechend handeln. Gott sagt: „Jeder, der den Namen des Herrn anruft, der wird von ihm gerettet" (Röm. 10,13). Haben Sie Christus angerufen und ihn in Ihrem Herzen angenommen? Dann haben Sie von der Schrift her die Berechtigung, auf dieser Basis zu glauben, dass Sie ein Kind Gottes sind und im Begriff stehen, die Ewigkeit mit ihm zu verbringen – und das ganz unabhängig von Ihren Gefühlen. Welch eine Errettung, welch ein Retter!

Mein Vater und Gott, welch eine Freude ist es, dass du mir nicht nur Sicherheit, sondern volle Gewissheit gewährst. Fülle den Becher meines Herzens, bis er überfließt vom Empfinden der göttlichen Gewissheit. Und erhalte ihn voll, lieber Vater. In Jesu Namen. Amen.

1. Thess. 1,1-10; 1. Joh. 2,3-6; 3,16-20; 4,13-16; 5,10
1. Was ist ein wiederkehrendes Thema im 1. Johannesbrief?
2. Warum sollten wir das nicht heute jemandem bezeugen?

Tag 32

Wessen Buch ist das?

„Die ganze Schrift ist von Gott eingegeben. Sie soll uns unterweisen; sie hilft uns, unsere Schuld einzusehen, wieder auf den richtigen Weg zu kommen und so zu leben, wie es Gott gefällt." (V. 16)

Zum Lesen & Nachdenken – 2. Timotheus 3,10-17

Nun beschäftigen wir uns mit einem weiteren Aspekt der Einmaligkeit des Christentums, der Heiligen Schrift, die wir als *Bibel* bezeichnen. Praktisch jede Ausprägung von Religion gründet sich auf einem Buch. Alt oder modern, mystisch oder historisch, förmlich-zeremoniell oder ethisch, praktisch immer folgt man den Lehren eines vorgeblich heiligen Buches. Die Hindus haben ihre *Weden*, die Moslems den *Koran*, die Parsen ihren *Awesta*. Die indischen Sikhs behandeln ihr heiliges Buch *Guru Granth Sahib* so, als wäre es ein Mensch. Bei Hitze fächeln sie ihm Luft zu, setzen ihm Speisen vor und betten es zur Nachtruhe unter ein Mückennetz. Auch westliche Religionen kennen ihre heiligen Schriften, etwa das *Buch Mormon* oder *Science and Health* der Christlichen Wissenschaft.

Und auch das Christentum fußt auf einem Buch, einem heiligen Buch namens *Die Bibel*. Doch ist die Bibel einzigartig. So wie der, von dem sie handelt, fällt auch sie in eine ganz eigene Kategorie. Ihre Einmaligkeit beruht auf ihrem Autor. Die meisten Menschen würden der Aussage zustimmen, dass das Wichtigste an einem Buch nicht sein Titel, das Thema, sein Einband, die Typografie oder das Layout ist, sondern wie gut es geschrieben ist, oder, anders ausgedrückt: das Wichtigste ist der Autor. Beim Lesen und Studieren „heiligen" Schrifttums geht es in erster Linie und im Kern um die Frage: Wessen Buch ist das? Auf diese Anfrage gibt uns, wie unser heutiger Text zeigt, die Bibel selbst die Antwort. Gott ist ihr Autor. Beim Lesen anderer Bücher lernt man den Autor kennen, bei der Bibel muss man deren Autor kennen, um das Buch zu verstehen.

Vater und Gott, welch neues Licht strahlt mir von den Seiten der Bibel entgegen, seit ich dich, den Autor, kennen gelernt habe. Je mehr ich dich liebe, desto mehr liebe ich dein Buch. Und je mehr ich dein Buch liebe, desto mehr liebe ich dich. Auf ewig sei dein Name gepriesen. Amen.

2. Petr. 1,12-21; Hes. 1,3; Apg. 1,16
1. Was hält Petrus für angemessen zu tun?
2. Wo hat Gottes Wort seinen Ursprung?

Freude eines Vaters

„Eine Stimme vom Himmel sprach: ‚Du bist mein geliebter Sohn, der meine ganze Freude ist.'" (V. 11)

Zum Lesen & Nachdenken – Markus 1,1-12

Wir denken weiter darüber nach, dass die Einmaligkeit der Bibel in ihrem Autor begründet liegt. Vor einigen Jahren brachte eine christliche Zeitschrift einen Cartoon, der eine Frau zeigte, die am Entleihschalter einer Bücherei stand und nach einer Bibel fragte. „Bibel?", murmelte der Bibliothekar versonnen, „Bibel? Nie gehört. Wer ist der Autor?"

Doch beanspruchen nicht auch die anderen Religionen, dass Gott der Urheber ihrer Schriften sei? Mohammed glaubte, dass Gott ihm die Worte des *Koran* diktiert habe, und Joseph Smith behauptete, dass das *Buch Mormon* direkt dem Mund Gottes entspränge. Die Kernfrage ist diese: Reden die heiligen Bücher anderer Religionen von Gottes Sohn als dem einzigen Retter? Und weiter: Sind sie durch den Vater unseres Herrn Jesus Christus inspiriert?

Was mir bei den heiligen Büchern anderer Religionen, die vorgeben, ihren Ursprung bei Gott zu haben, seltsam vorkommt, ist, dass sie keinerlei Bezug zu dem Rettungsplan haben, der uns durch Jesus Christus gebracht wurde. Thema Nummer eins der Bibel ist Christus. Alle alttestamentlichen Wahrheiten laufen bei ihm zusammen, alle neutestamentlichen Wahrheiten entspringen in ihm. Er ist der Mittelpunkt der Bibel. In unserem heutigen Text lesen wir, wie Gott bei der Taufe Jesu die Himmel öffnete und hinabrief: „Du bist mein geliebter Sohn, der meine ganze Freude ist." Wenn Gott so begeistert angesichts seines Sohnes ist, wie kommt es dann, dass er in den heiligen Büchern anderer Religionen – die doch angeblich auch von Gott kommen – keine Erwähnung findet?

Vater, ich kann die Freude über deinen Sohn verstehen, denn auch ich freue mich über ihn. Deine Liebe ist so unendlich viel größer als meine, aber die, welche ich habe, gebe ich ihm – und dir, auch heute. Amen.

Mt. 17,1-13; 3,17; Joh. 8,18; 1. Joh. 5,9
1. Was befahl die himmlische Stimme den Jüngern?
2. Was zählt mehr als das Zeugnis eines Menschen?

Tag 34

„Ein Gott, der keinen Sohn hat …“

„Gott hat die Menschen so sehr geliebt, dass er seinen einzigen Sohn für sie hergab.“ (V. 16)

Zum Lesen & Nachdenken – Johannes 3,1-21

Das gestrige Thema – Gott findet Wohlgefallen und Freude an seinem Sohn – ist es wert, weiterverfolgt zu werden, denn daran hängt so viel, wenn wir der Bibel die Schriften anderer Religionen gegenüberstellen. Es käme mir schon seltsam vor, wenn Gott in der Bibel so viel über seinen Sohn zu sagen hätte, ihn jedoch vollständig ignorieren würde, wenn er sich angeblich in den Gründungsurkunden anderer Religionen offenbart.

Es ist schon lange her, da saß ich in Indien mit einem Mann zusammen, der, als er feststellte, dass ich Christ war, mir seine englische Version des Korans zeigte. Ich verbrachte Stunden damit, mich mit ihm vertraut zu machen. Als ich dem Mann sein Buch zurückgeben wollte, tat ich das mit der Bemerkung: „Mir fiel auf, dass, obwohl viel von Gott (Allah) die Rede ist, nie erwähnt wird, dass er einen Sohn hat.“ Einen Moment lang schaute er mich etwas irritiert an, um dann zu entgegnen: „Sir, in unserer Religion ist so etwas nicht möglich.“ Er lenkte meine Aufmerksamkeit auf diese Worte: „Allah verbietet es, dass er einen Sohn haben könnte.“ Ich schlug die Bibelstelle auf, die unseren heutigen Text bildet, und las sie vor.

Still saßen wir danach da, jeder für sich innewerdend, dass wir am Hauptunterschied zwischen Islam und Christentum gerührt hatten. Mein Herz sprang vor Dankbarkeit darüber, dass Gott einen eingeborenen Sohn hatte, den er willens war, für meine Sünden und die der ganzen menschlichen Rasse dahinzugeben. Ein Gott, der keinen Sohn hat, muss sich auf andere Mittler verlassen, um die Menschen zu sich zu bringen. Doch ein Mittler, der nicht Gott und nicht Mensch ist, kann keine vollständige Versöhnung herbeiführen. Das wäre wie eine wunderbar konstruierte Brücke, die am gegenüberliegenden Ufer zerbrochen ist.

Vater, wenn ich über Johannes 3,16 nachsinne, dann ist es, als würde sich mein Herz an deines legen. Ich möchte den Schlag und Rhythmus fühlen. Dein Herz ist hier. Danke. Amen.

Lk. 22,70; Mt. 16,16; Hebr. 1,3
1. Was bestätigte Jesus seinen Fragestellern?
2. Wie lautete Petrus' Bekenntnis?

„Geboren vor aller Zeit“

„Jesus sagte: ‚Ich gehe zurück zu meinem Vater und zu eurem Vater, zu meinem Gott und zu eurem Gott.‘“ (V. 17)

Zum Lesen & Nachdenken – Johannes 20,10-18

Einige nichtchristliche Religionen beanspruchen Gott als Autor ihrer heiligen Schriften, so wie wir es von der Bibel glauben, aber der Gott, von dem sie reden, ist nicht der Gott, der sich in der Person seines Sohnes offenbart hat. Der wahre Gott ist ein *Vater* – der Vater unseres Herrn Jesus Christus. Wir sahen schon, dass Mohammed im Koran schrieb: „Allah verbietet es, dass er einen Sohn haben könnte.“ Doch genau das tat Gott – er zeugte einen Sohn.

Was heißt das, „gezeugt“? In *Pardon, ich bin Christ* erklärt C. S. Lewis, dass „zeugen“ heißt, „der Vater von ... werden“; etwas „erschaffen“ hingegen heißt, etwas „machen“. Wenn Sie etwas zeugen, dann zeugen Sie etwas von der gleichen Art wie sie selbst. Ein Mann zeugt Menschenbabys, ein Dackel kleine Dackelwelpen, ein Vogel befruchtet Eier, aus denen kleine Vögel schlüpfen. Ein Mensch kann eine Statue erschaffen, die wie ein Mensch aussieht, und die doch kein richtiger Mensch ist. Was Gott zeugt, ist Gott, so, wie das, was ein Mensch zeugt, immer ein Mensch ist. Darum sind Menschen nicht in dem Sinne Söhne Gottes, wie es Christus ist. In bestimmter Hinsicht mögen sie Gott ähnlich sein, doch sind sie nicht von derselben Art.

Eines der Glaubensbekenntnisse sagt, dass Christus der Sohn Gottes ist, „gezeugt, nicht geschaffen“, und fügt hinzu: „aus dem Vater geboren vor aller Zeit“. „Vor aller Zeit.“ Christus wurde gezeugt, nicht geschaffen. Zu welchem Zweck? Damit Sie und ich auch einen göttlichen Vater haben können.

Gütiger und liebender Gott, aus der Tiefe meines Herzens möchte ich dir dafür danken, dass du einen Sohn gezeugt hast, damit ich dich als Vater kennen lernen kann. Für Zeit und Ewigkeit werde ich dankbar sein. Amen.

Joh. 10,22-38; 12,45; 14,1-10
1. Was verkündete Jesus den ungläubigen Juden?
2. Was verkündete er Philippus?

Überall in der Schrift!

„Brannte nicht unser Herz in uns, wie er auf dem Weg zu uns redete … und uns die Schriften öffnete?“ (V. 32; REÜ)

Zum Lesen & Nachdenken – Lukas 24,13-35

Die Einmaligkeit der Bibel zeigt sich auch in der Unterschiedlichkeit ihrer Verfasser. Die einzelnen Bücher wurden über einen Zeitraum von etwa eintausendfünfhundert Jahren geschrieben, wobei um die vierzig Schreiber Hand anlegten. Und obwohl die Bibel so bunt zusammengesetzt ist, weist sie doch eine ganz erstaunliche Einheit auf.

Das Wunderbarste an diesem geschriebenen Wort ist die Tatsache, dass man sehen kann, wie sich das lebendige Wort, einem roten Faden gleich, von einem Buchdeckel zum anderen hindurchzieht. An keiner Stelle kann man das besser sehen als in dem historischen Bericht des Lukas über den Gang nach Emmaus: „[Jesus] … erklärte, was in der Heiligen Schrift über ihn gesagt wird – von den Büchern Mose angefangen [weiter zurück hätte er in der Bibel nicht gehen können!] bis zu den Propheten“ (V. 27). Christus in den Schriften! Das ist das Geheimnis der Bibel. zusammengefasst in einem Satz.

Stellen Sie sich vor, Sie nähmen je ein Buch von – sagen wir: Shakespeare, John Donne, John Bunyan, John Locke, Isaac Newton und Jeremy Taylor, dazu einen ganzen Stapel Bücher unbekannter Autoren – und Sie entdecken in der Zusammenschau dieser Werke eine vollständige Biografie von Winston Churchill. Das wäre schon eine recht spannende Angelegenheit. Doch entdecken wir etwas Vergleichbares, wenn wir in der Bibel lesen. Und darin liegt ihre Einmaligkeit. Als diese vierzig Verfasser schrieben, wussten sie nicht, dass das, was sie schrieben, zu einem Buch zusammengefasst nichts weniger ergeben würde als die komplette Geschichte von Jesus Christus. Was immer andere Glaubensrichtungen auch für ihre Schriften reklamieren – dass sie von Gott inspiriert oder diktiert seien –, die Bibel, so glauben alle Christen, ist das einzige Buch, dass Gott je veröffentlicht hat.

Vater, kein Wunder, dass uns so viel von Jesus aus der Bibel entgegenkommt, wenn doch so viel von ihm hineingelegt wurde. Und je mehr ich dort von ihm sehe, desto mehr erkenne ich, was es dort alles zu sehen gibt. Und desto mehr möchte ich auch sehen. Danke, Vater. Amen.

Ps. 119,81-96; Jes. 40,8; Mt. 5,18; 24,35
1. Wie beschreibt der Psalmist Gottes Wort?
2. Wovon war Jesaja überzeugt?

Das Buch der Bücher

„Das Gras verdorrt, die Blumen verwelken, aber das Wort unseres Gottes bleibt gültig für immer und ewig.“ (V. 8)

Zum Lesen & Nachdenken – Jesaja 40,1-11

Was meinen wir eigentlich, wenn wir sagen, die Bibel sei „inspiriert“? Da gibt es verschiedene Sichtweisen.

Eine ist die der „natürlichen Inspiration“ – der Gedanke, dass die Bibel in der Weise inspiriert ist wie jedes andere Werk eines Genies, etwa Bunyans *Pilgerreise*. Eine andere Sicht ist die der teilweisen Inspiration, die davon ausgeht, dass die Bibel kein wissenschaftliches Werk ist und somit in wissenschaftlichen Fragen nicht zuverlässig ist, etwa bei der Frage nach dem Ursprung der Arten. In Fragen wie etwa der nach dem Heil kann ihr jedoch vertraut werden. Die dritte Sichtweise geht von einer Inspiration im Sinne eines Diktats aus. Gott hat den Schreibern wortwörtlich vorgesagt, was sie niederschreiben sollten, etwa so, wie wenn ein Geschäftsmann seiner Sekretärin einen Brief diktiert. Die vierte Theorie ist die der Verbalinspiration, die besagt, dass jedes Wort in der Bibel direkt dem Munde Gottes entsprang. Die fünfte und letzte wesentliche Sichtweise kann als „beaufsichtigte, überwachte Inspiration“ bezeichnet werden. Diese geht davon aus, dass sich in der Bibel nichts findet, das Gott dort nicht haben wollte, und dass nichts weggelassen wurde, das seinen Platz in dem heiligen Buch haben sollte.

Ich schließe mich der letzten Sichtweise an. Die natürliche und die teilweise Inspiration scheidet für mich aus, nicht unbedingt jedoch die Diktat-Theorie, zumindest teilweise. Große Bereiche der Bibel wurden den Schreibern direkt von Gott diktiert, die Zehn Gebote sind nur ein Beispiel. Ich glaube, dass die Schreiber der Bibel von Gott her davor bewahrt wurden, dass sich Fehler in ihre Beobachtungen einschlichen, dass sich Gedächtnislücken auftaten oder dass sie eine unbeabsichtigte Fehlinterpretation von Fakten vornahmen. Ihre Schriften waren ehrlich, genau und vom Heiligen Geist beaufsichtigt, bevor sie zu diesem wunderbaren Buch, das wir „Bibel“ nennen, zusammengefasst wurden. Kein Wunder, dass man die Bibel so oft als „das Buch der Bücher“ bezeichnet.

Gott, ich weiß, dass dein Buch inspiriert ist, denn es inspiriert mich. Hilf mir, dass ich dein Wort tief in meinem Herzen verberge, damit es ein verborgener Quell allen Tuns wird, dass es mein Verhalten und meinen Charakter bestimmt. In Jesu Namen. Amen.

Jer. 36,1-7; Offb. 1,1-20; 2,1; 2,8; 2,12; 2,18; 3,1; 3,7; 3,14; 3,22
1. Welche Erfahrung machte Jeremia?
2. Welche Erfahrung machte Johannes?

Tag 38

Gottes Meisterstück

„… und die Schrift kann nicht aufgelöst werden.“ (V. 35; REÜ)

Zum Lesen & Nachdenken – Johannes 10,31-39

Gestern sagte ich, dass ich die Lehre von der „beaufsichtigten Inspiration“ gutheiße. Ich glaube, dass Gott die Herzen und Gedanken der Schreiber so leitete, dass sie die richtigen Quellen für ihre Informationen aufsuchten, um an die richtigen Daten heranzukommen, und dass er sie in der Folge vor Irrtum, Täuschung und Betrug bewahrte. Er überwachte sie bei ihren Erkundungen, bei ihrer Berichterstattung, und wenn er direkt zu ihnen redete, dann stellte er sicher, dass sie die Botschaft, die sie übermitteln sollten, auf klare Weise empfingen. Ian Macpherson weist in seinem Buch *The Faith Once Delivered* eindrücklich auf diese wichtige Wahrheit hin: „So, wie sich Gott im Geheimnis der Inkarnation mit der Menschheit verbunden hat, so gebrauchte er im Geheimnis der Inspiration menschliche Kanäle, wobei er jedoch weder je seine göttliche Urheberschaft aufgab noch zuließ, dass aus dem Buch Menschenwort statt Gottes Wort wurde.“

Ein anderer Schriftsteller, H. O. Mackey, drückt es so aus: „Wer hat die St.-Paul’s-Kathedrale gebaut? So viele Baumeister, Zimmerleute, Metallarbeiter, Steinmetzen, Maler – und dann war da noch Wren. Er war weder Baumeister noch ein Zimmermann … nicht einen Stein hat er angefasst. Was hat er getan? Alles, denn er plante es, inspiriert durch seine Ideen.“ Mackay möchte nicht die Handwerker, die hart geschuftet haben, diskreditieren; er möchte nur auf den Punkt bringen, dass, wenn man es letztlich analysiert, die Kathedrale St. Paul’s das Meisterstück von Christopher Wren war.

Wer schrieb die Bibel? Mose, David, Jesaja, Jeremia, Johannes, Petrus, Paulus und viele mehr. Aber wessen Buch ist es tatsächlich? Gottes!

O Gott, die Aufnahme deines Wortes bringt Licht und die Ablehnung bringt Finsternis. Hilf mir, mich mehr und mehr deinem Licht auszusetzen, damit ich gewissen und sicheren Schrittes durch das Leben gehen kann. In Jesu Namen. Amen.

Offb. 22,12-21; 5. Mo. 4,2; 12,32; Spr. 30,5-6
1. Welchen Schluss zog der Schreiber der Sprüche?
2. Welche Warnung sprach Johannes aus?

Das einzigartige Kreuz

„Dass Jesus Christus am Kreuz für uns starb, muss freilich all denen, die verloren gehen, unsinnig erscheinen.“ (V. 18)

Zum Lesen & Nachdenken – 1. Korinther 1,18-31

Ein weiterer Hauptunterschied zwischen dem Christentum und den anderen Weltreligionen und etwas, das die Anhänger anderer Glaubensrichtungen als einen wesentlichen Stolperstein ansehen, ist das Kreuz, das allen Stolz demütigt und alle Hoffnung auf Selbsterlösung zunichte macht. Es spricht auch von der großartigen und unauslotbaren Großzügigkeit Gottes, indem er uns eine Erlösung bereitet hat, die für uns kostenfrei ist.

Toyohiko Kagawa, der bekannte japanische Christ, sagte, dass er im Kreuz die größte Einmaligkeit des Christentums gefunden hat. Hören Sie seine Worte, gesprochen nicht lange vor seinem Tod im Jahr 1960: „Ich bin für den Schintoismus, den Buddhismus und den Konfuzianismus dankbar, viel verdanke ich diesen Glaubensrichtungen. Doch scheiterten sie völlig dabei, meinem Herzen in seiner tiefsten Not zu dienen. Ich war ein Pilger auf einem langen Weg ohne Wiederkehr. Ich war ermattet, die Füße wund. Ich wanderte durch eine dunkle und trostlose Welt, voller Tragödien. Der Buddhismus lehrt großes Mitleid, doch wer hat seit Anbeginn der Zeiten je verkündet: ‚Das ist mein Blut des Bundes, vergossen zur Vergebung der Sünden‘?“

Sicher, auch der Islam verkündigt die Güte Gottes. Jedes Kapitel des Korans beginnt mit: „Im Namen Allahs, des Allbarmherzigen, des Allgütigen“. Doch erfährt man dort nichts von der überaus kostspieligen und historischen Darstellung der Güte Gottes, wie sie sich am Kreuz zeigte und wie sie in den Evangelien beschrieben wird. Im Islam erweist Allah denen gegenüber Güte, die beten, Almosen geben und während des Ramadans fasten. Im Christentum ist Gott den Sündern gegenüber gnädig, nicht wegen ihrer guten Werke, sondern weil sich Christus für sie am Kreuz geopfert hat.

Gnädiger, gütiger Herr, durch das Kreuz blicke ich dir direkt ins Herz. Was ich dort sehe, entzündet mein Herz. Ich sehe die Liebe, die für mich blutet, die mich rettet und befreit. Nun kann ich nicht mehr derselbe sein. Danke, lieber Vater. In Christi Namen. Amen.

Gal. 6,1-14; Eph. 2,14-16; Kol. 1,20
1. Wie sah Paulus das Kreuz an?
2. Was ist das Herz der Botschaft vom Kreuz?

Tag 40

„Der Schlüssel des Lebens“

„Ich aber kenne nur einen Grund zum Rühmen: das Kreuz unseres Herrn Jesus Christus.“ (V. 14)

Zum Lesen & Nachdenken – Galater 6,1-18

Wann immer ich jemanden sagen höre, dass alle Religionen gleich seien, wenden sich meine Gedanken dem Kreuz zu. Wenn das, was wir dort erfahren, der Wahrheit entspricht (was ich glaube), und das letztlich den Sinn des Lebens ausmacht, dann wird ganz klar, dass die Religionen nicht alle gleich sind. Die anderen Religionen geben uns nicht den kleinsten Hinweis auf eine göttliche Selbstaufopferung. Das Kreuz steht absolut einmalig da, wie es Watts in seinem herrlichen Lied ausdrückte:

Schau ich zu deinem Kreuze hin,
wo du für mich gestorben bist,
zu Schaden wird, was sonst Gewinn,
was einst mein Stolz gewesen ist.

Noch Wochen und Monate nach meiner Bekehrung fragte ich mich, warum man überhaupt irgendetwas anderes predigen sollte als das Kreuz. Das leuchtende Geheimnis der Erlösung hielt mich in diesen Tagen nach meiner Bekehrung fest im Griff, und ich glaube, dass ich ehrlich bekennen darf, dass es nie aufgehört hat, mein Herz zu fesseln.

Man hat mir erzählt, dass es unter all den Inschriften und Malereien auf den Grabmälern der ägyptischen Könige ein immer wiederkehrendes Symbol gibt, den Schlüssel des Lebens. Dieser Schlüssel – und nur er allein – öffnet die Tür zu den größten Geheimnissen des Lebens. Andere Religionen versuchen, oft mit großem Ernst, die Türen zu diesen grundlegenden Geheimnissen des Lebens zu öffnen, doch haben sie dabei keinen Erfolg, da sie nicht im Besitz des richtigen Schlüssels sind. Ihnen fehlt das Kreuz.

Vater, wie könnte ich aufhören, für das Kreuz zu danken? Denn in ihm finde ich den Schlüssel, der mir die Türen zu vielen Geheimnissen öffnet, nicht zuletzt zu den Geheimnissen deines Wesens, eines Wesens, durchwirkt von göttlicher Liebe. Hilf mir, es noch deutlicher zu erkennen. In Jesu Namen. Amen.

Phil. 3,1-18; Kol. 2,14; Hebr. 12,2
1. Was brachte Paulus zum Weinen?
2. Was wurde durch das Kreuz beseitigt?

Das Kreuz verstehen

„Gott aber hat uns seine große Liebe gerade dadurch bewiesen, dass Christus für uns starb, als wir noch Sünder waren." (V. 8)

Zum Lesen & Nachdenken – Römer 5,6-21

Der heilige Augustinus (354-430) behauptete, dass „die Antwort auf das Geheimnis des Universums Gott selbst ist, und die Antwort auf das Geheimnis Gottes ist Christus". Wenn das stimmt, dann möchte ich eine weitere Behauptung aufstellen: Die Antwort auf das Geheimnis Christi findet sich in seiner opferbereiten Gesinnung, deren bester Beweis das Kreuz ist.

Solange wir in diesem sterblichen Leib sind, wird es uns nie möglich sein, die ganze Bedeutung des Kreuzes zu erfassen. Doch das, was wir begreifen können, gibt uns eine Ahnung davon, was sich im Herzen des Unendlichen verbirgt. Theologen diskutieren häufig die verschiedenen Theorien über die Sühne. Ich persönlich bin bereit, jede dieser Theorien zu akzeptieren, die die Bedeutung des Kreuzes lebendig und klar macht, jedoch scheint keine Theorie umfassend genug zu sein, um die Tatsachen zu erfassen. So, wie Jesus die Beschränkungen des Grabes überwand und über sie hinausschritt, so scheint auch die Tatsache, dass Jesus starb, unsere vorsichtigen Stellungnahmen und Möglichkeiten des Ausdrucks zu übersteigen.

Wer das Kreuz wirklich verstehen will, der muss eine Geisteshaltung und ein Herz mitbringen, die der Bedeutung des Kreuzes entsprechen. Ich verstand das in etwa so: „Um Kunst verstehen zu können, muss man Kunst in sich haben, um Musik begreifen zu können, muss man Musik in sich tragen." Und so dachte ich, dass man, wenn man das Kreuz verstehen will, eine opferbereite Gesinnung in sich haben muss. Die, welche vorgeben, Christus zu kennen, sich aber nur um sich selbst drehen, mögen etwas vom Kreuz wissen, werden aber seine wahre Bedeutung verpasst haben. Die Bedeutung des Kreuzes wird am besten mit einer entsprechenden Haltung erfasst, nicht durch kluge Argumente.

Vater, ich merke, dass ich, wenn ich das Kreuz besser verstehen will, eine Opfergesinnung haben muss. Möge ich mich zu deinem Kreuz halten, bis deine Natur zu der meinen geworden ist. Dann werde ich sehend sehen. In Jesus Namen. Amen.

Joh. 15,13; Gal. 1,4; Eph. 5,2; 1. Petr. 2,24; Tit. 2,1-14
1. Wie zeigt sich die Liebe?
2. Welches war die größere Dimension im Opfer Christi?

Tag
42

Eine lange Suche nach Gott

„Denn aus dem Inneren, aus dem Herzen der Menschen, kommen die bösen Gedanken.“ (V. 21)

Zum Lesen & Nachdenken – Markus 7,8-23

Wir müssen uns daran erinnern, dass es im Leben eine dunkles, schreckliches Problem gibt: das Problem des Bösen. In *Natural Law in the Spiritual World* definiert Herbert Spencer das physische Leben als „den inwendigen Austausch mit der umgebenden Umwelt“. Wenn wir Nahrung, Luft und Wasser aufnehmen, leben wir, wenn nicht, dann sterben wir. Es muss eine Reaktion auf unsere Umwelt geben. Doch gibt es auch eine geistliche Umwelt, auf die wir reagieren müssen, und wenn wir mit Gott „in Korrespondenz“ stehen, dann sind wir geistlich lebendig. Die Fakten des Lebens zeigen mit herzzerreißender Klarheit, dass die menschlichen Geschöpfe nicht mit ihrer geistlichen Umwelt in Kontakt stehen. Nicht mit Gott in Verbindung stehen heißt unausweichlich, auch nicht mit sich selbst und anderen verbunden zu sein.

Die Geschichte der Menschheit ist, wie es ein Historiker ausdrückte, „eine lange Suche nach Gott“. Wir stehen an unseren Altären, flüstern unsere Gebete, legen Gelübde ab, wiederholen unsere Rituale, flehend bringen wir das unaussprechliche Verlangen unseres Herzens vor, sehnen uns nach der Gemeinschaft mit Gott. Doch steht etwas Dunkles, Furcht Erregendes, Bedrohliches zwischen uns und Gott. Wir erkennen: Gott ist rein, und im Bewusstsein unserer Unreinheit wagen wir es kaum, ihn um seine Gemeinschaft zu bitten. Wir sind getrennt von ihm und schuldig.

Gegenstand aller Religion ist es, den, den nach Gemeinschaft mit Gott verlangt, mit ihm in Verbindung zu bringen. Doch wie kann das erreicht werden? Das Christentum antwortet, dass das nur durch das Kreuz geschehen kann. Andere Religionen geben vor, dass ihr Weg genauso gangbar sei. Doch Gott sagt: Das Kreuz ist der einzige Weg.

Mein Gott und Vater, wie anders, als du es durch das Kreuz getan hast, hättest du mit meinen Sünden verfahren können? Meine Sünden brauchten mehr als nur eine Desinfektion, sie mussten eingeäschert werden. Das geschah in den Flammen von Golgatha. Jetzt bin ich frei: und wie! Amen.

Röm. 1,18-32; 1. Mo. 6,12; 2. Tim. 3,1-2
1. Wogegen haben die Menschen Gott eingetauscht?
2. Mit welchem Ergebnis?

Versöhnung

„Um unsere Schuld zu sühnen, hat Gott seinen Sohn am Kreuz verbluten lassen.“ *(V. 25)*

Zum Lesen & Nachdenken – Römer 3,21-31

Herbert Spencer, den ich schon früher erwähnte, schrieb: „Aufgabe der Religion ist Versöhnung. Wenn sie dabei versagt, versagt sie in einem Kernpunkt.“ Die Rituale mögen anmutig, die Strafen altertümlich und die Regeln gut sein, aber wenn es ihr nicht gelingt, Männer und Frauen in Kontakt mit Gott zu bringen, dann hat sie ganz wesentlich und unwiderruflich versagt. Alles andere ist nutzlos, denn wenn das Problem des Bösen ignoriert oder übergangen wird, dann sind wir wie der Mann, der träumt und für das nächste Jahr Pläne schmiedet, während eine unheilbare Krankheit sein Fleisch auffrisst.

Der wunderbare Unterschied, den das Christentum macht, ist der: Jesus Christus hat etwas gegen dieses Problem, nicht mit Gott in Verbindung zu stehen, unternommen. Er legte die Hand eines reuigen Sünders in die Hand eines vergebenden Gottes. Es liegt in der Natur des Problems – des Problems des Bösen –, dass es keine andere Lösung gibt. Errettung ist eine Aufgabe, die nur Gott lösen kann. Wie es ein Theologe ausdrückte: „Eine Aufgabe, eines Gottes würdig.“

Die antiken Bühnenschriftsteller warnten ihre Schüler davor, beim Schreiben eines Stückes einen Gott auf die Bühne treten zu lassen, es sei denn, die Szene war so kompliziert, dass es eines Gottes bedurfte. Aber hier geht es nicht nur um ein Theaterstück. Es geht um eine ganz tragische Sache. Männer und Frauen vom Bösen zu erretten war ein Problem, das Gottes Macht herausforderte und die allerhöchsten Ansprüche an seine Liebe stellte. Das Kreuz ist die Antwort. Wenn wir nicht Gottes Weg der Errettung wählen, dann hilft nichts mehr.

Vater, ich freue mich, dass du mich auf deinen Weg gebracht hast, auf den einzigen Weg. Hilf den Abermillionen, die sich mühen, ihre Errettung zu verdienen, zu sehen, dass die Strafe für die Sünde bezahlt ist. Alles, was sie tun müssen, ist, es demütig anzunehmen. Ich bete in Jesu Namen. Amen.

1. Joh. 2,1-2; 4,10; 2. Kor. 5,11-19
1. Was ist das Herzstück der Versöhnung?
2. Was versichert Johannes den Gläubigen?

Tag 44

Eine ungewollte Anerkennung

„Anderen hat er geholfen, aber sich selbst kann er nicht helfen.“ (V. 42)

Zum Lesen & Nachdenken – Matthäus 27,32-44

Welch eine Demütigung und Schande unser Herr am Kreuz für uns erdulden musste! Cicero, der römische Philosoph, sagt mit Blick auf die Kreuzigung: „... die bloße Bezeichnung ‚Kreuz‘ sei nicht nur von Leib und Leben der römischen Bürger verbannt, sondern auch von ihren Gedanken, Augen und Ohren.“ Doch er, unser Herr, obwohl sündlos, wurde an ein Kreuz geschlagen. Obwohl sein Blut unstillbar aus den Wunden floss, welche die Dornenkrone seinem Haupt beigebracht hatte, seinen Rücken hinunterlief, verursacht durch die Geißelungen und aus den Malen, welche die Nägel an Händen und Füßen gerissen hatten, verweigerte er den tödlichen Trank, der ihm angeboten wurde. Mit unvernebeltem Verstand und mit ungelindertem Schmerz ertrug er das Gottesurteil.

Die Menge, die ihn beobachtete, schrie: „Anderen hat er geholfen, aber sich selbst kann er nicht helfen.“ Doch, so seltsam es erscheinen mag, wurde dieses Spottgeschrei zur zentralen Wahrheit des Evangeliums. *Er rettete andere, und deswegen konnte er sich selbst nicht retten!* Dies ist eine der tiefsten Wahrheiten des Lebens – wenn wir andere retten, können wir uns selbst nicht retten. Um noch einmal Spencer zu Wort kommen zu lassen: „Das ist ein großes Geheimnis“, sagt er, „doch gleichzeitig eine ewige Wahrheit, dass die Güte in allen moralischen Wesen das Schicksal des Verblutens in sich trägt, das Überwinden nur dann zulässt, wenn es blutet. Jedwede Güte überwindet durch ein Kreuz.“

Dieses Gesetz des Rettens durch Selbsthingabe zieht sich durch das ganze Leben. Die, welche sich selbst retten, können keine anderen erretten. Und die, welche andere retten, können sich nicht selbst erretten, können sich Ärger, Leid, Verletzungen, Enttäuschungen, Schmerz, selbst den Tod nicht ersparen. Das ist ein universelles Gesetz, das uns und selbst Gott gilt.

O Gott, zwar habe ich dieses Gesetz in der menschlichen Natur am Werk gesehen, doch wusste ich nicht, dass es auch Teil deines göttlichen Wesens ist. Aber wo anders als bei dir könnte es seinen Ursprung haben? Das Höchste der Menschheit ist das Niedrigste bei dir. Ich bin erschüttert, doch weiß ich, dass es wahr ist. Danke, lieber Vater. Amen.

Gal. 1,1-5; 2,20; 1. Tim 2,6; Tit. 2,14
1. Was betont Paulus?
2. Was ist die Konsequenz für uns?

Die ultimative Entdeckung

„Der Hauptmann, [der] angesehen hatte, wie Jesus starb, rief: ‚Dieser Mann ist wirklich Gottes Sohn gewesen.'" (V. 39)

Zum Lesen & Nachdenken – Markus 15,16-41

Ich kann nicht glauben, dass Gott uns ein Gesetz namens „Errettung durch Opfer" ins Herz schreiben und sich dem dann selbst entziehen würde. Der Psalmist fragt: „Er gab ihnen Augen – sollte er selbst nicht sehen?" (Ps. 94,9). Und Browning ergänzt: „Er, der die Liebe erschuf, sollte er nicht lieben?", woraufhin wir ergänzen könnten: „Er, der die sich opfernde Liebe schuf, sollte er nicht opfern?" Der alte chinesische Lehrer lag richtig, als er sich, nachdem er das erste Mal durch einen Missionar vom Liebesopfer Gottes durch seinen Sohn am Kreuz gehört hatte, seinen Schülern zuwandte und sagte: „Habe ich euch nicht gesagt, dass es solch einen Gott geben *muss*?"

Die Führer der Weltreligionen stolpern darüber. Während einer Fernsehdebatte äußerte sich kürzlich ein Moslem-Führer: „Ein Gott, der sich erniedrigt und leidet, ist nicht vollkommen." Ein Hindu ergänzte: „Wenn Brahman leiden würde, wäre er nicht glücklich, wenn er unglücklich wäre, wäre er unvollkommen. Und unvollkommen wäre er nicht Gott."

Das Kreuz buchstabiert die Botschaft, dass Gott bereit ist, die Leiden, welche die Sünde verursacht hat, auf sich zu nehmen, ja, sogar jede Sünde derer, die er geschaffen hat, zu tragen. Keine andere Religion könnte das von sich behaupten. Im Kreuz, das auf Golgatha aufgerichtet wurde, spiegelt sich ein Kreuz wider, das tief im Inneren des Herzens Gottes liegt. Dadurch sehen wir, dass im Zentrum des Universums erlösende Liebe bereitliegt. Noch nie hat es im Himmel und auf Erden eine größere Entdeckung gegeben, es wird sie auch niemals geben. Es ist die ultimative Entdeckung.

Vater, ich erkenne, dass, wenn die Bedeutung, die hinter dem Kreuz liegt, sich selbst verschwendende Liebe ist, dann muss das auch die Bedeutung hinter meinem Leben sein. Möge sich das Kreuz von heute an in allen meinen Beziehungen auswirken. In Jesu Namen. Amen.

Joh. 19,1-15; 1. Kor. 1,1-23; 2,2-8
1. Was war das Zentrale an Paulus' Botschaft?
2. Wie wurde die Botschaft von Jesu Kreuzigung angesehen?

Tag 46

Ein opferbereites Oberhaupt

„Wer sich an sein Leben klammert, der wird es verlieren, wer aber sein Leben für mich einsetzt, der wird es für immer gewinnen." (V. 24)

Zum Lesen & Nachdenken – Lukas 9,18-27

Angenommen, ein kleines Samenkörnchen hätte seinen eigenen Willen und sich entschieden, sich zu retten, indem es sich nicht begraben ließe. Es würde alleine bleiben. Es würde sich selber retten, nicht jedoch andere. Wenn es sich entschlossen hätte, begraben zu werden und zu sterben, hätte es eine schöne, goldene Ernte gegeben. Stellen Sie sich eine Mutter vor: Sie begibt sich in das Tal der Todesschatten, um ein Kind zur Welt zu bringen. Wenn ein Kind krank wird, dann vergisst sich eine liebende Mutter und verschwendet all ihre Kraft, um alles, was sie hat, dem Kind zukommen zu lassen.

Der Geist der Selbsthingabe ist die schönste Sache, die sich auf dieser Welt finden lässt. Durch sie schwingt sich das Leben zu höchsten Höhen auf. „Wie hoch ein Tier und natürlich jedes moralisch handelnde Wesen steht", sagt Pascal, der große französische Philosoph und Christ, „lässt sich unfehlbar daran ablesen, in welchem Maße das Wesen durch eine opferbereite Haltung anderen gegenüber bestimmt wird." Hier finden wir eine Gesetzmäßigkeit, nach der wir das Leben erforschen und beurteilen können. Wenn dieser Opfergeist fehlt, dann haben wir es mit einem Leben der geringsten Sorte zu tun, wo er jedoch vollkommen verkörpert vorgefunden wird, da haben wir Leben auf seiner allerhöchsten Stufe.

Finden wir dieses Gesetz auch im Blick auf Gott vor? Ich denke schon. Wenn dieses Gesetz auf der Erde für gültig erachtet wird, in Bezug auf Gott jedoch ins Gegenteil verkehrt wird, dann sind Gesetze bedeutungslos und das Universum ist kopflos. Dann wäre das Höchste der Menschheit besser als Gott. Doch ist das nicht der Fall. Gott ist keine Enttäuschung. Jedem, der es hören will, ruft das Kreuz zu, dass das All ein opferbereites Oberhaupt hat.

Vater, wie könnte ich wissen, dass es inmitten deines Herzens ein unsichtbares Kreuz gibt, wenn du mir nicht das äußerlich sichtbare Kreuz auf Golgatha gezeigt hättest? Eine solche Offenbarung ist mir fast zu hoch, um sie verstehen zu können. Und doch ist es wahr. Meine Dankbarkeit lässt sich einfach nicht in Worte fassen. Amen

Joh. 12,17-26; 10,11; Röm. 5,6
1. Womit vergleicht Jesus sich?
2. Wie illustriert er die opferbereite Liebe?

Der Galiläa-Mann

***„Zuerst habe ich euch weitergegeben,
was ich selbst empfangen habe …
Er wurde am dritten Tag vom Tod auferweckt."** (V. 3-4)*

Zum Lesen & Nachdenken – 1. Korinther 15,1-11

Im Herzen welcher anderen Weltreligion findet sich eine derart wunderbare Wahrheit, wie die der Auferstehung? Das Christentum ist der einzige Glaube, dessen Begründer an einem Kreuz starb, der drei Tage begraben lag und der dann von den Toten wiederkehrte.

In der heutigen Kirche gibt es Stimmen, die uns überzeugen wollen, dass die Auferstehung Christi nie stattgefunden habe, dass unser Herr niemals in körperlicher Gestalt von den Toten erstand. „Um Christ zu sein, ist es nicht unbedingt notwendig, an die leibliche Auferstehung Christi zu glauben", sagt etwa einer der religiösen Lehrer unserer Tage. Weiter stellt er fest: „Wir können freiweg sagen, dass Jesu Knochen immer noch irgendwo im Land Israel herumliegen." Ein anderer religiöser Schriftsteller sagt: „Ich erwarte, dass die Überreste Jesu irgendwann ausgegraben werden." Und vor einigen Jahren schockte David Jenkins, ein ehemaliger anglikanischer Bischof, die christliche Welt – Sie haben vermutlich davon gehört – mit der Aussage: „An irgendwelchen Zauberkunststückchen mit Knochen habe ich nicht das geringste Interesse."

Im Britischen Museum in London gab es einmal ein grimmig dreinblickendes Exponat, das den Namen „Der Galiläa-Mann" trug, eine Bezeichnung, die vom Fundort herrührte. Ich weiß noch, wie ich das erste Mal das Britische Museum besuchte und angesichts dieses Ausstellungsstücks mit dem Schild „Der Galiläa-Mann" dachte: Wie schön, dass es sich bei den Überresten dieses Menschen nicht um den „Mann aus Galiläa" handelte.

Liebender himmlischer Vater, hilf mir, die Auferstehung deines Sohnes besser zu verstehen, denn eine so wichtige Sache darf nicht der Ungewissheit anheim gestellt sein. Nimm mich bei der Hand und führe mich tiefer in diese Wahrheit. In Jesu Namen. Amen.

Joh. 20,1-18; Apg. 2,23-24; 3,14-15; 10,39-40
1. In welcher Frage war Petrus unerbittlich?
2. Sprechen Sie heute mit jemandem über die Wahrheit der Auferstehung.

Tag 48

Eine Grundvoraussetzung

***„Bis zu diesem Zeitpunkt hatten sie die Heilige Schrift noch nicht verstanden, in der es heißt, dass Jesus von den Toten auferstehen wird.“** (V. 9)*

Zum Lesen & Nachdenken – Johannes 20,1-18

Der verstorbene Bischof John Robinson stellte fest: „Die Auferstehung des Leibes Christi ist kein wesentlicher Bestandteil des Glaubens christlicher Menschen. Es würde für ihren Glauben keinen Unterschied machen, wenn der Körper des Herrn ins Hinnom-Tal geworfen worden wäre, so wie man es mit denen der Verbrecher getan hat, um dann inmitten der verrottenden Leiber zu zerfallen.“ Eine solche Aussage zielt auf das Herz der Schrift. Paulus schrieb: „Wenn du mit deinem Mund bekennst: ‚Jesus ist Herr!‘, und *wenn du von ganzem Herzen glaubst, dass Gott ihn von den Toten auferweckt hat, dann wirst du gerettet werden*“ (Röm. 10,9). Kristallklar wird hier, dass die Annahme der Tatsache, dass Christus von den Toten auferstanden ist, eine Grundvoraussetzung für das Christsein darstellt.

Was meinen wir genau, wenn wir von „Auferstehung“ reden? Als „spirituelles Weiterleben“ bezeichnen es die Liberalen in der Kirche. Doch war es nicht nur der geistliche Teil von Jesus, der jenseits des Grabes weiterlebte, es war der ganze Christus. Sicher besaß sein Leib zusätzliche Kräfte und Möglichkeiten, doch war der physische Rahmen, der seinen Geist beherbergte, nachdem er das Grab verlassen hatte, derselbe wie der, mit dem er ans Kreuz genagelt wurde. „Schau dir meine Hände an“, forderte er den zweifelnden Thomas auf, „leg deine Hand in meine Seite – und glaube“ (s. Joh. 20,27). Der Schriftsteller und Bibellehrer Erich Sauer bringt es auf den Punkt: „So, wie es dem Leib unseres Herrn möglich war, sich zu verwandeln, ohne seine Identität zu verlieren, so war es ihm auch möglich, verunstaltet zu werden, ohne seine Identität zu verlieren.“

Dass wir da keinem Irrtum erliegen: Die Auferstehung war eine leibliche. Wenn nicht, gäbe es keine Erlösung.

Vater, wenn ich der Auferstehung nicht sicher wäre, wie könnte ich dann der Erlösung sicher sein? Und doch bin ich mir sicher, denn ich lebe in einem auferstandenen Christus. Weil er auferstanden ist, werde auch ich auferstehen. Der Tod ist überwunden worden. Halleluja!

Joh. 20,19-31; 21,1-13
1. Wie erschien Jesus den Jüngern?
2. Woran hatte Jesus Anteil?

Die Ohnmachts-Theorie

***„Gott hat ihn von den Toten auferweckt. Wir alle können es bezeugen.“** (V. 32)*

Zum Lesen & Nachdenken – Apostelgeschichte 2,29-41

Lassen Sie uns noch weiter der Frage nachgehen, die wir gestern gestellt haben: Was genau meinen wir mit „Auferstehung“?

Manche versuchen, die Auferstehung als Wiederbelebung zu erklären – eine Rückkehr ins Leben von einem *scheinbaren* Tod. Die, welche diese Sichtweise vertreten, bekennen sich zur so genannten „Ohnmachts-Theorie“, von der es zwei Ausprägungen gibt: Die eine gibt vor, dass Jesus nicht starb, sondern am Kreuz ohnmächtig wurde und dann, als er in das kühle Grab gelegt wurde, wieder zu Bewusstsein kam. Die andere Sicht besagt, dass er, nachdem er von dem Essig genommen hatte, der ihm auf seine Bitte „Mich dürstet“ gereicht wurde, praktisch betäubt wurde, eine Betäubung, die als Tod missdeutet wurde. Doch ist es ganz klar, dass unser Herr *tatsächlich* starb. Zur Begründung dieser Annahme versorgen uns die Evangelien mit medizinischen Fakten. Einer der Soldaten stach ihm in die Seite, woraufhin er „Blut und Wasser“ aus der Wunde austreten sah (s. Joh. 19,34). Ein Arzt kommentierte dies so: „Das *Pericardium* (die das Herz umgebende Hülle, der Herzbeutel) wurde angestochen und die farblose Flüssigkeit, die dann aus der Wunde austrat, bewies, dass das Leben erloschen war.“

War es wirklich ein genesener Jesus, der den Jüngern am ersten Ostertag entgegentrat? Hätte eine derart kraftlose, klägliche Gestalt sie überzeugen können, dass er gerade den Tod überwunden hatte und in Ewigkeit leben würde? Nein, er, der Meister, hat sich die Totenmaske vom Gesicht gerissen und in den Herzen und Gemütern der Jünger einen Eindruck hinterlassen, der sie in ihrem ganzen Dienst nicht mehr verlassen sollte. Er, der tot war, lebte nun – herrlich und strahlend.

O Vater, dessen Wesen die Wahrheit ist, würdest du uns eine Lüge aufbinden und uns glauben machen wollen, dass dein Sohn von den Toten auferstand, wenn das nicht der Fall wäre? Das kann ich nicht glauben. Das Leben, das ich lebe, ist Auferstehungsleben. Ich kann nicht in jemandem leben, der tot ist.

Lk. 24,1-53; Mk. 16,12
1. Wozu luden die Jünger Jesus ein?
2. Und wozu lud Jesus die Jünger ein?

Tag 50

Das Wahre und das Falsche

„Er hat dem Tod die Macht genommen … und das Leben ans Licht gebracht.“ (V. 10)

Zum Lesen & Nachdenken – 2. Timotheus 1,1-18

Einige der Weltreligionen versuchen, wenn sie mit dem verwirrenden Tatbestand der Wiederkehr Jesu von den Toten konfrontiert werden, dies mit Begriffen wie „Reinkarnation“ zu erklären. Ein Vertreter einer der östlichen Religionen sagt: „Die Auferstehung des Christus war tatsächlich eine Reinkarnation – eine andere Seele in einem anderen Leib.“ Ich hörte einmal, wie ein christlicher Prediger verkündete, dass Paulus' Bezugnahme auf Christus als den Erstgeborenen von den Toten (Kol. 1,18) ein klarer Hinweis auf die Reinkarnation gewesen sei. Es kann keinen Zweifel darüber geben, dass unser Herr einem jungfräulichen Schoß und einem jungfräulichen Grab entsprang. Doch wurde der Körper, der aus der Grabstätte heraustrat, nicht in dem Grab gewoben, so wie es sich mit dem kindlichen Leib in Marias Schoß verhielt. Der Körper war derselbe wie zuvor.

Andere versuchen die Auferstehung als ein Weiterleben in der Erinnerung anderer Menschen zu erklären. „Im Herzen und in den Gedanken derer, die wir lieben, weiter zu leben“, so ein oft benutzter Spruch bei Beerdigungen, „heißt, nicht zu sterben.“ Sicher muss man anerkennen, dass mancher derart kraftvoll gelebt hat, dass man kaum zu glauben vermag, dass er gestorben sein soll, selbst dann nicht, wenn man gerade an dessen Beerdigung teilnimmt. Wenn wir jedoch von der Auferstehung Jesu reden, dann meinen wir nicht, dass er nur in unserer Erinnerung weiterlebt. Erinnerung ist nicht gleichbedeutend mit Auferstehung.

Dem Leib, der am Kreuz starb und der dann am ersten Karfreitag in das kühle Grab gelegt wurde, wurde am ersten Ostermorgen auf wunderbare Weise Leben eingeflößt. So war das – buchstäblich und faktisch. Das ist es – nichts weniger und nichts anderes –, was wir meinen, wenn wir von der Auferstehung unseres Herrn von den Toten reden.

Vater, ich bin so dankbar, dass du, indem du deinen Sohn ins Leben zurückbrachtest, durch das Evangelium „Leben und Unverweslichkeit ans Licht“ gebracht hast. Ich weiß, dass das stimmt, denn in dir hat so etwas wie Tod keinen Platz. Das Leben ist uns sicher – so, wie du sicher bist. Amen.

Eph. 1,1-20; Röm. 4,25; 1. Kor. 15,3-5; 1. Thess. 4,13-15
1. Was war für Paulus von vorrangiger Wichtigkeit?
2. Was heißt das für die, welche das Auferstehungsleben erfahren haben?

Das Geheimnis wurde weggerollt

„Tod, wo ist dein Sieg? Tod, wo bleibt nun deine Macht?“ (V. 55)

Zum Lesen & Nachdenken – 1. Korinther 15,50-58

Die Beobachtung des Markus, dass der schwere Stein nicht mehr vor dem Grab lag (Markus 16, 3f), erscheint als eine ganz einfache Feststellung, doch verbirgt sich dahinter eine Wahrheit, deren Konsequenzen in positiver Weise Schwindel erregend sind. Die eine lautet, dass der Tod uns nicht länger einschüchtern kann. „Der Tod“, so sagte jemand, „ist das große Rätsel des Lebens. Menschlich gesprochen ist er das eine Geheimnis des Universums, das gewahrt bleiben wird, die Stille, die niemals gebrochen wird.“ Den Bedrückten und Verzweifelten mag der Tod als Freund erscheinen, der Zyniker und der Enttäuschte wird ihm gleichgültig entgegentreten, dem Gesunden und Fröhlichen kommt er als Feind – doch er kommt zu jedem. Der Tod ist wie ein großer Stein, der allen menschlichen Bestrebungen den Weg abschneidet.

Wie sicher können wir uns sein, dass das Leben nach dem Tod weitergeht? Welcher halbwegs bescheidene Mensch könnte in sich etwas finden, das es wert wäre, ewig Bestand zu haben? Die Fragen haben uns durch die Jahrhunderte hindurch beschäftigt. Der Tod ist ein Geheimnis – „das unentdeckte Land, aus dem nie ein Reisender zurückkehrte.“ Doch dann kam der erste Ostermorgen, der Stein wurde weggewälzt. Der erste Reisende kam zurück.

So ist der Tod nicht länger ein bodenloser Abgrund, sondern ein Tunnel mit Licht am anderen Ende. Wenn Menschen ihn bislang als Sackgasse gesehen haben, so dürfen sie jetzt anders darüber denken: Jetzt ist es eine Durchgangsstraße, eine Autobahn. „Der Tod ist tot, nicht Er!“, schrieb der Dichter. Das Geheimnis ist keins mehr. Der Stein, der am ersten Ostermorgen weggewälzt wurde, verschloss nicht nur das Grab. Unser Herr hat auch das Geheimnis des Todes für uns hinweggerollt.

Herr Jesus Christus, ich freue mich ohne Unterlass über deinen herrlichen, triumphalen Sieg über den Tod, denn dein Sieg ist mein Sieg. Hilf mir, dadurch zu leben, darin zu leben, dafür zu leben. Ich bin zutiefst dankbar, dankbar für immer. Amen.

Joh. 11,1-44; Mt. 16,21; Mk. 9,9; Joh. 2,19

1. Wann verkündete Jesus, dass er die Auferstehung und das Leben sei?

2. Was für Folgen hat das?

Tag 52

Kein Aus-, sondern ein Eingang

„… ein Engel Gottes kam vom Himmel herab, wälzte den Stein vor dem Grab beiseite …“ (V. 2)

Zum Lesen & Nachdenken – Matthäus 28,1-15

War es, damit unser Herr aus dem Grab heraustreten konnte, wirklich notwendig, dass der Stein weggewälzt wurde? Mittels seines Auferstehungsleibes war es dem Herrn ein Leichtes, durch geschlossene Türen zu gehen, so wie er etwa zu den Jüngern gelangte, als sie sich versteckten. Der Stein ist nicht deshalb weggerollt worden, damit der Herr hinaus-, sondern damit die Jünger hineingelangen konnten. Es war nicht als Ausgang, sondern als Eingang gedacht. Wie es ein Prediger ausdrückte: „Gott rollte den Stein nicht beiseite, damit Jesus auferstehen konnte, sondern damit wir wissen: Er ist auferstanden, damit wir einen Blick ins Grab werfen und den Platz sehen könnten, wo sie ihn hingelegt hatten.“

Als ich noch ein junger Christ war, sagte mein Pastor zu mir: „Angenommen, wir würden in einem Haus ohne Strom leben und unser junger Neffe hätte sich angekündigt, das Wochenende bei uns zu verbringen. Weiter angenommen, dass sich in dem Raum, in dem wir den Jungen schlafen legen, eine dunkle Ecke befindet, in der, verborgen hinter einem Vorhang, Dinge wie etwa Reisekoffer gelagert würden. Und schließlich nehmen wir an, dass das Kind, als wir den Raum mitsamt des Lichts verlassen wollen, zögernd bekennt, dass es Angst hat, hinter dem Vorhang könnte sich etwas befinden, das ihm Schaden zufügen möchte. Was würden wir tun? Wir gehen zu dem Vorhang, ziehen ihn zur Seite, leuchten den düsteren Winkel aus und sagen: ‚Schau her, nichts, vor dem du dich fürchten müsstest.‘“

Den Vorgang beiseite schieben heißt, die Angst verjagen. Darum hat Gott den Stein weggewälzt. Für die Auferstehung war das nicht nötig, wohl aber für deren Proklamation.

Herr Jesus, hättest du an der letzten Hürde aufgegeben, wärst du an der Schranke des Todes gescheitert, dann wären auch wir gescheitert. Doch jetzt überschreiten wir diese Schranke mit dir. Nichts kann uns aufhalten. Amen.

Hebr. 10,1-22; Röm. 5,1-2; Eph. 2,18; 3,12; Ps. 24,3-4
1. Warum können wir in das Allerheiligste eintreten?
2. Was hält uns oft davon ab, hinzuzutreten?

Ein herrliches Auferstehen

„Du wirst den, der zu dir gehört, nicht der Verwesung überlassen.“ (V. 35)

Zum Lesen & Nachdenken – Apostelgeschichte 13,16-41

Wir wollen uns noch einen Tag mit den Folgen befassen, die sich aus dem Wegrollen des Steins ergeben. Was offenbarte der weggewälzte Stein? Los, folgen wir den Frauen in das Grab. Das war nur ein großes, in den Felsen gehauenes Loch. Was sehen Sie? Nur die Stelle, an der er gelegen hatte. Alles, was noch geblieben war, waren die Grabtücher. Petrus sah „die Leinentücher zusammen mit dem Tuch, das den Kopf Jesu bedeckt hatte“ (Joh. 20,6). Einige Gelehrte sagen, dass das griechische Wort, das den Kopfverband beschreibt, andeutet, dass es immer noch die runde Form hatte, also immer noch Jesu Kopfform abbildete. Sehen Sie, was das nahe legt? Er entschwand durch die Tücher, ohne dass diese abgewickelt werden mussten. Es bedurfte keines arbeitsintensiven Auswickelns. Dies war ein herrliches Auferstehen!

Ohne Auferstehung hätten die Grabtücher niemals so aussehen können. Wäre der Kopfverband weggerissen worden, hätte sich ein ganz anderes Bild dargeboten. Offensichtlich haben wir es mit der einfachen, doch ungeheuren Tatsache zu tun, dass Jesus die Grabtücher hinter sich gelassen hat, ohne dass diese abgewickelt werden mussten – ein Umstand, der die ersten Besucher des Grabes überzeugte, dass sie Zeugen einer Auferstehung gewesen sind.

Meinen Sie, dass ein Grab kalt und unheimlich sein muss? Nicht so das Grab unseres Herrn. Nein, das ist still und friedlich. Unser gekreuzigter Gott ruhte Stunde um Stunde auf einem kühlen Bett aus Fels. Um die Dichterin Alice Meynell zu zitieren:

Ganz allein … auferstand er hinter dem Stein.

O Jesus, du gehst Problemen nicht aus dem Weg, sondern stellst dich ihnen. Alles, was ich zu gewärtigen habe, hast auch du gesehen, den Tod nicht ausgenommen. Und du gingst mitten hindurch, nicht drum herum. Du überwandest den Tod, indem du mitten hindurchschrittst. Und weil ich in dir bin, überwinde ich auch. Amen.

Ps. 16,1-11; Mt. 28,9-10
1. Was umklammerten die Frauen?
2. Was passierte dann?

Der Vorraum zur Herrlichkeit

„… er hat Christus von den Toten auferweckt und ihm den Ehrenplatz an seiner rechten Seite [gegeben].“ (V. 20)

Zum Lesen & Nachdenken – Epheser 1,15-23

Junge, gerade zum Glauben gekommene Christen fragen häufig: „Warum ist die Auferstehung so wichtig? Wie kann eine Begebenheit, die 2000 Jahre zurückliegt, für uns noch eine Bedeutung haben?“ Drei einfache Feststellungen (die nicht von mir stammen) führen zum Kern der Sache. Erstens: *Die Auferstehung versichert uns der Vergebung*. Vergebung ist eines der größten Bedürfnisse der Menschheit. Jack Winslow sagt in seinem Buch *Confession and Absolution*, dass der Leiter einer psychiatrischen Klinik in England einmal bemerkt hätte, dass er glatt die Hälfte seiner Patienten entlassen könnte, wenn man ihnen versichern könnte, dass ihnen vergeben sei. Die Auferstehung ist der überzeugende Nachweis, dass das Opfer Jesu am Kreuz angenommen wurde, und damit ist uns die Gewissheit gegeben, dass unsere Sünden vergeben wurden.

Zweitens: *Die Auferstehung ist Beweis für die Macht Gottes*. Vergebung ist eine Sache, die Kraft, entgegen der Macht der Sünde zu leben, eine ganz andere. „Menschen mögen ihre Wege ändern können“, schreibt ein nichtchristlicher Autor, „doch ihren Charakter vermögen sie nicht zu ändern.“ Doch – Gott kann den menschlichen Charakter verändern. Das tat er beim Apostel Paulus, bei Petrus und bei unzähligen anderen. Paulus’ Gebet in unserem heutigen Abschnitt nimmt darauf Bezug – dass wir begreifen mögen, welche Kraft durch die Auferstehung in der Welt freigesetzt wurde.

Drittens: *Die Auferstehung macht uns des letztendlichen Triumphes Gottes sicher*. Andere Religionen und Ideologien haben eine vage Vorstellung von der Zukunft. Einige glauben an den ewigen Kreislauf der Reinkarnationen, andere ans *Nirwana*. Die Christen hingegen haben eine andere Hoffnung. Für den Gläubigen ist der Tod nur der Vorraum zur Herrlichkeit.

Vater, an dieser Stelle müssen die Diskussionen verstummen, jetzt geht es um Hingabe. Du hast soviel für mich getan. Ich möchte mich dir tiefer als bisher hingeben, um in der Kraft deiner Auferstehung zu leben. Hilf mir, lieber Vater. In Jesu Namen. Amen.

Eph. 2,1-10; Röm. 8,11; Kol. 3,1
1. In welchem Maße erfahren wir das Auferstehungsleben?
2. Zu welchen Höhen erhebt uns das Auferstehungsleben?

Auferstanden ... und verherrlicht

„... wurde er vor ihren Blicken emporgehoben, und eine Wolke nahm ihn auf vor ihren Augen weg.“ (V. 9; REÜ)

Zum Lesen & Nachdenken – Apostelgeschichte 1,1-11

Bevor wir unsere Betrachtungen über die Einzigartigkeit des Christentums beschließen, müssen wir noch auf die Auffahrt unseres Herrn zum Himmel eingehen. Für die Beschreibung der Rückkehr Jesu zum Thron Gottes ziehe ich den Begriff „Verherrlichung“ dem der „Auffahrt“ vor, denn genau das war es – eine Verherrlichung. In unserer gestrigen Passage (Eph. 1,20-21) weist Paulus darauf hin, dass unser Herr nach seiner Auferstehung hoch über alle möglichen Rivalen erhöht wurde: „hoch (man beachte das „hoch“) über jede Gewalt und Macht und Kraft und Herrschaft und jeden Namen, der nicht nur in diesem Zeitalter, sondern auch in dem zukünftigen genannt werden wird“ (REÜ). Jesus ist an den höchsten Platz befördert worden, und es ist diese „Vorrangigkeit“, die der Vater ihn auf ewig genießen lassen möchte.

Diese erregende Wahrheit stellt den Gebrauch des Wortes „Vorrangigkeit“, das Christen meist beim Vergleich verschiedener Religionen gebrauchen, in die richtige Perspektive. Wir müssen diesen Ausdruck mit Bedacht verwenden. Eine Vorrangigkeit in Bezug auf Menschen anderer Glaubensrichtungen beanspruchen zu wollen zeigt nichts anderes als Unhöflichkeit und Arroganz. Hören wir John Stott dazu: „Es ist nicht ‚das Christentum‘ als wahrnehmbare Institution oder System, für das Christen die Vorrangigkeit in Anspruch nehmen. Es geht dabei um Christus – und nur um Christus. Wir sollten uns nicht scheuen, ganz offen zu bekennen, dass Christus den Vorrang vor allen anderen religiösen Führern hat, und zwar genau deshalb, weil er sich als Einziger aus Liebe bis zum Kreuz gedemütigt hat. Darum hat Gott ihn ‚über‘ jede Person, jeden Rang, jeden Titel erhoben.“

Wenn Gott ihm diese vorrangige Stellung eingeräumt und ihn so geehrt hat, dann sollte ihm von uns dieselbe Ehre zukommen.

Herr Jesus, ich ehre dich, ja, ich ehre dich. Möge dir deine Gemeinde heute und für immer die Ehre geben, die dir rechtmäßig und in so reichem Maße gebührt. Dein herrlicher Name sei für immer gepriesen. Amen.

Mk. 16,9-19; Ps. 68,19; Lk. 24,50-51; Phil. 2,9; 1. Petr. 3,22
1. Was tat Jesus, als er auffuhr?
2. Was tat Jesus, nachdem er aufgefahren war?

Tag 56

Kein Kreuz ohne Krone

„Jetzt ist er Herr über den Himmel und erfüllt das ganze Weltall mit seiner Macht.“ (V. 10)

Zum Lesen & Nachdenken – Epheser 4,1-16

In seiner Autobiografie *A King's Story* schildert der Duke of Windsor eine seltsame Begebenheit, die sich beim Begräbnis seines Vaters, König Georg V., ereignete. Er beschreibt, wie der Leichnam seines Vaters auf einer Lafette durch die menschengesäumten Straßen Londons gefahren wurde, als eine Panne passierte, welche nur die registrierten, die ganz nah dabeistanden.

Die königliche Krone, die man aus dem Tower herbeigebracht hatte, war auf dem Sargdeckel, der von der königlichen Flagge bedeckt war, befestigt worden. Trotzdem fiel, bedingt durch das Schwanken der Lafette, das Malteserkreuz, das die Krone ziert, herunter. „Plötzlich“, berichtet der Duke, „nahm ich im Augenwinkel ein Aufblitzen auf dem Straßenpflaster wahr. Einer der Marinesoldaten, der hinter der Lafette marschierte, hob das Kreuz auf und überreichte es seinem Vorgesetzten mit den Worten: ‚Sir, dieses Kreuz ist heruntergefallen. Es muss wieder befestigt werden.‘ Der Offizier war angesichts dieses Zwischenfalls etwas irritiert und entgegnete: ‚Muss es jetzt gleich wieder befestigt werden?‘ ‚Jawohl, Sir‘, war die prompte Antwort des Matrosen, ‚ohne das Kreuz ist die Krone niemals vollständig.‘“

Das Gegenteil ist – christlich ausgedrückt – ebenso wahr: *Das Kreuz ist ohne die Krone niemals vollständig.* Der Versöhnung folgte unausweichlich die Himmelfahrt, der Kreuzigung folgte die Krönung. Ein Schreiber sagt: „Man spürt bei einigen Verkündigern eine gewisse Verlegenheit in Bezug auf die Himmelfahrt. Sie scheuen vor dem Thema zurück oder tun es kurzerhand als Mythos oder triumphalistisches Gleichnis ab.“ Doch ohne die Himmelfahrt gäbe es kein Evangelium. Ohne Krone wäre das Kreuz nicht vollständig.

O Vater, wie kann ich dir ausreichend danken, dass die Erlösung vollständig ist? Es gibt nichts, was neben dem, was getan ist, noch getan werden müsste. Deine Krönung buchstabiert es uns ganz klar. Ich bin zutiefst dankbar. Amen.

Hebr. 1,1-9; Lk. 22,69; Kol. 1,18
1. Was sagt Gott, der Vater, über den Sohn?
2. Was sagt Gott, der Vater, zu seinem Sohn?

Christus – unser Vorläufer

„Dorthin ist uns Jesus vorausgegangen.“ (V. 20)

Zum Lesen & Nachdenken – Hebräer 6,1-20

Unter all den Aspekten im Zusammenhang mit der Himmelfahrt unseres Herrn sticht einer besonders hervor: dass Christus unser Vorläufer ist. Ein Vorläufer im Wortsinne, jemand mit Vorsprung. Das genau ist der Begriff, den unser heutiger Text in Bezug auf den entscheidenden Dienst unseres erhöhten Herrn verwendet.

Unsere Übersetzung gibt das griechische Wort *prodromos* (Vorläufer) mit „vorausgegangen“ wieder. Aus meiner Sicht ist diese Übersetzung nicht ganz so klar wie die vieler anderer Bibelausgaben, die eben dieses Wort „Vorläufer“ benutzen. Das Wort „Vorläufer“ zeigt uns das Bild von Christus als dem himmlischen Vorreiter, der „viele Söhne zur Herrlichkeit führte“ (Hebr. 2,10; REÜ). Das erinnert uns auch an die Bitte aus dem hohepriesterlichen Gebet: „Vater, ich möchte, dass alle, die du mir gegeben hast, bei mir bleiben. Sie sollen an meiner Herrlichkeit teilhaben“ (Joh. 17,24).

Henry Longfellow beschrieb es in seiner *Golden Legend* so:

Als Christus auffuhr,
triumphierend, von Stern zu Stern,
da ließ er die Tore des Himmels angelehnt!

So sehr ich Longfellow auch mag, da kann ich nicht ganz zustimmen. Unser Herr ließ die Tore des Himmels nicht nur angelehnt, sondern weit geöffnet. Eines der Glaubensbekenntnisse drückt das wesentlich klarer aus: *Als du die Härte des Todes überwunden hattest, öffnetest du jedem Gläubigen das Königreich der Himmel.* Was auch immer uns die Zukunft bringt, wir, die wir zu Christus gehören, dürfen sicher sein: Unser Herr stieg zum Himmel hinauf – und wir werden ihm folgen.

Vater, ich sehe, dass es nicht nur im Leben deines Sohnes eine Himmelfahrt gab, sondern dass es auch im meinem eine geben wird. Nach deinem Wort werde ich „entrückt werden in den Wolken“ und dann für immer bei dir sein. Herr Jesus, komme bald! Amen.

Joh. 17,1-26; 1,12; Gal. 4,7; 1. Kor. 15,39-44
1. Was macht das „Sohn-Sein“ aus uns?
2. Wohin treten wir durch den Tod ein?

Tag 58

„Jesus? Ja. Kirche? Nein."

„Als Botschafter Christi fordern wir euch auf: Lasst euch mit Gott versöhnen!" (V. 20)

Zum Lesen & Nachdenken – 2. Korinther 5,11-21

Nachdem wir wesentliche Aspekte der Einzigartigkeit unseres Glaubens beleuchtet haben, müssen wir uns, bevor wir zum Schluss kommen, noch einige andere Dinge vor Augen führen.

Christ sein bedeutet nicht, dass alle anderen Religionen absolut falsch liegen. So wie es C. S. Lewis ausdrückt: „Wenn Sie Atheist sind, dann müssen Sie glauben, dass es sich bei dem, was als Kern sämtlicher Religionen gilt, schlichtweg um einen großen Fehler handelt. Als Christ jedoch haben Sie die Freiheit anzunehmen, dass alle Religionen – und seien sie noch so verschroben – wenigstens eine Spur von Wahrheit in sich bergen. Doch Christ sein heißt auch davon auszugehen, dass, wo es Unterschiede zwischen Christentum und anderen Religionen gibt, das Christentum richtig liegt und die anderen falsch. Wie bei der Addition in einer Rechenaufgabe gibt es nur eine richtige Antwort, die anderen sind falsch. Doch liegen einige falsche Antworten näher an der Wahrheit als andere."

Wenn wir auch nicht davon abrücken, was wir glauben, so sollten wir denen, die einen anderen Glauben vertreten, doch mit einer liebevollen Haltung begegnen. In einer Stadt im Norden Großbritanniens versammelte sich vor einer Kirche eine Gruppe von Moslems, die skandierten: „Jesus? Ja. Kirche? Nein." Diese Demonstration hatte ihren Ursprung darin, dass Geistliche und Mitglieder besagter Kirche tausende von Briefkästen der Umgebung mit Flugblättern bestückt hatten, auf denen es hieß: „Der Islam ist vom Teufel – nur das Christentum ist von Gott!" Wir können in unserem Glauben Leidenschaft zeigen, ohne anderen Menschen gegenüber unhöflich sein zu müssen. Wir mögen mit dem, was andere glauben, nicht übereinstimmen, doch müssen wir bei allem Widerspruch doch liebenswürdig bleiben. Wie es ein Prediger so schön auf den Punkt brachte: „Um jemanden zu gewinnen, müssen wir gewinnend sein."

Vater, unser Text zeigt mir, dass ich Menschen anflehen soll, zu dir zu kommen – und sie nicht abschrecken soll. Mach aus mir einen standfesten und zugleich liebenden Zeugen – jemanden, der in aller Meinungsverschiedenheit nicht unangenehm wird. Das bitte ich in Jesu Namen. Amen.

1. Kor. 9,19-27; Röm. 10,1; Mt. 10,16
1. Wie ging Paulus an die Menschen heran?
2. Und welche Haltung sollten die Jünger einnehmen?

Allgemeine Offenbarung

„Durch ihn allein leben und handeln wir." (V. 28)

Zum Lesen & Nachdenken – Apostelgeschichte 17,16-34

Gott handelt nicht nur in der Gemeinde, sondern auch in der Welt und an denen, die sich an andere Religionen halten. Christen glauben, dass sich Gott – wie in der Schrift beschrieben – in Jesus auf einmalige Weise offenbart hat und dass es darüber hinaus nichts zu offenbaren gibt. Doch soll das heißen, dass sich Gott nur für die Christen interessiert? Weit gefehlt. Eine der Aussagen in unserem heutigen Abschnitt lautet: „Er ist jedem von uns so nahe" (V. 27). Durch die Schöpfung haben alle Männer und Frauen ihren Ursprung in Gott, in ihm „leben, weben und sind sie".

Christen glauben, dass sich, weil Jesus das Licht der Welt ist – wie es Johannes im vierten Evangelium beschreibt: „das wahre Licht, das alle Menschen erleuchtet" – alle Schönheit und Wahrheit von ihm ableitet, auch, wenn sich viele Menschen dessen nicht bewusst sind. Theologen bezeichnen das als „allgemeine Offenbarung" – die Freundlichkeit Gottes zeigt sich allen Menschen, selbst wenn sie ihn nicht kennen. Das darf allerdings nicht mit der rettenden Gnade verwechselt werden, welche die Freundlichkeit und das Erbarmen Gottes darstellt, die er denen zuteil werden lässt, die das Opfer, das sein Sohn am Kreuz dargebracht hat, demütig annehmen.

Ganz sicher haben die, welche zu anderen Religionen gehören, ein tiefes Interesse an Gott, so, wie es auch bei uns der Fall sein sollte. Das sollte sich darin erweisen, wie wir mit ihnen reden, mit ihnen umgehen und für sie beten. Es gibt keine bessere Art und Weise, eine Diskussion mit dem Angehörigen einer anderen Religion abzuschließen, als zu sagen (und es so zu meinen): „Gott liebt dich. Und ich auch."

O Herr, könnte es sein, dass du manchmal auf dem Weg, andere zu dir zu bringen, durch uns behindert wirst, weil uns mehr daran gelegen ist, eine Diskussion statt eine Seele zu gewinnen? Flöße uns deine Liebe ein, Golgatha-Liebe. In Jesu Namen bitten wir. Amen.

Mt. 5,38-48; Hiob 34,18-19; Apg. 10,34-35
1. Wie beschreibt Jesus die „allgemeine Offenbarung"?
2. Was verkündete Petrus?

Tag 60

Drei wichtige Tatsachen

„Nun sind wir alle hier … und wollen hören, was du uns im Auftrag des Herrn zu sagen hast.“ (V. 33)

Zum Lesen & Nachdenken – Apostelgeschichte 10,23-48

Wenn, wie die Schrift darlegt, Jesus der einzige Weg ist, was ist dann mit den Menschen anderer Religionen? Zunächst muss uns klar sein, dass es so etwas wie Selbsterlösung nicht gibt. Niemand kann durch seine Religion, Ernsthaftigkeit oder guten Werke Errettung erlangen. Zweitens ist Jesus der einzige Weg zum Vater und der einzige Erlöser. Unser Herr sagt selbst: „Ohne mich kann niemand zum Vater kommen“ (Joh. 14,6). Hier enden alle Diskussionen.

Drittens: Wir wissen nicht, wie viel Wissen und Verständnis des Evangeliums ein Mensch bedarf, um Gott um Gnade und Rettung anzurufen. Im Alten Testament wurden Menschen durch den Glauben gerechtfertigt, obwohl sie kaum etwas von Christus wussten und erwarteten. Ich glaube, dass, wenn Leuten bewusst wird, dass sie sich selbst nicht retten können und sich ganz auf Gottes Gnade verlassen müssen, Gott sich ihnen irgendwie offenbart und sie durch seinen Sohn mit dem rettenden Wissen bekannt macht. Ich bin vielen Menschen anderer Religionen begegnet, die erkannt hatten, dass sie sich nicht selbst retten konnten, die aber nach Erlösung lechzten. Auf erstaunliche Weise wurden sie von Gott durch ein Buch, ein Traktat oder eine Kassette zu der Erkenntnis gebracht, wie man Gott durch Jesus begegnen kann.

Soll das heißen, dass wir uns über die Verbreitung des Evangeliums keine Gedanken machen brauchen? Sicher nicht, denn es ist viel einfacher zu glauben, wenn man vorher gehört hat. Auf wunderbare Weise hat Gott das Evangelium zu Kornelius kommen lassen, und so wird er sich auch um die bemühen, die den Gedanken an Selbsterlösung aufgegeben haben und wegen der Errettung allein nach ihm Ausschau halten.

O Vater, damit habe ich einen Blick auf den Eifer erhascht, mit dem du alle die retten willst, die dir durch den Sohn nahen. Möge mich das anspornen, mehr denn je meine Rolle bei der Verbreitung des Evangeliums einzunehmen. In Christi Namen bete ich. Amen.

Joh. 6,47-69; Eph. 2,19-21; 1. Petr. 2,6
1. Was war die Schlussfolgerung des Petrus?
2. Wie beschreibt Paulus Christus?

Das Christentum ist einzigartig

„Ohne mich kann niemand zu Vater kommen." (V. 6)

Zum Lesen & Nachdenken – Johannes 14,1-14

Wir stellen noch einmal fest: *Das Christentum ist einzigartig*. Es ist in dem Sinne einzigartig, als es den göttlich vorgeschriebenen Weg aufzeigt, auf dem wir in Gemeinschaft mit dem wahren und lebendigen Gott kommen können. Es gibt nur einen Weg, nur einen Namen, nur einen Gott, nur einen Herrn, nur einen Mittler.

Dieser Anspruch der Einzigartigkeit des Christentums entspringt nicht der Arroganz, sondern schlichten empirischen Tatsachen. Willem Visser't Hooft sagte in seinem Buch *No Other Name*: „Ohne das einzigartige Ereignis gibt es keine Universalität." Einzigartigkeit und Universalität gehen Hand in Hand, deshalb, weil Gott den Herrn Jesus auf den höchsten Platz im Universum erhöht hat, „hoch über alle Mächte und Gewalten". Er hat ihm den einzigartigen Namen „Herr" gegeben, damit er jedem anderen Namen weit überlegen sei. Auch darum wird sich jedes Knie vor ihm beugen müssen.

Und genau aus diesem Grund, weil Jesus der einzige Retter ist, stehen wir in der Pflicht, ihn so vielen Menschen wie nur irgend möglich zu verkündigen. Egal, in welchem Kulturkreis wir leben, wir müssen bestrebt sein, Jesus bekannt zu machen. Wir müssen uns der Richtung in der heutigen Kirche entgegenstellen, die sich anschickt, das Evangelium zu „modernisieren", indem sie sagt: „Lasst uns alle Religionen als vor Gott authentisch anerkennen und nicht versuchen, Menschen von ihrer Religion weg zu bekehren. Vielmehr wollen wir sie ermutigen, dort bessere Nachfolger zu sein." Schert diese Menschen die Ehre Jesu nicht? Kümmert es sie nicht, wenn Jesus nur als ein Retter unter vielen angesehen wird, anstatt, wie Gott es sagt, als der *einzige* Retter? *Kein wahrer Christ kann jemals Christus anbeten, ohne sich daran zu erinnern, dass es andere noch nicht tun.*

Vater, hilf mir zu verstehen, dass es nicht reicht, nur etwas über den Glauben, zu dem du mich durch deine Gnade geführt hast, zu wissen. Ich muss auch bestrebt sein, ihn anderen mitzuteilen. Hilf mir, jede Gelegenheit zu ergreifen, um anderen den Weg zu zeigen. In Jesu Namen. Amen.

Mt. 7,15-21; Apg. 20,25-31
1. Wovor warnt Jesus?
2. Womit beauftragte Paulus die Ältesten aus Ephesus?

Auf der Suche nach Sinn

Schweigen!

„Alles ist vergänglich und vergeblich, sagte der Prediger, nichts hat Bestand, ja, alles ist völlig sinnlos.“ (V. 2)

Zum Lesen & Nachdenken – Prediger 1,1-2

Heute beginnen wir mit dem Studium des Buches, das als „das gefährlichste Buch der Bibel“ bezeichnet wurde – das Buch Prediger. Warum „gefährlich“? Weil man darin mit der absoluten Sinnlosigkeit des Versuchs konfrontiert wird, Befriedigung und Sinn in zeitlichen Dingen zu finden. Diese Entdeckung kann für manche Leute bedeuten, sich gleich gänzlich aus dem Leben verabschieden zu wollen. Eine alte jüdische Überlieferung besagt, dass, als sich die Schriftgelehrten trafen, um den Kanon des Alten Testaments zusammenzustellen, diese heiß diskutierten, ob man ein solches Buch, das so voller Zynismus und Zweifel ist, aufnehmen dürfe. Doch behielten Gebet und Weisheit die Oberhand, und so nahm man es auf. Obwohl es unter den Gelehrten umstritten ist, glaube ich, dass Salomo der Autor des „Predigers“ ist.

Die Zentralbotschaft des Buches tritt uns schon im Eingangsvers entgegen: „Alles ist vergeblich.“ Die Erkenntnis der Sinnlosigkeit des Lebens ist der erste Schritt zu einer Begegnung mit Gott. Ich hörte einmal jemanden sagen, dass der Prediger das erste Buch der Bibel sei, das man lesen sollte – weil es einen zum Schweigen bringt. Wenn wir mit der Klarheit eines Salomo erkennen, dass die Welt uns nicht mit dem versorgen kann, wofür unsere Seelen geschaffen wurden, dann werden wir uns eher der Quelle allen Glücks zuwenden – dem ewigen Gott selbst.

Einer der Gründe, warum manche von uns Gott nicht so gut kennen, ist der, dass wir nie so recht von der Nutzlosigkeit des Unterfangens, das Leben in *Dingen* zu finden, überzeugt waren. Wir wurden nicht zum Schweigen gebracht. Lassen Sie sich vom Prediger zum Schweigen bringen, in dieser Stille mögen Sie dann ein tieferes Bewusstsein Gottes erfahren.

Gott, mein Vater, wenn es meine Seele bedarf, zum Schweigen gebracht zu werden, dann gebrauche dein Wort noch einmal, um diesen Auftrag zu erfüllen. Mache, was immer nötig ist, damit ich erkenne, dass alles, wonach meine Seele verlangt, letztlich nur in dir gefunden werden kann. Amen.

Eph. 4,14-19; 1. Chr. 29,15; Hiob 7,6
1. Was sollten die Epheser nicht tun?
2. Wie beschrieb Hiob seine Tage?

Leben ohne Gott

„Generationen kommen und gehen, nur die Erde bleibt für alle Zeit bestehen.“ (V. 4)

Zum Lesen & Nachdenken – Prediger 1,3-7

Francis Schaeffer schrieb einmal, dass es Zeiten gäbe, „in denen es einer negativen Botschaft bedarf, bevor etwas Positives anfangen kann“. Das ist die Zusammenfassung des Buches Prediger. Es versucht zunächst, uns angesichts der Sinnlosigkeit des Lebens zum Schweigen zu bringen, bevor es unseren Blick dann auf die einzige, eine Realität lenkt – Gott. In unserem heutigen Abschnitt macht sich der Autor daran, uns den unleugbaren Fakten auszusetzen, an denen sich die Sinnlosigkeit und die Leere des Lebens manifestiert, um uns zu zeigen, dass wir woanders als in der uns umgebenden Welt nach dem Wasser, nach dem unsere Seele verlangt, suchen müssen.

Drei Dinge werden über das Leben ohne Gott ausgesagt: Es ist langweilig, flüchtig und wiederholt sich ständig. „Der Mensch plagt sich ab …, doch was bringt es ihm ein?“, fragt Salomo. Mancher mag es, für seinen Lebensunterhalt arbeiten zu müssen, die meisten jedoch nicht. Sie schauen zur Uhr, hängen Tagträumen nach, machen Gedankenspiele, alles nur, um die Zeit bis zum Feierabend totzuschlagen. Wenn wir unsere Arbeit nicht als etwas ansehen, das die Kreativität Gottes nachahmt, dann kann sie überaus langweilig werden. „Generationen kommen und gehen“, sagt Salomo. Das Leben erscheint so flüchtig. Wie klein und unbedeutend lässt es uns erscheinen. Und dann bedenke dies, fährt Salomo fort. Jeden Morgen geht die Sonne auf, um abends wieder unterzugehen, am nächsten Morgen dasselbe … und am nächsten … und am nächsten. Immer wiederholt sich das Leben. Wie der Wind. Woher kommt er, wo geht er hin?

Natürlich besteht das Leben auf der Erde nicht nur aus Hoffnungslosigkeit und Trübsinn, doch wer kann sich dem Schluss widersetzen, dass dieser Erde irgendetwas anhaftet, das uns unbefriedigt lässt?

Gütiger und liebender himmlischer Vater, treibe mir diese Wahrheit tief in meinen Geist, dass ich durch dich und für dich geschaffen wurde und dass mein Herz niemals zufrieden sein wird, solange es nicht von dir erfüllt ist. Erfülle jeden leeren Platz in mir. In Jesu Namen. Amen.

Jak. 4,1-15; Hiob 9,25; Ps. 39,5
1. Welche Frage stellt Jakobus?
2. Wie sollten wir antworten?

„Passe dein Leben nicht an“

„Es gibt nicht Neues unter der Sonne.“ (V. 9)

Zum Lesen & Nachdenken – Prediger 1,8-11

Es ist erstaunlich, wie viele Christen das Buch Prediger noch nicht gelesen haben. Eine Frau sagte mir einmal, dass das Buch Prediger das einzige in der Bibel sei, das sie nicht lesen könne. „Dieser Pessimismus und die Düsterkeit stoßen mich ab“, erklärte sie. Doch steht hinter dem ganzen Pessimismus und der Düsterkeit eine Absicht. Dr. Cynddylan Jones, ein bekannter walisischer Prediger, drückte es so aus: „Kein Christ ist je wirklich bereit, sich für Gott zu öffnen, wenn er nicht gepackt wurde, so, wie der Prediger durch die Ziellosigkeit und Leere des Lebens gepackt wurde. Erst wenn wir sehen, wirklich klar sehen, dass das Leben nicht in dieser Welt gefunden wird, werden wir bereit sein, uns näher zu Gott zu bewegen.“

Es ist interessant zu beobachten, dass die meisten Philosophen, wenn sie der Wahrheit ins Gesicht schauen, zu denselben Schlussfolgerungen kommen wie Salomo. Malcolm Muggeridge etwa sah die Welt in der Zeit, bevor er zu Gott fand, als eine „nie endende Oper“ an. Ein Graffiti an den Mauern der Universität von Bath war noch etwas näher dran: „Passe dein Leben nicht an, der Fehler liegt in der Realität.“

Ich denke, ich kenne einen der Gründe, warum sich Salomo derart deutlicher Illustrationen bediente. Er wusste um unser Bemühen, einer Begegnung mit der Realität auszuweichen. Leben „unter der Sonne“, so sagte er uns, kann langweilig, flüchtig, tretmühlenartig und leer sein. Leben „unter der Sonne“ wird nie eine wahre Bedeutung haben, solange wir nicht mit dem in Kontakt kommen, der *über* der Sonne ist. Die, welche versuchen, Sinn ohne den Schöpfer zu finden, müssen das Leben unausweichlich als eine „nie endende Oper“ ansehen. Wen wundert's?

Gütiger, liebender Vater, bring mich von dem Gedanken ab, dass das Leben „unter der Sonne“ gefunden werden könnte. Gib, dass ich von der Wahrheit gepackt werde, dass Leben, wahres Leben, niemals in der Horizontalen, sondern nur in der Vertikalen – in dir – gefunden werden kann. Amen.

Jes. 55,1-13; Joh. 4,13-14
1. Welche Frage stellt Jesaja?
2. Für welches Heilmittel tritt er ein?

Tag 65

Bildung ohne Gott

„Je größer die Weisheit, desto größer der Kummer; und wer sein Wissen vermehrt, der vermehrt auch seinen Schmerz.“ (V. 18)

Zum Lesen & Nachdenken – Prediger 1,12-18

Gestern sagten wir, dass Salomo deshalb so eindrückliche Bilder benutzt, weil er unsere Abwehrhaltung gegenüber der Realität durchbrechen will. Es war T. S. Eliot, der bemerkte, dass „die Menschheit nicht viel Realität ertragen kann“. Psychologen warnen uns, Vorsicht walten zu lassen, wenn wir Menschen ihrer Schutzschilde berauben, denn zerbrechlichere Naturen laufen Gefahr, in Depressionen abzurutschen, wenn sie zu abrupt mit der Realität konfrontiert werden. Den Autor des Buchs Prediger scheint das nicht zu scheren; ein ums andere Mal und mit tiefer Überzeugung sagt er uns, dass das „Leben unter der Sonne“ sinnlos ist.

Im vor uns liegenden Text beschreibt er, wie ihn seine Entschlossenheit, den Lebenssinn zu finden, ins Studium trieb. Doch das Studium, und damit der Versuch, dem Universum über intellektuelle Anstrengungen einen Sinn abzugewinnen, erweist sich als ebenso vergeblich. Salomo vergleicht das mit dem Versuch, den Wind einzufangen, „Haschen nach Wind“ (V. 17).

Leben, wahres Leben, kann nicht allein durch Bildung und verstandesmäßige Anstrengung gefunden werden. Um noch einmal Muggeridge zu zitieren: „Bildung – zu allen Zeiten ein großer Popanz und Betrug“, so sagt dieser hochgebildete Mann, „gibt vor, uns für das Leben tüchtig zu machen und wird als Allheilmittel verschrieben, angefangen bei jugendlicher Pflichtvergessenheit bis hin zu vorzeitiger Senilität. In der Hauptsache dient sie dazu, die Dummheit zu erweitern, Eigendünkel aufzublasen, Leichtgläubigkeit zu vergrößern und diejenigen, auf die sie zielt, der Gnade einer Gehirnwäsche mittels Druckerpressen, Radio und Fernsehen auszusetzen …“ Lloyd George bringt es mit seiner beißenden Bemerkung auf den Punkt: „Bildung ohne Gott bringt schlaue Teufel hervor.“ Wer wird das leugnen wollen?

Gott, bewahre mich vor dem Fehler zu glauben, dass das Leben in tiefgründigem Denken zu finden ist. Hilf mir zu sehen, dass man Leben zuallererst findet, indem man dich kennt, dann darin, dass man deine Gedanken denkt. Lehre mich zu denken, wie du denkst. In Jesu Namen. Amen.

Kol. 2,1-8; 1. Kor. 3,19-20; 8,1
1. Wovor warnt Paulus die Kolosser?
2. Was bewirkt Wissen?

„Schick die Clowns rein“

„Mein Lachen erschien mir töricht, und das Vergnügen – was bringt es schon?“ (V. 2)

Zum Lesen & Nachdenken – Prediger 2,1-11

Wenn Bildung, Intellektualität und Philosophie nicht die Wege sind, die zum Leben weisen, was dann? Mag sein, dass das Leben in Vergnügungen gefunden werden kann. „Keineswegs“, sagt Salomo. Vergnügen erfreut, doch erweist es sich als wirkungslos, den Schmerz der Seele zu stillen. Uns wird eine Liste von Dingen präsentiert, die uns Vergnügen bereiten, doch allesamt zeigt ihnen Salomo den „Daumen runter“.

Da ist zunächst das *Lachen*. Schick die Clowns rein. Doch weiß jeder, dass die, welche Tausende zum Lachen bringen können, selbst oft zu den Allertraurigsten gehören. Billy Graham erzählte die Geschichte von dem Mann, der sich wegen seiner Depressionen an einen Arzt wandte. „Ich habe etwas Besseres als Antidepressiva“, sagte der Doktor. „Gehen Sie und schauen Sie sich die Clowns im Zirkus an. Er hat gerade seine Zelte aufgeschlagen – die Leute kriegen Lachkrämpfe.“ Traurig erwiderte der Mann den Blick des Arztes und sagte: „Ich bin der Clown.“

Wenn das Lachen nicht hilft, dann vielleicht ein Drink. „Da nahm ich mir vor, mich mit Wein zu berauschen“, erzählt uns Salomo … doch auch das stellte ihn nicht zufrieden. Dann warf er sich in Aktivitäten – große Projekte, wie das Bauen einer großen Residenz, Weinberge anlegen, Silber und Gold anhäufen, und schließlich stattete er sich mit einem Harem aus – was er als das bezeichnete, was „ein Mann sich nur wünschen kann“ (V. 8). Aber bringt’s das? Hier ist seine Schlussfolgerung: „Alles war sinnlos – als hätte ich versucht, den Wind einzufangen“ (V. 11). Natürlich sagte er nicht, dass diese Dinge keine Freude brächten. Er macht nur klar, dass diese Art von Vergnügen kurzlebig ist, es hält einfach nicht vor.

Mein Vater und mein Gott, ich sehe, dass ich vor dir den Mund halten sollte. Die Brunnen der Erde vermögen den Durst meiner Seele nicht zu stillen. Wohin sollte ich gehen? Nur du hast Worte ewigen Lebens. Danke, Vater. Amen.

Lk. 15,11-32; 12,16-21
1. Was fand der verlorene Sohn heraus?
2. Was lehrte Jesus über das „gute Leben“?

Tag 67

Wo das Leben endet

„… bald sind beide vergessen – der Tod macht keinen Unterschied.“ (V. 16)

Zum Lesen & Nachdenken – Prediger 2,12-16

Einige Menschen behaupten, dass der Prediger, als er sein Buch schrieb, sämtliche Objektivität verloren hätte, dass er seine pessimistische Sicht auf alles, was er sah, übertrug. Als wenn er diesen Einwurf erwartet hätte, sagt er in Vers 9: „Meine Weisheit verlor ich dabei nicht.“ Wenn ihn auch der Umstand, dass *Dinge* nie wirklich befriedigen können, desillusioniert hatte, so hat ihn seine Objektivität doch nie verlassen.

Im heutigen Abschnitt untersucht er wieder die Weisheit, vergleicht sie diesmal mit der Torheit. Er schlägt sich mit dem Gedanken herum: „Soll ich ein ernsthafter Denker sein – oder mich auf den Pfad der Torheit begeben?“ Zunächst folgert er, dass die Weisheit gegenüber der Torheit im Vorteil ist: „Der Weise läuft mit offenen Augen durch die Welt, doch der Unvernünftige tappt im Dunkeln“ (V. 14). Also ist es besser, weise statt ein Narr zu sein, besser gelehrt als unwissend. Aber würde ihn Weisheit *an sich* davor bewahren können, in die Bedeutungslosigkeit abzurutschen? In der Schlussbetrachtung stehen beide, der Weise und der Narr, Auge in Auge dem Tod gegenüber. Diese Karte im Spiel des Lebens „sticht“ immer. Er kommt zu dem Ergebnis: „Und wenn ich die allerbeste Bildung hätte? Wenn ich ein gutes Leben genösse durch den Einsatz meines gesunden Menschenverstandes? Was bringt das alles, wenn es doch im Tod mündet?“

Natürlich lautet die Antwort, dass es kaum etwas oder nichts bringt, wenn das Leben sein Ende im Tode fände. Doch die Wahrheit ist – das tut es nicht. Es gibt ein Leben danach, und die Qualität des Lebens danach hängt davon ab, was Sie dann sind.

O Vater, auf dass ich doch, wie der Apostel Paulus, von der Tatsache ergriffen würde, dass, wenn ich dich kenne, schon das Leben auf Erden zu wunderbar ist, um es in Worte zu fassen. Und das Sterben? – Alles nur Gewinn. Alle Ehre und Herrlichkeit sei deinem unvergleichlichen Namen. Amen.

Jak. 3,13-18; Spr. 4,7; Jak. 1,5
1. Welche zwei Arten von Weisheit erwähnt Jakobus?
2. Wie unterscheiden sie sich qualitativ?

Leben in der realen Welt

„Auch mein Besitz, für den ich mich … abgemüht hatte, war mir verleidet, denn ich begriff, dass ich einmal alles meinem Nachfolger hinterlassen musste.“ (V. 18)

Zum Lesen & Nachdenken – Prediger 2,17-23

Wenn wir uns der Tatsache stellen, dass nichts in dieser Welt – keine Person, kein Ort, keine Sache – dem tiefen Schmerz unserer Seele begegnen kann, dann ist das einer der ernstesten Momente unseres Lebens. Viele können diese Realität nicht ertragen und flüchten in Dinge wie die Fantasie, endlosen Aktivismus, Trunksucht, sinnliche Vergnügungen. Diese seine Qualität – die Fähigkeit, der Realität ins Gesicht zu sehen – macht uns Salomo so lieb. Wir brauchen nicht zu raten, was in ihm vorgeht, er teilt es uns mit – in unzweideutigen Worten.

Wem wendet sich Salomo in seinem Frust als Nächstes zu? Der Arbeit, und Arbeit, besonders die der schöpferischen Art, kann sehr befriedigend sein. Salomo macht die Arbeit nicht herunter, sagt aber, dass man darin das Leben nicht findet. Sicher hat Salomo sich zum Teil deshalb in die Arbeit geworfen, um etwas zu bewerkstelligen, das er seinen Kindern hinterlassen könnte. Aber wie er so darüber nachdenkt, kommt er zu dem Schluss: Wenn du stirbst, musst du alles einem anderen überlassen (V. 18); du kannst nicht sicher sein, ob sich derjenige gut darum kümmert oder es vergeuden wird (V. 19); du hast keine Wahl, musst es jemandem schenken, der nicht dafür gearbeitet hat (V. 21), und schließlich: Welchen Nutzen hat der, der dafür gearbeitet hat, schon davon? (V. 22)

Missdeuten Sie das nicht als verzweifelten Pessimismus. Denken Sie an den Zweck des Buches Prediger – aufzuzeigen, dass wahrer Sinn nicht im Zeitlichen, sondern im Ewigen gefunden wird. Vor uns steht ein sehr realer Mensch, der in einer sehr realen Welt zu einigen sehr realen Schlussfolgerungen in Bezug auf das Leben gekommen ist.

O Gott, mein Vater, von Tag zu Tag festigt sich die Überzeugung in mir, dass ich nur in dir in der Lage bin, mich den Realitäten des Lebens zu stellen. Ich bin so dankbar, dass ich die echte Realität kenne – deren anderer Name „Jesus“ lautet. Amen.

Lk. 12,22-34; Kol. 3,1-2
1. Worauf ist des Menschen Herz ausgerichtet?
2. Worauf sollte es ausgerichtet sein?

Tag 69

Ganz schön heftig da draußen!

„Dem Menschen, der ihm gefällt, gibt er Weisheit, Erkenntnis und Freude." (V. 26)

Zum Lesen & Nachdenken – Prediger 2,24-26

Oswald Chambers bemerkte einmal: „Kein Christ macht große Fortschritte in seinem geistlichen Leben, solange ihm nicht klar wird, dass das Leben viel tragischer und chaotischer ist, als wohl geordnet." Anders gesagt: Das Leben in einer gefallenen Welt kann ganz schön heftig sein! Je früher wir uns dieser Tatsache stellen und zulassen, dass sie uns zum Schweigen bringt, desto weniger Erwartungen werden wir der Welt entgegenbringen und desto eifriger werden wir uns Gott zuwenden.

In unserem Abschnitt sehen wir auf einmal ein wenig Licht aufblitzen, das durch Salomos Pessimismus und Schwermut zu dringen scheint. Der Abschnitt beginnt mit einer Aussage, die uns zunächst wie ein Widerspruch erscheinen mag: „Das Beste, was ein Mensch tun kann, ist: essen und trinken und die Früchte seiner Arbeit genießen. Doch das kann nur Gott ihm schenken" (V. 24). Worauf er hinauswill, ist dies: Wenn der Sinn des Lebens nicht in irgendwelchem Tun wie Essen, Trinken oder Arbeiten gefunden werden kann, dann kann es auch nicht darin gefunden werden, dass man diese Dinge verwirft. *Dinge an sich* sind nicht schlecht, was sie schlecht macht, ist der Wert, den wir ihnen beimessen.

Beachten Sie die Veränderung, die sich in Salomos Grübelei in dem Moment einstellt, als Gott ins Spiel kommt. Genuss ist Gottes ureigenes Geschenk (V. 25). Befriedigung kann nur dann aus den Dingen erfahren werden, wenn man sie als hinter Gott stehend erkennt, nicht vor ihm. Wenn Gott nicht an vorderster Stelle steht, dann wird alles andere, dem wir unsere Zuneigung zukommen lassen, zum Götzen. Wir müssen uns entscheiden, entweder unser Leben in Gott zu finden und die Versorgung aus seiner Hand zu genießen – oder ihm den Rücken zuzukehren und das Leben in den Dingen zu finden versuchen. Letzteres ist „sinnlos, eitel", sagt uns Salomo, „wie das Haschen nach Wind".

Vater, ich sehe, dass, wenn du in meine Welt eintrittst, ich in eine andere Welt hinausschreite. Alles erscheint anders. Hilf mir, nichts anderes vor dich zu stellen, nicht einmal meine engste Beziehung hier auf dieser Welt. In Jesu Namen bitte ich. Amen.

1. Tim. 5,1-6; Spr. 21,17; Lk. 8,14
1. In welcher misslichen Lage befinden sich die, welche für das Vergnügen leben?
2. Was ersticken die Reichtümer und Freuden des Lebens?

Der Zeit-Tunnel

„Jedes Ereignis, alles auf der Welt hat seine Zeit.“ (V. 1)

Zum Lesen & Nachdenken – Prediger 3,1

Nun wendet sich Salomo in seinen Betrachtungen der Zeit zu. Wer vermag das Phänomen „Zeit“ zu definieren? Longfellow fragt: „Was ist Zeit?“, und fährt dann fort zu erklären, dass man Zeit zwar messen, nicht jedoch klar definieren kann.

Eine der besten Definitionen von „Jüngerschaft“, die mir je begegneten, war: „Jüngerschaft ist das, was jemand mit seiner Zeit anfängt.“ Stellen Sie sich vor, jemand, dem Sie sehr viel wert sind, überweist jeden Tag 1440,- Euro auf Ihr Konto, und zwar unter der Bedingung, dass Sie das Geld jeden Tag verbrauchen. Der jeweils unverbrauchte Rest wird von der Bank eingezogen. Zu schön, um wahr zu sein, oder? Doch stellt Ihnen jemand, der Sie liebt, jeden Tag 1440 Minuten zur Verfügung – das Geschenk der Zeit. Dabei gelten dieselben Bedingungen – alles muss verbraucht werden, der Rest verfällt. Fragen Sie sich selbst: Wie manage ich meine Zeit? Vergeude ich sie oder ist sie mir ein anvertrautes Gut?

Salomo will darauf hinaus uns zu zeigen, dass das irdische Leben in messbare Spannen zerfällt. Sieh einmal hin, wie sich die Dinge ereignen, scheint er zu sagen, und dann wirst du hinter allem einen kontrollierenden Plan erkennen. Legt nicht schon das nahe, dass alle Umstände des Lebens von einem liebenden Gott überwacht werden? Kierkegaard sagte: „Das Leben kann nur vorwärts gelebt und nur rückwärts verstanden werden.“ Halten Sie einen Moment inne und denken Sie darüber nach, wie die Dinge, über die Sie sich vor einem Jahr gesorgt haben, in der Rückschau aussehen. Wird Ihnen dann nicht klar, dass ein ewiger Gott die Weichen für Ihr Fortkommen in diesem Zeit-Tunnel gestellt hat?

Vater, hilf mir zu erkennen, dass die Zeit keine Last, sondern ein Segen ist. Ich möchte meine Zeit weise einsetzen, jedoch nicht so besessen davon werden, dass ich nicht mehr innehalten und den Duft der Rosen wahrnehmen kann. Hilf, dass ich dabei gesund und ausgewogen bleibe. In Jesu Namen. Amen.

Eph. 5,15-20; Ps. 90,12; 1. Kor. 7,29-31
1. Worauf sollen wir achten?
2. Was sollen wir verstehen?

Du wirst wieder lachen

„... Zeit fürs Weinen und Zeit fürs Lachen ..." (V. 4; REÜ)

Zum Lesen & Nachdenken – Prediger 3,2-4a

Vielleicht zeigt sich nirgendwo sonst ein besserer Querschnitt durch das Leben als in diesen schönen, poetischen Versen. Vor unseren Augen entfaltet Salomo die Vielfalt des Lebens, das sich unter der fürsorglichen Hand Gottes abspielt. Vierzehn Dinge werden in Gegensatz gestellt.

1. *Zeit fürs Gebären und zum Sterben.* Niemand kann die Zeit seines Eintritts in diese Welt aushandeln, genauso wenig den Augenblick des natürlichen Abscheidens. Beides liegt außerhalb unserer Kontrolle. 2. *Zeit fürs Pflanzen und fürs Ausreißen.* Verdirb es dir mit der natürlichen Welt und du erreichst nichts. Befolge die Regeln und du kommst zu Ergebnissen, ignoriere sie und du erntest die Konsequenzen. 3. *Zeit fürs Töten und fürs Heilen.* Das ist keine Erlaubnis zum Töten, sondern eine simple Feststellung: Krieg und Töten sind Teil des menschlichen Lebens. Doch das Heilen gehört genauso dazu. Charles Swindoll drückt das so aus: „Auf seltsame Art und Weise scheint das Leben irgendwie zwischen einem Schlachtfeld und einer Erste-Hilfe-Station aufgehängt zu sein, zwischen Mord und Medizin."

4. *Zeit fürs Abbrechen und fürs Bauen.* Der Aufrichtung folgt der Abriss, dann noch mehr Abreißen und wieder Aufbau. Wiederholt sich dieses Muster nicht in jeder Generation? 5. *Zeit fürs Weinen und fürs Lachen.* Manche Menschen haben mehr Traurigkeit als Grund zum Lachen, doch geht niemand durch das Leben, der nicht an beidem rühren würde. Vergießen Sie gerade viele Tränen angesichts großer Schwierigkeiten und Probleme? Im Namen Gottes verspreche ich Ihnen, dass, irgendwann, in nicht ferner Zeit, Ihr Herz wieder lachen wird.

Hilf mir zu sehen, Vater, dass, auch wenn ich durch schwierige und traurige Zeiten gehe, nichts den Fels des Lebens, auf dem ich stehe, erschüttern kann. Auf dass ich dich nie, sei es in Leid oder im Lachen, aus den Augen verliere. Das bitte ich in Jesu Namen. Amen.

Jes. 58,6-12; Jer. 31,13; Jes. 61,3
1. Was hat Gott versprochen?
2. Wie antwortet Gott denen, die ihn um Hilfe anrufen?

Das Ende der Suche

„… Zeit fürs Klagen und Zeit fürs Tanzen, Zeit fürs Steinewerfen und Zeit fürs Steinesammeln …“ (V. 5; REÜ)

Zum Lesen & Nachdenken – Prediger 3,4b-6a

Fahren wir fort mit der Betrachtung der vierzehn Gegenüberstellungen. 6. *Zeit fürs Klagen und fürs Tanzen.* Wir haben einen lieben Menschen verloren und dann, ein Jahr später, heiratet ein Familienmitglied. Die Klage wurde zum Tanzen. Gilt das nicht für praktisch jede Familie auf Erden?

7. *Zeit fürs Steinewerfen und fürs Steinesammeln.* Einige Ausleger glauben, dass es hier um die Sitte geht, einem schwierigen Nachbarn Steine auf seinen Acker zu werfen, um ihn am Pflügen zu hindern. Danach, wohl als Akt der Reue und der Wiedergutmachung, ging man dann hin und sammelte die Steine wieder auf. Der Gedanke ist der, dass das Leben mit Phasen durchsetzt ist, in denen Menschen aus der Spur geraten und es dann anderen schwer machen wollen. Dann, wenn sie sich besinnen, tun sie alles, um ihr herausforderndes Verhalten wieder gut zu machen. 8. *Zeit fürs Umarmen und fürs Loslassen.* Jeder von uns hat Zeiten, in denen er die stille Umarmung eines Freundes braucht, der einem Trost zuspricht. Zu anderen Zeiten brauchen wir keinen Trost, sondern die Konfrontation, brauchen die Herausforderung durch harte Fakten. Ein ausgewogenes Leben braucht beides.

9. *Zeit fürs Suchen und Zeit fürs Verlieren.* Wie viel einfacher wäre das Leben für manchen, wenn er diese Lektion lernen würde, und die Suche nach etwas aufgäbe, von dem er innerlich schon lange weiß, dass er es niemals mehr finden wird. Es ist gut, Hoffnung zu haben, doch muss sich Hoffnung auf eine realistische Basis gründen. Wie es jemand ausdrückte: „Besser ein gesunder Pessimist als ein unvernünftiger Optimist.“

Vater, wie könnte ich dir genug dafür danken, dass du mir halfst, die Suche nach Befriedigung auf Wegen, die nur Sackgassen sind, aufzugeben. Ich muss nicht mehr suchen, ich habe gefunden. Ehre sei deinem herrlichen, unvergleichlichen Namen. Amen.

Apg. 17,22-28; Hiob 11,7-9; Jer. 29,13
1. Was machte Paulus den Athenern klar?
2. Welche Frage warfen Hiobs Freunde auf?

Tag 73

Mit einem Fuß in der Ewigkeit

„… Zeit fürs Schweigen und Zeit fürs Reden …“ (V. 7; REÜ)

Zum Lesen & Nachdenken – Prediger 3,6b-8

Schauen wir uns nun die letzten Positionen auf Salomos Liste an. 10. *Zeit fürs Aufbewahren und fürs Wegwerfen (oder Weggeben).* Denken Sie einen Moment an das Zeug, das Sie haben, aber niemals brauchen werden. Manches sollte man aufbewahren, anderes jedoch weggeben.

11. *Zeit fürs Zerreißen und fürs Zusammennähen.* Manche Dinge darf man niemals aufgeben, zum Beispiel die Wahrheit. Doch sollten wir uns nicht scheuen, neue Wege bei unserem Tun zu beschreiten. Es ist kein Zeichen von Geistlichkeit, im Schlamm stecken zu bleiben. 12. *Zeit fürs Schweigen und fürs Reden.* Nicht häufig hört man das Bekenntnis: „Tut mir Leid für das, was ich nicht gesagt habe“, doch muss mancher zugeben: „Ich wünschte mir zu wissen, wie ich meine Klappe halten könnte.“ Je schneller wir lernen, wann wir reden und wann wir schweigen sollten, desto besser ist es für uns – und für andere.

13. *Zeit fürs Lieben und fürs Hassen.* Liebe, die nicht die Interessen des anderen auf dem Herzen hat, ist keine Liebe, sondern eher Gefühlsduselei. Lieben heißt, auch willens zu sein zu hassen. Nicht den Menschen, sondern das, was ihn hindert, sein geistliches Potenzial auszunutzen. 14. *Zeit für Krieg und für Frieden.* Der Krieg beginnt, so sagt man, „wenn jemand etwas haben will, das ein anderer besitzt“. Während ich dies schreibe, gibt es auf der Welt etwa 60 Kriege. Darum geraten Salomos Worte zu geradezu kosmischen Dimensionen: „Es muss auch eine Zeit für Frieden geben.“

Mein Vater und mein Gott, wenn ich die Dinge sehe, die auch im Moment geschehen, dann kommt mir die Notwendigkeit in den Sinn, auch einen Fuß in der Ewigkeit zu haben. Ich danke dir, dass ich, wenn ich auch ein zeitliches Geschöpf bin, in dir für die Ewigkeit bestimmt bin. Amen.

Jak. 3,1-11; Spr. 25,11; Jes. 50,4
1. Was gab der Herr dem Jesaja?
2. Welche Möglichkeiten hat die Zunge?

Alles schön

„Alles hat er schön gemacht zu seiner Zeit …" (V. 11; REÜ)

Zum Lesen & Nachdenken – Prediger 3,9-11

Wäre es nicht wunderbar, wenn wir auf alle Ereignisse des Lebens richtig zu reagieren wüssten? Das Richtige zur falschen Zeit tun ist fast so schlecht, wie überhaupt nichts Richtiges zu tun. „Wie spät ist's?", fragen wir oft. Im Blick auf die Dinge des Lebens wünschen wir oft, es zu wissen!

Seinem poetischen Hochlebenlassen der Zeit lässt Salomo eine Frage folgen: „Welchen Nutzen bringt uns die Zeit?" Sie mag als Segen erscheinen, doch ist sie eher eine Last. Im Betrachten der interessanten Läufe der Zeit kommt er zu dem Schluss, dass ohne Gott alles langweilig und sinnlos ist. Doch dieser Satz fegt alle Sinnlosigkeit beiseite: „Alles hat er schön gemacht zu seiner Zeit." Wenn wir die Zeit alleine mit menschlichen Augen betrachten, wird sie interessant, doch sinnlos erscheinen, unter der Lupe des Glaubens jedoch fügt sich unter den Händen des himmlischen Künstlers ein wunderbares Bild zusammen. Er nimmt unseren Kummer und macht daraus eine Sinfonie, nimmt die Tränen und verwandelt sie in Vergrößerungsgläser, er nimmt die Widrigkeiten und macht daraus Gelegenheiten.

Wenn Sie durch Ihre momentanen Probleme hindurchsehen und einen Blick auf das wunderschöne Bild erhaschen könnten, das Gott in Ihrem Leben malt, dann sähen Sie, wie er das Schwarze mit dem Blauen mischt, die Rottöne des Purpur mit dem Weiß seiner Absichten. Dann würden Sie ihm nie wieder die Faust entgegenrecken und ihm erzählen, dass Ihr Leben ein einziges Schlamassel sei. Das Timing mag nicht immer Ihren Wünschen entsprechen, doch denken Sie daran: Er hat alles schön gemacht – *zu seiner Zeit.*

O Gott, befreie mich von dem Verlangen, Dinge nur deshalb ändern zu wollen, weil ich ihren Sinn und Zweck nicht erkennen kann. Hilf mir zu verstehen, dass du alle Dinge auf wunderbare Weise herausarbeitest. Aber alles zu deiner Zeit, nicht zu der meinen. Amen.

1. Petr. 3,1-5; 1. Chr. 16,29 (REÜ); Ps. 29,2; 96,9
1. Was sagt Petrus über die Schönheit?
2. Was ist die „heilige Pracht"?

Wie spät ist es?

„Die Ewigkeit [hat er] in ihr Herz gelegt.“ (V. 11; REÜ)

Zum Lesen & Nachdenken – Prediger 3,11

Unser heutiger Text liest sich wie ein Scherzrätsel. Gott hat uns die Ewigkeit ins Herz gelegt – und doch verstehen wir nicht, was er da gemacht hat.

Gott hat nicht nur einen Zeitplan aufgestellt, nach dem alles geordnet ist, er hat auch in unseren Geist eine tiefe Sehnsucht nach der Ewigkeit eingepflanzt. Darum gibt es in jedem von uns ein Verlangen, das irdische Dinge nicht zu befriedigen vermögen. Wir leben auf der Erde, doch gehören wir nicht zu ihr. Wir gehören in die Ewigkeit. Wordsworth schreibt in seinem bekannten *Intimations of Immortality* (etwa: „Fingerzeige der Unsterblichkeit“) über diese verborgene Erinnerung unserer Seele:

> *Wolken der Herrlichkeit ziehen über uns auf*
> *von Gott, der unsre Heimat ist.*

„Von Gott, *der unsre Heimat ist*.“ Diese Nostalgie für den Himmel ist uns Menschen praktisch eingebaut, und obwohl sie von manchen ignoriert, verleugnet oder durch andere Dinge überdeckt wird, ist sie unbestreitbar vorhanden. Und immer wieder ist es ein wunderbarer Moment, wenn ein Mann oder eine Frau das erkennt.

Die meisten Menschen gehen an ihre täglichen Verrichtungen, ohne sich bewusst zu sein, dass sie in sich ein tiefes Verlangen und einen Durst tragen, die zeitliche Dinge nie und nimmer stillen können. „Wie kann es sein“, fragen sie, „dass ich, obwohl ich alles besitze, das ich je haben wollte, doch unzufrieden bleibe?“ Wenn sie doch nur innehalten und, im Blick auf geistliche Dinge, fragen würden: „Wie spät ist es?“, dann wären sie vielleicht auch bereit, die Antwort zu hören: „Es ist Zeit, sich mit der Ewigkeit auseinander zu setzen.“

Gott, es ist fast zu schön, um wahr zu sein: Das, wonach der Großteil der Menschheit sucht, habe ich gefunden! Du bist die Heimat meiner Seele. In dir bin ich sicher, fest gegründet, in dir wachse ich. Für ewig sollte ich dankbar sein. Amen.

Joh. 6,60-70; 17,3; Gal. 6,8
1. Zu welchem Schluss kam Petrus?
2. Was ist das ewige Leben?

Gottgegebene Fähigkeiten

„Wenn er zu essen und zu trinken hat und sich über die Früchte seiner Arbeit freuen kann, ist das allein Gottes Geschenk." (V. 13)

Zum Lesen & Nachdenken – Prediger 3,12-13

Wenn Gott in unser Leben getreten ist, dann ist es diese seine Gegenwart, die den Unterschied macht. Gott gibt uns vier Dinge, damit wir das Leben auf Erden genießen können.

Erstens: *Er gibt uns die Fähigkeit, uns zu freuen* (V. 12). Freude ist ein Geschenk. Nur Gott kann uns eine Perspektive des Lebens vermitteln, die es uns ermöglicht, auch dann fröhlich zu bleiben, wenn die Dinge nicht so laufen, wie wir uns das vorstellen. Ein frisch bekehrter Christ sah es so: „Heute bin ich in meiner Traurigkeit fröhlicher, als ich es früher in meiner Fröhlichkeit war." Zweitens: *Gott befähigt uns, Gutes zu tun* (V. 12). Es braucht schon Gott, um denen, die uns übel wollen, Gutes zu tun. Wir haben nicht die Sorte Herz, die denen Gutes wünscht, die uns Böses tun; das fließt uns nur von Gottes liebendem und mitleidigen Herzen zu.

Drittens: *Gott macht es möglich, dass wir essen und trinken können* (V. 13). Haben Sie je daran gedacht, dass Ihr Appetit etwas sein könnte, das von Gott kommt? Es ist eine Gabe aus der liebenden Vaterhand. Die Erinnerung daran, das versichere ich Ihnen, wird Ihnen helfen, Ihr Essen besser zu genießen. Viertens: *Gott macht es möglich, dass wir in unserer Arbeit etwas Gutes sehen* (V. 13). Die Arbeitsplätze würden sich über Nacht verwandeln, wenn die Männer und Frauen sie aus göttlicher Perspektive sehen würden. Statt zu fragen: „Wie verdiene ich mit möglichst wenig Einsatz meinen Lohn?", würde die Frage lauten: „Wie kann ich für meinen Lohn möglichst viel bringen?" Starker Tobak? Ja, weil es eine „Über der Sonne"-Perspektive ist.

O Gott, wenn ich sehe, wie viel im Leben von dir abhängt, dann beschämt es mich, wie zögerlich ich diese Tatsache zu würdigen bereit bin. Vergib mir, Vater, und schenke mir ein stets wachsendes Bewusstsein deiner fortwährenden Güte. In Jesu Namen. Amen.

Jes. 35,1-10; Hiob 19,25; Joh. 15,11; 17,13
1. Was versichert Gott den Erlösten?
2. Welches Versprechen machte Jesus den Gläubigen?

Tag 77

Ein sorgfältiger Gott

„Damit … die Menschen Ehrfurcht vor ihm haben.“ (V. 14)

Zum Lesen & Nachdenken – Prediger 3,14-15

In diesen Versen begegnen wir der Sorgfalt Gottes. Wie zerlumpt das Leben in einer gefallenen Welt auch erscheinen mag, der Schöpfer kennt derlei Unzulänglichkeiten nicht. Was er tut, hat nicht nur Bestand, sondern ist auch vollständig. „Niemand kann etwas hinzufügen oder wegnehmen“ (V. 14).

Haben Sie jemals etwas bestellt und bei der Lieferung feststellen müssen, dass nicht alles in Ordnung war? Der göttliche Qualitätsstandard liegt bei 100%. Warum tut Gott die Dinge mit solch einer Sorgfalt? Salomo sagt es uns: „Damit die Menschen Ehrfurcht vor ihm haben.“ Er tut das, um in unseren Herzen ein Klima der Ehrerbietung zu schaffen. „Religion“, so sagt man, „beginnt immer mit einem Gefühl der heiligen Scheu, einer Erkenntnis der Größe Gottes und unserer Begrenztheit.“ Wann empfinden wir Ehrfurcht? Sie erfüllt uns dann, wenn wir stehen und die Werke Gottes betrachten – majestätische Berge, einen schönen Sonnenuntergang, einen stillen See. Angesichts der Niagarafälle sagen Sie nicht: „Ist das nicht süß?“, sondern Sie stehen da in ehrfürchtigem Schweigen.

Doch was will Salomo ausdrücken, wenn er uns sagt, dass, was auch immer sich ereignet, schon einmal da gewesen sei und dass Gott „von neuem geschehen lässt, was in Vergessenheit geriet“?

Moffatt übersetzt hier: „Gott bringt das, was entschwand, immer wieder zurück.“ Das heißt ganz einfach, dass Gott Situationen wiederholt, bis wir die Lektionen gelernt haben, die er für uns vorgesehen hat. Dinge, von denen wir annehmen, dass sie einfach beiläufig und zeitlich sind, möchte Gott zu einer permanenten Lektion für uns werden lassen. Wie viel Herzschmerz bliebe uns erspart, wenn wir das im Hinterkopf hätten.

O Gott, wann werde ich endlich lernen? Mal für Mal gehe ich durch eine solche Situation, nur deshalb, weil ich deine Stimme nicht beachtet habe. Mache mich wachsam für die entscheidenden Momente und hilf mir, aus ihnen die Dinge zu ziehen, die du mich lehren möchtest. In Jesu Namen. Amen.

Hebr. 13,1-8; Ps. 102,25-27; Mal. 3,6; Hebr. 1,12
1. Wovon ist der Psalmist überzeugt?
2. Warum ist Jesus vertrauenswürdig?

Geduld Gottes

„Am Ende wird Gott den Schuldigen richten und dem Unschuldigen zum Recht verhelfen.“ (V. 17)

Zum Lesen & Nachdenken – Prediger 3,16-17

Waren Sie schon einmal so richtig frustriert darüber, dass die Bosheit über die Gerechtigkeit siegt? Dann wissen Sie etwas von dem, wie sich Salomo bei unseren heutigen Versen fühlte. Jede Generation hatte mit diesem Problem zu kämpfen. James Russell Lowell drückte es so aus:

Die Wahrheit für immer auf dem Schafott,
die Lüge für immer auf dem Thron.

Salomo hadert, und bestimmt taten Sie das auch schon (oder tun es immer noch) mit der Tatsache, dass gerade da, wo man Gerechtigkeit erwarten würde, die Bosheit und Korruption die Oberhand hat. In der Zeit, als ich noch Pastor war, begleitete ich oft Leute ins Gericht, deren ernsthafte Rechtssache verhandelt werden sollte, nur um dann miterleben zu müssen, wie diese Angelegenheit mittels Taktik und Unwahrheit niedergeschlagen wurde. Ich habe während meines Lebens genug Ungerechtigkeit gesehen, um etwas von dem Zynismus teilen zu können, den Salomo äußerte.

Sind Sie gerade das Opfer einer juristischen Ungerechtigkeit? Dann lassen Sie nicht zu, dass Sie allzu zynisch werden, denn, wie Salomo bemerkt: „Gott [wird] den Schuldigen richten und dem Unschuldigen zum Recht verhelfen.“ Das Falsche wird nicht auf Dauer überleben. Der Tag wird kommen, an dem alle Verdorbenheit und alle Ungerechtigkeit vor den Thron Gottes gerufen wird. Doch, als Menschen, die wir nun mal sind, erwarten wir, dass die Ungerechtigkeiten, die uns widerfahren sind, *jetzt* in Ordnung gebracht werden. Gott scheint wesentlich geduldiger zu sein als wir. Wir müssen um die Gnade bitten, der Geduld Gottes mehr Geduld entgegenzubringen.

O Gott, mein Vater, schenk mir die himmlische Sichtweise der Dinge, damit die gegenwärtigen Ungerechtigkeiten von den langfristigen Zwecken verschlungen werden. Hilf mir erkennen, dass ich meinen Gerichtstag haben werde – vor deinem Gericht. In Jesu Namen bitte ich. Amen.

Ps. 58,1-11; 1. Mo. 18,25; Ps. 96,13
1. Welche Sichtweise vertrat der Psalmist?
2. Wie richtet Gott?

Wie es zum Irrtum kommt

„Auf Mensch und Tier wartet das gleiche Schicksal: Beiden gab Gott das Leben, und beide müssen sterben." (V. 19)

Zum Lesen & Nachdenken – Prediger 3,18-22

Ist Ihnen aufgefallen, dass Salomo immer dann, wenn er „über die Sonne" schaut, die richtige Perspektive erlangt, dass sein Blutdruck – zusammen mit dem Grad seines Zynismus – jedoch steigt, wenn er seinen Blick „unter der Sonne" schweifen lässt? Gestern konnten wir beobachten, dass er sich immer dann, wenn er sich von den Ungerechtigkeiten auf Erden dem Tag zuwandte, an dem alles Falsche ins Richtige gekehrt wird, in einer wesentlich besseren Gemütsverfassung zu befinden scheint. In unseren heutigen Versen scheint er sich jedoch wieder in die Niederungen des Zynismus herabgelassen zu haben.

Hören wir, was er sagt: Wir gleichen den Tieren, und wir werden enden wie die Tiere, werden in Vergessenheit geraten. Salomos Zynismus verleitet ihn zu einer Feststellung, die unter den gegebenen Umständen gerechtfertigt zu sein scheint, und doch ist sie zutiefst unwahr. Wir unterscheiden uns von den Tieren und haben eine ganz andere Bestimmung als sie. Salomo spricht hier nicht die Wahrheit, er ergeht sich in Zynismus. Genau das passiert, wenn wir unsere Augen von Gott und der Wahrheit, die er in seinem Wort offenbart, abwenden. Dann sinken wir auch so tief, dass wir diese Art von voreiligen und lästerlichen Aussagen von uns geben. Diese Worte offenbaren die Grübeleien eines verwirrten Zynikers und das, was er in diesem Moment denkt. Diese dürfen jedoch nicht für wahr erachtet werden, da ihnen an anderen Stellen der Schrift widersprochen wird.

Als Christen sollten wir niemals vergessen, dass wir, solange wir nicht eine umfassende biblische Perspektive über gewisse Angelegenheiten erlangt haben, zu eben den gleichen unausgegorenen und häretischen Aussagen in der Lage sind, die Salomo hier äußert. Der Zynismus stumpft uns geistlich ab und lässt uns niedergeschlagen und desillusioniert zurück. Eine umfassende biblische Sichtweise jedoch erhebt uns und stattet uns mit der göttlichen Perspektive aus. Zynismus verwirrt, die Schrift klärt den Blick.

O Vater, wie dankbar bin ich, dass du mich mit einem Buch ausgestattet hast, das es mir ermöglicht, eine richtige Schau der Dinge zu erlangen. Lehre mich, die eine Schriftstelle im Licht der anderen zu sehen, damit ich nicht nur sagen kann: „Es steht geschrieben", sondern auch „Und abermals steht geschrieben". In Jesu Namen. Amen.

Röm. 1,18-32; Kol. 3,5-10; Eph. 5,3-5
1. Wie beschreibt Paulus die Art, auf der die Menschen den niedrigen Instinkten nachgeben?
2. Warum sind sie zu Narren geworden?

Ganz oben ist es einsam

„Besser nur eine Hand voll besitzen und Ruhe genießen als viel Besitz haben und alle Hände voll zu tun." (V. 6)

Zum Lesen & Nachdenken – Prediger 4,1-6

Gestern sahen wir, dass Salomo immer dann ganz richtig liegt, wenn er „über die Sonne" schaut, aber immer dann zynisch wird, wenn er den Blick darunter schweifen lässt. Heute sehen wir ihn wieder, wie er gänzlich auf die horizontale Blickweise fixiert ist.

Er schaut sich um und sieht die Menschen, wie sie vom Griff der Bedrückung gefangen gehalten werden, ein Anblick, der ihn verzweifeln lässt. Sein Zynismus erreicht neue Tiefen, als er schließt, dass unter diesen Umständen die Toten die Glücklicheren sein müssten, selbst die Ungeborenen befänden sich in einer noch besseren Position als die Lebenden. Einige Kommentatoren erkennen in diesen Gefühlen den Tiefpunkt des Buches Prediger. Die grausame Rivalität und der ständige Kampf, die er um sich herum beobachten kann, lassen ihn zum wiederholten Male zu der Aussage kommen, dass das Leben sinnlos sei. Dabei bezieht er sich nicht auf einen gesunden Wettbewerb, sondern auf die grausame, brutale, mitleidlose Fressen-oder-gefressen-werden-Mentalität, die rücksichtslos über die Gefühle der Menschen hinwegfährt. Diejenigen, die sich auf diese Weise bis an die Spitze emporgearbeitet haben, werden feststellen, dass sie dann alles besitzen, was sie immer haben wollten – mit der Ausnahme von Freunden. Diese haben sie auf dem Weg nach oben beiseite gedrängt, und so müssen sie feststellen, dass es ganz oben recht einsam ist.

Wo liegt die Antwort? Aus dem System aussteigen? Nein, das wäre – gelinde gesagt – unverantwortlich. Überreaktion ist selten die richtige Reaktion. Die richtige Antwort, so sagt uns Salomo, liegt in der Entscheidung, dass eine Hand voll Zufriedenheit besser ist als zwei Hände voll Konkurrenzfähigkeit, die uns vielleicht an die Spitze bringt, uns da oben aber sehr einsam sein lässt. Moffatt drückt es in seiner Übersetzung von Vers 6 wunderbar aus: „Eine Hand voll Zufriedenheit ist besser als zwei Hände voll Plackerei und vergebliche Mühe." So ist es!

Gütiger Vater, wieder komme ich mit der Bitte zu dir, dass du mein Herz anrühren und mich von allem befreien mögest, das mich hindert, die Person zu sein, die ich in deinen Augen sein soll. Mach aus mir einen wirklich zufriedenen Christen. Ich erbitte das in Jesu Namen. Amen.

Phil. 4,1-12; Hebr. 13,5; 1. Tim. 6,6-10
1. Was war Paulus in der Lage zu sagen?
2. Wozu ermutigt der Schreiber des Hebräerbriefs?

Ein dreifaches Seil

„Ein Seil aus drei Schnüren reißt nicht so schnell!" (V. 12)

Zum Lesen & Nachdenken – Prediger 4,7-12

Manche Leute sind wegen der Schikanierungen und dem Druck anderer einsam geworden, andere sondern sich durch ihr Konkurrenzgehabe von ihren Freunden ab. Unsere heutige Textpassage stellt uns einen Mann vor, der deshalb einsam ist, weil er keinerlei familiäre Bindungen hat. Wie geht er damit um? Er wirft sich mit aller Kraft in eine nicht enden wollende Reihe von Aktivitäten und gräbt sich selbst in Arbeit ein. Doch taugen Geld und Besitz nicht viel, wenn man niemanden hat, mit dem man es teilen kann. Ein Leben auf diesem Niveau ist, so Salomo, ebenfalls sinnlos.

Dann macht er eine Aussage, die häufig missverstanden wird: „Zwei haben es besser als einer … Stürzt einer von ihnen, dann hilft der andere ihm … Wenn zwei zusammenliegen … wärmt einer den anderen" (Vs. 9-11). Beachten Sie, dass die Betonung hier auf *zwei* Leuten liegt. Doch am Ende des Abschnitts sagt Salomo etwas Seltsames: „Ein Seil aus *drei* Schnüren reißt nicht so schnell." Das soll heißen: Wenn Sie enge Gemeinschaft mit jemandem haben, den Sie lieben und der Sie liebt, dann ergibt sich daraus eine dritte Komponente – eine Stärke und Kraft, die aus dieser Gemeinschaft resultiert. In der Freundschaft entdecken Sie etwas, das Sie alleine nie hätten finden können, etwas, das es nur in der Gemeinschaft gibt. Ihre Stärke plus die Stärke Ihres Freundes ergibt eine ungleich größere Stärke als nur die Summe der beiden.

Was Salomo mit all dem sagen möchte, ist natürlich dies, dass das Geheimnis, um in Zeiten der Desillusionierung durchzukommen, die Freundschaft ist. Kein Trost ist dem einen Freundes vergleichbar, wenn man sich gezwungen sieht, das Leben von seiner rauen Seite kennen zu lernen.

Vater, ich sehe, dass ich zur Gemeinschaft geschaffen wurde, nicht nur mit dir, sondern auch mit anderen. Und in der Gemeinschaft liegt eine Kraft, die stärker ist als nur die Summe zweier Teile. Auf dass ich mehr davon entdecke! In Christi Namen bitte ich. Amen.

Joh. 15,1-14; Spr. 18,24; 17,17
1. Wie hat uns Jesus genannt?
2. Wie pflegen wir Freundschaften?

Der beste Freund

„Besser ein junger Mann, der arm, aber weise ist, als ein alter und törichter König, der keine Ratschläge annimmt.“ (V. 13)

Zum Lesen & Nachdenken – Prediger 4,13-16

Es hört sich seltsam an, doch kann man, obwohl man viele Freunde hat, trotzdem einsam sein. Das möchte uns Salomo mit den heutigen Versen verdeutlichen.

Betrachten wir noch einmal das Bild aus Vers 13. Es zeigt uns zwei Menschen: einen armen, doch weisen Jugendlichen, der andere ein alter, aber törichter König. Wer von beiden ist Ihrer Meinung nach im Vorteil? Der König? Weit gefehlt, sagt Salomo. Er mag über mehr Lebenserfahrung verfügen, doch bedarf es, um unseren Weg durch diese Welt erfolgreich zu gehen, mehr als Erfahrung. Wir brauchen Weisheit. Erfahrung ohne Weisheit nützt nicht viel. Nicht die Anzahl der Stunden, die wir gelebt haben, zählt, sondern das, was wir aus diesen Stunden herausgezogen haben, ist wichtig.

Im Kapitel 4 geht es um das Thema Einsamkeit, und Salomo endet damit, dass er die Tatsache unterstreicht, dass es nicht unsere Lebensumstände sind, die uns einsam machen, sondern unsere Unfähigkeit, Weisheit auf unsere jeweilige Situation anzuwenden. Nehmen wir zwei Menschen in exakt der gleichen Lebenssituation, beide umgeben von liebenswürdigen und hilfsbereiten Gefährten. Der eine genießt die Gesellschaft der Freunde, der andere beklagt sich, dass er sich einsam fühlt. Wo liegt das Problem bei Letzterem? Nicht in den äußeren Umständen, sondern in den „Inständen“, seiner Haltung. Ihm fehlt die Weisheit erkennen zu können, dass ihm kein menschliches Wesen den Trost geben kann, nach dem sich seine Seele verzehrt. Dieser wird nur in Gott gefunden. Die Weisen sind die, welche erkennen, dass, während menschliche Freunde wichtig sind, der beste Freund doch in Gott gefunden wird.

Mein Vater und Gott, gib mir die Weisheit zu verstehen, dass, obwohl das Schließen und Pflegen irdischer Freundschaften wichtig ist, das Schließen und Pflegen der Freundschaft mit dir doch noch bedeutender ist. In Jesu Namen. Amen.

Jak. 2,18-24; 2. Chr. 20,7; 2. Mo. 33,7-11
1. Was wird uns von Abraham gesagt?
2. Wie wird Moses Unterhaltung mit Gott beschrieben?

Tag 83

Achte auf deine Schritte

„Besinne dich, bevor du zum Tempel Gottes gehst.“ (V. 17)

Zum Lesen & Nachdenken – Prediger 4,17-5,2

In diesem Kapitel überraschen wir Salomo in einem der seltenen Momente, in denen er aus dem Käfig seines Zynismus’ ausbricht – lassen Sie uns also die Gelegenheit nutzen! Er setzt an mit einer starken, positiven Aussage: „Besinne dich, bevor du zum Tempel Gottes gehst. Geh nur hin, wenn du wirklich auf Gott hören willst.“ Die *Living Bible* umschreibt es so: „Wenn du den Tempel betrittst, dann mach die Ohren weit auf und schließ den Mund fest zu.“ Gottes Volk, so sagt uns Salomo hier, ist in seiner Haltung der Anbetung gegenüber viel zu lässig. Vertrautheit mag nicht unbedingt zu Geringschätzung führen, doch bringt sie häufig eine gewisse Unempfänglichkeit mit sich. Die Art und Weise, wie wir uns dem Hause Gottes nähern, legt fest, was wir im Haus Gottes empfangen. Wenn wir uns auf den Weg ins Haus Gottes machen, dann sollten wir geistlich wachsam sein, bereit für das, was Gott uns sagen will, und voller geistlicher Erwartung. „Schlechte Predigten“, so ein bekannter Bibelausleger, „sind Gottes Fluch für eine Gemeinde ohne Erwartungen.“

Allgemein kann man sagen, dass es in den Gottesdiensten zu viel Reden und zu wenig Hören gibt. Wir treten in die Gegenwart Gottes mit der Erwartung, dass Gott die Dinge aus unserer Perspektive sieht, statt darauf bedacht zu sein, dass wir die Dinge aus seiner Sicht sehen. Jeder stille Moment wird mit Wörtern gefüllt. Der Satz „Tritt hinzu und höre“ sollte meiner Meinung nach wie ein Wahlspruch an der Frontseite jeder Kirche befestigt werden. Wenn Sie zur Kirche gehen und Gott nicht hören, liegt es nicht daran, dass Gott nicht redet; es wird eher daran liegen, dass Sie nicht mehr zuhören. Wenn Sie das nächste Mal in das Haus Gottes gehen, dann sagen Sie Ihrem geschwätzigen Geist: „Pssst! Hör zu!“

Gütiger Gott, vergib, dass ich – sowohl in der Gemeinde als auch in meiner persönlichen Andacht – oft mehr darauf bedacht bin, dich wissen zu lassen, was ich zu sagen habe, statt darauf zu hören, was du zu sagen hast. „Rede, Herr, dein Knecht hört.“ Amen.

Jak. 1,1-19; Spr. 8,34; Mt. 7,24
1. Welcher Mann ist gesegnet?
2. Womit müssen wir anfangen?

In Ehrfurcht hinzutreten

„Behaupte nicht vor dem Priester: ‚Ich habe es gar nicht so gemeint!'" (V. 5)

Zum Lesen & Nachdenken – Prediger 5,5-8

Ist Ihnen klar, dass sich die Möglichkeit in Sünde zu fallen mit dem Grad Ihrer Geschwätzigkeit erhöht? Wenn Sie das bezweifeln, dann lesen Sie Sprüche 10,19. In unseren heutigen Versen macht Salomo eine weitere Gefahrenquelle ausfindig: vor Gott Versprechen abzulegen, die wir dann nicht erfüllen.

Wie viele von uns haben nicht in Gottesdiensten unter dem Eindruck der Gefühle Gott Versprechen gegeben und sie dann bequemerweise vergessen? Hastig abgegebene Gelübde bereuen wir später. Wir warten dann mit vernünftigen Argumenten auf wie „Das habe ich nicht so gemeint!" oder „In dem Moment war ich einfach nicht Herr meiner Gefühle". Ein Gott gegenüber abgelegtes Gelübde sollte sehr ernst genommen werden, damit sollte der Same für die Tat gelegt werden. Ein Gelübde sollte niemals aus einem Impuls heraus abgelegt, sondern sollte sorgfältig und unter Gebet erwogen werden.

Salomos Rat im Blick auf Gelübde ist sehr einfach. Erstens: Zögere nicht, es zu erfüllen (V. 3). Zweitens: Leugne nicht, dass du es abgelegt hast (V. 5). Hast du Gott je etwas gelobt, ohne dieses Gelübde dann gehalten zu haben? Bitte Gott um Vergebung und um die Gnade, seine Erfüllung, wenn das noch möglich ist, nachholen zu dürfen. In unserer Zeit scheinen Gelübde und Verpflichtungen nicht mehr den Stellenwert zu haben wie früher. Gott hält seine Versprechen und wir sollten es auch tun. Lassen Sie uns Salomos wichtige Botschaft beherzigen: Geschwätz, Drauflosreden, unüberlegte Worte – all das ist heute weit verbreitet, doch sollte es in der Gemeinde keinen Platz haben. Es taugt nicht, wenn Sie Ihren Mund weit aufmachen und schön singen, während das Ohr nur halb geöffnet ist und Sie nie die Kurve kriegen, das zu tun, was Sie Gott versprochen haben.

O Gott, hilf mir zu sehen, welcher Spannung ich mich selbst aussetze, wenn ich Gelübde ablege, die ich nicht halte. Du hältst mir gegenüber dein Wort, so soll es auch bei mir sein. Hilf mir, wo möglich, unerfüllte Versprechen wieder aufzunehmen. In Christi Namen bete ich. Amen.

Mt. 5,33-37; 4. Mo. 30,3; 5. Mo. 23,21; Jak. 1,8
1. Was lehrte Jesus über Gelübde?
2. Wie können wir Unbeständigkeit verhindern?

Tag 85

„Money, money, money!“

„Wer geldgierig ist, bekommt nie genug.“ (V. 9)

Zum Lesen & Nachdenken – Prediger 5,9-13

Salomo wird wieder zynisch. Die Reichen, so sagt er, scheinen immer die Führer, die Armen die Nachfolger zu sein. Die Vermögenden sind die mit dem größten Einfluss, Experten darin, Beamte damit zu beauftragen, wieder andere Beamte zu beaufsichtigen. Mit der Zeit wütet der Papierkrieg so schlimm, dass der Arme keine Chance mehr hat, ihn zu gewinnen. Salomo ist nicht der Einzige, der für die Bürokratie nur zynischen Spott übrig hat. Doch ist die wichtigste Lehre, die er uns vermitteln will, die, dass Wohlstand nicht alles ist. Oder wie es Derek Tidball ausdrückt: „Geld … vergrößert deinen Appetit, nicht jedoch deine Zufriedenheit.“

Natürlich ist nichts daran verkehrt, Geld zu besitzen; die Probleme kommen, wenn wir es dem Geld erlauben, *uns* zu besitzen. Am Tag nach meiner Bekehrung schrieb mir mein Vater auf das Vorsatzblatt meiner Bibel: „Geld ist der universelle Versorger für alles – außer für das Glück, und der Reisepass für jedes Ziel – außer für den Himmel.“ Weise Worte, die ich nie vergessen habe. Wohlhabende Menschen, so sagt uns Salomo, haben es schwer, Schlaf zu finden, da sie sich um ihre Investitionen sorgen. Je mehr Geld Sie haben, desto mehr gibt es, um das Sie sich sorgen können. Jemand drückte es einmal so aus: „Mehr Geld, mehr Sorgen, mehr Sorgen, weniger Schlaf.“

Das alles gilt natürlich nur für den, der keinen Sinn für Haushalterschaft hat, denn wenn das Geld an Gott ausgeliefert wird, dann verwandelt es sich in einen wahren Schatz, einen Schatz, der Gott gehört. Wir sind nicht als Besitzer, sondern als Treuhänder des Geldes Gottes vorgesehen. Gott ist der Besitzer all dessen, was sich auf der Erde findet, und wir sind Schuldner. Alles Geben sollte aus Dankbarkeit über das, was er uns geschenkt hat, geschehen.

Vater, hilf mir, dass ich in Bezug auf die materiellen Dinge erkenne, dass ich Haushalter, nicht Inhaber, Diener, nicht Herr, Schuldner, nicht Gläubiger bin. Verändere meine Perspektive, damit ich alles aus deinem Blickwinkel betrachten kann. In Christi Namen. Amen.

Mt. 6,19-34; 5. Mo. 8,13-14; Mk. 4,19; 1. Tim. 6,9
1. Worin liegt die Gefahr materiellen Zuwachses?
2. Welchen „Anlagetipp“ gab Jesus?

Gold – oder Gott?

„So wie er auf diese Welt gekommen ist, muss er sie wieder verlassen – nackt und besitzlos.“ (V. 14)

Zum Lesen & Nachdenken – Prediger 5,12-16

Salomo reitet immer noch auf dem Thema Geld herum. Ganz schön langweilig, denken Sie vielleicht, doch hat er seine Hand nicht am Puls unserer Probleme? Wir suchen im Gold, was wir in Gott finden sollten.

„Überleg doch mal“, sagt Salomo: „Das Ersparte wird in riskante Investitionen eingebracht, die dann ihren Wert verlieren. Auf einmal ist nichts mehr da, was dem Sohn vermacht werden könnte. Der Mann, der spekuliert, findet sich ganz schnell dort wieder, wo er einmal begann – bei null … die ganze harte Arbeit vergebens. Für den Wind gearbeitet, alles weggefegt. Für den Rest des Lebens befindet er sich unter einer Wolke – düster, entmutigt, frustriert, ärgerlich“ (nach Vs. 13-16). Augenscheinlich lässt sich die Geborgenheit der Seele nicht im Geld finden. Wann lernen die Menschen das endlich?

In der Antike haben sich Menschen oft mitsamt ihren Reichtümern begraben lassen, damit sie sie in einem späteren Leben zur Hand hätten. Heutzutage wissen die Menschen, dass sie zeitliche Schätze nicht mit in die Ewigkeit nehmen können, darum folgt dem Leichen- nie ein Lieferwagen.

Wenn wir über materielle Dinge nachdenken, dann stellen wir uns dieser klaren Tatsache: Entweder drücken wir dem Materiellen den Stempel des Geistlichen auf, oder das Materielle wird uns in sein Bild verwandeln. Die, welche es dem Materiellen erlauben, die Oberhand zu gewinnen, und die anfangen, dem Mammon zu dienen, werden schnell so aussehen wie ihr Gott, sie „materialisieren“ förmlich. Der Glanz in ihren Augen ermattet und die Winterkälte der Materialisation setzt ein.

O Gott, bewahre mich davor, dem Bild des Materiellen gleichgestaltet zu werden. Hilf mir, den Blick fest auf dich gerichtet zu halten, damit ich mehr und mehr dem Bilde deines Sohnes gleich werde. Das bitte ich in dem unvergleichlichen und kostbaren Namen Jesu. Amen.

1. Tim. 6,1-7; Ps. 49,10; Spr. 23,5; 27,24; Jer. 17,11
1. Worauf legt Paulus bei Timotheus Nachdruck?
2. Was hat uns die Lektion vom Rebhuhn zu sagen?

Tag 87

„Mit Glück beschäftigt“

„Gott beschäftigt ihn mit der Freude seines Herzens.“ (V. 19; REÜ)

Zum Lesen & Nachdenken – Prediger 5,17-19

Salomo erlaubt uns nicht zu lange in der Finsternis seines Zynismus zu verharren, ohne den Versuch zu unternehmen, etwas Licht auf den Weg zu bringen. Mit den heutigen Versen schickt er sich an, uns eine dreiteilige Predigt zu halten.

Zunächst, sagt er, stemme dich gegen das Konzept, das besagt, dass Glück aus dem Besitz materieller Dinge kommt; weigere dich, eine Priorität darin zu sehen, Geld nur um seiner selbst willen zu verdienen. Nimm das Leben, wie es kommt, lach wieder mehr, versuche, Vergnügen an den kleinen Dingen zu haben. Zweitens: Genieße deine Arbeit. Sie wird zwar nicht das Verlangen deiner Seele stillen können, doch ist es gut, eine Aufgabe zu haben, wie niedrig sie auch immer sein mag. Und drittens: Erkenne, dass alles, was du von Gott bekommen hast, er dir eher als Geschenk denn verdienterweise gegeben hat. Die, welche tönen: „So und so viel Geld habe ich in diesem Jahr gemacht“, vergessen, dass sie niemals so viel Geld hätten verdienen können, wenn Gott ihnen nicht die notwendige Gesundheit und Kraft gegeben hätte. Jeder von uns sollte eine dankbare Gesinnung haben.

Wie gesegnet sind doch diejenigen, die, indem sie Gott an die erste Stelle setzen, feststellen, dass Gott sie „mit Glück beschäftigt“. Was für eine wunderbare Beschreibung hat Salomo da für die gefunden, die ihre Herzen auf Gott ausrichten. Können Sie sich etwas Wundervolleres vorstellen als ein Herz, das „mit Glück beschäftigt“ ist? Alle Reichtümer der Welt, alle Ehrungen, alle Ritterschläge, aller Applaus, alle Errungenschaften sind nichts verglichen mit der Freude, die darin besteht, dass ein Herz sich mit dem König der Könige beschäftigt.

O Gott, mein Vater, hilf mir, auf meinem Herzen ein Schild anzubringen: „Beschäftigt mit dem König der Könige“. Wenn dann geringere Dinge mein Herz in Beschlag nehmen wollen, dann sehen sie, dass es für sie keinen Platz mehr gibt, dass sie wieder abziehen müssen. Amen.

Eph. 1,1-18; Spr. 10,22; 13,7; Jak. 2,5
1. Was war Paulus’ Gebet für die Epheser?
2. Worin sollen die Armen reich sein?

Die Quelle der Zufriedenheit

***„Da schenkt Gott einem Mann Reichtum, Wohlstand und Ehre … Und trotzdem lässt er ihn nichts davon genießen.“** (V. 2)*

Zum Lesen & Nachdenken – Prediger 6,1-2

In diesem Kapitel hat Salomo weiterhin die Leute im Blick, die wir gemeinhin als „gut betucht“ bezeichnen. Aber er lenkt unsere Aufmerksamkeit auch auf diejenigen, die sich in der misslichen Lage befinden, alles zu haben, was das Leben zu bieten hat, ohne es jedoch genießen zu können. Das liegt nicht an den Umständen, sondern an Gott selbst.

Warum sollte Gott so etwas tun? Ist Gott ein Ungeheuer, das nach Menschen Ausschau hält, die sich Genuss verschaffen, um dann genau im entscheidenden Moment aufzutauchen und ihnen jedwedes Glücksgefühl zu verweigern? Ganz sicher ist ein derartiges Katz-und-Maus-Spiel der Gottheit unwürdig. Die, welche Gott kennen, wissen, dass er letztlich immer wohltuende Dinge im Sinn hat. Anders gesagt: Nichts von dem, was er tut, wird aus Übellaunigkeit oder Missgunst getan. Wenn Gott eingreift und Menschen eine Vergnügung verweigert, dann nur deshalb, um klar zu machen, dass er der Einzige ist, der es Männern und Frauen ermöglichen kann, Freude an Dingen zu erfahren; die Dinge *an sich* verschaffen keinen Genuss.

Für manche Ohren mag das manipulativ klingen, doch beutet die göttliche Liebe niemals aus. Uns mag es wie Ausbeutung vorkommen, denn wir, in unserer Kurzsichtigkeit, sind nicht in der Lage, den Ausgang der Dinge zu erkennen. Die Sache ist die, dass, wenn es möglich wäre, Zufriedenheit mittels Geld zu erlangen, die Menschen rasch kurzsichtig würden und nicht weiter sehen könnten – das Geld würde ihr Götze. Auf die Grundaussage reduziert heißt das: Die, welche das Geld zu ihrem Gott erheben, werden niemals zufrieden sein. Jeder Gott, der den Platz des wahren Gottes einnehmen will, bringt gewissermaßen „die Seele aus den Fugen“. Die Macht, Zufriedenheit zu gewähren, liegt allein bei Gott.

Gütiger Vater, dankbar erkenne ich an, dass es ganz allein in deiner Macht steht, Zufriedenheit zu gewähren. Kein anderer Gott soll mein Herz regieren, nur du allein, der einzige wahre Gott. Herrsche und regiere du, lieber Vater. Immer. In Jesu Namen. Amen.

Mt. 19,16-30; Lk. 12,33
1. Was empfand der junge Mann als schwierig?
2. Welche Gebote wurden nicht erwähnt?

Halte vor Gott den Mund

„… wenn er sein Glück nicht genießen kann … Selbst einer Fehlgeburt geht es besser.“ (V. 3)

Zum Lesen & Nachdenken – Prediger 6,3-6

Augenscheinlich bringt der Besitz von viel Geld einige Vorteile mit sich. Ein reicher Mann (ein sehr reicher Mann!), sagt Salomo, kann es sich leisten, hundert Kinder zu haben. Mit dem Geld kann er genügend Hilfen anstellen, die sich dem Windelwechseln und dem Füttern der Kleinen widmen können.

Diejenigen, die gerne viele Kinder haben und die es sich leisten können, auf hundert Stück aufzupassen, mögen denken, dass das die Lösung für die tiefe Frustration in ihrem Inneren sein könnte. Wohlstand vermag eine große Familie zu erhalten, doch kommt der Moment, an dem die, welche nur für die Familie leben, erkennen müssen, dass auch darin nicht das wahre Leben gefunden werden kann. An dem Genießen des Familienlebens ist nichts Verkehrtes (die Bibel ermutigt sogar dazu). Doch muss auch das liebevollste Familienleben bei der Aufgabe versagen, den Schmerz, der tief in einer jeden Menschenseele nagt, zu stillen. Als Salomo darüber nachdenkt, wird er wieder zynisch. Es sei besser, eine Totgeburt zu sein, als sich in der Torheit zu verfangen, Leben außerhalb von Gott zu suchen.

Vielleicht würde die Garantie eines längeren Lebens auf Erden die Seele befriedigen können. Nein, nein, sagt Salomo. Wenn das Leben ohne Gott durch soviel Frustration gekennzeichnet ist, welchen Gewinn würde dann ein Leben über tausend Jahre bringen? Nach meiner Erfahrung sehnen sich die, die diese tiefe innere Leere zugeben, eher nach einem kürzeren denn nach einem längeren Leben. Letztlich macht es für die, welche Gott nicht kennen, keinen Unterschied, ob sie in ihrem Leben reich oder arm gewesen sind.

O Gott, jetzt erkenne ich, warum dieses Buch mich still machen soll. Nichts kann meine Seele zufrieden stellen als nur du. Ich sollte diese Lektion aufschreiben, denn ich neige dazu, mich mehr auf das Sichtbare denn auf das Unsichtbare zu verlassen. Hilf mir, lieber Vater. In Jesu Namen. Amen.

Ps. 107,1-9; Jes. 55,1-2; Joh. 7,37-38
1. Welchem Glauben gibt der Psalmist Ausdruck?
2. Was verheißt Jesus?

Wo findet sich deine Identität?

***„Der Mensch müht sich ab sein Leben lang,
nur um genug zum Essen zu haben,
doch nie wird sein Verlangen gestillt.“ (V. 7)***

Zum Lesen & Nachdenken – Prediger 6,7-9

Wenn schon der Segen einer großen Familie oder ein Lebensalter von tausend Jahren das Verlangen der Seele nicht zu stillen vermag – was dann? Vielleicht harte Arbeit? Nein, meint unser zynischer Salomo, auch das nicht. Moffatt überträgt unseren heutigen Vers so: „Der Mensch plagt sich, um seinen Hunger zu stillen, doch wird sein Verlangen nie gestillt.“

Einem Leben, in dem Gott fehlt, kann nichts Befriedigung bringen, auch harte Arbeit nicht. Die moderne Psychologie kennt heute den so genannten A-Typ, Menschen, die von ihrer Arbeit besessen sind und sich nur über das definieren können, was sie *tun*. Gott möge uns beistehen, wenn wir unsere Identität nur mit Begriffen beschreiben können, die zum Ausdruck bringen, was wir zu leisten in der Lage sind, anstatt einfach dadurch, dass wir nur der Gegenstand göttlicher Liebe sind. Was ist denn, wenn wir einmal nicht mehr arbeiten können, unsere Leistung nicht mehr bringen? Es ist interessant, dass das Wort, das in unserem Text mit „Verlangen“ oder „Appetit“ wiedergegeben wird, das hebräische Wort *nephesh* ist, „Seele“. Das soll zum Ausdruck bringen, dass die Seele niemals mit etwas anderem zufrieden gestellt werden kann, das geringer ist als Gott. Und, so ergänzt Salomo, sowohl die Narren als auch die Weisen enden auf die gleiche Art, wenn sie Gott nicht kennen.

Wenn die Seele reden könnte, würde sie wohl in etwa sagen: „Ich bin so hungrig … habe Durst … warum gibt mir niemand, wonach mich wirklich verlangt?“ Und wonach verlangt die Seele? Nach Gott. Viel zu viele Christen versuchen, ihre Seele mit *Dingen* am Leben zu erhalten anstatt mit Gott. Wenn uns die Dinge, die wir für Gott tun, mehr Befriedigung verschaffen als Gott selbst, dann sind wir geistlich gesehen in ernsthafter Gefahr. Nichts stellt die Seele wirklich zufrieden, nichts außerhalb von Gott.

O Gott, mein Vater, vergib, wenn ich meine Identität eher in dem suche, was ich tue, als in dem, wer ich bin. Mache mir klarer als je zuvor, dass der Wert, den du mir beimisst, nicht aus meiner Leistung resultiert, sondern daraus, dass ich zu dir gehöre. Amen.

Ps. 38,9; Jes. 26,9; Mt. 5,1-11
1. Was erkannten sowohl der Psalmist als auch Jesaja?
2. Welche Verheißung gilt denen, die nach Gott hungern und dürsten?

Hör auf zu argumentieren!

„Mit dem, der mächtiger ist als er, kann er nicht darüber streiten.“ (V. 10)

Zum Lesen & Nachdenken – Prediger 6,10-11

Salomo ist jetzt wieder „über der Sonne“ und richtet seinen Blick wieder auf Gott. „Im Kern“, sagt Dr. Larry Crabb, „sind alle wesentlichen Fragen des Lebens theologische Fragen.“ Reduziert man das Leben auf das unverzichtbare Minimum, dann bleibt immer nur die eine Frage, die Frage nach Gott. Was fangen wir mit *ihm* an? Wie passt *er* in unser Leben?

Haben Sie nicht auch die Erfahrung gemacht, dass immer dann, wenn Sie sichergestellt haben, dass Gott der richtige Platz eingeräumt wurde, sich auch die anderen Dinge entsprechend fügten? Dann kann man die Dinge aus einer anderen Perspektive sehen. Gott ist souverän, stellt Salomo hier fest, und je eher wir das anerkennen, desto besser. Lange bevor wir überhaupt auf der Bildfläche erschienen, wurde diesem Universum ein Zweck zugedacht, und obwohl es manchmal so scheint, dass Gott nicht alles unter Kontrolle habe, ist dem doch nicht so. Und, so Salomo weiter, weil Gott größer ist als wir, lohnt es sich nicht, dass wir uns mit ihm anlegen (V. 10). In seinem Buch „Über den Schmerz“ bringt es C. S. Lewis so auf den Punkt: „Mit Gott zu argumentieren heißt, mit der Macht zu argumentieren, die jegliche Argumentation überhaupt erst ermöglicht.“

Wie anders würde unser Leben verlaufen, wenn wir wirklich klar bekämen, dass Gott souverän ist und wir seine Untertanen sind. Gott ist der Töpfer, wir sind der Ton. Gott ist allmächtig, wir sind ohnmächtig – zumindest relativ. Gott ist beständig, wir wankelmütig. Gott hat in allem den kristallklaren Durchblick, wir hingegen sind zumeist recht verwirrt. Was will uns das sagen? Es ist vertane Zeit, mit Gott über seine Absichten und Ziele zu argumentieren. Viel besser ist es, dem Allmächtigen zu vertrauen; er weiß jederzeit, was er tut.

O Gott, hilf mir, mein Vertrauen in dein Vertrauen zu setzen. Wenn ich auch nicht weiter weiß, so will ich doch sehen, dass du dieses Problem nicht kennst. Aus deiner Souveränität und Kraft ziehe auch ich neue Stärke und Ermutigung. Herr, ich liebe dich. Amen.

Hiob 9,1-14; Jes. 45,9; Röm. 9,20-21
1. Wie sah Hiobs Gedankengang aus?
2. Welche Frage stellt Paulus?

Akzeptiere deine Bestimmung

„Welcher Mensch weiß schon, was für ihn gut ist …?“ (V. 12)

Zum Lesen & Nachdenken – Prediger 6,12

Es schadet uns nicht, wenn wir unsere eigene „Größe“ einmal im Licht der Größe und Allmacht Gottes sehen. Wir sind alle nur einen Herzschlag weit von der Ewigkeit entfernt, und wenn Gott beschließen würde, dass unser Herz in diesem Moment aufhören sollte zu schlagen – wären wir tot. Wir sind sehr leicht verletzbar, und gegen den allmächtigen Schöpfer angehen zu wollen, käme dem Versuch gleich, den Felsen von Gibraltar mit einem Blasrohr versetzen zu wollen. Das Leben funktioniert dann am besten, wenn wir die Bestimmung, die Gott für uns vorgesehen hat, akzeptieren und uns in sie hineinfinden.

Das Bild des „Gott-Allmächtig“ wird uns nicht deswegen vor Augen gemalt (wie Derek Tidball es ausführt), um uns schwach und hilflos zu unterwerfen, sondern vielmehr darum, weil es schlicht ein Faktum ist, einfach die Wahrheit. Gott ist stärker als wir und schließlich auch stärker als alles das, worauf wir unser Vertrauen setzen könnten – insbesondere Wohlstand und Geld.

Der letzte Punkt, den uns Salomo in diesem Kapitel nahe bringen möchte, ist der, dass wir die Zukunft nicht kennen. Die daraus zu folgernde Botschaft ist, dass wir, wenn wir weise sind, den Einen kennen lernen sollten, der sie kennt. Gott zu kennen bedeutet, mit dem in Kontakt zu kommen, der den tiefsten Nöten unserer Seele begegnen kann. Zufriedenheit findet sich nicht in dicken Bankkonten, in Status, in ehrgeizigen Bestrebungen, Besitztümern oder irdischem Erfolg. Sie stellt sich nur dann ein, wenn wir in enger Gemeinschaft mit Gott leben. Nur er kann uns die Kraft geben, das Leben zu genießen. Wir wären weise, wenn wir auf Gott anstatt auf Gold bauen würden.

O Gott, hilf mir, heute mit einem offenen Herzen, einem offenen Geist und einem offenen Wesen vor dir zu stehen. Ich möchte mich nicht in das Ebenbild bestimmter Dinge verwandeln lassen, sondern in dein Bild. In meinem Leben soll es keine Götzen geben. Du bist mein einziger Herr. Amen.

Jak. 4,13-17; Spr. 27,1; 19,21
1. Wie sollen wir sagen?
2. Wie beschreibt Jakobus unser Leben?

„Besser als Chanel No. 5“

„Besser ein guter Name als gutes Salböl.“ (V. 1; REÜ)

Zum Lesen & Nachdenken – Prediger 7,1

Wir haben jetzt die Hälfte des Wegs durch das Buch Prediger zurückgelegt, und man spürt augenblicklich den Wechsel in der Blickweise. Salomos Zynismus ist noch nicht ganz gewichen, doch hört man, dass eine neue Note angeschlagen wird, die in diesem Kapitel sehr klar erklingt und bis zum Ende des Buches nachhallt. Dieser neue Klang ist – Weisheit. Salomo wechselt von einem erzählenden Stil in einen eher sprichwortartigen. Die Konsequenz dieses Wechsels könnte dramatischer nicht sein, es ist so, als bräche die Sonne an einem dunklen, stürmischen Tag durch die Wolken. Den Einstieg in dieses Kapitel bildet eine Reihe von sieben vergleichenden Sprichwörtern, die sich alle um das Wort „besser“ drehen.

Erstens: „Besser ein guter Name als gutes Salböl.“ Eine moderne Übersetzung würde vielleicht formulieren: „Ein guter Ruf ist besser als Chanel No. 5.“ Ein guter Ruf, ein guter Name bedeutet: ein guter Charakter. Man sagt, dass Reputation das ist, was andere von uns halten, Charakter jedoch das, was oder wer wir tief im Inneren sind. Achte auf deinen Charakter, deine Reputation wird dann auf sich selbst Acht geben.

Zweitens: „Der Tag des Todes ist besser als der Tag der Geburt“ (V. 1). Stimmt das? Sollten wir bei der Geburt ein Klagelied anstimmen und den Todestag feiern? Salomo scheint das Leben auf den Kopf zu stellen. Warum? Weil die Tage nach dem Tod der Menschen, deren Herzen mit Gott in Ordnung sind, freudvoller und sorgenfreier sind als die, die sich an unsere Geburt anschließen. Es ist gut, sich bei denen, die uns in diesem Leben lieben, „zu Hause“ zu fühlen, doch viel besser ist es, wie es viele alte Lieder besingen, „daheim beim Herrn zu sein“.

Gott, du bist der Mittelpunkt meiner Werte und meines Lebens. Könnte dieses Leben mit mir sterben? Ich kann genauso wenig sterben wie du. Der Tod ist das Ende des einen und der Beginn eines neuen Lebens. Ich ruhe ganz sicher. Danke, Vater. Amen.

Spr. 1,1-33; Ps. 111,10; Mi. 6,9
1. Wie geschieht denen, die sich der Weisheit zuwenden?
2. Was verachtet der Tor?

Weiser Rat

„Werde nicht zu schnell zornig, denn nur ein Dummkopf braust leicht auf." (V. 9)

Zum Lesen & Nachdenken – Prediger 7,2-10

Wir fahren mit der Betrachtung von Salomos vergleichenden Sprichwörtern fort. Drittens: „Besser, ins Haus der Trauer zu gehen, als ins Haus des Gastmahls zu gehen" (V. 2; REÜ). Erinnern wir uns daran, dass die Weisheit immer unter die Oberfläche der Dinge sieht. Salomo will ausdrücken, dass die Chance, Auge in Auge mit der Realität zusammenzutreffen, auf einer Beerdigung größer ist als in einem Restaurant. Und der Realität nicht begegnen zu wollen, heißt schlecht aufs Leben vorbereitet sein.

Viertens: „Leid ist besser als Lachen" (V. 3). Tatsächlich? Ja, ganz sicher. Es ist erstaunlich, wie schnell wir nach einem kurzen Gelächter wieder vergessen, worüber wir überhaupt gelacht haben. Mit dem Leid steht es anders. Fünftens: „Besser, das Schelten des Weisen zu hören, als dass einer das Singen der Toren hört" (V. 5; REÜ). Wir ziehen es vor, einem Lied zuzuhören, das seinen Weg in die Charts macht, viel weniger gern setzen wir uns einem Tadel aus, doch wird uns der Tadel auf längere Sicht hilfreicher sein.

Sechstens: „Das Ende einer Sache ist besser als ihr Anfang" (V. 8). Wie die Dinge enden, das ist die wirkliche Realität. Dann sehen wir das ganze Bild. Alle Fantastereien sind vergangen, die Wahrheit kommt zum Vorschein. Das sollte uns eine Lehre sein und wir sollten in unseren Planungen und Zielsetzungen realistischer sein. Siebtens: „Besser langmütig als hochmütig" (V. 8; REÜ). Gehören Sie zu denen, die beten: „Herr, gib mir Geduld … aber bitte sofort!"? Einem geduldigen Geist liegt immer Weisheit zugrunde. Stolz wischt die Weisheit beiseite, und wenn das passiert, ist es nicht mehr schwer, die Rolle des Narren zu spielen.

Mein Vater und mein Gott, im Laufe meines Lebens habe ich einiges an Weisheit sammeln können, jetzt aber bitte ich um eine Weisheit, die höher und durchdringender ist als weltliche Weisheit – um deine Weisheit. Mach aus mir einen weisen Menschen, Vater. In Jesu Namen. Amen.

Spr. 2,1-3,35
1. Was sollen wir nicht aus dem Blick verlieren?
2. Was ist das Erbe der Weisheit?

Menschen mit Bestimmung

„Wer die Weisheit besitzt, den erhält sie am Leben." (V. 12)

Zum Lesen & Nachdenken – Prediger 7,11-14

Salomo lädt uns ein, den Nutzen und die Vorteile der Weisheit zu betrachten. Weisheit bietet Schutz und Sicherheit (V. 12), sie bewahrt uns vor Fallstricken und davor, törichten Denkweisen und Ideen zu verfallen. Weisheit schützt uns vor unerwarteten finanziellen Krisen, etwa dadurch, dass sie uns darauf aufmerksam macht, rechtzeitig etwas für schwierige Zeiten zurückzulegen. Sie ermahnt uns sicherzustellen, dass unsere Verbindlichkeiten niemals unsere finanziellen Möglichkeiten übersteigen, sagt uns, dass es besser ist, wenn möglich, Versuchungen zu vermeiden anstatt sie durchstehen zu müssen, zeigt uns, dass das Festhalten an Groll dem Bergen einer Schlange am Busen gleichkommt und vieles mehr. Wenn Sie Weisheit besitzen, werden Sie unter Druck nicht weichen müssen. Weisheit wird Sie nicht davor schützen, Probleme durchstehen zu müssen, doch werden Sie vor unnötigen bewahrt bleiben.

Die zweite Aussage Salomos zum Thema Weisheit lautet, dass sie uns eine klarere Sicht vom Leben verschafft. Er fragt: „Wer kann gerade machen, was er gekrümmt hat?" (V. 13). Wie oft würden wir uns das wünschen, doch häufig ist das außerhalb unserer Möglichkeiten. Die Weisheit will uns helfen, uns auf die Dinge zu konzentrieren, die geändert werden können, statt unnütz Zeit und Energie auf das Unabänderliche zu verschwenden. Unser Leben ist von einem Faden göttlicher Souveränität durchzogen, sagt Salomo. Also, egal, ob die Zeiten gut oder schlecht erscheinen mögen – freut euch! Weisheit befähigt uns zu sehen, dass alles unter der Kontrolle Gottes ist – ob es bergauf oder bergab geht, in guten wie in schlechten Tagen. Wir sind nicht Opfer eines blind zuschlagenden Schicksals oder eines zufälligen Geschehens. Gott steht über allen Dingen und kontrolliert sie. Somit sind wir Menschen mit einer Bestimmung.

Vater, hilf mir, deine Hand in meinem ganzen Leben zu erkennen, nicht nur in den „guten" Abschnitten. Auf dass ich die Zurücksetzungen in gleicher Weise wie allen Erfolg als Teil deiner Bestimmung für mich sehen und dich in allem preisen kann. Danke, Vater. Amen.

Spr. 4,1-27; Ps. 51,1-19
1. Warum sollen wir Weisheit erlangen?
2. Was verband David mit der Weisheit?

Balance halten

„Es ist gut, … wenn du die Extreme meidest. Wer Gott gehorcht, der findet den richtigen Weg." (V. 18)

Zum Lesen & Nachdenken – Prediger 7,15-18

Eine der verwirrenden Situationen, in der Weisheit und eine göttliche Sichtweise vonnöten sind, so Salomo, ist die, wenn wir den Gerechten leiden sehen, während der Böse Erfolg hat. Die Psalmisten hatten mit diesem uralten Problem zu kämpfen (besonders in Psalm 73), Millionen anderer Menschen taten es ihnen gleich.

Der Tyrann darf weiter wüten, während die Missionarsfamilie beim Versuch, anderen Hilfe und Medikamente zu bringen, bei einem Flugzeugabsturz ums Leben kommt. Das macht für uns so lange keinen Sinn, wie wir nicht zu einem unerschütterlichen Vertrauen auf Gott gelangt sind und glauben können, dass er eines Tages, nicht heute, alle unsere Fragen befriedigend beantworten wird.

Zum Zweiten sind Weisheit und eine göttliche Perspektive für eine geistliche Ausgeglichenheit wichtig. „Sei nicht zu fromm", rät Salomo in Vers 16. Ich glaube, er denkt hier an die – vergeben Sie mir das Klischee –, welche derart himmlisch gesinnt sind, dass sie für die Erde nicht mehr zu gebrauchen sind. Ich kenne Menschen, die meinen, bis über beide Ohren in Gott verliebt zu sein, die aber keine Liebe zu anderen Menschen aufbringen. Derartige Menschen bezeichnet der Apostel Johannes als „Lügner" (1. Joh. 4,20). Supergeistlichkeit ist „out", sagt Salomo, es ist ein Extrem. Doch auf dass wir nicht in das andere Extrem verfallen, spricht er sich auch dagegen aus: „Sei nicht allzu ungerecht" (V. 17; REÜ). Aufgrund des Sündenfalls trägt jeder von uns eine sündige Ader in sich, und wir sollten darauf Acht haben, dass sie sich nicht ausleben kann. Salomo meint nicht, dass man mit ein wenig Bosheit schon davonkommen wird. Weit gefehlt! Vielmehr sagt er, das wir ihr nicht nachgeben sollen, plädiert für Mäßigung. Extreme und Exzesse wirken sich zerstörerisch aus. Halten Sie die Balance.

O Gott, hilf mir, alle Extreme und Exzesse zu vermeiden, damit ich ein wahrhaft ausgeglichener Christ bin. Ich halte mich von Übergeistlichkeit genauso fern wie von Zügellosigkeit und falscher Lust. Hilf mir, mein Vater. In Jesu Namen. Amen.

Ps. 73,1-28; 82,2
1. Zum welchem Schluss gelangt der Psalmist?
2. Was sagt er, das er tun wird?

Weisheit – nur von Gott

***„Fern ist, was da ist [die Weisheit] …,
und tief, tief. Wer kann es ergründen?" (V. 24)***

Zum Lesen & Nachdenken – Prediger 7,19-24

Weisheit rüstet uns mit innerer Stärke aus. Darauf weist uns Salomo in diesem Abschnitt hin. Wer mit Weisheit umgeht, der besitzt mehr Stärke als Stadtobere. Und wer es je mit Beamtentum und Bürokratie zu tun bekam, der weiß, dass das schon einige Macht bedeutet … Wenn wir Weisheit besitzen, dann haben wir genügend innere Stärke, es mit allem aufzunehmen, was auch kommen mag – Spannungen, Stress und Probleme, die nicht einfach zu bewältigen sind.

Salomo macht weiter klar, dass der Besitz von Weisheit nicht unbedingt bedeutet, dass unsere Popularität zunimmt. Man wird uns immer noch kritisieren, lässt er uns wissen, doch braucht uns das nicht aus der Fassung zu bringen. „Dein Untergebener lästert über dich. Du weißt genau, dass auch du sehr oft über andere hergezogen bist" (s. Vs. 21-22). „Wenn mich Leute kritisieren", so erzählte mir ein Freund, „dann bin ich nur dankbar, dass sie nicht wissen, wie schlecht ich in Wirklichkeit bin; ansonsten hätten sie noch viel mehr an Schlechtem zu erzählen." Oder wie es Chuck Swindoll ausdrückt: „Sei froh, dass die Menschen nur auf das Sichtbare einschlagen, nicht auf die ganze Wahrheit."

Als Nächstes stellt Salomo fest: „Ich wollte Einsicht erlangen, aber sie blieb mir unerreichbar fern" (V. 23). Auf seiner Suche nach Weisheit stellte er fest, dass sie nicht leicht zu finden war. Und warum? Wenn wir auch eine angeborene Fähigkeit zum Sammeln von Wissen haben, so können wir doch nicht weise sein ohne die Hilfe Gottes. Zwar sagt Salomo dies nicht direkt, doch will er ausdrücken, was Jakobus uns in seinem Brief sagt: „Wenn es jemandem unter euch an Weisheit fehlt, soll er Gott darum bitten, und Gott wird sie ihm geben" (1,5). Wissen kann in der Welt gefunden werden, aber Weisheit – Weisheit, die diesen Namen verdient – kommt nur von Gott.

Gott, ich beuge mich vor dir und gebe zu, dass mir die Weisheit zur Bewältigung dieses Lebens fehlt. Ich habe darin versagt, die Dinge zu sehen, die ich hätte sehen sollen, und den Dingen Wert beizumessen, die es verdient hätten. Gib mir, Vater, deine Weisheit, himmlische Weisheit. In Jesu Namen. Amen.

Hiob 28,1-28; Spr. 3,13-14; 8,11
1. Womit vergleicht Hiob die Weisheit?
2. Zu welchem Schluss kommt Hiob?

Woran herrscht Knappheit?

„Unter tausend Menschen fand ich nur einen [aufrechten] Mann.“ (V. 28)

Zum Lesen & Nachdenken – Prediger 7,25-29

Weisheit bedeutete Salomo sehr viel. Darum erbat er sich Weisheit, als Gott ihm anbot: „Erbitte von mir, was du willst!“ (1. Kön. 3,5-9). Obendrein hatte sich Salomo vorgenommen, sich alle verfügbare irdische Weisheit zu eigen zu machen. Als er alle seine Entdeckungen und Erkenntnisse zusammenfasste, kam er zu dem Schluss, dass die menschliche Weisheit auch nicht das war, zu dem er sie hochstilisierte.

Als Nächstes bemerkt Salomo – eine Bemerkung, die mancher als extrem sexistisch werten würde –, dass Gerechtigkeit, ähnlich wie Weisheit, nur schwer zu finden ist, und dass er zwar unter tausend Menschen einen gerechten Mann gefunden hätte, jedoch keine einzige Frau. Heißt das, dass Männer besser wären als Frauen? Natürlich nicht. Salomo stellt lediglich einen Vergleich an, der zu seiner Zeit nicht diese wertende Bedeutung hatte wie heutzutage. Er benutzt das rhetorische Mittel der Übertreibung, um seine Aussageabsicht zu unterstreichen. Selbst, wenn er hätte sagen wollen, dass Männer besser seien als Frauen, dann gilt, was R. Gordis feststellte: „Wenn man das einmal ausrechnet, dann sind Männer nur ein Zehntel eines Prozents besser als Frauen.“

Worauf er wirklich hinauswill, zeigt Vers 29: Gerechtigkeit ist dünn gesät. Warum? Das liegt nicht an Gott, denn ganz zu Anfang hat er die Menschheit rein und aufrichtig erschaffen. Doch die Tragödie brach herein, durch den willentlichen Ungehorsam von Adam und Eva bemächtigte sich die Sünde der menschlichen Natur. Unsere Probleme resultieren nicht aus dem Versagen Gottes, sondern aus unserem. Sie umgeben uns nicht, sondern wohnen in uns. Für den Mangel an Gerechtigkeit können wir niemand anderes verantwortlich machen als uns selbst. Der Grund, warum wir nicht gerecht sind, liegt darin, dass wir es nicht sein wollen.

Vater, ich bin so dankbar, dass ich, obwohl ich in mir keine Gerechtigkeit finde, sie in dir habe. Durch Christi Opfer am Kreuz von Golgatha wurde mir Gerechtigkeit nicht nur zugeteilt, sie wurde ein Teil von mir. Ewig werde ich dankbar sein. Amen.

Jer. 23,1-6; Ps. 34,15; 37,25; 97,2
1. Woraus besteht das Fundament des Thrones Gottes?
2. Wie lautet einer der Namen Gottes?

Ein Selbstporträt

„Wer versteht es, das Leben richtig zu deuten? Ein weiser Mensch hat ein fröhliches Gesicht …" (V. 1)

Zum Lesen & Nachdenken – Prediger 8,1

Ein altes Sprichwort sagt: „Weise Männer sind selten Akademiker, und Akademiker sind selten weise." Ich weiß nicht, ob das stimmt, doch zeigt mir die Lektüre von Salomos Schriften, dass Weisheit nichts Akademisches hat, sie ist vielmehr dazu da, praktische Auswirkungen auf unser Leben zu haben. Einige Ausleger glauben, dass uns Salomo hier ein Selbstporträt liefert, in dem er sich selbst als eine Illustration dafür anbietet, wie die Weisheit im Leben solcher Menschen funktioniert, die in einer Autoritätsposition stehen. Unser Text zeigt uns zwei Dinge über weise Menschen mit Autorität: Erstens haben sie einen Blick für das Ganze, den großen Entwurf. Zweitens: Sie haben eine heitere Grundeinstellung.

Erstens: *Der Blick für das Ganze*. Die, welche nicht in Führungspositionen sind, konzentrieren sich darauf, ihre Fähigkeiten einzubringen, um die vorgesetzte Aufgabe zu erledigen – es geht um das „Wie". Die Leiter hingegen konzentrieren sich auf die weitere Perspektive, das „Warum". Darum gilt, was jemand einmal folgendermaßen ausdrückte: „Derjenige, der weiß, *wie* es geht, wird zumeist einen Job haben, doch wird er in der Regel für den arbeiten, der weiß, *warum*." Der Nachfolger muss wissen, wie es geht, der Anführer muss wissen, warum es gemacht wird.

Zweitens: *Eine heitere Grundeinstellung*. Nichts ist ansteckender als Heiterkeit. Leiter sind oft verängstigte Menschen, geängstigt von der Vorstellung, nicht gut zu führen. Ihre Gesichter bekommen dann diese ernsten, verhärteten, angestrengten Züge, ohne ein Lächeln. Weisheit derart, wie sie von Gott kommt, hellt die Gesichter auf. Diese Gesichter strahlen häufig Freude und Heiterkeit aus. Ein immer ernstes Gesicht strahlt selten Weisheit aus.

Vater, ob ich nun ein Leiter bin oder nicht: Gib mir ein Gesicht, das deine Weisheit widerspiegelt. Ich kann nichts für das Gesicht, mit dem ich ins Leben gestartet bin, doch bin ich verantwortlich für das, mit dem ich es beende. Möge mein Angesicht das deine reflektieren. In Jesu Namen. Amen.

Spr. 15,1-33; 17,22; 12,25
1. Woran erfreut sich ein fröhliches Herz?
2. Was bewirkt ein fröhliches Aussehen?

Weitere Leiterqualitäten

***„Ein Soldat im Krieg wird nie vom Dienst befreit, und wer schuldig geworden ist, muss die Folgen tragen.“** (V. 8)*

Zum Lesen & Nachdenken – Prediger 8,2-8

Lassen Sie uns drei weitere Eigenschaften eines weisen Führers aus Salomos Liste anschauen.

Drittens: *Achtung vor Autorität.* „Gehorche den Befehlen des Königs“ (V. 2), sagt Salomo, oder, anders ausgedrückt: „Respektiere den, der über dir steht“. Diejenigen, welche die nicht respektieren, die über ihnen stehen, werden nie den Respekt derjenigen erlangen, die unter ihnen stehen. Letztere werden spüren, dass es ihren Vorgesetzten an Loyalität denen gegenüber mangelt, die ihnen vorgesetzt sind. Das wird die Befehlskette negativ beeinflussen. Dies stellt ein großes Problem in der heutigen Wirtschaftswelt dar, ein Problem, das durch die Beherzigung der Empfehlungen Salomos gelöst werden könnte.

Viertens: *Willigkeit, auch schwere Zeiten durchzustehen, ohne die Unterstützung zu verweigern* (Vs. 3-4). Wenn es um eindeutig sündige Vorgehensweisen geht, ist das eine andere Sache. Doch davon abgesehen, sagt uns Salomo, dass man Autoritäten so lange nicht auswechseln kann, wie man nicht höher steht als sie. Einstweilen gilt es also, effektiv unter ihnen zu arbeiten. Und das nicht mit einer rebellischen, subversiven Haltung, sondern unter Anwendung der fünften Leiterqualität: *Wissen, wann und wie etwas zu tun ist.* Auf das Timing kommt es an. Mancher hat eine Sache verdorben, weil er zwar das Richtige, dies aber zur falschen Zeit getan hat. „Das Herz eines Weisen kennt die richtige Zeit und das rechte Verhalten“ (V. 5; REÜ).

Die Schlussworte dieses Absatzes (Vs. 7-8) erinnern uns daran, dass jeder seine Grenzen hat, selbst die auf den höchsten Führungsetagen. Von einer Grundlinie aus müssen alle von uns handeln. Das ist die Tatsache, dass alle, einschließlich der Bosse, eines Tages sterben müssen.

Vater, egal, welche Position ich innehabe oder welche Kraft mir zur Verfügung steht: Weder vermag ich die Richtung des Windes, noch die Tatsache, dass ich eines Tages sterben muss, zu beeinflussen. Möge mir diese Einsicht zu einer beständigen Haltung der Demut verhelfen. In Jesu Namen. Amen.

Röm. 13,1-6; Tit. 3,1-2
1. Was lehrt Paulus über Autorität?
2. Was tun wir, wenn wir gegen Autoritäten rebellieren?

Tag 101

Wie man mit dem Geheimnis umgeht

„[Freude] wird ihn begleiten bei seinem Mühen die Tage seines Lebens hindurch.“ (V. 15)

Zum Lesen & Nachdenken – Prediger 8,9-15

Dieser Abschnitt setzt mit einer Warnung ein für diejenigen, die in einer Autoritätsposition sind. *Wer über andere auf ungerechte Weise herrscht, der schadet sich selbst mehr als den anderen.* Es mag einem ein gutes Gefühl verschaffen, wenn man sich rücksichtslos über die Gefühle und das Denken anderer Menschen hinwegsetzen kann, doch wer so handelt, erniedrigt sich letztlich selbst. Er begibt sich unter das menschliche Niveau – eine Folge, die jeder Leiter tunlichst vermeiden sollte.

Von hier ab konzentriert sich Salomo auf verschiedene Geheimnisse, Dinge, derer wir uns alle bewusst sind, auf die wir aber keine wirklich klaren Antworten wissen. Das Erste ist dies: Gottlose Menschen werden bei ihrem Begräbnis gepriesen (V. 10). Sind Sie jemals Zeuge einer solchen Situation gewesen? Das bekümmerte Salomo derart, dass er es als „sinnlos“ titulierte. Das Zweite, was Salomo befremdete, war die Tatsache, dass die Strafe für einen Verbrecher nur zögerlich exekutiert wurde. Würde Salomo heute leben und sehen, wie Vergewaltiger und Psychopathen auf Bewährung freikommen, nur um dann weiter ihren Neigungen nachgehen zu können, er würde das nicht nur als „sinnlos“ bezeichnen, er würde zum Amokläufer.

Die dritte Sache, die den weisen König verwundert, ist etwas, das er schon früher erwähnt hat: der Umstand, dass die Vorsehung die Guten so behandelt, als seien sie böse, und die Bösen, als seien sie gut. Die Art und Weise, wie Salomo mit diesen mysteriösen Fragestellungen umgeht, ist denkbar simpel: Iss, trink – und setze dein Vertrauen auf Gott (V. 15). Anders gesagt: Fahre mit den Dingen des Alltags fort und geh weiter deinen Weg, auch wenn die Rätsel ungelöst bleiben. Mit Gott können wir uns jeder Situation stellen, egal, was kommt – auch, wenn wir sie nicht verstehen.

Vater, ich sehe, dass ich, wenn ich das annehme, einen wichtigen Schlüssel zum Leben in der Hand halte. Hilf mir, dass ich dir auch dann diene und dich auch dann liebe, wenn die Erklärungen ausbleiben. Das bitte ich in Jesu Namen. Amen.

Hiob 5,1-9; 11,7-9
1. Wie beschreibt Zophar die Geheimnisse Gottes?
2. Worin besteht der Unterschied zwischen einem Geheimnis und einem Puzzle?

Besser ist es, zu vertrauen

„Wenn ein weiser Mensch behauptet, er könne das alles verstehen, dann irrt er sich!“ (V. 17)

Zum Lesen & Nachdenken – Prediger 8,16-17

Je eher wir damit klarkommen, dass dieses Leben Dinge mit sich bringt, für die wir keine Erklärung haben, desto besser für uns. Ich habe Menschen gesehen, die fast irre wurden, weil sie darauf bestanden, dass Gott moralisch verpflichtet sei, ihnen eine klare Antwort oder Erklärung im Blick auf eine dunkle oder schwierige Situation zu geben, in die sie geraten waren.

Dabei ist nichts Verkehrtes daran, Gott um Antwort zu bitten, doch, wie ich schon früher bemerkt habe, bekommen wir dann Probleme, wenn ein derartiges Fragen in ein *Fordern* umschlägt. Manche Dinge, die hier auf Erden geschehen, widersetzen sich der Erklärung. Wir müssen das akzeptieren und damit leben lernen. Das Leben „unter der Sonne“ wird immer etwas von einem Puzzle haben oder, wie es Winston Churchill ausdrückte, als er sich anschickte, mit dem kommunistischen Russland zu verhandeln: „ein Rätsel, eingewickelt in ein Mysterium, das ein Geheimnis beinhaltet“. Denken Sie daran, dass sich die fehlenden Teile im Puzzle Ihres Lebens in den Händen dessen befinden, der seinerzeit das Universum zusammensetzte.

Derek Tidball erzählte die Geschichte von einem Jungen, der von anderen geärgert wurde, indem sie behaupteten, sein Vater sei ein Frankenstein, der Leute in einen Tiefschlaf versetzte, sie aufschnitt, Teile entnahm und zu neuen Wesen zusammensetzte. Natürlich war der Vater des Jungen ein Chirurg. Trotz allem war der Junge ganz beruhigt, auch wenn er nicht wusste, was sein Vater wirklich tat. Doch vertraute er darauf, dass sein Vater in nichts Böses oder Schlechtes verwickelt sein konnte. Und so ist es auch mit Gott.

Vater, hilf mir, mich tief in der Sicherheit und der Ermutigung zu verankern, dass es für alles, was du tust, einen guten Grund gibt. Ich will dir vertrauen, auch wenn ich deinen Spuren nicht zu folgen vermag. In Jesu Namen bitte ich. Amen.

Jes. 40,1-31; Röm. 11,33-36
1. Worüber beklagte sich Israel?
2. Was entgegnete Jesaja?

Tag 103

Die Kurve kriegen

„Die Lebenden wissen wenigstens, dass sie sterben werden, die Toten aber wissen gar nichts …" (V. 5)

Zum Lesen & Nachdenken – Prediger 9,1-6

In diesem Kapitel lenkt Salomo unsere Aufmerksamkeit stärker auf die Dinge, die „über der Sonne" sind, vier Tatsachen, die jeder Gläubige kennen und verstanden haben sollte.

Zunächst geht es darum, *dass alles in Gottes Hand ist* (V. 1). Wenn ich an mich selbst denke und mich in Gottes Hand weiß, dann fühle ich mich wunderbar sicher. Manches mag außerhalb meines Einflussbereichs liegen, doch er hat alles unter Kontrolle. Es stimmt, was Salomo sagt, dass „der Mensch nicht einmal weiß, ob ihn Liebe oder Hass erwartet" (V. 1, a. d. Engl.). Doch wenn wir Gott besitzen, dann kann uns nichts widerfahren, was er und wir nicht bewältigen könnten. Die zweite Tatsache ist *die Gewissheit des Todes* (Vs. 2-3). Der Tod ist das Schicksal aller. Aber wie gesegnet sind die, die sich Ziele jenseits des Todes gesetzt haben, die sich einer ewigen Zukunft versichert haben. Jeder, der nur für die Zeit lebt, erweist sich als Narr.

Die dritte Feststellung lautet: *Dem menschlichen Geist wohnt der Irrsinn inne* (V. 3). Erwarte nicht zu viel von der Menschheit, dann wirst du auch nicht enttäuscht. Eine der besten Beschreibungen für Sünde, die ich kenne, lautet „Irrsinn". Tatsächlich ist es ein schierer Irrsinn zu glauben, wir könnten unser Leben erfolgreich meistern ohne Beziehung zu Gott. Und doch unternimmt der Großteil der Menschheit Tag für Tag diesen Versuch. Schlichtweg verrückt! Die letzte Tatsache lautet schließlich: *Wer lebt, hat noch Hoffnung* (Vs. 4-6). „Ein lebendiger Hund ist besser dran als ein toter Löwe" (V. 4). Warum? Weil selbst der König des Dschungels, wenn er tot ist, keine Hoffnung mehr hat. Solange Leben da ist, gibt es die Chance, dass Träume wahr werden, dass Pläne umgesetzt werden können und dass vor allem das ewige Schicksal festgemacht werden kann.

Vater, ich erkenne, dass mit dem Leben auch die Hoffnung einhergeht. Hilf mir, dass ich jetzt, während ich lebe, sicherstelle, dass ich die Ewigkeit bei dir verbringen werde. Ich übergebe mich dir. In Jesu Namen. Amen.

Ps. 89,1-13; 98,1; 118,15-16; 1. Petr. 5,6-7
1. Welche Zuversicht bringt der Psalmist zum Ausdruck?
2. Welche Ermahnung gibt uns der Petrusbrief?

Sei fröhlich!

„Deine Kleider seien weiß zu jeder Zeit, und das Salböl fehle nicht auf deinem Haupt!" (V. 8; REÜ)

Zum Lesen & Nachdenken – Prediger 9,7-10

„Also iss dein Brot", sagt Salomo, „trink deinen Wein, und sei fröhlich dabei" (V. 7). Ein Hedonist, der diese Verse liest, würde sicher denken: „Prima, genau das, was ich wollte ... ausgehen und mir richtig einen genehmigen." Doch halt, es geht noch weiter: „Deine Kleider seien weiß zu jeder Zeit, und das Salböl fehle nicht auf deinem Haupt" (V. 8; REÜ). Das steht symbolisch für „Bleib sauber." Salomo gibt uns hier keinen Freibrief für Völlerei, sondern will sagen, dass wir die Tage nehmen sollen, wie sie kommen, und uns an ihnen erfreuen sollen. Eine hilfreiche Umschreibung dessen, was er uns sagen will, könnte diese sein: „Die Argumente, die für die Sinnlosigkeit des Lebens vorgebracht werden könnten, sind stark: Ungerechtigkeit, Leid, plötzlicher Tod, Kriminelle kommen selbst als Mörder ungeschoren davon, während die Guten in Schande und Not untergehen. Mein Verstand sagt mir: Hör auf, nach Sinn zu suchen – es gibt keinen. Doch wenn ich dann an Gott denke, dann schlägt mein Herz wieder voll der Hoffnung, die Ewigkeit mit ihm verbringen zu dürfen. Und deswegen kann ich weitergehen, mein Brot essen und meinen Wein mit fröhlichem Herzen trinken."

Salomo fährt mit seinem Rat fort: Ihr Ehemänner, genießt das Leben mit euren Frauen (V. 9). Genießen, nicht aufgeben. Sind Sie verheiratet? Dann lieben Sie Ihren Ehepartner. Machen Sie was draus und haben Sie Spaß in Ihrer Ehe! Warten Sie nicht bis zur Rente, um das Leben zu genießen. Dann fügt Salomo noch hinzu: „Alles, was deine Hand zu tun findet, das tue in deiner Kraft" (V. 10; REÜ). Das einzige, in das sich manche Leute wirklich hineinwerfen, das ist am Abend ihr Bett – matt und ausgelaugt. Sie genießen das Leben nicht, erleiden es nur. Sie genießen Gott – genießen Sie das Leben ebenso!

Gütiger, liebevoller himmlischer Vater, bewahre mich vor dem Denken, erst sterben zu müssen, bevor ich leben kann. Zwar werde ich dann das Leben in der ganzen Fülle erfahren, aber hilf mir auch, mich hier voll und ganz ins Leben zu werfen. Das erbitte ich in Jesu Namen. Amen.

1. Tim. 6,1-21; 3. Joh. 2; Eph. 6,3
1. Warum versorgt uns Gott reichlich mit allem?
2. Was war das Gebet des Johannes?

Tag 105

Das Rattenrennen

„Sie alle sind gefangen in der Zeit, ein Spielball des Schicksals.“ (V. 11)

Zum Lesen & Nachdenken – Prediger 9,11-12

Zu Salomos gestriger Betrachtung über den Tod (V. 10) müssen wir noch eine Erklärung nachreichen. „Es gibt weder Tun noch Berechnung, noch Kenntnis, noch Weisheit im Scheol, in den du gehst“ (REÜ). Für die alttestamentlichen Heiligen war der Tod ein Geheimnis. Zwar glaubten sie an ein Leben nach dem Tod, doch waren sie sich nicht sicher, von welcher Qualität dieses Leben sein würde. Entsprechend wird über den Tod oft in negativen Begriffen gesprochen. Erst seit Christus erschien und den Tod besiegte, können wir ihn in richtiger Weise betrachten und bewerten. Das müssen wir im Hinterkopf haben, wenn wir die genannte Passage lesen.

Im heutigen Abschnitt ist Salomo wohl besorgt, dass seine Anweisung, uns zu erfreuen, nicht ausreicht und wir uns darin verfangen, was manchmal als „das Rattenrennen“ bezeichnet wird. „Nicht die Schnellen gewinnen den Wettlauf“, sagt er, „und nicht die Starken den Krieg“ (V. 11). Die Philosophie, von der die meisten heutzutage getrieben werden, lautet: Wenn du weiterkommen willst, dann musst du schneller sein als die anderen. Doch das ist eine Philosophie für hohlköpfige Ratten, nicht für Menschen. Wer Gott liebt und ihm die Ehre geben will, der widersteht diesem Druck. Du kannst ein gut gehendes Geschäft aufbauen und wettbewerbsfähig sein, ohne dein Leben auf der Überholspur leben zu müssen.

Wahrer Erfolg findet sich im Wandel mit Gott. Denken Sie daran, dass alles in Gottes Hand ist. Salomo ruft es uns wieder in Erinnerung. Dinge geschehen, wenn wir es am wenigsten erwarten. Die Börsenkurse fallen, jemand hält eine Zahlung zurück und die Firma bricht zusammen. In dieser Welt ist nichts gewiss. Gott kennt schon am Anfang den Ausgang – darum ist es so notwendig, dass Sie Ihr ganzes Vertrauen auf ihn setzen.

Vater, mit neuen Augen sehe ich, dass die Starken nicht immer die Stärksten, die Schlauen nicht immer die Schlauesten sind. Ich fühle mich herausgefordert, einen neuen Ort des Vertrauens für mein Leben zu entdecken. Das Vertrauen, lieber Vater, will ich in dich setzen, ganz in dich. Amen.

Ps. 1,1-6; 2. Chr. 31,20-21
1. Was ist der Schlüssel, um Frucht zu bringen?
2. Warum war Hiskia erfolgreich?

Es war einmal eine Stadt ...

„Es ist besser auf die bedächtigen Worte eines Weisen zu hören als auf das Geschrei eines Königs von Dummköpfen.“ (V. 17)

Zum Lesen & Nachdenken – Prediger 9,13-18

Die Sache mit dem Rattenrennen verdeutlicht Salomo mit einer Geschichte. Stellt euch eine kleine Stadt vor, sagt er, mit nur ein paar Leuten. Eines Tages wird die Stadt von einer Armee eingeschlossen und belagert. Ein weiser, doch armer Mann aus der Stadt hat eine Idee, welche die Stadt letztlich rettet. Nachdem die Stadt dem Untergang entronnen war, vergaß man den armen Mann. Was damit klar werden soll, ist Folgendes: „Weisheit ist besser als Stärke.“ Natürlich ist Stärke beeindruckender als Weisheit, doch erweist sich letztere auf lange Sicht als effektiver. Ein Autor sagt über dieses Gleichnis: „Dies ist keine moralische Geschichte um den Menschen zu zeigen, was sie tun sollen, sondern eine Warnung, die den Menschen zeigt, wie sie sind.“ Die Wichtigkeit von Weisheit wird oft vergessen oder übersehen, und Salomo erinnert uns daran, damit wir nicht überrascht sind, wenn das geschieht. Die Art und Weise der Welt lautet: Sei stark, smart, schlau, konkurrenzbewusst. Doch wenn es Ärger gibt und es bedrohlich wird, dann sind die Leute bereit, Weisheit anzunehmen und sich helfen zu lassen. Aber wenn die Krise vorbei ist, vergessen sie, was ihnen gesagt wurde, und wenden sich wieder der Stärke zu.

Wir sind umzingelt von feindlichen Kräften. Wir sind bedroht. Ehen zerbrechen und moralische Bindungen, die uns früher aufrechterhielten, fransen aus oder stehen in Brand. Wir besitzen ein Buch, „Bibel“ genannt, welches all die Weisheit enthält, die diese Welt braucht. Wir müssen mehr Aufmerksamkeit darauf verwenden. Die Menschen mögen zuhören oder nicht, das ist nicht unsere Verantwortung. Wir müssen reden, damit Gott handeln kann.

Vater, mir ist klar, dass, wenn die Weisheit durch mich kommen soll, sie zunächst in mir Wohnung nehmen muss. Mach aus mir einen Menschen des Buches. Möge mein Verstand so mit der Weisheit der Schrift durchtränkt sein, dass, wenn ich rede, meine Worte zu den deinen werden. In Jesu Namen bitte ich. Amen.

Jos. 1,8-9; Ps. 119,1-40; 143,5
1. Wie sah Gottes Erfolgsrezept für Josua aus?
2. Auf welche verschiedene Arten beschreibt der Psalmist Gottes Wort?

Tag 107

Anatomie eines Narren

„Welchen Weg der Törichte auch einschlägt – ihm fehlt der Verstand.“ (V. 3)

Zum Lesen & Nachdenken – Prediger 10,1-3

In diesem Kapitel wird uns die Anatomie eines Narren präsentiert. Doch wenn Sie sich anschauen, wie sich ein Narr benimmt, dann könnten Sie meinen, von Narren umgeben zu sein. Aber denken Sie dabei an das alte Sprichwort, dass, wenn Sie mit dem Finger auf andere zeigen, drei Finger auf Sie zurückweisen.

Warnt nicht unser Herr in Mt. 5,22 davor, andere als „Narren“ zu bezeichnen? Ja, das tut er, doch gebrauchte er ein Wort für „Narr“, das eigentliche eine „wertlose Person“ meint. Jemand mag ziemlich dumme Sachen machen, doch macht ihn das noch nicht wertlos. Niemand, der nach dem Angesicht Gottes geschaffen wurde, sollte so bezeichnet werden. Der alttestamentliche Gebrauch des Wortes „Narr“ ist der, dass es auf Menschen angewandt wird, die sich dem Lauf des Universums entgegenstellen, statt im Einklang mit ihm zu leben. Torheit, so lässt uns Salomo eingangs des Kapitels wissen, ist wie kostbares Parfüm, auf dem tote Fliegen schwimmen. Eine Menge kostbare Substanz wird durch eine ganz kleine Sache verdorben. Wie viele Menschen kennen Sie, deren Leben und Ruf durch eine kleine indiskrete Handlung zerstört wurden? Narren handeln sorglos.

Hör zu, sagt Salomo. Die Weisen laufen nach rechts, die Narren nach links (V. 2, vergl. REÜ). Der Text meint hier das Gehen in die richtige Richtung. Du erkennst einen Narren sofort, so Salomo, wenn er die Straße entlangkommt. Es kann nicht verborgen bleiben. Narren haben keinen Verstand. Und das kann jeder sehen.

Gütiger Gott, gieß in mein Herz die Weisheit aus, die allen Unverstand überwindet, und ermögliche mir, all die Sorglosigkeit und Unempfindsamkeit, die einen Narren ausmachen, zu vermeiden. Das erbitte ich in dem unvergleichlichen und kostbaren Namen Christi. Amen.

2. Tim. 3,1-9; Jer. 4,22; 1. Kor. 3,19
1. Was macht Paulus dem Timotheus klar?
2. Warum bezeichnet Gott sein Volk als Narren?

Ärgere dich nicht!

„Die Törichten bekommen die höchsten Posten, und die Vornehmen werden übergangen.“ (V. 6)

Zum Lesen & Nachdenken – Prediger 10,4-7

Eine weitere Eigenschaft des Narren ist, so Salomo, die Unfähigkeit, seinen Zorn zu beherrschen. Wenn dein Vorgesetzter ein Hitzkopf ist, dann reagiere du nicht auf dieselbe Weise (V. 4). Ein Narr wirft seinen Job in einer Aufwallung der Gefühle hin, der weise Mann jedoch bleibt ruhig. Ich frag mich, wie viele Menschen diese Zeilen lesen und dabei auf Schwierigkeiten zurückblicken, die hätten vermieden werden können, wenn sie gelernt hätten, sich nicht zu ärgern.

Salomo fährt fort, indem er ein Problem aufzeigt, dem wir alle von Zeit zu Zeit begegnen: Eine unweise und inkompetente Person gelangt in eine Führungsposition und fängt dann an, diese Stellung gegenüber denen, die eigentlich in Verantwortung sein sollten, in unguter Weise auszunutzen. „Ich habe das beobachtet“, sagt Salomo, und Sie, da bin ich mir sicher, haben das auch schon erlebt. Der besser Qualifizierte wird klein gehalten, abserviert und schlecht geführt. Ich sage es ungern, aber das passiert auch in Teilen der christlichen Gemeinde.

Dr. Kenneth Gangel schreibt in seinem Buch *So spricht Kohelet* („Kohelet“ ist die hebräische Bezeichnung für das Buch Prediger): „Bestimmt sehen wir täglich, sowohl in unserem Land als in der übrigen Welt Dinge, die uns annehmen lassen, dass es in jedweder menschlichen Regierung ein Gutteil mehr an Unverstand denn an Weisheit gibt. Vielleicht will uns Gott nur sehen lassen, wie töricht wir sind und wie nutzlos es ist, das Vertrauen in die Eitelkeiten der Menschen ‚unter der Sonne‘ zu setzen.“ Wie wenig wir es auch hören mögen, die Wahrheit ist, dass man Narren nicht dauerhaft von Positionen fernhalten kann, in denen sie Schaden anrichten können.

Gott, vielleicht stimmt es, was immer gesagt wird, dass wir die Regierung bekommen, die wir verdienen. Kann es sein, dass wir eher parteipolitisch statt im Gebet über Dinge entscheiden – und dass darum manchmal die falschen Leute gewählt werden? Vergib uns. In Jesu Namen. Amen.

Lk. 11,37-53; Ps. 53,2; Spr. 28,26
1. Warum nennt Jesus die Pharisäer „Toren“?
2. Was findet sich im Herzen eines Narren?

Ausgleichende Gerechtigkeit

„…Können bringt Erfolg mit sich." (V. 10, a. d. Engl.)

Zum Lesen & Nachdenken – Prediger 10,8-11

Wir kommen jetzt zu einem Teil des Buches Prediger, der die meisten Ausleger verwirrt und bestürzt zurücklässt. Hier werden einige gefährliche Aktivitäten beschrieben, bei denen man, so warnt uns Salomo, zu Schaden kommen kann. Salomo bedient sich einer bildlichen Sprache, um klar zu machen, dass Narren kaum weiter sehen können, als ihre Nasenspitze reicht. Sie tapsen blind umher und sehen nur, was sie sehen wollen – und dabei ziehen sie sich schmerzhafte Verletzungen zu. Narren erkennen die Gefahr nicht, und ich glaube, dass diese Worte Salomos Anlass für das Sprichwort waren: „Der Narr platzt herein, wo die Engel sich scheuen, einen Fuß hineinzusetzen."

Ein Narr gräbt anderen eine Grube, um dann selbst hineinzufallen. Ein Narr reißt eine Mauer ein und wird dann von einer Schlange gebissen. Ein Narr bricht Steine im Steinbruch, ohne Schutzmaßnahmen zu ergreifen, und wird dann von herabfallendem Gestein verletzt. Ein Narr spaltet Holz und bringt sich damit in Gefahr. Ein Narr benutzt eine stumpfe Axt und muss somit mehr Kraft als nötig aufwenden. Ein Narr geht mit der Giftschlange um, ohne sie zuvor beschwört zu haben. Er kann kein Geschäft machen, da ihn die Menschen aus Furcht vor dem Biss meiden. Keines dieser Unglücke hätte bei den genannten Tätigkeiten passieren müssen, wenn die Menschen sich statt von ihrer Dummheit von Weisheit hätten leiten lassen.

Im Zusammenhang mit den Situationen, die Salomo hier auflistet, wird häufig der Begriff „ausgleichende Gerechtigkeit" benutzt – die Menschen bekommen, was sie verdienen. Ein Narr hat dafür natürlich kein Verständnis. Er fährt fort, in seinem Leben unvernünftige Dinge zu tun, wobei er andere Menschen benutzt und ausnutzt. Dabei endet er letztlich als „Loser". Wann wird er endlich klug?

Vater, Tag für Tag wird deutlicher, dass wir ohne Weisheit nicht erfolgreich durch dieses Leben kommen. Dabei ist die beste aller Weisheiten die, welche von dir kommt. Und wieder bete ich: Fülle mein Herz und meinen Verstand mit der Weisheit, die von oben kommt. In Jesu Namen. Amen.

Spr. 14,1-35; 12,23; 18,2; 20,3

1. Nennen Sie einige Unterschiede zwischen einem weisen und einem unvernünftigen Menschen.

2. Wie sieht es dabei in Ihrem eigenen Leben aus?

Strecken Sie mal Ihre Zunge heraus!

„Der Anfang der Worte seines Mundes ist Torheit und das Ende seiner Rede böser Unsinn." (V. 13; REÜ)

Zum Lesen & Nachdenken – Prediger 10,12-15

Frage: Was hat im Verlauf der Weltgeschichte mehr Streit ausgelöst als alles andere? Antwort: Die Zunge! Wenn Sie eine medizinische Untersuchung über sich ergehen lassen müssen, sagt der Arzt manchmal: „Strecken Sie mal Ihre Zunge heraus!" Unsere Zunge, das kleine Ding, mit dem wir die Worte formen, sagt uns Salomo, bedarf einer Untersuchung.

Während die Worte des Weisen gütig und freundlich sind, wird der Narr von seinen Worten verschlungen. Der, welcher am meisten unter den Konsequenzen zu leiden hat, ist der Narr selbst, nicht derjenige, den er verletzt. Der Narr wird „verzehrt" (V. 12). Ein starkes Wort. Tatsächlich heißt es „heruntergeschluckt werden". Der Narr findet sich endlich in Problemen wieder, auf der Polizeiwache oder sogar im Gefängnis. Er redet Dinge, die ihn selbst ins Verderben führen. Schon früh in meinem Dienst lernte ich zu unterscheiden zwischen Menschen, die einfach naiv oder dumm waren, und solchen, die man nur als „Narren" bezeichnen konnte. Ich lernte auch, meine Zeit nicht mit Ratschlägen an solche Narren zu verschwenden, sondern sie für diejenigen einzusetzen, die wirklich Hilfe annehmen wollten. Hören Sie: „Keiner weiß, was die Zukunft bringt; niemand sagt ihm, was nach seinem Tod geschehen wird" (V. 14). Ich kann mir vorstellen, dass die Eltern unter Ihnen ähnliche Worte gebraucht haben: „Wenn du so weitermachst, weiß ich nicht, wie es mit dir einmal enden wird."

Dann, so Salomo weiter, erschöpfen sich die Narren selbst durch ihre Ineffektivität (V. 15). Sie finden nicht einmal den Weg in die Stadt bzw. von hier nach dort. Das ist keine Frage des Intelligenzquotienten. Das ist schlichte Dummheit. Narren lernen immerzu und kommen doch nie ans Ziel.

Vater, bewahre mich davor, die Zunge eines Narren zu haben. Mögen meine Worte die deinen sein, ihr Ursprung in deinem Denken. Hilf mir, dass ich nicht immer nur lerne, sondern auch einmal ankomme. In Jesu Namen bitte ich. Amen.

Ps. 34,1-22; Spr. 13,3; Jak. 1,26
1. Wovor warnt der Psalmist?
2. Wann wird unsere Frömmigkeit wertlos?

Tag 111

„Ein Vöglein hat mir gezwitschert..“

*„Nicht einmal in Gedanken schimpfe auf den König …
denn die Spatzen pfeifen es von den Dächern …“ (V. 20)*

Zum Lesen & Nachdenken – Prediger 10,16-20

Salomo lenkt unsere Aufmerksamkeit nun auf das Bild eines Landes, das von einem unreifen König regiert wird. Die englische Moffatt-Übersetzung überträgt diese Stelle so: „Weh dir, o Land, wenn dein König noch ein kleiner Junge ist“ (V. 16). Oder, noch etwas anders ausgedrückt: „Weh dir, wenn du einen Narren auf dem Thron hast!“ In Jesaja 3,1-5 sagt Gott Israel voraus, dass sie, wenn sie nicht auf sein Wort hören, von Kindern regiert werden würden. Und zu gegebener Zeit passierte das dann. Was Salomo sagen will: Wenn die Narrheit auf dem Thron sitzt, dann regieren Chaos und Unordnung.

In Vers 18 wendet sich Salomo recht abrupt wieder den Eigenschaften eines Narren zu. Narren, so sagt er uns noch einmal, sind gefühllose Menschen. Über sich haben sie brüchiges Gebälk und ein tropfendes Dach, verursacht durch Müßiggang und Nachlässigkeit. In solchen Situationen reden die Narren viel, etwa so: „Mit Geld lässt sich alles regeln“, doch wissen die Weisen, dass dem nicht so ist. Geld mag helfen, doch liegt die Antwort in einem verantwortlichen Lebensstil. Nur Reden macht nichts besser.

Tatsächlich ist es so, dass das Reden die Dinge noch schlimmer machen kann (V. 20). Die Redensart „Ein Vöglein hat mir gezwitschert …“ hat ihren Ursprung in dieser Bibelstelle. Pass auf, warnt Salomo, wie du über einen Narren sprichst, denn er wird mit Sicherheit herausfinden, was du über ihn erzählt hast. Und dann nimm dich in Acht! Er wird sich dir mit blank gezogener Klinge entgegenstellen. Wenn du dich also mit einem Narren abgibst, dann sei vorsichtig. Lerne es, Dinge für dich zu behalten. Narren könnten deiner Gesundheit abträglich sein.

Vater, hilf mir zu unterscheiden zwischen denen, was dein Wort als „Narren“ beschreibt, und Menschen, die einfach nur naiv oder unreif sind. Ich brauche diese Unterscheidungskraft um Menschen in einer Weise begegnen zu können, die dich ehrt und verherrlicht. In Jesu Namen. Amen.

Spr. 19,1-29; 6,6-11; 18,9; 24,30-34
1. Was zeichnet einen Faulpelz aus?
2. Was rät Salomo dem Faulpelz?

Tag 112

Sei großzügig!

„Gib Anteil sieben anderen, ja, sogar acht …“ (V. 2; REÜ)

Zum Lesen & Nachdenken – Prediger 11,1-2

In den letzten Kapiteln weicht der Zynismus Salomos fast völlig. Geht’s Ihnen wie mir und denken Sie: „Wurde aber auch Zeit!“?

Er beginnt dieses Kapitel mit dem bekannten Satz: „Wirf dein Brot hin auf die Wasserfläche – denn du wirst es nach vielen Tagen [wieder] finden“ (V. 1; REÜ). Was er damit besagen will, ist: „Sei großzügig, teile dich selbst mit anderen.“ Ich mag Chuck Swindolls Umschreibung dieses Verses, die da lautet: „Leg dein Brot nicht in die Tiefkühltruhe, es wird austrocknen. Verteil es!“ Dabei ist der Kerngedanke nicht einfach zu geben, sondern zuversichtlich, freudig und kraftvoll zu geben.

Zeichnet sich Ihre Großzügigkeit durch eine gewisse Kühnheit aus? Hier wird der Nachdruck nicht auf das Geben von Geld gelegt (obwohl das dazugehört), hier geht es darum, sich selbst zu geben. Wenn wir uns selbst großzügig weggeben, verlieren wir nichts, denn in diesem Universum suchen sich die Dinge einen Weg, um zu uns zurückzukommen – das Gute wie das Böse. Angenommen, der kleine Junge hätte sich, unter Hinweis darauf, dass das seine wären und er nicht gewillt sei, sie wegzugeben, geweigert, Jesus die fünf Brotlaibe und die zwei Fische zu überlassen. Er hätte die Chance vertan, als einer der berühmtesten kleinen Jungen in die Weltgeschichte einzugehen. Der Ausdruck „Gib Anteil sieben anderen, ja, sogar acht …“ lautet modern ausgedrückt: „Gib bis zum n-ten Grad“, sprich: Wirf deinen Taschenrechner und die Kalkulationstabelle weg. Gib ohne Maß. Du weißt nicht, wann das Unglück über dich kommt, also gib, solange du Gelegenheit hast. Gott hat sich uns gegenüber geöffnet – ganz und gar großzügig. Sollten wir das nicht auch anderen gegenüber tun?

Gott, hilf mir, mich selbst zuversichtlich, freudig und kraftvoll zu geben. Von nun an will ich Kanal deiner Großzügigkeit sein und ihren Fluss nicht hindern. In Jesu Namen. Amen.

2. Kor. 9,1-11; Spr. 25,21; 11,25
1. Wofür lobt Paulus die Korinther?
2. Was liebt Gott?

Wähle das Leben!

„Wer ängstlich auf den Wind achtet, wird nie säen; und wer auf die Wolken schaut, wird nie ernten.“ (V. 4)

Zum Lesen & Nachdenken – Prediger 11,3-4

Unsere heutigen Verse vergegenwärtigen uns unsere Hilflosigkeit im Blick auf die Veränderung mancher Dinge, wie etwa das Wetter. Wenn die Wolken voller Regen sind, dann tränken sie die Erde.

Es gibt einfach keinen Grund, sich mit Dingen zu befassen, die unabänderlich sind. Viel mehr Sinn macht es, dafür zu leben und zu arbeiten, die Dinge zu ändern, die sich ändern lassen. Ein Schild an einer noch unfertigen, schwer befahrbaren Straße im Norden Kanadas warnt: „Wählen Sie Ihre Fahrspur sorgfältig. Sie wird Sie die nächsten 200 Meilen begleiten.“ Salomo rät uns, alles in unserer Kraft Stehende zu tun, um nicht in eingefahrene Gleise zu verfallen.

Wie viele von Ihnen laufen in diesen eingefahrenen Gleisen und haben sich auf ein langweiliges, vorhersehbares Leben eingestellt, während Sie Ihre gottgegebene Kreativität nutzen könnten, um neue Dinge zu entdecken? Lassen Sie sich nicht einfach durch das Leben treiben – bestimmen Sie den Kurs. Anstatt immer nur Gedanken und Aufmerksamkeit auf die vorhersehbaren Dinge des Lebens zu verschwenden, sollten Sie Ihr Augenmerk auf neue Aktivitäten und neue Ideen wenden. Wenn Sie in Rente sind, dann kommen Sie aus dem Ruhestand zurück. Ich meine nicht, dass Sie das tun sollten, was Sie immer gemacht haben, sondern dass Sie neue Interessen entwickeln. Vielleicht fangen Sie noch einmal ein Studium an oder helfen dabei, irgendeine neue Gruppe ins Leben zu rufen … Tun Sie etwas. Klar, Sie werden nicht mehr die Energie eines Vierzigjährigen haben, doch hören Sie nicht auf, kreativ zu sein. Bleiben Sie nicht in den eingefahrenen, gewohnten Gleisen. William Gladstone, viermaliger britischer Premierminister, war bei seiner letzten Ernennung dreiundachtzig. Schämen Sie sich, wenn Sie nur herumstehen und auf den Wind achten. Lassen Sie sich nicht wie eine faule Wolke umhertreiben. Streben Sie etwas Neues und Schönes für Gott an.

Gott, vergib mir, dass ich so viel Zeit damit verschwende, mir Gedanken darüber zu machen, ob es wohl Regen oder Sonnenschein geben wird, statt neue Dinge anzugehen und zu verfolgen. Ich habe das hinter mir, Herr, ich wähle das Leben. In Jesu Namen. Amen.

5. Mo. 30,1-20; Jos. 24,15; 1. Kön. 18,21
1. Wie forderte Mose das Volk heraus?
2. Hat Gott Sie herausgefordert?

„Bitte nicht stören!"

***„Ebenso wenig kannst du die Taten Gottes ergründen, der alles bewirkt."* (V. 5)**

Zum Lesen & Nachdenken – Prediger 11,5-6

Einige Dinge im Leben werden wir, so sehr wir es auch versuchen, nie ganz verstehen. Das will uns Salomo in dem heutigen Vers verdeutlichen. Wir wissen nicht, welchen Weg der Wind nehmen wird oder wie sich die Knochen in einem Embryo formen, doch irgendwie geschieht es. Und warum? Weil Gott in dem allen am Werk ist; das Beste, was wir demnach tun können, ist, ihm zu vertrauen. Die moderne Wissenschaft hat Licht in viele Dinge gebracht, die den Menschen vergangener Jahrhunderte als Geheimnis erschienen, doch stehen auch wir noch vor vielen unerklärlichen Phänomenen. Doch egal, ob sich Geheimnisse lüften oder nicht – wir müssen unser Leben weiterleben.

„Säe am Morgen deine Saat aus, leg aber auch am Abend die Hände nicht in den Schoß", fährt Salomo fort. Natürlich will er nicht sagen, dass wir Tag und Nacht arbeiten sollen und dass es verkehrt wäre, Zeiten der Entspannung und der Muße einzulegen. Vielmehr will er die Segnungen einer Beschäftigung jenseits der täglichen Arbeit hervorheben. Etwas stimmt im Leben nicht, wenn man abends, nach getaner Arbeit, ein Schild an die Lebenstür hängt, auf dem „Bitte nicht stören!" steht. Wenn Sie nach der Mühe des Tages so müde sind, dass Sie kaum mehr etwas anderes ins Auge fassen können, dann ist es vielleicht an der Zeit, Ihren gesamten Lebensstil zu überdenken. Ich kann diesen Rat recht einfach geben, denn ich habe das gerade hinter mir. Und jetzt fühle ich mich entschieden besser. Salomos Rat ereilte mich in einem entscheidenden Moment meines Lebens, und wenn ich mich nicht täusche, ist heute für manchen von Ihnen ein ähnlich entscheidender und herausfordernder Tag.

Gott, hilf mir, meinen Lebensstil heute sorgfältig unter Gebet zu begutachten. Lebe ich wirklich – oder schleppe ich mich nur von einem tristen Tag zum anderen? Lehre mich, das Leben zu leben, nicht gelebt zu werden. In Jesu Namen. Amen.

Kol. 4,1-6; Eph. 5,18
1. Wozu ermahnt Paulus die Kolosser?
2. Wohin führt Trunkenheit?

Tag
115

Es ist stark, lebendig zu sein!

„Freu dich über jedes neue Jahr, das du erleben darfst!" (V. 8)

Zum Lesen & Nachdenken – Prediger 11,7-9

Brauchen Sie noch eine Genehmigung, das Leben zu genießen? Salomo stellt sie Ihnen in diesen Versen aus. Ich mag es, wie manche Übersetzungen den Vers 7 übertragen: „Süß aber ist das Licht, und gut für die Augen ist es, die Sonne zu sehen" (REÜ). Zwar ist klar, dass Salomo hier das natürliche Licht meint, doch kann es auch symbolisch verstanden werden. Von Gott wird oft in Begriffen wie „Licht" gesprochen. „Der Herr ist mein Licht und mein Heil, vor wem sollte ich mich fürchten?" (Ps. 27,1; REÜ) ist nur ein Beispiel. Das Licht der Liebe Gottes ist allgegenwärtig, und wir tun gut daran, sooft wie möglich unseren Blick darauf zu richten.

Die Freude am Leben, fährt Salomo fort, sollte jeden Abschnitt unseres Lebens durchdringen, bis ins hohe Alter. „Freu dich über jedes neue Jahr, das du erleben darfst" (V. 8). Das lässt natürlich nicht die Tatsache außer Acht, dass manche während ihres Lebens recht raue Phasen durchmachen müssen, die aber mit Hilfe guter christlicher Beratung und Seelsorge durchgestanden werden können. Tatsächlich empfiehlt Salomo, sich die dunklen Tage in Erinnerung zu rufen, denn wenn wir das Licht und die Liebe Gottes erfahren, können wir auf schmerzliche Momente zurückblicken, ohne Schaden an der Seele zu nehmen. Die Erinnerung mag noch weh tun, aber sie wird dich nicht überwältigen. Es ist sogar so, dass die Befreiung von den dunklen Stunden im Glanz der Freude, die von Gott kommt, noch tiefer erachtet wird.

Die Hauptbotschaft dieser zwei Verse lautet wirklich: Genieße das Leben jetzt, nicht später. Verpass das Leben mit Gott im Hier und Jetzt nicht. Egal, wie alt Sie sind, denken Sie daran: Es ist einfach stark, lebendig zu sein. Genießen Sie es!

Danke, Vater, dass du, egal, wie alt ich bin, den Trübsinn und den stechenden Schmerz der Niedergeschlagenheit aus meinem Leben fortnimmst. Hilf mir, mich mehr auf die Wärme und das Licht deiner Liebe zu konzentrieren als auf die Dunkelheit der Umstände. In Jesu Namen bete ich. Amen.

Röm. 14,1-17; Ps. 126,5; Jes. 12,3; Jer. 15,16
1. Wie beschreibt Paulus das Königreich Gottes?
2. Wo fand Jeremia die Quelle seiner Freude?

Eine schöne Kindheit

„… freu dich in der Blüte deines Lebens!“ (V. 9)

Zum Lesen & Nachdenken – Prediger 11,9-10

Salomos abschließende Bemerkungen in diesem Kapitel zielen auf die Jungen. Genieße einen Tag nach dem anderen, sagt er, denn bevor du es richtig gewahr wirst, bist du erwachsen.

Der folgende Vers hat manchen Christen völlig ratlos dastehen lassen: „Tu, was dein Herz dir sagt und was deinen Augen gefällt“ (V. 9). Als ich noch Gemeindepastor war, hatten wir einen Jugendleiter, der mit seiner Gruppe das Buch Prediger durchnehmen wollte. Dabei hatte er sehr bewusst diese Verse ausgelassen. Als ich ihn nach dem Grund fragte, antwortete er: „Das ist kein guter Rat für junge Leute. Auf diesem Weg sind sie eh schon, da dachte ich, diesem Vers am besten nicht viel Beachtung zu schenken.“ Ich wies ihn dann auf den folgenden Vers hin: „Aber sei dir bewusst, dass Gott dich für alles zur Rechenschaft ziehen wird!“ Was Salomo wirklich sagen wollte, ist dies: „Entspann dich und habe eine super Zeit, solange du jung bist. Viele Impulse werden auf dich einstürmen und viele Dinge werden in deinen Augen begehrlich sein. Folge ihnen, aber erinnere dich immer daran, dass du an irgendeinem Tag Rechenschaft ablegen musst. Sieh also zu, dass die Pferde nicht mit dir durchgehen.“

Mancher meint, dass diese Warnung wieder alle Freude aus dem Leben verbannt, aber dem ist nicht so. Wenn wir den Gott, der einmal Fragen stellen wird, ignorieren, dann machen wir uns nicht auf, das wirkliche Leben zu erfahren, sondern uneingeschränkte Freiheiten. Diese Art von Freiheit ist schlecht für uns. Also, sagt Salomo den Jungen, verbanne die unnötigen Sorgen und vermeide alles, was deinem Leib schadet. Ihr Jungen, ihr seid nur einmal jung. Haltet euch nahe an Gott, dann werdet ihr das Beste aus dem Leben herausbekommen.

Danke, Vater, dass du mich daran erinnerst, dass es keine Freiheit ohne Beschränkungen gibt. Hilf mir, die Weisheit zu erkennen, die hinter deinen Beschränkungen liegt. Sie ermöglicht mir, dir zu vertrauen und dir jeden Tag meines Lebens nachzufolgen. In Christi Namen bitte ich. Amen.

2. Tim. 2,14-22; Ps. 103,1-5
1. Was riet Paulus dem Timotheus?
2. Wie wird unsere Jugend erneuert?

Keine größere Freude

„Denk schon als junger Mensch an deinen Schöpfer, bevor die beschwerlichen Tage kommen …“ (V. 1)

Zum Lesen & Nachdenken – Prediger 12,1

Schließlich werden wir mit deutlichen Worten dem vorgestellt, der dem Leben wirklich Sinn geben kann – Gott. Mancher muss fühlen und erfahren, wie nutzlos der Versuch ist, das tiefe Verlangen seiner Seele auf anderen Wegen als mit Gott stillen zu wollen.

Eine chassidische Erzählung berichtet von einem Mann, der im Wald spazieren ging und sich dabei verlief. Stundenlang lief er umher und suchte den Heimweg. Plötzlich stieß er auf einen anderen Wanderer, der sich auch verirrt hatte. Sie setzen sich nieder, um zu beraten, was zu tun sei. „Ich weiß“, sagte der eine. „Jeder von uns sagt dem anderen, welchen Weg er schon ausprobiert hat. Dann wird es viel einfacher sein, den richtigen zu finden.“ Gesagt, getan – innerhalb weniger Stunden hatten beide sicher den Weg aus dem Wald gefunden. Auf diese Weise finden manche zu Gott – sie probieren einen Irrweg nach dem anderen aus, um schließlich *den Weg* zu finden.

Heute möchte uns Salomo verdeutlichen, dass die beste Zeit, Gott kennen zu lernen, die Jugend ist. Es besteht die gefährliche Möglichkeit, dass, wenn die Gelegenheit, das Herz für Gott zu öffnen, nicht in jungen Jahren wahrgenommen wird, dieses Aufschieben zum Aufbau einer starken Abwehrhaltung der Seele führt, die es später schwer (wenn nicht unmöglich) macht, auf Gott zu antworten. Ich gab Gott mein Leben mitten in meinen Teenagerjahren. Noch heute, viele Jahre später, erregt mich der Gedanke, dass ich ihn nicht nur kennen, sondern ihm auch dienen durfte. Glauben Sie mir, es kann keine größere Freude geben.

Vater, ich kann das bezeugen: Es gibt keine größere Freude, als dich zu kennen und dir zu dienen. Möge das Staunen über diese Vorrechte wachsen, solange ich auf dieser Erde lebe. In Jesu Namen bete ich. Amen.

2. Tim. 3,10-17; Spr. 23,26; 8,32-36
1. Was sagt Paulus dem Timotheus?
2. Was ruft uns die Weisheit zu?

Das „Plus“ des Geistes

„… wenn sich verfinstern, die durch die Fenster sehen …“ (V. 3; REÜ)

Zum Lesen & Nachdenken – Prediger 12,2-4

Jetzt werden wir in eine sehr lebendige Schilderung des Alters hineingenommen. Salomos Absicht war, uns klar zu machen, welche Vorteile es hat, Gott schon in jungen Jahren zu dienen und uns an seinen Rat zu erinnern, Gott in den Tagen unserer Jugend zu suchen. Wir können Gott (wie wir schon gesehen haben) auch im Alter dienen, doch ist es eine Tatsache, dass uns das Alter langsamer werden lässt und wir nicht mehr die Energie haben, die wir früher im Dienst für Gott aufbringen konnten.

Vers 2 spricht vom geistigen Älterwerden. Sonne und Licht, Sinnbilder für Klarheit und Schärfe, weichen, Dunkelheit legt sich über den Geist. Der Vers 3 stellt dann auf die körperliche Beeinträchtigung ab, „wenn die Wächter des Hauses zittern“ (REÜ). Man nimmt an, dass sich die Wendung „Wächter des Hauses“ auf unsere Gliedmaßen bezieht, die in hohem Alter anfangen zu zittern und schwach werden. Uns bleiben nur noch einige Zähne (wenn es überhaupt noch die eigenen sind); das scheint hinter dem Ausdruck „die Müllerinnen gehen müßig, weil sie wenig geworden [sind]“ (V. 3; REÜ) zu verbergen. Vers 3 spricht auch von den Augen, die trübe werden, und Vers 4 erwähnt das Ausgeschlossensein von nennenswerter Aktivität: „Die Türen zur Straße hin werden geschlossen“ (REÜ). Der zweite Teil des Verses weist auf eine weitere Beschwernis des Alters hin, den Umstand, dass selbst Schlaf schwer zu finden ist. Manche leiden doppelt, unter Schlaflosigkeit und Schwerhörigkeit. Junge Menschen können kaum glauben, dass es ihnen, vorausgesetzt, sie leben lang genug, einmal auch so gehen wird, doch das ist die Realität. Also, ihr jungen Leute, gebt Gott euer Bestes – solange ihr noch könnt.

Vater, ich weiß, dass ich mich der Realität stellen muss, doch weiß ich auch, dass dein Geist mich auch noch im Alter berühren kann. Erhalte mich die Jahre meines Lebens hindurch, damit ich sowohl das „Plus“ deines Geistes als auch das „Plus“ der Jahre kennen lerne. Amen.

Mark. 10,13-16; Ps. 27,10; Spr. 8,17
1. Was sagte Jesus seinen Jüngern?
2. Worauf vertraute David?

Wissen, wie man stirbt

„… bevor die silberne Schnur zerreißt …" (V. 6; REÜ)

Zum Lesen & Nachdenken – Prediger 12,5-8

Halten Sie es aus, sich noch einen Tag mit den Besonderheiten des Alters befassen zu müssen? Denken Sie daran: Die Fähigkeit, der Realität ins Gesicht zu sehen, ist eines der Merkmale geistiger Gesundheit … Doch auch, wenn Sie sich damit nicht beschäftigen wollen, werden Sie irgendwann damit konfrontiert werden.

Vier weitere Charakteristika zeigt uns Vers 5 auf. Erstens: Angst – Angst vor Steigungen und vor den Gefahren belebter Straßen. Zweitens: das erste Auftreten von grauen Haaren. Der Grundtext spricht hier von der „Blüte des Mandelbaums", was eine klare Umschreibung des Ergrauens des Haares ist. Drittens: Schwierigkeiten beim Gehen – „die Heuschrecke schleppt sich mühsam dahin" (REÜ). Man denkt hier an Gehstöcke oder Krücken. Wie Sie wissen, brauchen alte Leute etwas länger, um an das Ziel zu gelangen, wo sie hin wollen. Viertens: das Nachlassen des Sexualtriebs. In Vers 6 kommt Salomo noch einmal auf den Punkt zurück, den er eingangs des Kapitels erwähnte – denke an *ihn*. Denke an Gott, das ist nicht das Ende, erinnert er uns, bevor „die silberne Schur zerreißt oder die goldene Schale zerspringt". Diese Bildworte (und die folgenden) zielen allesamt auf den Tod.

Jetzt aufzuhören, wäre in der Tat ziemlich trist, doch Salomo gibt uns etwas, das die Herzen aufleben lässt: „Der Lebensgeist geht wieder zu Gott, der ihn gegeben hat" (V. 7). Für die, welche Gott lieben, ist der Tod nicht das Ende, sondern der Anfang, der majestätische Auftakt zu dem, was Leben letztlich ist – Gemeinschaft mit Gott. Für die jedoch, die Gott nicht kennen, ist der Tod ein Übergang von einer Leere zu einer noch größeren Leere (V. 8). Wer zu leben weiß, weiß auch zu sterben.

O Gott, ich bin so dankbar für den Sieg über das Grab, den Christus für mich errungen hat. Er brachte „Leben und Unverweslichkeit ans Licht". Hilf mir, Tag für Tag in diesem Sieg zu leben. In Jesu Namen. Amen.

1. Kor. 15,1-58; Jes. 52,8; 2. Tim. 1,10; Offb. 21,4
1. Wie lautet der Ruf des Siegers?
2. Was sollen wir darum tun?

Kennzeichen eines Predigers

„Er bemühte sich, ansprechende Worte zu finden …" (V. 10)

Zum Lesen & Nachdenken – Prediger 12,9-10

In diesen letzten Versen macht Salomo einige autobiografische Notizen, gelehrte Reflektionen und Schlussfolgerungen eines weisen Mannes. Der „Prediger" zeigt uns, wie ein Prediger beschaffen sein sollte; fünf Merkmale stechen hervor.

Zunächst und vor allem sollte ein Prediger weise sein. Seine Weisheit resultiert nicht aus der Anzahl seiner Lebensjahre, sondern aus der Kommunikation mit Gott. Alsdann sollte er die Fähigkeit besitzen, sein Wissen anderen vermitteln zu können, ihnen beizubringen, auf welchen Prinzipien ein gottgefälliges Leben aufbaut. Drittens muss er über Dinge nachdenken, über sie reflektieren und die Gedanken sortieren. Viertens muss er die Dinge und Erkenntnisse in eine logische Reihenfolge bringen. Dabei, so Salomo, sollte er ein besonderes Augenmerk auf die Verwendung von Sprichwörtern legen, etwas, das wir heute und in unserer Generation kaum beherzigen. Ein christlicher Autor bemerkte einmal: „Die unsrige Generation scheint die erste zu sein, die ihre jungen Leute ohne den Gebrauch von Sprichwörter heranzieht." Eine traurige Einsicht, nicht wahr?

Fünftens sollte ein Prediger zur Auswahl und zum Gebrauch der richtigen Worte in der Lage sein. Natürlich ist der Prediger vom Heiligen Geist abhängig, doch benötigt er Worte, um die Bedeutung klar zu machen. Und nicht nur Worte, sondern die richtigen Worte. „Der Unterschied zwischen den richtigen Worten und den fast richtigen Worten ist so", meinte Mark Twain, „wie der zwischen einem Blitz vom Himmel und einem Glühwürmchen." Die Worte eines guten Predigers ähneln Fenstern, durch die das Licht der Wahrheit scheint. Unzweifelhaft hat uns Salomo diese fünf Eigenschaften beispielhaft vorgeführt. Wären unter den Menschen Gottes heutzutage doch mehr Leute wie er.

Vater und Gott, gib uns mehr Prediger, die dich und ihr Handwerk verstehen. Arbeite durch deinen Heiligen Geist an den Herzen derer, die du zum Predigen berufen hast, damit die nächste Generation keinen Schiffbruch erleidet. Das bitten wir in Jesu Namen. Amen.

1. Kor. 1,1-23; Röm. 1,15; 1. Kor. 9,16; 2. Kor. 10,16
1. Worin bestand Paulus' Eifer?
2. Wie arbeitete er, um das zu erreichen?

Verfeinerung der Adjektive

***„Die Worte der Weisen sind wie ein Stock,
mit dem der Bauer sein Vieh antreibt … in Sprüche gefasst,
gleich eingeschlagenen Nägeln …“ (V. 11)***

Zum Lesen & Nachdenken – Prediger 12,11

Wenn man weiß, dass Salomo in einer von Landwirtschaft geprägten Gesellschaft lebte, dann leuchtet ein, warum er etwa das Bild vom Treibstock des Bauern gebraucht. Das war ein langer Stock, an dessen Ende ein eiserner Dorn befestigt war. Den stach der Treiber leicht ins Hinterteil des Viehs, um es zu höherer Geschwindigkeit anzutreiben. Worte motivieren und drängen zum Handeln.

J. B. Phillips benutzte ein anderes Bild, um den gleichen Sachverhalt zu verdeutlichen: „Wenn Worte das menschliche Herz erreichen und Frucht bewirken sollen, dann müssen es die richtigen Worte sein, geschickt geformt, um die Verteidigungsstellungen des Menschen zu umgehen und um dann geräuschlos und wirksam im Geist dieses Menschen zu explodieren.“ Ist das nicht die Weise, wie Salomo Worte gebrauchte?

Worte und weise Aussprüche gleichen auch fest eingeschlagenen Nägeln, sagt Salomo. Jeder Satz sollte sich fest in unserer Vorstellung einprägen. Das erinnert mich lebhaft an einen Ausspruch von Sir Winston Churchill, den er über einen seiner Generäle machte: „Er erinnert mich“, so sagte er über ihn, „an einen eisernen Ankernagel, der in gefrorenen Grund eingeschlagen wurde – fest, solide, unverrückbar.“ Hier kommt ein persönliches Bekenntnis – einer der Gründe, warum ich gerne Alliterationen benutze. Zum Beispiel: „Iss genug, und du bleibst fit, und nicht zuviel, sonst wirst du fett.“ Ich weiß, dass die Leute das behalten, denn häufig genug zitieren sie diese Sätze mir gegenüber. Wenn wir über Christus reden, müssen wir das beste und das exakteste Vokabular benutzen, das wir haben, immer eingedenk dessen, was C. S. Lewis sagte, dass wir nur Adjektive sind, die sich bemühen, andere auf das Substantiv hinzuweisen. „Und damit die Menschen an das Substantiv glauben“, so fügte er hinzu, „müssen wir unsere Adjektive verfeinern.“

Vater, hilf mir zu verstehen, dass es dir nicht darum geht, meinen Wortschatz zu vergrößern, sondern aus dem, was ich schon besitze, das Beste zu machen. Du verdienst nichts weniger als das Beste. Möge ich darum der Beste sein, der ich sein kann. In Jesu Namen. Amen.

Ps. 19,1-14; Spr. 16,24
1. Was war Davids Gebet?
2. Was ist das Ergebnis freundlicher Worte?

Ein Mensch des Buches

„Und darüber hinaus, mein Sohn, lass dich von ihnen warnen.“ (V. 12)

Zum Lesen & Nachdenken – Prediger 12,12

Bis zu diesem Augenblick schien Salomo es vermieden zu haben, seinem Sohn zu raten. Jetzt rät er ihm, nicht zuviel Vertrauen in Bücher oder Worte zu setzen, die über die Schrift hinausgehen. Ich glaube, dass Moffatt in seiner Übersetzung den Geist der Stelle am ehesten getroffen hat: „Mein Sohn, vermeide alles, das über die Schriften der Weisheit hinausgeht. Mit dem Kaufen von Büchern wird es nie ein Ende haben, und das intensive Studium des Geschriebenen ermüdet den Leib.“ Das Problem mit Büchern ist, dass man eine Menge lesen muss, um nur ein wenig herauszubekommen. Das ist bei der Heiligen Schrift nicht der Fall. „Alle Schrift“, schreibt Paulus an Timotheus, „ist von Gott eingegeben und nützlich …“ (2. Tim. 3,16; REÜ). Wenn wir mehr Zeit *mit der Bibel selbst* anstatt *mit Büchern über die Bibel* verbringen würden, dann wären wir geistlich besser dran. Dabei sagt Salomo nicht, dass wir außer der Bibel nichts lesen sollten, doch sollten wir dem Studium der Bibel die erste Priorität einräumen.

Ich habe in der Vergangenheit viele Fächer studiert – Psychologie, Soziologie, Kommunikation und vieles mehr. Vieles davon empfand ich als ermüdend, doch kann ich das von der Bibel nicht behaupten. Wenn ich das Buch der Bücher öffne, dann tue ich das mit einem Enthusiasmus, einem Eifer und einer Erwartung, die ich bei keinem anderen Buch kenne. Ich hoffe, dass Sie eine ähnliche Erfahrung machen. *Jeder Tag mit Jesus* möge Ihnen bei Ihrer täglichen Andacht eine Hilfe sein (ich bete, dass dem so ist), doch lassen Sie nicht zu, dass es in Ihrem Leben die Stellung der Bibel einnimmt. Es würde mir das Herz brechen, wenn ich annehmen müsste, dass das der Fall wäre.

O Gott, mein Vater, ich bin dankbar für all die Bücher, aus denen ich etwas von dir und über dich gelernt habe, doch bitte hilf mir, dass ich diese niemals über dein Wort, sondern sie immer hintanstelle. Mach aus mir einen Menschen des Buches. In Jesu Namen. Amen.

Jos. 1,1-8; 2. Kön. 22,1-20
1. Wie lautete der Befehl Gottes an Josua?
2. Warum zerriss der König sein Gewand?

Das Ende der Suche

„Denn Gott wird Gericht halten über alles, was wir tun – sei es gut oder böse …" (V. 14)

Zum Lesen & Nachdenken – Prediger 12,13-14

Heute beenden wir unsere Untersuchung des Buches Prediger. Mit Salomo sind wir viele Wege gegangen und haben einem weiten Spektrum von Betrachtungen gelauscht. Der Welt fehlen die Möglichkeiten, die Bedürfnisse der Seele zu stillen, so sagte uns Salomo, und alle Ansätze, Lebenssinn außerhalb von Gott zu finden, erweisen sich als gänzlich aussichtslos. Sinn ergibt sich nur dort, wo wir unser Leben an Gott festmachen.

Alles reduziert sich auf sein vorletztes Statement: „Fürchte Gott und halte seine Gebote" (V. 13; REÜ). „Gott fürchten" heißt, ihm die Ehre geben und ihn an die erste Stelle setzen, „seine Gebote halten" meint, ihm zu gehorchen – ob uns danach ist oder nicht. Manche sehen Salomos Schlusswort als ein qualitatives Abfallen im Gegensatz zum bislang Gesagten. Keine Illustration, kein eindrucksvoller, augenfälliger Ausspruch. Doch ist das die Kunst der Evangelisation. Seelen gewinnen bedeutet nicht, den Menschen das Evangelium einzubläuen, sondern mit ihnen einen Weg nach dem anderen zu gehen, um ihnen dabei zu zeigen, dass das nicht die Wege sind, auf denen man Leben findet. Und dann führt man sie ganz leise und ohne viel Getue zu der unausweichlichen Schlussfolgerung, dass Gott die eine „wahre Wirklichkeit" ist.

Salomos letzte Aussage ist einfach und zugleich wuchtig: „Gott wird Gericht halten über alles, was wir tun – sei es gut oder böse …" Warum schlägt er am Ende noch so eine ernste Note an? Weil wir nicht unverantwortlich leben und dann damit davonkommen können. Wir können uns nicht gegen das Universum stellen. Gott hat immer das letzte Wort. Wie fassen wir die Botschaft des Predigers zusammen? Vielleicht so: Fürchte Gott und diene ihm, denn eines Tages wirst du vor ihn treten müssen. Ich bin bereit. Und Sie?

Mein Vater und mein Gott, wenn ich noch nicht bereit sein sollte, dann komme mit deinem Geist in mein Herz und hilf mir, heute die Entscheidung zu treffen, dir mein Leben zu übergeben. Das tue ich jetzt, in demütiger Buße und schlichtem Vertrauen. Nimm mich, reinige mich, mach mich zu deinem Kind. In Jesu Namen bitte ich das. Amen.

2. Kor. 5,1-10; Jer. 17,10; Mt. 16,27; 1. Petr. 1,17
1. Wie sollten wir unser Leben leben?
2. Was sollte unser Ziel sein?

Psalm 23

„Die Nachtigall unter den Vögeln“

„Der Herr ist mein Hirte.“ (V. 1)

Zum Lesen & Nachdenken – Psalm 23,1-6

Heute beginnen wir eine Vers-für-Vers-Auslegung einer der schönsten und beliebtesten Abschnitte im ganzen Wort Gottes – *dem dreiundzwanzigsten Psalm*. Dieser friedliche, heilige Psalm überragt die anderen wie der Mount Everest den Himalaja. Der große Verkündiger C. H. Spurgeon sagte von ihm: „Was die Nachtigall unter den Vögeln, das ist dieser Psalm unter den anderen: Sanft sang er in das Ohr so mancher niedergeschlagenen Seele, und in durchweinter Nacht hat er ihr Hoffnung auf einen frohen Morgen gemacht.“

Die Ausleger nehmen an, dass dieser Psalm in der Zeit geschrieben wurde, als Davids Sohn Absalom gegen ihn rebellierte und sich David gezwungen sah, in die Wüste Judäa zu fliehen. Gejagt und geächtet tröstete David sich mit Bildern aus einer friedvolleren Zeit als Hirte. Psalm 23 ist ein Abschnitt, der besonders zu Menschen spricht, die, wie David, eine Zeit des Umbruchs in ihrem Leben durchmachen. Fühlen Sie sich von jemandem fallen gelassen, der Ihnen sehr nahe stand? Hat sich der Himmel urplötzlich zugezogen und verdunkelt? Dann ist dieser Psalm für Sie. Fangen Sie heute an, ihn auswendig zu lernen und laut aufzusagen. Bewegen Sie jedes Wort auf Ihrer geistlichen Zungenspitze und saugen Sie jeden erfrischenden Tropfen heraus. Lassen Sie zu, dass sich diese Worte auf Ihren Geist legen, bis Sie spüren, wie ihr Frieden und ihre Sanftheit jede Zelle Ihres Seins durchdringt. Ich verspreche Ihnen, dass Sie, wenn Sie sich Tag für Tag die Mühe machen, die Wahrheiten, die in diesem unvergleichlichen Psalm verborgen liegen, in sich aufzunehmen, nie wieder von den Schwierigkeiten und Problemen des Lebens überwältigt werden.

Gütiger, liebender Vater, ich bin so dankbar, dass dein Wort auf meine alltäglichen Nöte maßgeschneidert ist. Gib, dass mir dieser Psalm Tag für Tag in nie da gewesener Weise lebendig wird. Um deines Namens Willen. Amen.

Ps. 3,1-8; 30,1-12; 42,5
1. Wie lautete das Zeugnis des Psalmisten?
2. Was war seine Entgegnung?

Probleme im Zusammenhang sehen

***„Denn wer ist Gott außer dem Herrn?
Und wer ist ein Fels als nur unser Gott?" (V. 32)***

Zum Lesen & Nachdenken – Psalm 18,1-51

Besonderes „Anwendungsgebiet" für Psalm 23 sind die Menschen, die gerade, ähnlich David, eine Zeit der Umwälzung in ihrem Leben mitmachen. David beginnt, indem er seine Probleme in den richtigen Zusammenhang stellt – er richtet seinen Blick direkt auf Gott: „Der *Herr* ist mein Hirte." Haben Sie schon gelernt, wie man sich geistlich richtig ausrichtet, wenn man sich in einer Krise wiederfindet? Wenn Sie dann nicht umgehend Gott mit dem Problem zusammenbringen, dann fehlt Ihnen der richtige Bezugsrahmen. Jemand sagte einmal: „Wenn wir das, was über uns ist, nicht in uns haben, dann werden wir uns recht schnell dem ergeben, das um uns ist."

Es tut mir unendlich Leid um die, welche Gott nicht kennen und die ihren Problemen allein gegenüberstehen. Ein agnostischer Professor sprach für all die, welche seinen Agnostizismus teilen, als er schrieb: „Ich bin mir nicht sicher, ob mein Tun irgendeine kosmische Bedeutung hat, ob ich irgendetwas Bedeutendes tue oder nur sinnlos vor mich hinarbeite, mit niemandem im Hintergrund meiner Arbeit oder meines Mühens." Kein Wunder, dass einmal jemand die Agnostiker wie auch die Atheisten als Leute beschrieb, „welche keine unsichtbaren Hilfsmittel besitzen".

Wie anders erscheinen selbst verzweifelte Situationen, wenn Gott mit ins Bild kommt. Statt von den Wellen einer sinnlosen Existenz hin und her geschleudert zu werden, besitzen wir einen Stern, mittels dem wir unser Boot sicher steuern können, und wir ahnen einen sicheren Hafen. Indem David sagt: „Schaut, wer mein Hirte ist – der Herr der Herrlichkeit!", stellt er sein Problem in den richtigen Kontext. Wenn wir mitten in unserer Problematik innehalten, um darüber nachzudenken, *wer* uns führt und leitet, dann werden wir mit David sagen: „*Der Herr*! Er ist mein Hirte."

O Vater, lehre mich mehr die Kunst, meine Probleme in den richtigen Kontext zu stellen, indem ich dich umgehend mit in die Situation nehme. Das hört sich wunderbar einfach an. Hilf mir, es nicht durch meinen Unglauben kompliziert zu machen. Um Jesu willen. Amen.

Jes. 26,1-9; Ps. 37,5; 118,8
1. Was gehört zum Prozess des Vertrauenlernens?
2. Was resultiert aus dem Vertrauen zu Gott?

Nur vom Hörensagen?

***„So spricht der Herr:
‚Kommt, wir wollen miteinander verhandeln …'" (V. 18)***

Zum Lesen & Nachdenken – Jesaja 1,10-20

David fährt fort, sich mit seiner Beziehung zu Gott zu beschäftigen: Der Herr ist *mein* Hirte. Offensichtlich hegte David keinerlei Zweifel über seine Beziehung zu dem himmlischen Hirten, es begeistert ihn, zu ihm zu gehören. Gestatten Sie mir die Frage: Kennen Sie den Herrn auf so intime Art und Weise? Können Sie, wie David, sagen: Der Herr ist *mein* Hirte?

Vielleicht gehört es zu den traurigsten Situationen im Leben, wenn man gewahr wird, dass so viele, die den 23. Psalm im Munde führen, doch keine persönliche Beziehung zu dem Einen haben, von dem der Psalm in so zärtlichen Worten spricht. Ein großer Schauspieler wurde einmal anlässlich einer kleineren Abendgesellschaft um eine Rezitation gebeten, woraufhin er sich für Psalm 23 entschied. So sprach er diese Worte, perfekt in Diktion und Tonfall, lang anhaltender Applaus folgte. Ein alter Prediger, der auch anwesend war, bat darum, denselben Psalm auch aufsagen zu dürfen. Obwohl schnell klar wurde, dass er der Ausbildung und der Professionalität des Schauspielers ermangelte, und obwohl er eher durch die Verse stolperte, war, nachdem er geendet hatte, kein Auge in der Zuhörerschaft trocken geblieben.

Einer, der unter den Zuhörern gewesen war, beschrieb den Unterschied in der Reaktion des Publikums so: „Der Schauspieler kannte den Psalm, doch der Prediger kannte den Hirten." Und so frage ich noch einmal: Gehören Sie wirklich zu ihm? Leben Sie unter seiner täglichen Führung und Leitung? Den Psalm zu kennen ist eine Sache – Hörensagen –, doch den Hirten kennen eine ganz andere, eine Herzenssache. Wenn Sie ihn noch nicht auf diese persönliche Weise kennen, dann bitte ich Sie: Übergeben Sie ihm jetzt Ihr Leben.

O Gott, ich sehe, dass wir alle mit dem einen Bedürfnis vor dir stehen, das alle anderen übersteigt – dich persönlich zu kennen. Ich danke dir, dass du für mich die Tore zum ewigen Leben aufgestoßen hast. Ich gebe meine Sünde zu, tue in Demut Buße und trete jetzt hinzu. Amen.

Phil. 3,1-14; Hebr. 8,11; 1. Joh. 2,3
1. Was war Paulus' Verlangen?
2. Welches ist das höchste Ziel in Ihrem Leben?

Wie sehen wir Gott?

***„Höre uns, Gott, du Hirte Israels, der du dein Volk wie eine Herde hütest!“** (V. 2)*

Zum Lesen & Nachdenken – Psalm 80,1-20

Wie kam David dazu, von Gott als von einem *Hirten* zu denken? Das Bild von Gott, das wir in unserem Herzen tragen, ist das, auf das wir uns beziehen, wenn wir uns von Problemen und Schwierigkeiten umzingelt sehen. Doch vielleicht noch wichtiger ist Folgendes: Wir werden jedes Ereignis in unserem Leben in Übereinstimmung mit dem Bild von ihm, das wir in unserem Inneren tragen, bewerten und interpretieren.

Ich habe an anderer Stelle schon auf die Erfahrung hingewiesen, die ich machte, wenn ich Menschen während Seelsorgesitzungen gebeten habe, mir ihre hauptsächliche Sicht von Gott zu schildern. Ich war dann oft erstaunt, dass sie ihn eher als strengen und ernsten Richter denn als liebevollen Hirten sahen. Natürlich *ist* Gott Richter – wie auch David nach seinem Ehebruch mit Bathseba entdecken musste –, doch ist das nicht, was den Hauptteil der Beziehung zu seinen Kindern ausmacht. Jemand hat einmal bemerkt, dass die beiden schönsten Beschreibungen von Gottes Beziehung zu seinem Volk, die uns die Bibel liefert, die des Vaters und die des Hirten sind. Und es ist schon interessant, dass sich die beiden bestbekannten Abschnitte in Gottes Wort – das Vaterunser und der 23. Psalm – eben dieser Analogien bedienen.

Ich frage mich, welches Bild von Gott Sie in Ihrem Herzen tragen. Wenn Ihre vorrangige Sicht von ihm die des Richters ist, dann werden Sie tendenziell alle Ihre Probleme als Gottes Gericht über Ihr Leben interpretieren – und nicht etwa als Gelegenheit, inmitten dieser Probleme seine zärtliche Liebe und seine Fürsorge erleben zu können. Irren Sie sich nicht – im Moment der Krise werden Sie sich auf das Bild von Gott beziehen, das Sie in Ihrem Herzen tragen.

Vater, hilf mir in meinem Herzen ein wahres Bild von dir zu entwickeln, ein Bild, das sich nicht von meinen Gefühlen und Gedanken dir gegenüber ableitet, sondern von den Prinzipien, die in deinem kostbaren Wort verborgen sind. Das bitte ich in Jesu Namen. Amen.

Kol. 1,1-15; 2,9; Joh. 1,1-2
1. Wie hat sich Gott uns offenbart?
2. Wie sieht Ihr Bild von Gott aus?

Pfeifen im Wald?

„Er ist unser Gott, und wir sind das Volk seiner Weide.“ (V. 7; REÜ)

Zum Lesen & Nachdenken – Psalm 95,1-11

Inmitten seiner Prüfungen tröstete sich David damit, dass Gott nicht sein Richter, sondern sein Hirte war. Das war seine vorrangige Sicht von Gott, und entsprechend füllte das Bild von göttlicher Hirtenliebe und Fürsorge sein Herz.

Jemand sagte einmal: „In deinem christlichen Leben und deiner Erfahrung wirst du dich nie höher hinaufschwingen können, als es dein Bild und dein Konzept von Gott zulässt.“ Wie wahr. Sie merken: Sie können den ganzen Tag über die Worte des Psalms 23 aufsagen, doch wird es nicht viel helfen, wenn das Bild Gottes in Ihrem Herzen das eines Tyrannen oder eines Despoten ist. Das falsche Bild von Gott wird den Einfluss der Worte zunichte machen. Erzbischof William Temple beschrieb das so: „Es sind nicht so sehr die Worte unserer Lippen, die uns inneren Frieden bescheren, sondern die Gedanken, die wir tief im Herzen mit uns tragen. Dort unten – im Herzen – finden die wahren Veränderungen statt. Wenn das Denken unseres Herzens nicht wirklich im Einklang steht mit dem Reden unseres Mundes, dann ist das nur *Pfeifen im Wald.*“

Bevor wir uns also daran machen, diesen einfachen, doch so grundlegenden Psalm weiter zu betrachten, sollten Sie einmal prüfen, wie nah Ihre vorrangige Sicht von Gott an der Sichtweise der Bibel ist. Ist er sanft – oder eher tyrannisch? Fürsorglich – oder verdammend? Eine negative Sicht von Gott ändert sich kaum über Nacht, doch bin ich zuversichtlich, dass, während wir Tag für Tag über diesen verändernden Psalm nachdenken, wir letztendlich zum selben Schluss wie David gelangen – dass alles, was ein guter Hirte seinen Schafen tut, auch Gott seinem Volk angedeihen lässt.

Vater, ich bin so dankbar, dass ich mit meinen Füßen auf einer Treppe stehe und dass es nach oben geht. Führe mich Tag für Tag zu einem neuen Bewusstsein und einem neuen Verständnis deiner unendlichen Liebe und Fürsorge. Um deines lieben Namens Willen. Amen.

Ps. 100,1-5; 79,13; Jes. 40,11; Sach. 9,16
1. Wohin führt uns der himmlische Hirte?
2. Was entgegnet der Psalmist?

Tag 129

„Göttliche Gewissenhaftigkeit“

***„Ich bin der gute Hirte.
Ein guter Hirte setzt sein Leben für die Schafe ein.“ (V. 11)***

Zum Lesen & Nachdenken – Johannes 10,1-18

In den letzten Tagen haben wir gesehen, wie wichtig es ist, zu einem klaren Konzept von Gott zu gelangen, oder, wie es jemand einmal ausdrückte: „Je klarer dein Konzept von Gott ist, desto lebendiger wird deine Beziehung zu ihm sein“. Wie klar ist unser Konzept? Können Sie, wie David, mit Überzeugung bekennen: „Der Herr ist mein *Hirte*“?

Der Psalm 23 wurde einmal als „Davids Lobeshymne an die Sorgfalt Gottes“ bezeichnet. Der ganze Text zählt auf, wie sich der göttliche Hirte keinerlei Schonung bei dem Unterfangen gönnt, es dem Schaf so gut wie möglich gehen zu lassen. Kein Wunder, dass es David, der ja früher selbst Hirte war, mit Stolz erfüllte, zu Gottes Herde zählen zu dürfen.

Phillip Keller, ein christlicher Autor, erzählt von der Zeit, als er einige Jahre in Ostafrika als Hirte gearbeitet hat. Dabei bezieht er sich auch auf einen anderen Hirten, den er kannte, und der im Blick auf die Bedürfnisse seiner Herde vollkommen gleichgültig war. „Dieser Mann“, so Keller, „verwandte kaum Zeit auf seine Herde, er ließ sie, so gut sie es vermochten, selbst nach Nahrung suchen, im Sommer wie im Winter. Sie wurden zum Raub der Hunde, der Pumas und der Viehdiebe. Zum Trinken hatten sie nur verschmutztes, moderiges Wasser. Ich habe sie immer noch vor Augen, wie sie dort stehen, zu traurigen kleinen Häufchen zusammengedrängt, den Blick sehnsüchtig durch den Stacheldraht auf die saftigen Weiden jenseits des Zauns gerichtet.“

Dieser Hirte ignorierte die Bedürfnisse seiner Schafe, er hätte kaum weniger tun können. Wie anders ist doch der göttliche Hirte. Für ihn gibt es keine größere Freude, keinen reicheren Lohn, keine tiefere Befriedigung als zu sehen, wie seine Schafe unter seiner Fürsorge in Sicherheit und Zufriedenheit gedeihen.

Mein Vater und mein Hirte, wie kann ich dir je ausreichend dafür danken, dass du mich in deine Herde aufgenommen hast. Hilf mir, Stunde um Stunde, Tag für Tag daran zu denken, dass ich ein bevorzugtes Objekt deiner zärtlichen, liebevollen Fürsorge bin. Ich bin so dankbar. Amen.

Mt. 18,1-14; Hebr. 13,20-21; 1. Petr. 2,25; 5,4
1. Wie offenbart Jesus den Charakter eines wahren Hirten?
2. Wie führte er das in seinem eigenen Leben vor?

Was auch immer …

„Er sorgt für sein Volk wie ein guter Hirte. Die Lämmer nimmt er auf den Arm …“ (V. 11)

Zum Lesen & Nachdenken – Jesaja 40,1-11

Kommen wir nun zum nächsten Ausspruch Davids, mit dem er sich selbst in Gott ermutigt: „Der Herr ist mein Hirte. *Nichts wird mir fehlen.*“ Was für eine kraftvolle, zuversichtliche Aussage! Und doch kommt sie einem auf den ersten Blick etwas widersinnig vor. Wir sehen David inmitten größter Not, von feindlichen Truppen gejagt und gehetzt, im Stich gelassen von Männern, die ihn früher unterstützt hatten – und doch versichert er uns ganz gelassen: *Mir wird nichts fehlen.* Ich habe viele Christen kennen gelernt, die mit dieser Aussage große Schwierigkeiten hatten. Sie bekannten mir: „Wie kann dieser Vers für mich überhaupt eine Bedeutung haben, wenn ich doch so viele Dinge haben möchte? Ich möchte eine glückliche Familie, bessere Lebensumstände, genug Geld, eine Arbeitsstelle, einen Ehepartner“ – und so weiter.

Welchen Sinn David diesem Vers geben wollte, erschließt sich, wenn wir uns die hebräischen Worte, die er benutzte, etwas näher anschauen. Eine Übersetzung bringt den Vers so: „Ich werde keinen Mangel haben“, eine andere Version lautet: „Ich werde keinen Mangel an Gutem haben.“ „Kerngedanke“, so ein Ausleger, „ist der des ‚Keinen-Mangel-Habens‘ – es fehlt an nichts – für alles wird angemessen gesorgt.“

Was David also zum Ausdruck bringen will, ist dies: Egal, welche Härten und Nöte auf mich zukommen, eines ist ganz sicher: Ich werde *keinen Mangel* an erfahrener Fürsorge und sanfter Aufsicht seitens meines Herrn und Hirten leiden. Dabei hatte David an vielen Stellen Mangel: Ihm fehlte es an Komfort, familiärer Anteilnahme, körperlicher Sicherheit und an vielem mehr. Woran es ihm jedoch nicht fehlte, war die Versicherung, dass Gott in allen seinen Schwierigkeiten mit ihm war, dass er seine Angelegenheiten regelte und seine Stolpersteine in Treppenstufen verwandelte.

Mein Vater und mein Gott, auch, wenn ich vieles sehe, das mir fehlt, so mangelt es mir doch nie an deiner Fürsorge und Hilfe. Du bist mein nie versagender Gefährte, mein ständiger Führer, mein guter Hirte … Ich bin so dankbar. Amen.

Mt. 6,25-34; 2. Kor. 9,8; Phil. 4,19
1. Was lehrte Jesus seine Jünger?
2. Was ist Gottes Versprechen?

Tag 131

„Gott sollte mich besser behandeln!“

„... du hältst mich bei der Hand. Du führst mich nach deinem Plan und nimmst mich am Ende in Ehren auf.“ (Vs. 23 u. 24)

Zum Lesen & Nachdenken – Psalm 73,1-28

Wenn wir akzeptieren, dass David den Psalm 23 während seines Aufenthaltes in der Wüste von Judäa verfasst hat, dann kann er sich, als er sagte „Ich werde an Gutem keinen Mangel haben“, nicht auf materielle oder körperliche Wohltaten bezogen haben, denn derer war er zu der Zeit ganz sicher beraubt. David rühmt den Umstand, dass er, egal, welche Härte er durchleiden muss, niemals Verlangen, niemals Mangel haben würde in Bezug auf die Fürsorge und die Behandlung durch seinen sanften, liebevollen Hirten.

An dieser Stelle müssen wir uns einen Moment der harten Realität aussetzen, denn viele glauben, dass wir, wenn wir einmal Christ geworden sind, doch den gewöhnlichen Übeln des Lebens, denen der Rest der Menschheit ausgesetzt ist, entronnen sein sollten. Menschen mit diesem Denkansatz gehen, wenn Probleme auftauchen, wie die Kegel zu Boden. Eine Frau, die von einer Reihe schwieriger Probleme übermannt wurde, sagte zu mir: „Warum passiert mir das? Ich bin doch Christ. Gott sollte mich besser behandeln!“ Ich zeigte ihr auf, dass ihre Haltung sehr gefährlich war, doch schienen sie meine Worte nicht allzu sehr zu beeindrucken. Letztlich geriet sie in eine derartig schlimme nervliche Verfassung, dass sie für einige Monate in eine Klinik musste.

Richard Baxter schrieb über die Große Pest: „Am Anfang wurden nur wenige religiöse Leute dahingerafft, so dass sie aufgeblasen wurden und sich rühmten, welch einen Unterschied Gott doch zu machen schien. Doch schon kurze Zeit später ging es ihnen genauso.“ Was ist also der Unterschied zwischen einem Christen und einem Nichtchristen? Der Unterschied liegt nicht in dem, was uns widerfährt, sondern darin, wie wir damit umgehen können.

Lieber Herr Jesus, der du alles, was die Menschen auf dich warfen, nahmst, und etwas daraus machtest, was deinen Zielen dient – lehre mich, dasselbe zu tun. Präge mir diese Wahrheit tief ein: Nicht, was mir geschieht, sondern was ich damit anfange, bestimmt das Ergebnis. Amen.

Jes. 41,1-10; 5. Mo. 33,27; Ps. 18,36-37
1. Was versicherte Gott den Kindern Israel?
2. Was bekräftigt der Psalmist?

Die Perspektive wiedererlangen

„Der Herr wird nicht zulassen, dass du fällst; er … schläft und schlummert nicht.“ (Vs. 3 u. 4)

Zum Lesen & Nachdenken – Psalm 121,1-8

Gestern sagten wir, dass beiden – Christen wie Nichtchristen – Schwierigkeiten und Probleme gleichermaßen widerfahren. Doch wenn bei beiden die gleichen Dinge geschehen, so wirken sie sich doch nicht in gleicher Weise aus. Wenn zwei verschiedene Menschen das Gleiche passiert, kann es doch vollkommen unterschiedliche Auswirkungen haben. Alles hängt von der inneren Einstellung ab. Wie jemand einmal sagte: „Was das Leben auf lange Sicht mit uns anstellen kann, hängt davon ab, was es in uns vorfindet.“

Während einer Seelsorgesitzung sagte ein Mann: „Ich habe in der Bibel einen Vers gefunden, der perfekt mein Leben beschreibt.“ Er griff zu einer Bibel, die vor ihm auf dem Tisch lag, und schlug sie bei Hiob 5,7 auf. „Hier, lesen Sie das laut“, forderte er den Seelsorger auf. Dieser kam dem Wunsch nach und las: „Der Mensch ist zur Mühsal geboren, wie die Funken nach oben fliegen“ (REÜ). „Ich wurde für die Mühsal geboren“, beklagte sich der Klient. „Ich *lebe* in Mühsal, und ich werde in Mühsal *sterben*. Es kommt immer ein neuer Ausbruch von Funken, und sie verbrennen mich ganz schlimm.“

Der Seelsorger, wohl erleuchtet von einem Blitzstrahl göttlicher Einsicht, antwortete: „Und es gibt noch einen anderen Vers, der Ihr Leben ähnlich exakt beschreibt, hier, 1. Petrus 5,7.“ Damit gab er ihm die Bibel zurück und forderte ihn auf: „Und jetzt lesen *Sie* – auch laut!“ So las der Mann diese begeisternden Worte: „Ladet alle eure Sorgen bei Gott ab, denn er sorgt für euch.“ Einen Moment herrschte Stille, dann, während sich eine Träne den Weg über seine Wange bahnte, sagte er: „Danke, dass Sie diese Perspektive in mein Leben zurückgebracht haben. Ich brauchte ein Wort von Gott, und das hat er mir heute durch Sie gegeben.“ Ich frage mich, ob das auch sein Wort an *Sie* ist.

Vater, du weißt um meine Tendenz, mir von den Problemen die Perspektive verrücken zu lassen. Hilf mir, dass ich immer daran denke, dass du niemals etwas zulässt, das mir zustoßen soll, bei dem du mir nicht auch die Gnade gibst, die Prüfung in ein Zeugnis zu verwandeln. Ich bin so dankbar. Amen.

2. Kor. 1,1-11; Lk. 12,6-7; Jes. 25,4
1. Wie beschreibt Jesus die Fürsorge Gottes?
2. Warum lässt Gott Prüfungen in unserem Leben zu?

Horchposten

„[Nach dem Erdbeben] kam ein Feuer, doch der Herr war nicht darin. Danach … ein leises Säuseln.“ (V. 12)

Zum Lesen & Nachdenken – 1. Könige 19,1-18

Wenn man die Schrift einmal entsprechend sichtet, dann sieht man von Zeit zu Zeit, dass, wenn sich die Diener Gottes in großen Schwierigkeiten und Ungemach befanden, sie doch wussten, dass der Hirte sie nicht verlassen hatte, sondern mit unendlicher Sanftheit und mit viel Geschick an der Erfüllung seiner Pläne arbeitete.

Nehmen wir etwa den Apostel Johannes. Er schreibt: „Weil ich Gottes Wort verkündet und Jesus öffentlich bezeugt habe, wurde ich auf die Insel Patmos verbannt. [Da] ergriff mich Gottes Geist. Ich hörte hinter mir eine gewaltige Stimme“ (Offb. 1,9-10). Johannes war isoliert und menschlicher Fürsorge und Gemeinschaft beraubt, doch auch der seines Herrn? Gewiss nicht! Hören wir noch einmal, was er sagte: „… auf der Insel Patmos … hörte ich …“ Fern der Menschen war er offener für Gott.

Abgelegene Inseln bilden ideale „Horchposten“. Fern der lärmenden Stimmen der Welt können Sie die Stimme Gottes einfacher hören. Kürzlich blätterte ich durch eine alte Bibel, die ich ausrangiert hatte. Mich verblüffte die Feststellung, dass ich neben diverse Bibelstellen ein Datum geschrieben hatte. Nur der Herr und ich selbst wissen, was zu diesen Daten passiert war, doch kann ich Ihnen verraten, dass das Zeiten waren, zu denen ich mich äußerst unfruchtbar und verlassen fühlte. Heute kann ich bezeugen, dass der gute Hirte, mit der ihm eigenen Fertigkeit, zu den besagten Zeiten auf eine Weise zu mir gesprochen hat, die ich nie vergessen werde. Ich bete, dass er das auch mit Ihnen tun wird – heute.

Vater, so oft führt mich meine Verlassenheit nirgendwo hin und bringt mir nichts ein. Hilf mir, aus meinen Inseln der Verlassenheit solche „Horchposten“ zu machen, damit deine unmissverständliche Stimme mich in der Stille erreicht. Um deines Namens willen. Amen.

Ps. 29,1-11; Joh. 10,4; Offb. 3,20
1. Wann hören wir die Stimme des Hirten oft?
2. Warum folgen seine Schafe ihm?

„Dort sah ich!“

„Man band seine Füße mit Ketten und zwängte seinen Hals in einen eisernen Ring. Dies änderte sich erst, als alles eintraf, was er vorausgesagt hatte.“ (Vs. 18 u. 19)

Zum Lesen & Nachdenken – Psalm 105,1-22

Gestern sahen wir, wie der Apostel Johannes abseits vom Lärm der Welt Gottes Stimme leichter vernehmen konnte.

Viel später in der Offenbarung lesen wir: „Jetzt … versetzte mich [der Engel] im Geist in die Wüste. Dort sah ich …“ (Offb. 17,3). Auf seiner Insel findet sich Johannes jetzt in einer *Wüste* wieder. Zur Einsamkeit kam jetzt noch die unfruchtbare Dürre. Manchmal ist schon die Einsamkeit mehr, als wir verkraften können, doch wenn sie noch diese Dürre im Gefolge hat, dann wird die Grenze zum Erträglichen überschritten. Lassen Sie uns trotzdem nicht vergessen, dass unser Hirte niemals zulassen wird, dass wir in eine Position geraten, in der er nicht zu unserem Guten und zu seiner ewigen Herrlichkeit wirken kann.

Noch einmal: „… versetzte mich [der Engel] im Geist in die Wüste. Dort sah ich …“ „Sah“ was? Den Sturz der Reiche dieser Welt! In Phasen der Abgeschiedenheit und der Dürre mögen wir nur wenig tun können, doch können wir zusehen, wie Gott Großes tut – eigentlich alles. Und was zählt am Ende – ob wir Dinge tun? Oder ob wir sehen, wie Gott sie tut? Unsere Arbeit *ist* wichtig – aber entbehrlich. Einheit und Gemeinschaft mit Gott sind, was wirklich zählt. Als sich Johannes allein gelassen auf Patmos wiederfand, mag er gedacht haben: „Kein sehr verheißungsvoller Ort!“ Und doch hatte er am Ende die gesamte Zukunft der Menschheit gesehen. Nehmen Sie es an: Wenn Ihnen die Gegenwart auf Ihrer abgeschiedenen Insel nicht viel zu bieten hat, dann wird Ihr Herr dafür sorgen, dass die Zukunft alles für Sie bereithält.

Vater, ich erkenne, dass ich, wenn ich „im Geist“ bin, den Zweck meines Lebens erfülle – ob ich nun in der Wüste oder sonst wo bin. Hilf mir, die Tatsache festzuhalten, dass, wenn auch die Gegenwart wenig zu bieten scheint, die Zukunft mir alles bietet. Danke! Amen.

Jes. 54,1-10; 1. Joh. 1,3; 5,20; 1. Kor. 1,9
1. Was ist Gottes Antwort auf Unfruchtbarkeit und Dürre?
2. Welches ist der zentrale Lebenszweck?

Tag 135

Der Hirte ist in der Nähe

„Fülle von Freuden ist vor deinem Angesicht, Lieblichkeiten in deiner Rechten immerdar.“ (V. 11)

Zum Lesen & Nachdenken – Psalm 16,1-11

Nehmen wir jetzt die nächste Formulierung dieses herrlichen und außergewöhnlichen Psalms in den Blick: *„Er weidet mich auf saftigen Wiesen.“*

Phillip Keller, der Autor und Ex-Hirte, auf den ich mich schon bezog, führt aus, dass Schafe von Natur aus extrem ängstliche Tiere sind. Sie lassen sich nicht zum Lager bewegen, bevor nicht vier Dingen Genüge getan wurde. Sie legen sich nicht hin, 1. bevor sie nicht frei von Angst sind, 2. bevor nicht alle Spannungen zu anderen Schafen ausgeräumt sind, 3. bevor nicht alle Quälgeister wie Fliegen und Parasiten beseitigt sind und 4. bevor der nagende Hunger nicht gestillt wurde. Augenscheinlich hängt es von der Sorgfalt des Hirten ab, ob seine Herde von diesen störenden Einflüssen frei ist oder nicht.

Das Allererste, was der Hirte tut, um seine Schafe zur Ruhe zu bringen, ist, dass er sie seiner Gegenwart versichert. Ein Buch über die Sitten und Gebräuche zu biblischer Zeit stellt fest: „Nichts lässt eine Schafherde mehr entspannen als der Anblick des Hirten, wie er über die Felder streift.“ Ist es im Christenleben nicht genauso? Ich weiß nicht, wie es Ihnen geht, doch wenn ich von Problemen und Versuchungen belagert werde, dann beruhigt mich nichts so sehr wie die ausgeprägte Gewissheit, dass der Hirte in der Nähe ist. Nichts löst die Spannung besser, nichts verjagt die Angst vor dem Unbekannten effektiver als die Gegenwart Christi. Vielleicht müssen Sie gerade jetzt eine Tragödie oder eine Krise durchstehen, die Ihr ganzes Sein mit Schockwellen der Angst überziehen will. Fassen Sie Mut – Ihr Hirte ist nicht weit. Seine Gegenwart in einer Situation macht den ganzen Unterschied.

Du freundlicher Hirte, hilf mir zu der klaren Gewissheit, dass du in jeder Minute und jeder Stunde meines Lebens gegenwärtig bist. Wenn ich weiß, dass du da bist, ist mir alles möglich. Danke, lieber Herr Jesus. Amen.

Ps. 139,1-14; 4,8; Hes. 34,14; Röm. 14,17
1. Welche Frage bewegte den Psalmisten?
2. Wie lautete seine Schlussfolgerung?

„Wo Liebe ist, gibt es keine Angst“

„Wirkliche Liebe ist frei von Angst. Ja, wenn die Liebe uns ganz erfüllt, vertreibt sie sogar die Angst.“ (V. 18)

Zum Lesen & Nachdenken – 1. Johannes 4,9-21

Einer der Wege, auf denen uns der Gute Hirte von Furcht befreit, ist, dass er uns seine liebende Gegenwart bewusst macht. Als Junge hatte ich eine furchtbare Angst vor Donner. Wenn ein Gewitter aufzog, während ich mich draußen befand, flüchtete ich ganz schnell in einen Hauseingang, zitternd vor Angst. Wenn es jedoch nachts gewitterte, hatte ich nur ein bisschen Angst, denn ich wusste, dass meine Mutter kommen und die Nacht über bei mir bleiben würde, damit ich mich sicher fühlte. Wenn ich heute lese, dass „die Liebe die Angst vertreibt“, dann erinnere ich mich sofort daran, wie meine Mutter während des Gewitters zu mir ans Bett kam. Ihre liebevolle Gegenwart machte für mich den Unterschied zwischen Gelassenheit und Furcht.

Wenn wir uns bewusst sind, dass wir geliebt sind, dann verflüchtigt sich die Furcht wie der Morgennebel in der aufgehenden Sonne. Furcht reicht nur dahin, wo keine Liebe ist – wo Liebe ist, ist keine Furcht. Manche versuchen von ihren Ängsten loszukommen, indem sie sich im Alkohol ertränken, doch am nächsten Morgen sind die Ängste wieder da – und zwar vervielfältigt. Andere verdrängen die Ängste in das Unterbewusstsein und geben vor, sie seien nicht mehr da, doch ist auch das ein nutzloses Unterfangen. Der Weg, mit Angst klarzukommen, ist, sich mehr auf Christus zu konzentrieren als auf die Angst. Man wird zu dem, was man ansieht. Richten Sie Ihre Gedanken auf die Angst – unausweichlich werden Sie zu einem verängstigten Menschen. Konzentrieren Sie sich auf Christus – mit der gleichen Unausweichlichkeit werden Sie Frieden finden. Lassen Sie Ihre Augen den Guten Hirten ins Visier nehmen – über kurz oder lang werden Sie zu der Überzeugung gelangen, dass es wirklich nichts zum Fürchten gibt.

O Vater, wenn mich das Licht Gottes umgibt, dann werde ich von der Liebe Gottes umarmt, von seiner Gegenwart ermutigt, von seiner Kraft bewahrt – warum sollte ich mich fürchten? Meine Tränen sollen sich auflösen, ja, sollen verwandelt werden in den großen Frieden Gottes. Amen.

Jes. 12; Ps. 118,5-6; Spr. 3,24
1. Worüber war der Psalmist ganz sicher?
2. Welches ist das Gegenmittel gegen die Angst?

Tag 137

Reibungsflächen in der Herde

„Ich, der Herr, bin ein gerechter Hirte, ich richte zwischen euch starken und den schwachen Schafen.“ (V. 20)

Zum Lesen & Nachdenken – Hesekiel 34,11-24

Heute wollen wir uns eine zweite Quelle des Konflikts ansehen, von der ein guter Hirte seine Schafe befreien möchte – Spannungen, Rivalitäten und Konkurrenz innerhalb der Herde. Ich habe mir erzählen lassen, dass es, ähnlich der „Hackordnung“ auf dem Hühnerhof, auch eine Art „Stoßordnung“ unter Schafen gibt. Das zeigt sich recht lebendig in unserem heutigen Text. Spannungen unter Rivalen, Statuskämpfe und Selbstbehauptung können eine Menge an Reibung innerhalb der Herde verursachen – den Schafen ist es dann nicht möglich, sich niederzulegen und in Frieden zu ruhen.

Leider geht es in mancher Gemeinde so zu. Männer und Frauen kämpfen um Stellung und Status und verursachen so Konflikte in der christlichen Gemeinschaft. Der Apostel Jakobus sagt von solchen Menschen, dass sie „um etwas bitten und es nicht bekommen … eifersüchtig und missgünstig auf das sind, was andere haben … in wütender Frustration miteinander kämpfen und streiten“ (Jak. 4,2; n. d. engl. Üs.). Manch einer kommt wegen des Geltungsdrangs und dem Konkurrenzdenken einiger um den Genuss der Segnungen der Gemeinschaft.

Wie geht ein Hirte mit diesen Reibungsflächen unter seinen Schafen um? Er wandelt unter ihnen, diszipliniert die Missetäter und beruhigt die, welche in Unruhe sind. Ein guter Hirte besitzt viel Mitgefühl mit den Schafen, die von den Dominierenden herumgeschubst und an den Rand gedrängt werden. Gibt es in Ihrer Gemeinde oder Gemeinschaft einen Konflikt wegen einiger geltungssüchtiger oder rivalisierender Christen? Dann stellen Sie sicher, dass Ihre Augen fest auf den göttlichen Hirten gerichtet sind. Er wird die Widerstrebenden zurechtweisen und Ihnen selbst Frieden bringen.

Freundlicher und liebevoller Herr, vergib, dass wir uns in deiner Herde in all unserem Wettbewerbsdenken und unserem Streben nach Status so leicht befehden. Wandele du unter uns in Liebe – um uns zurechtzubringen und zu ermutigen. Um deines Namens willen. Amen.

Ps. 133,1-3; 1. Petr. 3,8; 1. Kor. 1,10; Joh. 17,20-21
1. Was war das Gebet des Guten Hirten?
2. Was wird Gottes Segen herbeirufen?

Irritationen überwinden

„Aber er hat zu mir gesagt: ‚Meine Gnade ist alles, was du brauchst! Denn gerade wenn du schwach bist, wirkt meine Kraft ganz besonders an dir.'" (V. 9)

Zum Lesen & Nachdenken – 2. Korinther 12,1-10

Vor allem in der heißen Jahreszeit können marodierende Insekten die Schafe fast in den Wahnsinn treiben. Während dieser Zeit gelingt es dem Hirten kaum, sie zum Hinlegen zu bewegen: sie bleiben stehen, stampfen mit den Füßen, schütteln die Köpfe und sind immer bereit, irgendwohin zu entwischen, wo sie Erleichterung bekommen. Ein aufmerksamer Hirte sorgt dafür, dass die Schafe regelmäßig in Wasser eintauchen können, damit sie die Zecken in ihrem Fell loswerden. Weiter sieht er zu, dass er sie in Gegenden grasen lässt, wo es ausreichend Schatten gibt.

Nun zu uns: Wie stellt es der Gute Hirte an, seinen Schafen zu helfen, wenn sie sich durch mancherlei Dinge irritiert sehen? Welches Mittel zur Linderung setzt er ein, wenn er uns wieder an einen Ort stiller Zufriedenheit und Erholung bringen will? Die Antwort lautet – göttliche Gnade! In unserem heutigen Abschnitt erzählt uns Paulus über seine Erfahrungen mit dem „Dorn im Fleisch". Was das war, weiß niemand genau. Eine Augenkrankheit, Epilepsie, ein unbarmherziger satanischer Angriff – alles wurde schon vorgeschlagen, doch sicher ist man sich nicht. Ein Schreiber, der dies kommentierte, meinte: „Paulus hatte einen Dorn im Fleisch, doch weiß niemand, worum es sich dabei handelte. Hätten wir solch einen Dorn im Fleisch, dann würde jeder wissen, was das ist." Paulus berichtet uns, dass er drei Mal um seine Entfernung nachsuchte, aber er blieb. Und doch kam endlich das befreiende Wort: „Meine Gnade reicht dir." Gottes Gnade befähigte Paulus, mit dieser Irritation umzugehen, und – glauben Sie mir! – dieselbe Gnade wird es auch Ihnen möglich machen, mit Ihren Irritationen klarzukommen.

Gott, mein Vater, ich weiß, dass du mich von den Irritationen des Lebens befreien oder mir die Gnade geben kannst, damit umzugehen. Hilf mir, damit klarzukommen, dass du nur Dinge zulässt, die dir zur Verherrlichung und mir zum Besten dienen. Hilf mir, deinen Absichten zu vertrauen. Amen.

1. Tim. 1,1-14; 2. Tim. 2,1; Eph. 2,7
1. Was war das Zeugnis des Paulus?
2. Was war seine Ermahnung an Timotheus?

Tag 139

Hungrige Schafe legen sich nicht hin

„Ihr dürft köstliche Speisen genießen und euch satt essen.“ (V. 2)

Zum Lesen & Nachdenken – Jesaja 55,1-13

Die vierte und letzte Bedingung, die erfüllt sein muss, bevor sich ein Schaf zufrieden niederlegt, ist die Abwesenheit von Hunger. Das kommt ganz klar in dem Satz *„Er weidet mich auf saftigen Wiesen“* zum Ausdruck.

Nichts erfreut einen Hirten mehr als der Anblick seiner wohlgenährten Schafe, denn nur dann legen sie sich zur Erholung und zum Wiederkäuen nieder. Ein Schäfer aus dem Nahen Osten beschreibt das so: „Wenn ich eines meiner Schafe unruhig umhergehen sehe, ständig auf den Füßen, hier und da herumsuchend, dann weiß ich, dass dieses Schaf Hunger hat. Doch ein hungriges Schaf gedeiht nicht. Ich sehe dann ganz schnell zu, dass ich herausfinde, was nicht stimmt, denn wenn die Ursache nicht behoben wird, dann wird das Schaf ermatten und seine Lebenskraft und Energie verlieren.“

Manchmal bedeutet es für den Hirten extrem harte Arbeit, seine Schafe auf „saftige Wiesen“ zu bringen. Er muss der Herde vorausgehen und die besten Weidegründe ausfindig machen. Danach muss er einen Weg finden, auf dem er die Herde sicher an den ausgesuchten Platz bringen kann. Alles das erfordert Ausdauer, Energie und Entschlossenheit. Manchmal, wenn sich die Schafe auf den fetten Wiesen niedergelegt haben, kann der Hirte einige der Tiere dabei beobachten, wie sie an minderwertigem Futter knabbern, statt das saftige Gras zu genießen, für das er gesorgt hat. Hirten bezeugen, dass das ein enttäuschender, frustrierender Moment sei. Ich frage mich, wie der himmlische Hirte empfindet, wenn wir, nachdem er uns mit den „saftigen Wiesen“ seines Wortes versorgt hat, versuchen, unseren Alltag mittels der unfruchtbaren Äcker, die die Welt uns bietet, zu überleben.

Vater, vergib, dass ich so oft versuche, meine Nahrung aus den vertrockneten und unfruchtbaren Äckern der Welt zu erlangen, während du mich mit der reichhaltigen, saftig grünen Weide deines Wortes versorgst. Hilf mir, es von heute an umgekehrt zu machen. Um Jesu willen. Amen.

Joh. 6,32-58; Hes. 34,14; Jer. 3,15; 15,16
1. Was proklamierte Jesus?
2. Wovon ernähren Sie sich im Moment?

Stille Wasser

„Jesus [trat auf] und rief laut: ‚Wer Durst hat, der soll zu mir kommen und trinken.'" (V. 37)

Zum Lesen & Nachdenken – Johannes 7,28-44

Machen wir uns daran, den nächsten Abschnitt in „Davids Lobeshymne an die Sorgfalt Gottes" zu betrachten – *„Er führt mich zu stillen Wassern"* (REÜ). Es kann einem nicht entgehen, mit wie großem Geschick in diesem Psalm in kurzen Sätzen die verschiedenen Bedürfnisse der Schafe und die vielfältige Fürsorge des Hirten beschrieben werden.

Ein kleines Büchlein mit dem Titel „The Song of the Syrian Guest" enthält eine kurze Analyse des Psalms 23 aus der Sicht eines syrischen Schäfers. Darin gibt der Autor folgenden erhellenden Kommentar: „So viele Dinge, die für uns alltäglich sind, klingen für Sie aus dem Westen recht fremdartig. Wenn Sie etwa lesen ‚Er führt mich zu stillen Wassern', dann denken Sie an friedlich dahinziehende Ströme, doch Ströme sind im Nahen Osten selten und die Hirten haben kein rechtes Vertrauen in sie. Schafe fürchten sich vor schnell fließendem Wasser, sie trinken nur aus einem stillen Teich. Die ‚stillen Wasser' sind Quellteiche und Zisternen, und dahin führt der Hirte seine Schafe, damit sie Wasser aufnehmen und ihren Durst stillen können."

Was für ein eindruckvolles Bild, voll suggestiver Kraft! Es zeigt uns, wie uns der himmlische Hirte Tag für Tag an die stillen Wasser geistlicher Erfrischung führt. Halten Sie, bevor Sie mit diesem Tag fortfahren, einen Moment inne, schließen Sie wenn möglich die Augen und denken Sie noch einmal an den Abschnitt, den Sie gerade gelesen haben. Gestatten Sie dem Guten Hirten, Sie für den Rest des Tages vorzubereiten, Ihren geistlichen Durst zu stillen und Ihre Seele durch sein ewiges Wort zu erfrischen.

Göttlicher Hirte, hilf mir, in diesem Moment aus der reinen, klaren Quelle deines ewigen Wortes zu trinken, damit die Welt sich wundern wird über meine Gelassenheit und meine Freude. Das bitte ich um deines wunderbaren Namens willen. Amen.

Jes. 55,1-7; 44,3; Ps. 36,8; Mt. 5,6
1. Was verheißt Gott den Durstigen?
2. Wie durstig sind Sie heute?

Unsere Ressourcen auffüllen

„… sein Erbarmen hört nicht auf, es ist jeden Morgen neu. Groß ist deine Treue.“ (V. 22 u. 23; REÜ)

Zum Lesen & Nachdenken – Klagelieder 3,19-40

Wir machen uns weiter über die Aussage *„Er führt mich zu stillen Wassern“* Gedanken. Fragen wir uns heute: Worin findet sich in all dem die geistliche Entsprechung? Wie können wir heutzutage, in Zeiten der Umwälzung und des Kämpfens, diese „stillen Wasser“ auftun, von denen die Bibel so beredt Zeugnis ablegt? Die Antwort findet sich in der „Stillen Zeit“ – einem Konzept, das sich leider immer seltener im Leben der heutigen Christen findet –, einer Zeit, idealerweise am Anfang des Tages, in der wir Gott im Gebet und im Lesen seines Wortes begegnen.

Eines der Dinge, die mich im Blick auf die jungen Christen unserer Tage am meisten besorgt, ist, dass sie nicht mehr gelehrt werden, wie man den Tag mit Gott beginnt. Ich weiß, dass das zum Teil eine Gegenreaktion auf die gesetzlichen Tendenzen ist, die vor Jahrzehnten in die Gemeinden schwappten. Manche Bibellehrer deuteten da an, dass man Gefahr liefe, sein Seelenheil zu verlieren, wenn man, aus welchem Grund auch immer, seine Stille Zeit versäumte. Heute ist das Pendel – zumindest ist das die generelle Beobachtung – ins andere Extrem ausgeschlagen, die Stille Zeit wird als unwichtig und irrelevant angesehen.

Die einfache Wahrheit lautet, dass, wenn wir nicht eine Stille Zeit am Anfang eines Tages einplanen, wir uns auf eine sehr „unstille“ Zeit im Laufe des Tages einstellen müssen. Ein Taucher, der seinen Sauerstoffvorrat nicht sicherstellt, bevor er sich in die Tiefe hinablässt, ist nicht dümmer als ein Christ, der in die trüben Gewässer der Welt eintauchen will, ohne sein Atemgerät vorher an den Frischluftvorrat des Reiches Gottes angeschlossen zu haben.

Gütiger Vater, hilf mir zu erkennen, dass die Stille Zeit nicht nur still macht, sondern erfrischt. Sie macht mein Herz still, was zu einer ruhigen Gewissheit führt, und daraus wird eine Ruhe, aus der die Kraft kommt. Das macht Sinn, lieber Herr. Hilf mir, das beizubehalten. Amen.

Ps. 46,1-12; 1. Petr. 3,4; Pred. 4,6
1. Was ist für Gott sehr wertvoll?
2. Wie können wir erkennen, „dass er Gott ist“?

Morgenwache

***„Schon früh am Morgen bringe ich dir ein Opfer und bete, weil ich weiß: Du hörst mich.“** (V. 4)*

Zum Lesen & Nachdenken – Psalm 5,1-13

Wenn Sie für eine tägliche Stille Zeit zu beschäftigt sind, dann sind Sie *zu* beschäftigt. Vermutlich müssen Sie sich tagsüber immer wieder ungeplant Zeit für Dinge nehmen, die leichter vorhersehbar gewesen wären, wenn Sie den Tag mit Gott gestartet hätten. Ich ergreife in dieser Angelegenheit nicht für eine gesetzliche Auffassung Partei, denn es gibt einfach Tage, an denen es uns die Umstände unmöglich machen, eine Routine einzuhalten. Doch sollten Sie, soweit es möglich ist, jeden Tag mit einer kurzen Zeit beginnen, in der Sie sich Zeit für Gott beim Gebet und Bibellesen nehmen.

Ein Hirte beschreibt seinen Ärger, als er, nachdem er seine Schafe zur Tränke an einen klaren, stillen Bachlauf geführt hatte, einige beobachten konnte, wie sie aus einem kleinen Wasserloch etwas abseits tranken: „Das Wasser in diesen Löchern ist modrig und verschmutzt“, erzählte er, „doch meinten die Schafe, dass das wohl der beste Drink sei, den man bekommen kann.“ Schon traurig, dass sich so viele Christen wie diese störrischen Schafe verhalten – überall halten sie an, um aus jeglichem Fluss zu trinken, überall, nur nicht an den klaren Wassern des ewigen, unfehlbaren Wortes Gottes. Aus welcher Quelle ziehen Sie Ihre geistliche Kraft?

Ich fragte einen Mann, dessen Christenleben sich vor allem durch Niederlagen auszuzeichnen schien, ob er tägliche Stille Zeit hält. Die Antwort: „Ja, jeden Tag lese ich zehn bis fünfzehn Minuten Shakespeare.“ Ein Ehepaar berichtete mir von ihrem Konzept von Stiller Zeit, das darin bestand, jeden Morgen nach dem Frühstück eine halbe Stunde lang in Ruhe die Zeitung zu lesen. Diese ernsthaften, doch bereits unterlegenen Seelen erfuhren Befreiung und Sieg, als sie eine wirkliche Stille Zeit einführten, während der sie die erfrischenden Ressourcen Gottes an Bord nahmen.

Vergib mir, Herr, dass ich so oft an den modrigen Wasserlöchern der Welt Halt mache, um zu trinken, während du mich zum klaren Wasser deines Wortes leiten willst. Hilf mir, diese erfrischenden Pausen einzulegen, um aus den reinen Quellen deiner ewigen Wahrheit zu trinken. In Jesu Namen bete ich. Amen.

Joh. 4,1-30; Jer. 2,13; Offb. 22,17
1. Was können wir aus der Geschichte von der Frau am Brunnen lernen?
2. Trinken Sie aus geborstenen Zisternen?

Tag 143

Mittendrin eine Insel

„Schon vor Tagesanbruch schreie ich zu dir um Hilfe; ich setze alle meine Hoffnung auf dein Wort.“ (V. 147)

Zum Lesen & Nachdenken – Psalm 119,137-152

Machen wir weiter mit unserem Vers *„Er führt mich zu stillen Wassern“*. Einige Bibellehrer sagen: „Wenn du voll Geistes bist, dann kannst du dich den ganzen Tag über der Ressourcen Gottes bedienen, nicht nur am Anfang eines Tages, sondern Stunde um Stunde. Besser einen Brunnen im Herzen als einen Brunnen am Wegesrand.“

Das bringt zwei verschiedene Sachen durcheinander. Es ist absolut wahr, dass wir durch den innewohnenden Heiligen Geist zu jeder Zeit in der Lage sind, von den Möglichkeiten Gottes Gebrauch zu machen, doch ersetzt das nicht die Notwendigkeit einer täglichen Stillen Zeit. Ein Autor beschreibt das so: „Die, welche sagen, dass sie auch ohne feste Gebetszeiten ständig in einem Zustand des Gebets leben können, werden vermutlich beides vermissen lassen. Das ist genauso abwegig wie der Gedanke, dass man körperlich gut ernährt leben könnte, ohne sich Zeit zum Essen zu nehmen.“

Ich bin von Herzen überzeugt, dass der göttliche Hirte *täglich* bemüht ist, seine Schafe zu den „stillen Wassern“ seines Wortes zu führen, wie traurig ist es dann, dass es so viele Christen vorziehen, aus den verseuchten Wasserlöchern der Welt zu trinken. Der Dichter sagt:

Welch eine zerbrechliche Seele Er mir gab,
und ein Herz gelähmt
und ungeeignet für die großen Dinge.

Ich frage mich immer öfter, ob wir uns nicht selbst dieses „gelähmte Herz, ungeeignet für die großen Dinge“ zuzuschreiben haben. Durch das Gebet und das Lesen der Bibel hat uns Gott unendliche Ressourcen gegeben. Es ist an uns zu bitten und zu empfangen! Die Stille Zeit schafft in uns eine Insel der Stille, und diese Stille wird zur bestimmenden Atmosphäre des Tages.

Liebender Vater, hilf mir, aus meiner Stillen Zeit das Beste zu machen, und hilf mir auch, mein Denken mit dem deinen zu sättigen, sodass ich nicht mehr sagen kann, wo meine Gedanken enden und wo deine anfangen. In Jesu Namen. Amen.

1. Sam. 9,11-27; Jes. 30,15; 4. Mo. 9,8; Hiob 37,14
1. Was sagte Samuel zu Saul?
2. Wie wird Gottes Stärke bekannt gemacht?

Das unerschöpfliche Buch

„Gottes Wort ist voller Leben und Kraft ... ein unbestechlicher Richter über die Gedanken und geheimsten Wünsche unseres Herzens.“ (V. 12)

Zum Lesen & Nachdenken – Hebräer 4,1-13

Einen Tag wollen wir uns noch gönnen, um über den Vers *„Er führt mich zu stillen Wassern“* nachzudenken. Ich fühle mich genötigt, noch einmal zu sagen, dass es meiner Ansicht nach Gottes Verlangen ist, seine Schafe täglich zu den „stillen Wassern“ seines Wortes zu leiten, damit er ihren geistlichen Durst stillen und sie auf den vor ihnen liegenden Tag vorbereiten kann.

Die Bibel sollte das Herzstück einer jeden Stillen Zeit sein. Ich kannte einen Christen, der von der Wichtigkeit der Stillen Zeit überzeugt war, doch leider hatte er von der Bibel keine hohe Meinung und sah somit keine Notwendigkeit, sie bei seinen Meditationen zu nutzen. Er glaubte, auf direktem Weg zu Gott gelangen zu können, und zwar mittels seiner eigenen Konzeptionen. Nun bestanden diese Konzeptionen aber lediglich aus den Gedanken eines Menschen über Gott – kein ausreichend gutes Medium, um mit dem Ewigen in Kontakt zu treten. Dieser Mann fiel später ab und landete schließlich in einer Sekte.

Wenn unsere Gedanken nicht ständig durch Gottes Gedanken korrigiert werden, dann landen sie entweder irgendwo im Abseits, oder sie werden steril und unfruchtbar. Die Bibel ist Gottes Selbstoffenbarung, und je mehr wir über sie nachdenken, desto klarer werden unsere Gedanken hinsichtlich des Wesens Gottes und seinen Absichten für unser Leben. Ich erachte den Inhalt von *Jeder Tag mit Jesus* nach dem einmaligen Lesen für verbraucht – darum gibt es immer neue Folgen. Die Bedeutung der Schrift lässt sich jedoch niemals aufbrauchen. Lassen Sie sich täglich vom Herrn an die „stillen Wasser“ bringen. Dann – nur dann – werden Sie diese Gelassenheit der Seele kennen lernen, mitten in den Schwierigkeiten und Umwälzungen des Lebens.

Vater, hilf mir, die Stille Zeit mit Erwartung anzugehen, der Erwartung, dass dort meine Schwäche zur Stärke wird, Zweifel sich in Glauben kehrt, meine Ängste der Ermutigung weichen und ich Befreiung von meinen Sünden erfahre. Das erbitte ich um deines Namens willen. Amen.

Jer. 15,1-16; 5. Mo. 8,3; Hiob 23,12; Ps. 119,103
1. Was war Jeremias Erfahrung?
2. Was mussten die Kinder Israel lernen?

Tag
145

Niedergeschlagen?

„Das geknickte Schilfrohr wird er nicht abbrechen und den glimmenden Docht nicht auslöschen." *(V. 3)*

Zum Lesen & Nachdenken – Jesaja 42,1-16

Der nächste Vers dieses einmaligen Psalms lautet: *„Er gibt mir neue Kraft"* oder, nach anderer Übersetzung: *„Er erquickt meine Seele"* (REÜ). Eine sehr tröstende und ermutigende Aussage. Sie weist auch wieder auf die durchgängige Fürsorge des Guten Hirten hin, dem es angelegen ist, eine umfassende Sicherheit für seine Schafe zu gewährleisten.

David spricht hier nicht als Hirte, wiewohl er ja selbst einer gewesen war, sondern als Schaf. Aus Erfahrung erster Hand wusste er, dass das Wohlergehen jedes einzelnen Schafs zu einem Gutteil von dem Hirten abhing, dem das Schaf gehörte. Doch woran dachte David, als er ausrief: *„Er gibt mir neue Kraft"*?

Einige meinen, dass es sich auf die Art und Weise bezieht, wie Gott uns wieder auf die Füße stellt, wenn wir uns niedergeschlagen fühlen. Es ist eine interessante Feststellung, dass der englische Begriff *„cast down"* – „niedergeschlagen" – ein altes Wort aus der Schäfersprache ist, welches die Situation beschreibt, wenn ein Schaf auf den Rücken gefallen und dann nicht mehr in der Lage ist, sich selbst aufzurichten. Wenn dann der Hirte nicht rechtzeitig auf der Bildfläche erscheint, kann es leicht passieren, dass das Schaf in Panik verfällt und vor Angst stirbt.

Fühlen Sie sich gerade „niedergeschlagen"? Fassen Sie Mut – der Schreiber des Psalms kannte das. In Psalm 42,12 ruft er aus: „Was bist du so aufgelöst [niedergeschlagen, gebeugt], meine Seele, und was stöhnst du in mir? Harre auf Gott …" (REÜ) Achten Sie auf den letzten Satz *„Harre auf Gott"*. Da liegt das Geheimnis. Blicken Sie auf – denn gerade jetzt geht er auf Sie zu. Er wird Sie aufheben und wieder auf die Füße stellen.

Du sanfter Hirte, ja, gewiss muss ich auf dich sehen. Zu wem sonst könnte ich gehen? Mit Glaubensaugen schaue ich dich an und empfange aus deiner Hand die Befreiung und die Heilung, die ich so nötig brauche. Danke, lieber Vater, danke. Amen.

Hebr. 13,1-6; 1. Petr. 1,3; Ps. 40,18; Jes. 41,10
1. Was hat Gott versprochen?
2. Wie sollte unsere zuversichtliche Antwort lauten?

Zurecht gebracht – durch einen Blick

„Jesus wandte sich um und sah seinen Jünger an." (V. 61)

Zum Lesen & Nachdenken – Lukas 22,47-62

Gestern stellten wir fest, dass der Begriff „cast down" für „niedergeschlagen" ein alter englischer Schäferbegriff ist, der beschreibt, wie ein Schaf versehentlich auf den Rücken fällt und nicht mehr selbst hochkommt. „Ein ‚niedergeschlagenes' Schaf ist ein sehr Mitleid erregender Anblick", erzählt Phillip Keller. „Auf dem Rücken liegend, die Füße in die Luft gestreckt, kämpft es sich ab, schier verzweifelnd bei den erfolglosen Versuchen wieder aufzustehen. Manchmal wird es etwas um Hilfe blöken, doch meist liegt es dort, verschreckt und ängstlich zappelnd."

Keller erzählt weiter, dass, wenn ein Hirte feststellt, dass eines seiner Schafe fehlt, der erste Gedanke der ist: Vielleicht ist mein Schaf irgendwo gestürzt und liegt auf dem Rücken. Ich muss es suchen und wieder auf die Füße stellen. „Einige meiner prägendsten Erinnerungen kreisen um dieses gemischte Gefühl von Besorgnis und Unruhe, wenn ich meine Herde durchzählte, um dann loszugehen, um ‚niedergeschlagene' Schafe zu retten und dafür zu sorgen, dass es ihnen wieder gut ging."

Trotz allem verblasst die ganze Fürsorge und Pflege, die Phillip Keller für seine Schafe aufbrachte, im Vergleich zu der unseres Herrn Jesus Christus. Manche Christen vertreten die Ansicht, dass Gott auf sie furchtbar wütend wird, wenn sie auf ihrem Weg fallen. Dem ist nicht so. Die Schrift offenbart uns den allmächtigen Gott als Herren der Schöpfung und mit dem Herzen eines Hirten. Angesichts der Schafe seiner Herde ist er unendlich mitfühlender, als es ein menschlicher Hirte je sein könnte. Denken Sie noch einmal über die zarte Art und Weise nach, mit der Jesus den Petrus wieder zurechtbrachte, nachdem er dreimal von ihm verleugnet wurde. Die Zärtlichkeit, das Mitleid und die Geduld, die er hier erzeigte, sind genau die, die er auch Ihnen erweisen möchte, wenn er Sie zurechtbringt.

Gütiger, liebender Vater, es ist so befreiend zu wissen, dass ich, wenn ich einmal niedergeschlagen bin, dir nicht zuwider bin und du nicht über mich wütend bist. Vielmehr bringst du mich mit unendlicher Zärtlichkeit und Freundlichkeit wieder zurecht. Wie kann ich dir angemessen danken? Alle Ehre und aller Lobpreis sei deinem wunderbaren Namen. Amen.

Lk. 24,13-35; Joh. 10,11; Hebr. 13,20; 1. Petr. 5,10
1. Wie offenbarte Jesus seinen Jüngern sein Hirtenherz?
2. Mit welchem Ergebnis?

Tag 147

Wieder in seiner Spur

„Gebt dem Teufel keine Gelegenheit …" (V. 27)

Zum Lesen & Nachdenken – Epheser 4,17-32

Wir wollen uns noch eine andere Auslegung der Aussage *„Er erquickt meine Seele"* anschauen. Faduel Moghabghad, der syrische Hirte, auf den wir uns schon am 140. Tag bezogen, geht davon aus, dass dieser Vers folgende Gegebenheit im Blick hat: In den Gebieten, in denen die Hirten mit ihren Herden umherzogen, fanden sich immer auch eine Anzahl privater Gärten und Weinberge. Wenn sich nun ein Schaf in eine solche Privatanlage verlief, dann konnte es der Besitzer für sich beanspruchen. Aus Moghabghads Sicht bedeutet die Aussage *„Er erquickt meine Seele"* also, dass uns der göttliche Hirte, wenn wir uns auf verbotenes oder gefährliches Terrain begeben haben, rettet und zurückbringt. Eines unserer Lieder unterstreicht diese Wahrheit:

Legt seine Liebesarme um mich,
bringt mich zurück in seine Spur.

Es ist schon mutmachend zu wissen, dass, wenn wir, sei es durch Unachtsamkeit oder Dummheit, den Weg Gottes verlassen und uns auf Satans Gebiet begeben, wir nicht auf unsere eigenen Möglichkeiten zurückgreifen müssen, sondern dass der göttliche Hirte um unsere Befreiung und Wiederherstellung bemüht ist.

An dieser Stelle müssen wir uns vorsehen, dass wir das Bild des Schafs nicht überstrapazieren, andernfalls kommen wir vielleicht zu dem Schluss, dass es allein Verantwortung des Hirten sei, uns zu suchen und zurückzubringen, wenn wir zu weit gegangen sind. Wir haben nämlich auch eine Verantwortung – die, unsere Sünden zu bekennen und willens zu sein, uns erneuern zu lassen. Wir können jedoch versichert sein, dass, wenn wir erneuert werden wollen, Gott dies auch will.

Vater, ich bekenne dir, dass ich manchmal genau wie so ein störrisches, dummes Schaf bin, das sich abwendet und deine Wege verlässt. Hilf mir, dass ich, wann immer es dazu kommt, bereit bin, mich zurechtbringen zu lassen – so bereit, wie du es bist, mich zurechtzubringen. Um deines lieben Namens willen. Amen.

Joh. 6,1-13; Matth. 9,36; Hes. 34,6; 1. Petr. 2,25
1. Wie sah Jesus die Menschenmenge an?
2. Wie reagierte er?

Kleine Anflüge von Weltlichkeit

„Liebt nicht die Welt noch was in der Welt ist! Wenn jemand die Welt liebt, ist die Liebe des Vaters nicht in ihm.“ (V. 15)

Zum Lesen & Nachdenken – 1. Johannes 2,1-17

Denken wir weiter darüber nach, wie der göttliche Hirte uns auf unserer Wanderschaft erneuert und uns zurück auf seinen Weg bringt. Schafe gehen aus unterschiedlichen Gründen verloren, hauptsächlich jedoch durch Unvorsichtigkeit und Unbedachtheit. Auch von uns gehen einige auf diese Weise verloren. Schafen gleich, machen wir eine gewisse Zahl von Schritten, wobei jeder für sich genommen scheinbar unbedeutend ist, doch führt jeder von ihnen weiter weg vom Hirten. Mit der Menge lassen wir uns ins Einzugsgebiet des Bösen treiben und gehen davon aus, dass wir, wiewohl wir ihm äußerlich nahe kommen, innerlich doch Abstand halten können. Doch ganz schnell wird uns die Versuchung zu groß und unsere Verteidigungslinien fallen. Während wir noch darüber nachdenken, wie es dazu kommen konnte, wird das Böse, das uns immer abscheulich vorkam, auf einmal zunächst erträglich, dann einladend und schließlich begehrenswert. Wie oft haben wir uns gesagt: „Aber das macht doch jeder – warum sollte ich anders sein?“ Oder es rächt sich eine Folge von Versäumnissen: „Ich bin im Moment zu beschäftigt, um Stille Zeit zu machen. Nächste Woche fang’ ich an.“ Oder: „Diese Aufgabe drängt. Vielleicht komme ich morgen dazu.“ Handlungen werden zu Haltungen, Haltungen zu Gewohnheiten, und Gewohnheiten prägen letztlich unseren Charakter.

Ein Christ bekannte mir einst: „Ich hatte nicht vor, in eine geistlich derart schlampige Haltung zu geraten. Ich habe die Dinge einfach nur laufen lassen. Jetzt, wo ich meinen Glauben brauchen könnte, ist er einfach nicht mehr da.“ Wir finden uns ganz schnell auf satanischem Territorium wieder, nicht durch eine bewusste Entscheidung, sondern als Folge einer Reihe von Unachtsamkeiten. „Der Abstieg zur Hölle“, sagte einmal jemand, „geschieht so allmählich, dass kaum jemand den Weg, den er gerade geht, als Weg nach unten verdächtigen würde.“ Die kleinen Anflüge von Weltlichkeit, die uns ködern wollen, werden uns, wenn wir nicht aufpassen, verloren und verzweifelt zurücklassen.

O Gott, mein Vater, hilf mir, der Anziehungskraft dieser kleinen Anflüge von Weltlichkeit zu widerstehen, die mich, wenn ich ihnen nachgebe, auf gerade das Territorium Satans zurückziehen wollen, von dem ich einst errettet wurde. Hilf, dass ich nicht durch sorglose Unachtsamkeit verloren gehe. Um Jesu willen. Amen.

Luk. 21,7-36; Matth. 16,26; Kol. 3,2; Tit. 2,12
1. Wie würden Sie in diesem Sinne „die Welt“ beschreiben?
2. Worauf soll unsere Gesinnung gerichtet sein?

Ausgelaugte Seelen

„Ich will dich wieder gesund machen und deine Wunden heilen.“ (V. 17)

Zum Lesen & Nachdenken – Jeremia 30,12-22

Schauen wir uns heute noch eine andere Auslegung des Verses: *„Er erquickt meine Seele“* (REÜ) an, eine Sichtweise, die sich darauf bezieht, wie Gott mit uns umgeht, wenn wir geistlich entkräftet sind. Für mich persönlich ist dies die zufriedenstellendste Deutung.

Ein Beispiel für das, was ich meine, findet sich in einem Brief, der mich heute erreichte: „Die Umstände haben mich mürbe gemacht … den Druck bin ich leid … überdrüssig der ständigen Anforderungen anderer an mich. Kann Gott in dieser Situation etwas für mich tun?“ Ich war froh, dass ich antworten konnte: Ja, kann er! Wenn wir uns müde und erschöpft fühlen, kann der Gute Hirte in unser Leben treten und, vorausgesetzt, wir lassen ihn, unseren geistlichen Schwung und unseren Enthusiasmus erneuern.

An einer Stelle des Neuen Testaments wird unser Retter als „Stimulator“ bezeichnet: „Durch die Stimulation Christi …“ (wörtl. n. d. Moffatt-Übers.). Die, welche nichts von der Stimulation Christi – der Fähigkeit, müde und erschöpfte Seelen zu erneuern – wissen, sehen sich gezwungen, sich anderen Stimulanzien zuzuwenden, um darüber hinweg zu kommen. Hören Sie einmal, wie ein bekannter Indienmissionar beschreibt, wie Christi Dienst der geistlichen Wiederherstellung aussieht: „Er gleicht den ersten Monsunschauern in Indien. Der trockene, staubige Boden, unfruchtbar und hart, ist dann am nächsten Morgen mit einer feinen grünen Vegetationsschicht überzogen. Augenblicklich tut die Feuchtigkeit im toten Ackerboden ihre Wirkung und erfüllt ihn mit Leben. Auf diese Weise rührt auch Jesus unsere verdorrten, abgestorbenen Leben an und, siehe da!, das Leben sprießt, Hoffnung und Lebendigkeit breiten sich aus.“ Mögen Sie in diesem Moment das Wunder seiner erneuernden Berührung erleben.

Herr Jesus, hilf mir, heute das Prickeln deines Geistes in meinem Geist zu spüren, damit er meine Freudlosigkeit in Wonne, meinen Kummer in Herrlichkeit und meine Erschöpfung in Jubel verwandelt. Erneuere in mir die Freude an deinem Heil. In deinem Namen bitte ich. Amen.

Hebr. 4; Ps. 51,12; Jes. 57,18
1. Warum können wir zuversichtlich vor den Herrn treten?
2. Was werden wir dort finden?

Ganz wie die Schafe..

„Wer aber Gott gehorcht, dessen Leben gleicht einem Sonnenaufgang: Es wird heller und heller, bis es lichter Tag geworden ist.“ (V. 18)

Zum Lesen & Nachdenken – Sprüche 4,10-49

Schauen wir uns jetzt den nächsten Vers in „Davids Lobeshymne an die Sorgfalt Gottes“ an: *„Er leitet mich in Pfaden der Gerechtigkeit um seines Namens willen“* (REÜ). Andere Übersetzungen drücken es so aus: „Er führt mich auf Wegen, die richtig sind“ oder: „Er führt mich auf die richtige Weise“.

Das hebräische Wort für „Pfad“ bezeichnet „einen klar definierten oder eindeutig markierten Weg“. Schafe, das ist allgemein bekannt, sind sture und eigenwillige Kreaturen. Sich selbst überlassen, werden sie immer in irgendeine selbst gewählte Richtung losmarschieren. Ein erfahrener Hirte weiß das natürlich und versucht, dieser Tendenz etwas entgegenzusetzen, indem er den Schafen vorangeht und so möglichst in ihrem Blickfeld bleibt.

Auch wir sind recht eigenwillige, sture Wesen, wir ziehen es vor „unser eigenes Ding“ zu machen. „Wir alle irrten umher wie Schafe … jeder ging seinen eigenen Weg“ (Jes. 53,6). Wie einmal jemand sagte: „Es ist nicht etwa einer Laune Gottes zu verdanken, dass er uns als ‚Schafe‘ bezeichnet. Unsere Verhaltensmuster und Lebensgewohnheiten gleichen so sehr denen der Schafe, dass es schon fast peinlich ist.“

Doch muss unser Streben nach Selbstbestimmung gezügelt werden; andernfalls wird das Ergebnis verheerend sein. Der Prophet Micha sagt: „O Hirte, leite dein Volk, deine Herde, die so verlassen ist wie ein wildes Stück Land inmitten eines Gartens“ (Micha 7,14; a. d. Engl.). Das Universum um uns herum ist geordnet, weil es Gott gehorcht und dem Willen seines Schöpfers folgt – es gleicht einem Garten. Wenn wir nur uns selbst gehorchen anstatt Gott, dann sind wir wie solch ein unordentliches, verwildertes Stück Land in einem wohlgeordneten und gepflegten Garten.

Gott, ich sehe ganz klar, dass einer der Gründe, warum du mein Hirte sein willst, der ist, dass du mich von meiner Selbstbestimmtheit und Eigenherrschaft befreien möchtest. Die Erfahrung zeigt mir, dass ein ich-zentriertes Leben sinnlos ist. Hilf mir, das zu überwinden. In Jesu Namen. Amen.

Phil. 1,1-11; Ps. 48,11; 145,17; Jer. 23,6
1. Womit sollen wir erfüllt sein?
2. Schreiben Sie eine Definition von „Gerechtigkeit“ auf.

Tag 151

Den eigenen Weg gehen

„Mancher wähnt sich auf dem richtigen Weg – und läuft geradewegs in den Tod.“ (V. 12)

Zum Lesen & Nachdenken – Sprüche 14,1-15

Gestern sahen wir, dass, obwohl der göttliche Hirte bestrebt ist, uns zu führen, wir so störrisch und selbstsüchtig sind, dass wir es ablehnen zu folgen. Wir ziehen unsere eigenen Wege vor, obwohl sie uns vielleicht direkt in Probleme bringen.

Wenn sie in dieser Sache herausgefordert werden, leugnen viele natürlich, dass dem so ist. Tatsächlich gehen nur verhältnismäßig wenig Leute ständig seinen Weg. Wir sagen: „Ich möchte Gottes Willen tun und in allem von ihm geleitet werden“ – um dann auf dem Absatz kehrtzumachen und unseren eigenbestimmten Wünschen nachzugehen. Wir singen wunderbare Lieder und Chorusse wie „So nimm denn meine Hände und führe mich“ – und nehmen dann den nächstbesten Weg, der uns gut erscheint.

Dieses Problem müssen wir schnell in den Griff bekommen, denn wenn wir nicht lernen, unsere Ich-Zentriertheit abzulegen, werden wir ernste Probleme bekommen – egal, wie liebevoll und besorgt unser Hirte auch sein mag. Mir ist klar, dass dies für viele Christen ein schwieriges Thema ist, da uns unsere Umwelt erzählt, dass das Eigeninteresse die vorrangige Triebkraft des Lebens darstellt. Tatsächlich aber gilt, dass, wenn das Eigeninteresse ganz oben steht, wir als Ergebnis in der Selbstzerstörung landen, denn der ich-zentrierte Mensch findet sich schnell in innerer Zerrissenheit wieder. Er macht sich selbst zum Gott, doch da er nicht Gott ist, wird das Universum sein Leben nicht unterstützen. Er gleicht denen, die wir gestern betrachteten: „„… verlassen wie ein wildes Stück Land inmitten eines Gartens“.

Vater, mir wird immer bewusster, dass mein Leben umso fruchtbarer wird, je mehr es um dich kreist; wenn es nur um mich geht, ist es frustrierend. Hilf mir, den Mittelpunkt meines Lebens von mir auf dich hin zu verlagern – und zwar ab heute. In Jesu Namen. Amen.

Lk. 12,13-40; Röm. 8,13-14; Gal. 5,24
1. Warum muss man den Reichen als „Narren“ bezeichnen?
2. Wozu befähigt uns der Geist?

Dieser Weg ist nicht *der* Weg

„Ich will gerne tun, mein Gott, was du von mir erwartest. Dein Gesetz ist mir ins Herz geschrieben.“ (V. 8)

Zum Lesen & Nachdenken – Psalm 40,1-18

Wenn wir versuchen, statt Gottes Wege unsere eigenen zu gehen, dann enden wir in einer Niederlage. Ein Autor hat das einmal so beschrieben: „Wenn du nicht gemäß der Wege Gottes leben willst, kannst du auch nicht mit dir selbst leben.“

Ein Cartoon zeigt, wie ein Arzt den Puls einer sehr kranken Welt fühlt. Mit Sorgenfalten auf der Stirn sagt er: „Ihnen geht's schlecht – sie sind allergisch gegen sich selbst.“ Wenn Sie darauf bestehen, Ihre eigenen Wege zu gehen und die Sorge um sich selbst zur treibenden Kraft Ihres Lebens geworden ist, dann stehen Sie in Gefahr, mit sich selbst in Konflikt zu geraten. Sie werden in Ihrem Leben alle möglichen Probleme und Komplexe entdecken – allergisch gegen sich selbst sein.

Mir sagte einmal eine Frau: „Ich habe mein ganzes Leben lang darauf bestanden, meine eigenen Wege zu gehen, doch jetzt, in der Mitte meines Lebens, hat es mich eingeholt. Ich bin leer, unfähig, irgend etwas zustande zu bringen.“ Eine Zeit lang mag das mit den eigenen Wegen klappen, doch letztlich wird es auch Sie einholen, das, was ins Ohr geflüstert wurde, wird von den Hausdächern verkündet werden (Mt. 10,27). Ein Christ, der nie gelernt hat, auf Gottes Wegen zu gehen statt auf den eigenen, kommt letztlich nirgendwo an – und jeder wird es sehen können. Eindringlich sagte Jesus: „Wer sein Leben retten will, wird es verlieren“ (Lk. 9,24; REÜ). Beachten Sie, dass er nicht sagt: „Wer sein Leben rettet, wird es verlieren“, sondern: „Wer sein Leben retten *will*, wird es verlieren“. Warum? Weil es das Gesetz dieses Universums so vorschreibt. Der Mensch, der sich weigert, Gottes Wege zu gehen, findet dadurch keinen Rückhalt – denn der Weg dieses Menschen ist nicht *der* Weg.

O Gott, mein Vater, ich sehe, wie du deine Gesetze in alle Fasern meines Seins verwoben hast. Ich kann nicht nur auf mich selbst ausgerichtet sein, ohne dabei kaputtzugehen. Erhebe mich aus den Niederungen meines Selbst zu dir, weg von meinen Wegen, hin zu deinen. Um Jesu willen. Amen.

1. Sam. 15,1-31; Apg. 5,29; Jak. 1,25
1. Wie lautete Samuels Botschaft an Saul?
2. Was hatten die frühen Jünger für eine Einstellung?

Nur ein Weg

***„Mein Vater, wenn es möglich ist,
so bewahre mich vor diesem Leiden! Aber nicht was ich will,
sondern was du willst, soll geschehen.“ (V. 39)***

Zum Lesen & Nachdenken – Matthäus 26,36-46

„Einer der Charakterzüge eines Christen mit Ausstrahlung“, so bemerkte J. Oswald Smith, „ist die Bereitwilligkeit, sein Leben und seine Angelegenheiten rückhaltlos und uneingeschränkt den Händen Gottes zu überlassen.“ Darauf bezieht sich Christus, wenn er sagt, dass wir *täglich* unser Kreuz auf uns nehmen sollen. Das heißt, täglich darauf vorbereitet zu sein, das Eigeninteresse in den Tod zu geben und zu sagen: „Nicht mehr mein Wille, sondern deiner soll geschehen.“

Wenn der Drang nach Selbstbehauptung, Selbsterhöhung und Selbstgefälligkeit dem Verlangen, Gott zu gefallen, Platz macht, dann weicht ein Großteil der Spannung aus unserem Leben. Dr. William Sadler, der bekannte Psychiater, berichtet von einer Patientin, die ihm sagte: „Sie wissen, dass ich ein sehr empfindlicher Mensch bin.“ „Ja“, entgegnete Sadler, „ich weiß, dass Sie sehr *selbstsüchtig* sind.“ „Nein“, protestierte die Dame, „ich sagte nicht ‚selbstsüchtig‘“. „Aber ich“, antwortete der Arzt. Ärgerlich verließ sie die Praxis, um dann zehn Tage später wiederzukommen und geläutert zu bekennen, dass das der Wahrheit entsprach. Grund ihrer Erkrankung war ihre Selbstbezogenheit.

Der gesündeste Mensch, der je auf diesem Planeten gelebt hat, ein Mann, der förmlich Gesundheit ausstrahlte – eine Berührung von ihm genügte, um Heilung zu bringen –, ging den Weg seines Vaters bis zum Ende. Als er dann dem Kreuz gegenüberstand, war er stark versucht, seinen eigenen Wünschen zu folgen und den Weg zu nehmen, der ihm als bester erschien, doch rang er sich dazu durch zu sagen: „Vater … nicht, wie ich will, sondern wie du willst.“ Der Weg Gottes ist nicht nur irgendein Weg, nicht einmal der beste Weg – er ist *der* Weg.

Herr Jesus, du zeigst mir, wie man wirklich lebt – hilf mir, auf deine Weise zu leben. Ich möchte im Überfluss leben und nicht irgendwelchen unnützen Aufgaben nachgehen. Reinige mich von mir selbst und mach aus mir einen hingegebenen Nachfolger auf deinem Weg. Amen.

Kol. 3; Gal. 2,20; Röm. 6,11
1. Wie lautete das Bekenntnis des Paulus?
2. Welches sind einige der Kennzeichen eines selbstlosen Lebens?

„Die Hufe in die Luft“

„Wenn aber der Geist der Wahrheit kommt, hilft er euch dabei, die Wahrheit vollständig zu erfassen.“ (V. 13)

Zum Lesen & Nachdenken – Johannes 16,1-15

Nehmen wir uns noch einen Tag Zeit, um über den Vers *„Er leitet mich in Pfaden der Gerechtigkeit um seines Namens willen“* nachzudenken. Der Lohn dafür, dass wir den Weg des Herrn gehen, liegt darin, dass er uns von einer guten Weide zur nächsten führt.

Ein tüchtiger Hirte ist darauf bedacht, seine Schafe in Bewegung zu halten, um eine Überstrapazierung des Geländes zu vermeiden und damit die Schafe ständig bekömmliches und frisches Futter bekommen. Phillip Kellers Beobachtung hierzu: „Immer, wenn der Hirte das Gatter zu einer neuen Weide aufmacht, herrscht unter den Schafen Aufregung. Wenn sie dann durch das Gatter drängen, werden selbst die abgeklärten älteren Mutterschafe die Hinterhufe in die Luft werfen und vor Freude springen bei der Aussicht auf frisches Futter. Wie sie sich freuen, auf die frische Weide geführt zu werden!“

Erfasst Sie eine vergleichbare Freude, wenn der Gute Hirte Sie an bekömmliches, gutes Futter heranführt? Gehören Sie zu den Christen, die immer nur auf einer Wahrheit oder Lehre herumkauen und die dadurch nie in den Genuss all der anderen Köstlichkeiten kommen, die Gott in seinem Wort bereithält? Seien Sie sicher, dass Gott will, dass wir täglich mit ihm wandeln, um neue Einsichten und eine frische Offenbarung zu erlangen, während er uns die Herrlichkeiten seines Wortes eröffnet. Jeder Christ sollte dem neuen Tag mit so viel Entzücken und Vorfreude entgegensehen wie ein Schaf angesichts einer frischen Weide. Im übertragenen Sinne sollten auch wir die Hufe in die Luft werfen und voller Vorfreude auf das neue „Futter“ springen. Erwarten Sie, dass Gott Ihnen jeden Tag neue Einsichten schenkt. Glaube bedeutet Erwartung – und gemäß dieser Erwartung wird Ihnen geschehen.

Vater, hilf mir, deinem Wort jeden Tag mit Glauben und Erwartung entgegenzutreten. Führe mich von einer grünen Wiese zur nächsten und befähige mich, jeden Morgen mit der prickelnden Erwartung aufzuwachen, dass du mir neue Sichtweisen aufzeigen wirst. Um Jesu willen. Amen.

Hebr. 5; 1. Kor. 3,2; 1. Petr. 2,2
1. Wonach sollten wir begierig sein?
2. Wem sollen wir uns zuwenden?

Tag 155

Das Tal des Todesschattens

„So hat er alle befreit, die aus Furcht vor dem Tod ihr ganzes Leben hindurch Gefangene des Teufels waren.“ (V. 15)

Zum Lesen & Nachdenken – Hebräer 2,5-18

Kommen wir jetzt zu der Aussage, die die halbe Wegstrecke auf der Wanderung durch unseren Psalm markiert. *„Auch wenn ich wandere im Tal des Todesschattens, fürchte ich kein Unheil, denn du bist bei mir“* (REÜ). Wir haben eine abendliche Szene vor Augen, sehen, wie der Hirte seine Schafe aus dem bergigen Gelände hinab ins Tal führt, lange Schatten haben sich über den Weg gelegt. Ängstlich und schutzlos, wie sie sind, fürchten sich die Schafe vor diesem Heimweg, doch folgen sie dem Hirten und sind darum getrost. Sie fürchten nichts Schlimmes, weil der Hirte bei ihnen ist.

Millionen von Christen haben in diesem Vers großen Trost gefunden. Er unterstreicht die Tatsache, dass, wenn der Tod auch einem dunklen Tal gleicht, er doch nicht zu fürchten ist. Der Gute Hirte ist sich unserer ständigen Angst vor dem Tod sehr bewusst. Darum ist er auch immer bestrebt uns zu versichern, dass, wenn der Tod auch ein finsteres Tal ist, sich dieses doch zu einer herrlichen Ewigkeit hin öffnet. Er sagt uns: „Ich versichere euch, dass ich immer da bin, ja, selbst im Schatten des Todes.“ Welch ein Trost, was für eine Ermutigung!

Manche Christen kommen nicht dazu, ihr Leben zu genießen, weil eine nur krankhaft zu nennende Todesfurcht all ihr Denken und Tun überschattet. Schauen Sie mal, wie man die heutige Hebräerstelle auch übersetzen kann: „Und befreie die aus der Sklaverei, auf denen ihr Leben lang eine Angst vor dem Tod lag.“ Spüren Sie den Schrecken, der in diesen Worten liegt? „Sklaverei, ein Leben lang Angst vor dem Tod.“ Gibt es eine Erlösung von dieser Furcht? Gott sei Dank – die gibt es!

Gott Vater, danke, dass ich im Blick auf den Tod nicht in Sklaverei sein muss. Ich darf frei sein, herrlich frei – und zwar jetzt. Du bist kein Gott der Toten, sondern der Lebenden. In dir lebe ich, nicht nur für die Zeit, sondern für die Ewigkeit. Danke! Amen.

Röm. 5,1-14; 2. Sam. 14,14; Pred. 8,8; Hebr. 9,27
1. Was ist die sicherste Sache im Leben?
2. Warum hat der Gläubige keine Angst vor dem Tod?

Die drei Bestandteile der Todesfurcht

„Wenn du durch tiefes Wasser gehst … ich bin bei dir." (V. 2-3)

Zum Lesen & Nachdenken – Jesaja 43,1-13

Viele Menschen – manche Christen eingeschlossen – sehen den Tod als einen Eindringling an. Gandhi, der große indische Führer und Politiker, sagte von seiner *Swaraj*-Bewegung, dass er sie gegründet habe, um Menschen bei der Überwindung der Todesfurcht zu helfen. Politik war nur ein kleiner Teil seiner Absichten. „Mein Ziel", so sagte er, „war die Abschaffung der Angst vor dem Sterben. Solange wir uns von der Todesfurcht beeinflussen lassen, können wir keine wirkliche Freiheit erlangen."

Wenn wir die Angst vor dem Tod analysieren, stoßen wir auf drei Bestandteile: die Furcht vor dem rein körperlichen Akt des Sterbens, die Furcht vor der Endgültigkeit und die Furcht vor dem Gericht. Sehen wir uns zunächst die Furcht vor dem körperlichen Aspekt des Sterbens an. Das ist für viele Menschen eine sehr reale Furcht. Sie haben vielleicht schon lange leiden müssen und wissen somit, wie einen der Schmerz verletzen und zermürben kann.

Ärzte können bezeugen, dass das, was häufig als „Todeskampf" bezeichnet wird, von einem außenstehenden Beobachter viel intensiver erfahren wird als von dem, der dahinscheidet. Sir Frederick Treves, ein hervorragender Chirurg, sagte: „Die letzte Krankheit mag lang, ermüdend und schmerzhaft sein, doch kann man sagen, dass die letzten Augenblicke zumeist ohne Leiden erlebt werden. Es mag am Ende wie ein furchtbarer Kampf erscheinen, doch ist sich der Sterbende dieses Kampfes nicht bewusst. Es ist der Beobachter, der davon mitgenommen wird." Denkt man sich zu diesem eher natürlichen Phänomen noch die helfende Kraft der nie versagenden Gnade Gottes hinzu, dann wird es denkbar, selbst der physischen Seite des Sterbens ruhig ins Gesicht sehen zu können und zu sagen: „Mein Feind, du besitzt nicht den Schrecken, den du vorgibst."

Mein Vater und mein Gott, wenn der unausweichliche Augenblick kommt, an dem ich durch das Tal des Todesschattens muss, dann erinnere mich daran, dass deine Gnade und Kraft mich stützen können, nicht nur geistlich, sondern auch körperlich. Dieser Gedanke macht mich ganz zuversichtlich. Danke, Vater. Amen.

Lk. 16,19-31; 4. Mo. 23,10; Ps. 116,15; Spr. 14,32
1. Was lehrt Jesus über den Tod?
2. Was hält den Gerechte im Sterben aufrecht?

Tag 157

„Mein Vater erwartet mich“

***„… ich werde kommen und euch zu mir holen. Dann werdet auch ihr dort sein, wo ich bin.“** (V. 3)*

Zum Lesen & Nachdenken – Johannes 14,1-14

Als Christ braucht man nicht zu fürchten, dass der Tod gleichbedeutend mit Auslöschung sei, denn Christus hat gesagt: „Ich gehe hin, um … alles für euch vorzubereiten … *Dann werdet auch ihr dort sein*, wo ich bin“ (Vs. 2-3; Herv. d. Autors). Dr. W. E. Sangster erzählt, wie er als kleiner Junge im Herzen Londons aufwuchs und sich eines Tages bei einem seiner Streifzüge verlief. Ein freundlicher Polizist nahm ihn bei der Hand und brachte ihn aufs Revier. Nachdem er einige Zeit – es kam ihm wie Stunden vor – in einem schäbigen Zimmerchen gewartet hatte, kam ein ernst blickender Polizeibeamter herein und führte ihn einen langen, dunklen Gang entlang, an dessen Ende sein Vater ihn erwartete. *„Wenn ich sterbe, wird es, so denke ich, nicht anders sein. Am Ende des dunklen Ganges wird mein Vater mich erwarten.“* Wenn uns unsere menschliche Natur, die so zerbrechlich ist, auch vor dem, was als „der Sensenmann“ bezeichnet wird, zurückschrecken lässt, so hat der Tod doch nur eine einzige Aufgabe – uns in die direkte Gegenwart Gottes zu bringen, ins ewige Vaterhaus.

Schauen wir uns jetzt noch die Furcht vor dem Gericht an. Untersuchungen vor einigen Jahren haben ergeben, dass diese dritte Komponente nicht mehr so verbreitet ist wie noch vor fünfzig Jahren. Immer weniger Menschen gehen zur Kirche, und die, welche noch gehen, hören, zumindest im Allgemeinen, kaum einmal eine Predigt über das zukünftige Gericht. Und doch sollte kein Mann und keine Frau, die Jesus kennen, das Gericht fürchten. Warum nicht? Weil es, wie Paulus es so schön im Brief an die Römer ausdrückt, „keine Verdammnis für die [gibt], die in Christus Jesus sind“ (8,1; REÜ). „In Christus“ kann man über das Gericht nur in der Vergangenheitsform schreiben.

Herr Jesus, ich lausche deinen Worten – sie bringen meinem Herzen Hoffnung und Inspiration. Nimm mir allen Zweifel und alle Furcht. Hilf mir, dass ich mir jeden Tag klar mache, dass ich in dem auferstandenen Christus lebe, und da du nicht sterben kannst, kann ich es auch nicht. Amen.

Hebr. 11,1-16; Phil. 1,21; Röm. 14,8
1. Wie starben die alttestamentlichen Heiligen?
2. Wie sah Paulus den Tod an?

„Der Wortschatz wird verändert“

„Und als er dies gesagt hatte, entschlief er.“ (V. 60)

Zum Lesen & Nachdenken – Apostelgeschichte 7,54-60

Der gesamte Befund der Heiligen Schrift über das Leben nach dem Tod, insbesondere die Worte Jesu, geben der christlichen Zuversicht einen tiefen Grund. Jesus sagte: „Im Haus meines Vaters gibt es viele Wohnungen. Sonst hätte ich euch nicht gesagt: Ich gehe hin, um dort alles für euch vorzubereiten“ (Joh. 14,2).

Eigentlich sagte Jesus: „Wenn etwa siebzig Jahre alles wäre, was ihr hier erwarten könntet, dann würde ich euch ganz offen gesagt und euch ermutigt haben: ‚Macht das Beste aus eurer Zeit hier auf Erden!‘ ... *aber in meines Vaters Haus* ...“ Sehen wir uns an, wie Jesus und das Neue Testament die Worte „Tod“ und „Schlaf“ benutzen. Den Trauernden, die um den leblosen Leib des kleinen Mädchens standen, sagte Jesus: „Das Kind ist nicht tot, es schläft nur“ (Mark. 5,39). Er benutzt da dasselbe Wort wie in Joh. 11,11, wo er vom Tod des Lazarus spricht: „Unser Freund Lazarus ist eingeschlafen, aber ich will hingehen und ihn aufwecken.“

Ein Ausleger behauptet kühn, dass im Neuen Testament, nach Jesu Tod und Auferstehung, nie jemals von einem Christen als von „gestorben“ gesprochen wird. Er stellt fest, dass, nachdem die Sünde ihr Äußerstes getan hatte, indem sie Christus an den Pfahl genagelt und seinen geschundenen Leib in einer mit einem großen Stein verschlossenen Gruft verborgen hatte, sie doch keine Macht hatte, das Leben, das sich des Leibes bedient hatte, zu zerstören. Der Tod war tot – nicht ER! Von nun an ist alles, was „in Christus“ ist, lebendig, darum müssen wir unseren Wortschatz verändern, damit er den Fakten genügt. Was wir als „Tod“ bezeichnen und Jesus als „Einschlafen“, ist schlicht und einfach der Wechsel von einer Ebene des Lebens auf eine andere – aus der Düsternis der Erde hinein in die Herrlichkeit des Himmels.

Herr Jesus, du bist der Herr des Lebens und des Todes. Ich bin so dankbar, dass ich in dir den Tod des Todes und die Niederlage der Niederlage erkennen darf. In dir lebt alles – Leben mit Sinn, einer Bestimmung, einem Ziel – Leben für immer und immer. Halleluja!

1. Kor. 15,1-21; Joh. 11,11; Apg. 13,36
1. Wovon ist Christus der „Erstling“?
2. Worin liegt der Unterschied zwischen Schlaf und Tod?

„Gerüstet fürs Leben“

„Aber gelobt sei Gott, der uns den Sieg schenkt durch Jesus Christus, unseren Herrn.“ (V. 57)

Zum Lesen & Nachdenken – 1. Korinther 15,42-57

Das Christentum ist der einzige Glaube, der den Tod in einem hellen Licht erscheinen lässt, und das geschieht, so Stanley E. Jones, „nicht nur lediglich durch ein Wort, sondern durch ein Wort, das Fleisch wurde.“ Jesus ging durch die dunkle Erfahrung, welche wir Tod nennen – und in ihm nahm die Auferstehung Gestalt an. Jeder, der in ihm lebt, ist wie er unsterblich.

Von Emerson, dem großen Schreiber und Redner, wurde gesagt: „Er diskutierte nicht, er ließ das Licht herein.“ Das kann auch von Jesus gesagt werden: „Er diskutierte nicht über die Unsterblichkeit, *er zeigte sich selbst als lebendig*.“ Der klarste Beweis dafür, dass es ein Leben nach dem Tod gibt – wir sagten es schon –, ist die Auferstehung Jesu. Einer der Biographen von Tennyson schrieb: „Er legte seinen Geist auf den Geist der anderen, mit dem Ergebnis, dass sie glaubten, was er glaubte.“ Jesus tat das Gleiche. Er glaubte nicht nur an die Unsterblichkeit, sondern führte sie uns vor. Sein Leben ist die Garantie, dass wir leben.

Eine Frau erzählte einer Gruppe Kinder auf Hawaii vom Leben und Sterben Jesu, als eins der Kinder aufsprang und laut rief: „Oh … das ist nicht fair … dieser tolle Kerl!“ Ein kleines Mädchen, das die Geschichte kannte, beruhigte ihn: „Setz dich wieder, er blieb ja nicht tot.“ Also, wenn er nicht tot blieb, dann werde ich auch nicht tot bleiben. Als William James gefragt wurde, ob er an die eigene Unsterblichkeit glaube, antwortete er: „Ja – und je älter ich werde, desto fester glaube ich daran. Warum? Weil ich gerade dabei bin, mich für das Leben zu rüsten.“

Herr Jesus, je mehr ich über das Wunder deiner Auferstehung aus den Toten nachdenke, desto mehr erkenne ich, dass meine Seele im Moment des Todes nicht sterben, sondern der Ewigkeit entgegentanzen wird. In dir wurde ich vom Tod befreit. Dessen bin ich gewiss. Herrlichkeit!

1. Kor. 15,22-42; Jes. 25,8; 2. Tim. 1,10
1. Wie heißt der letzte Feind?
2. Was hat Christus mit dem Tod gemacht?

Keine Jüngerschaft ohne Disziplin

„Gott erzieht euch wie ein Vater seine Kinder.“ (V. 5)

Zum Lesen & Nachdenken – 5. Mose 8,1-18

Lassen Sie uns jetzt über den Vers: *„Dein Stecken und Stab, sie trösten mich“* (REÜ) nachdenken. Man sagt, dass ein Hirte zu biblischen Zeiten nur wenig Ausrüstung mit sich trug, doch immer hatte er einen Stecken und einen Stab mit sich. Der „Stecken“ war eine Art Knüppel, der zu verschiedenen Dingen nütze war, hauptsächlich jedoch dazu, wilde Tiere zu verscheuchen und die Aufmerksamkeit der Schafe zu erlangen. Wenn der Hirte bemerkte, dass ein Schaf vom Weg abkam oder sich potenziell gefährlichen Situationen näherte – etwa verdorbenem Futter oder einem Abgrund, dann schleuderte er den Knüppel so in Richtung des Schafs, dass er kurz vor ihm landete. Das Schaf erschrak dann kurz, um sich dann wieder in die Sicherheit der Herde zu begeben.

Der Stab war also ein *Gegenstand zur Disziplinierung*, nicht, um das Schaf zu verletzen oder ihm wehzutun, sondern um es auf den richtigen Weg zurückzuführen. Junge Hirten trainierten stundenlang und wetteiferten miteinander, wer diesen Stab am genauesten und über die weiteste Entfernung werfen konnte. Der Hirte verließ sich auf diesen Stab, wenn es darum ging, sich und die Schafe zu schützen, wann immer er sich einer Gefahr ausgesetzt sah.

Ich frage mich, wie viele von uns ein christliches Alltagsleben führen können ohne ein wenig Disziplinierung. Ich kann es nicht – und ich bin sicher, dass es Ihnen ähnlich geht. Jemand hat das christliche Leben einmal so beschrieben: „Abhängigkeit plus Disziplin ergibt verlässliche Jünger.“ Beachten Sie – Abhängigkeit *plus* Disziplin … Sie können kein verlässlicher Jünger ohne Disziplin sein. Keine Disziplin – kein Jünger. So einfach ist das!

Göttlicher Hirte, hilf mir zu erkennen, dass du mich nur deshalb disziplinierst, weil du deine Freude an mir hast. Du liebst mich zu sehr, als dass du mich mit Dingen davonziehen lässt, die mir nicht gut tun. Dafür danke ich dir. Amen.

Spr. 3,1-12; Ps. 94,12; Joh. 15,1-2
1. Was ist Gottes Motiv, wenn er züchtigt?
2. Was bezweckt er damit?

Tag 161

„Disziplin – von Gott erdacht“

„… Liebe, die aus einem reinen Herzen … kommt.“ (V. 5)

Zum Lesen & Nachdenken – 1. Timotheus 1,1-17

Wenn wir beobachten, wie ein Hirte in biblischen Tagen seinen Stab einsetzte, um seine Schafe zu disziplinieren, können wir gleichzeitig einen Blick auf den Charakter Gottes werfen. Einige Christen haben eine solch verzerrte Wahrnehmung Gottes, dass sie seine Züchtigung immer als Strafe werten, weil er böse mit uns ist, doch liegt der Grund vielmehr darin, dass er uns liebt.

Um Gottes Anliegen mit unserer Züchtigung zu verstehen, ist es notwendig, den Unterschied zwischen Furcht und Respekt zu beachten. Die Bibel benutzt das Wort „Furcht“ in zwei Bedeutungen: im Sinne von Angst und im Sinne von Respekt. Als Christen liegen wir richtig, wenn wir dem Allmächtigen einen tiefen Respekt erweisen, doch muss uns auch klar sein, dass Gott nicht will, dass wir unsere Tage in Angst, Schrecken und böser Ahnung verleben.

Einige Eltern versuchen ihre Kinder zu beeinflussen und ihnen Disziplin beizubringen, indem sie auf das Mittel der Angst setzen, doch geht Gott nicht auf diese Weise mit uns um. Eine Mutter, die ihre Tochter mit den Verkehrsregeln vertraut machen wollte, nahm sie mit an eine belebte Kreuzung und rief ihr ins Ohr: „Pass auf, da kommt ein Auto!“ Das Kind lernte sehr schnell, wie man einem Auto aus dem Weg geht, doch entwickelte es gleichzeitig eine krankhafte Angst vor dem Straßenverkehr. Eines der elterlichen Erziehungsziele sollte sein, den Kindern Respekt ohne Angst beizubringen. Unser Text sagt sinngemäß: „Das Ziel christlicher Erziehung ist die Liebe, die einem reinen Herzen entspringt.“ Das Ziel Gottes mit der Erziehung und Züchtigung ist nicht Angst, sondern Liebe, die singt!

O Gott, welche Befreiung bringt dieses Konzept in mein Leben, wenn ich die Auswirkungen bedenke. Deine Züchtigung soll mich nicht seufzend zurücklassen, sondern singend. Mir fehlen die Worte vor Dankbarkeit. Danke, lieber Vater. Amen.

Hebr. 12,1-11; Spr. 13,24; Offb. 3,19
1. Wofür ist Disziplin ein Kennzeichen?
2. Was bewirkt sie in unserem Leben?

Strafe vs. Züchtigung

„Mein Sohn, wenn der Herr dich zurechtweist, dann sei nicht entrüstet …“ (V. 11)

Zum Lesen & Nachdenken – Sprüche 3,1-12

Der Stecken Gottes ist dazu gemacht, uns zu helfen: „Dein Stecken und Stab *trösten* mich.“ Das Wort „Strafe“ sollten wir im Zusammenhang mit der Züchtigung, die Gott in unserem Leben benutzt, äußerst zurückhaltend verwenden. Natürlich gibt es den Gedanken, dass Gott darauf aus ist, Sünde zu strafen, im Leben des Christen wie auch im Leben des Nichtchristen. Doch wenn Gott einen Christen züchtigt, dann hat er nicht zuallererst Vergeltung für frühere Missetaten im Sinn, sondern die Entwicklung künftiger Reife. Bruce Narramore, ein christlicher Psychologe, glaubt, dass das Wort „Strafe“ ausschließlich für Nichtchristen reserviert sein sollte. Die Beziehung, die Gott zu seinen Kindern hat, beschreibt er so: „Weil Christus unsere Strafe am Kreuz auf sich genommen hat, sind wir nicht länger Sünder, sondern Heilige. In seinem Umgang mit uns hat Gott dann nicht Vergeltung, sondern Heilung im Sinn. Wir Christen leben nicht unter der Bestrafung, sondern unter der Züchtigung – der Unterschied ist von entscheidender Bedeutung.“

Ich habe Schwierigkeiten mit dem Gedanken, dass Gottes Züchtigung nicht auch ein Element der Bestrafung enthalten soll, doch ist mir klar, worauf Narramore hinaus will, nämlich darauf, dass Gott, wenn wir einen Fehler machen oder vom Weg abkommen, nicht vom Himmel herabfährt und es uns heimzahlt. Seine Züchtigungen folgen einem himmlischen Muster, so bemessen, dass sie nicht in erster Linie dazu dienen, unser falsches Tun zu bestrafen, sondern dazu, unser geistliches Wachstum und unsere Reife zu fördern. Welch ein tröstlicher Gedanke: Wenn wir ungehorsam sind, dann greift Gott korrigierend ein, nicht wütend oder mit dem Wunsch, mit uns „quitt“ zu werden, sondern aus tiefer Sorge um und Interesse für unsere geistliche Entwicklung und unser Wohlergehen.

Liebevoller himmlischer Vater, hilf mir zu sehen, dass die Hand, die den Stab der Züchtigung hält, eine von Nägeln durchbohrte Hand ist. Die Liebe, die Jesus in den Tod mir zugute geführt hat, ist dieselbe Liebe, die dich veranlasst, mich zu züchtigen. Danke, lieber Vater, danke. Amen.

Spr. 22,1-15; Jer. 5,3; Hebr. 12,5
1. Was sagt Jeremia über die Kinder Israel?
2. Was sieht Gottes „Stab der Züchtigung“ aus?

Tag
163

„Hand in Hand“

„Ich bin es, der euch tröstet, ich allein.“ (V. 12)

Zum Lesen & Nachdenken – Jesaja 51,1-16

„Es ist der Hirtenstab“, sagt Phillip Keller, „der den Hirten als Hirten kenntlich macht. Niemand in einem anderen Beruf trägt solch einen Stab. Er ist ein einzigartiges Werkzeug zur Pflege und zur Verwaltung von Schafherden. Für Rindvieh, Pferde oder Schweine taugt er nicht. Er wurde speziell für die Anforderungen des Schafes entworfen, gefertigt und angepasst.“

Der Hirtenstab war ein schlanker Stock mit einer Krücke an einem Ende und war für eine Vielzahl von Zwecken zu gebrauchen. So wurde er beispielsweise dazu benutzt, ein neugeborenes Lamm, das von der Herde abgekommen war, anzuheben und zu seiner Mutter zurückzubringen. (Mutterschafe weigern sich manchmal, ihr Kleines anzunehmen, wenn es menschlichen Geruch an sich trägt.) Mit dem Stab kann man auch ein Schaf inmitten der Herde erreichen und es an sich heranziehen, etwa dann, wenn eine körperliche Untersuchung ansteht. Ängstlich und nervös, wie Schafe sind, versuchen sie nämlich, möglichst großen Abstand zum Hirten zu wahren.

Doch war der Hauptzweck des Hirtenstabs zu biblischer Zeit, die Schafe zu führen. Der Hirte drückte das Schaf leicht mit der Spitze des Stabes in die Seite und veranlasste es so, in die gewünschte Richtung zu gehen. Jemand, der eine Schafherde eine Zeit lang auf ihrem Zug beobachtet hat, sagte: „Es war manchmal wirklich faszinierend zu sehen, wie der Hirte einem nervösen oder ängstlichen Schaf den Stab in die Seite drückte, einfach nur um zu zeigen, dass er ‚auf Tuchfühlung‘ ist. Wenn sie so daherwanderten, schien es fast, als gingen sie ‚Hand in Hand‘. Das Wissen, dass man vom Hirten in einer derart besonderen Weise behandelt wird, bedeutet Trost in einer ganz tiefen Dimension.“

Du freundlicher und sanfter Hirte, mich verlangt nach einem engeren und intimeren Kontakt mir dir, als ich ihn je gekannt habe. Lass mich den sanften Druck deines Hirtenstabs an meiner Seite spüren, während ich durch diesen Tag gehe. In Jesu Namen. Amen.

Mt. 9,18-26; Ps. 86,17; Jes. 66,13; 2. Kor. 1,3-4
1. Was sagte Jesus der Frau?
2. Warum tröstet Gott uns?

„Zur Seite gerufen“

„Der Heilige Geist, den euch der Vater … senden wird, … wird euch meine Worte erklären.“ (V. 26)

Zum Lesen & Nachdenken – Johannes 14,15-27

Stecken und Stab des Hirten dienten nicht dazu, die Schafe zu verletzen, sondern zu ihrem Wohl und zur Unterstützung. Ich zögerte zunächst, den Hirtenstab als ein Bild für den Heiligen Geist zu benutzen, doch als ich über den versorgenden und tröstenden Dienst des Hirten nachdachte, wurden meine Gedanken augenblicklich auf die heutige Stelle gelenkt. Jesus sagte: „Ich will den Vater bitten, und er wird euch einen andern Tröster geben, dass er bei euch sei in Ewigkeit“ (V. 16; Luther 1984). Bitte beachten Sie, dass Jesus hier das Fürwort „er“ benutzt, um anzuzeigen, dass der Heilige Geist eine Person ist. Er ist eine Person, die tröstet, berät, leitet, stark macht – und vor allem *bleibt*. Ein unpersönlicher Einfluss – ein „Es“ – tut das nicht!

Moderne Übersetzungen geben das Wort „Tröster“ mit „Helfer“, „Ratgeber“ oder „Beistand“ wieder, doch lautet das griechische Wort *parakletos*: *para* heißt „neben, beiseite“ und *kletos* „der Gerufene“ – jemand, der uns zur Seite gerufen wurde. Warum wurde er dorthin gerufen? Zur Stärkung? Ja. Als Beistand? Ja. Für alles? Ja. Es gibt nichts im Leben, für das er nicht sorgen könnte. So, wie der Hirte neben seinen Schafen hergeht, um sie zu leiten und zu trösten, so ist der Heilige Geist zu uns gekommen, um die Wirklichkeit des Wortes Gottes und seiner Gegenwart in unsere Herzen zu bringen. Durch ihn bleiben wir mit Christus auf Tuchfühlung, durch ihn breitet sich in uns die Gewissheit aus, dass wir eins mit ihm sind und ihm gehören. Oh, diese Gewissheit, ständig unter seiner Aufsicht und Fürsorge zu sein! Zu gut, um wahr zu sein? Zu gut, um nicht wahr zu sein.

Liebevoller göttlicher Hirte, werde ich je das Wunder deiner Liebe und Fürsorge mir gegenüber verstehen? Hilf mir, das an andere weiterzugeben, so großzügig, wie du es mir hast zukommen lassen. Du sorgst für mich, nicht widerwillig, sondern großzügig. Ich bin so, so dankbar. Amen.

Joh. 15; 16,13; Röm. 8,13-14
1. Was sagt Jesus, dass der Tröster tun würde?
2. Hat der Tröster in Ihrem Leben Einzug gehalten?

Tag 165

„Er ist schon vorgegangen“

„… der allmächtige Gott [wird] alle Völker zu einem Festmahl mit köstlichen Speisen und herrlichem Wein einladen.“ (V. 6)

Zum Lesen & Nachdenken – Jesaja 25,1-9

Wenn wir uns dem nächsten Vers in dem Hirtenpsalm zuwenden, kann uns an dieser Stelle nicht entgangen sein, dass David ein anderes Bild zu benutzen scheint – weg vom Guten Hirten und hin zum wohlwollenden Gastgeber: *„Du deckst mir den Tisch vor den Augen meiner Feinde.“*

Viele Ausleger behaupten, dass der Psalm aus zwei Teilen besteht: Der erste benutzt das Bild des Hirten und seiner Herde, der zweite das des Gastgebers und seiner Gäste. „Es ist schade“, sagt ein Autor, „dass David seinen Psalm nicht zu Ende gebracht hat, indem er bei der einen Figur des Hirten blieb, statt das neue Konzept des Festmahls und des Gastgebers einzuführen. Ich finde, dass die liebliche, einfache Melodie verloren geht und harten, fremden Klängen Platz machen muss, wenn sich die Szene der Gastfreundschaft anlässlich eines Festmahls zuwendet.“

Die Schlussfolgerung ist völlig falsch, denn trotz des offensichtlichen Wechsels des Bildes führt David seine Beschreibung der Hirtenfigur doch bis ans Ende fort. Wenn David auf den „Tisch“ Bezug nimmt, dann denkt er an die ebenen Hochweiden, auf die man die Schafe an Sommertagen zum Grasen führte. Bevor er seine Schafe dahin führen konnte, machte sich ein verantwortungsbewusster Hirte alleine auf, um zu sehen, ob es dort gefährliche Tiere oder unbekömmliches Futter gab. Wenn ja, musste er seine Pläne korrigieren oder Schritte einleiten, um die Gefährdung zu verhindern. Wenn die Schafe dann dort oben ankamen, würden sie von alldem nichts bemerken, doch würden sie ihre Sicherheit und ihren Schutz dem Umstand verdanken, dass der Hirte schon vorgegangen war, um ihnen einen „Tisch“ im Angesicht ihrer Feinde vorzubereiten.

Vater, welcher Trost und welche Sicherheit erwächst mir aus dem Wissen, dass mir keine Situation und kein Umstand widerfahren wird, den du nicht erwartet und vorausgesehen hast. Du hast schon jeden vor mir liegenden Weg in Augenschein genommen – so führe mich, ich werde folgen. Amen.

Mt. 22,1-14; Ps. 31,20; 68,10b-11
1. Welche Botschaft steckt hinter dem Gleichnis?
2. Was soll es veranschaulichen?

Bewahrt – durch Gottes Kraft

„… die ihr in der Kraft Gottes durch Glauben bewahrt werdet.“ (V. 5; REÜ)

Zum Lesen & Nachdenken – 1. Petrus 1,1-9

Diejenigen, welche die biblischen Gebräuche und die Methoden orientalischer Hirten studiert haben, stellen fest: „Für einen Hirten gibt es keine höhere Aufgabe, als von Zeit zu Zeit hinauszugehen, um die Wiesen zu inspizieren und gute und sichere Weideplätze für seine Schafe zu finden.“ Auf den Wiesen finden sich auch giftige Pflanzen, und der Hirte muss sie ausfindig machen und vermeiden, dass die Schafe sie fressen. Man hat schon gehört, dass ein Hirte innerhalb eines einzigen Tages Hunderte von Schafen verloren hat, nur weil er in dieser Angelegenheit nicht die nötige Sorgfalt hatte walten lassen.

Ein anderer Kenner orientalischer Verhältnisse berichtet: „Da finden sich Höhlen von Vipern, aus denen diese giftigen Schlangen plötzlich auftauchen und den Schafen in die Nasen beißen. Der Hirte muss vor diesen Löchern Wildschweinfett verbrennen, um die Schlangen herauszutreiben. Dann tötet oder verjagt er sie.“ Zu diesen Gefahren rund um den Weidegrund kommen noch die Löcher und Höhlen in den Hügeln, wo die Wölfe und Schakale hausen. Mut und Heldenhaftigkeit des Hirten erreichen ihren Höhepunkt, wenn er sich daranmacht, die Behausungen dieser Raubtiere mit großen Steinen zu verschließen, oder, wenn er ihnen Auge in Auge begegnet, sie mit seinem langen Messer zu töten.

Die Weise, wie Gott seine Kinder schützt und versorgt, während sie in dieser Welt leben, ist ein noch größerer und wunderbarerer Gedanke als die Vorstellung, dass er sie irgendwo in einem Festsaal an einer Tafel Platz nehmen lässt. Spätestens jetzt müsste, wenn noch nicht geschehen, klar werden, dass in diesen anheimelnden, schönen Zeilen, „Du bereitest vor mir einen Tisch angesichts meiner Feinde“, die Gestalt des Hirten so klar hervortritt wie im ersten Teil des Psalms.

Vater, ich bin so dankbar, dass das Christentum keine „Schönwetter-Religion“ ist. Du sorgst für mich, und zwar nicht nur innerhalb der sicheren Mauern meines Heims, sondern auch mitten in einer kalten und grausamen Welt. Ich bin wahrhaft dankbar. Danke, Vater. Amen.

2. Tim. 4,1-18; 1. Mo. 28,15; 5. Mo. 33,27; Spr. 2,8
1. Wie lautete das Zeugnis des Paulus?
2. Was war Gottes Verheißung an Jakob?

Tag 167

Nahe beim Hirten bleiben

„Der Satan ist hinter euch her, die Spreu vom Weizen zu trennen. Aber ich habe für dich gebetet, damit du den Glauben nicht verlierst.“ (Vs. 31-32)

Zum Lesen & Nachdenken – Lukas 22,24-33

Der heutige Text zeigt uns ein klassisches Beispiel dafür, wie der göttliche Hirte seinen Kindern dient. Jesus sagt hier dem Simon Petrus, dass der Satan hinter ihm her sei und ihn gesichtet hätte wie den Weizen, doch dass er, Jesus, für ihn gebetet hätte, damit Petrus' Glaube im Augenblick überwältigender Prüfung nicht versagen möge. Wo wäre ich geblieben, wo wären Sie geblieben ohne diesen herrlichen Dienst des göttlichen Hirten? – der vor uns hergeht, der alle unsere Umstände schon voraussieht, der uns unterstützt und für uns betet, dass der Feind unserer Seelen uns nicht zu überwältigen vermag. Wenn er uns nicht auf diese Weise dienen würde … wo blieben wir?

Das bedeutet natürlich nicht, dass die Verantwortung für unsere Sicherheit alleine auf den Schultern unseres göttlichen Hirten liegt. Auch wir haben eine Verantwortung – die Verantwortung sicherzustellen, dass wir uns so nahe wie möglich bei ihm halten. Dort ist der eine, sichere Ort. „Es ist immer das eine Schaf, der Ausreißer, der Vagabund, der Wanderer“, erzählt ein Hirte, „das dann in einem unerwarteten Augenblick von dem Räuber erwischt wird. Manchmal ist das Schaf dann derart erschrocken, dass es nicht einmal einen Hilferuf herausbringt. Allenfalls gib es noch ein klägliches Blöken von sich, bevor sein Blut vergossen wird.“ Der göttliche Hirte möchte jeglichem Unglück zuvorkommen, das uns über den Weg laufen könnte. Er müht sich, ernsthafte Gefahren und Bedrohungen von unserem Leben fernzuhalten. Und ganz sicher wird unser Leben frei von Gefahren sein, wenn wir uns ganz nah bei ihm halten, dort, wo er uns versorgen und beschützen kann.

Mein Vater und mein Gott, danke, dass du mich daran erinnerst, dass ich, obwohl du die Verantwortung für meine Sicherheit übernommen hast, auch eine Verantwortung habe – so nahe wie möglich bei dir zu bleiben. Hilf mir, einfach nur das zu tun – heute und jeden Tag. In Jesu Namen. Amen.

Hebr. 2; 7,25; 1. Kor. 10,13; Jak. 4,7; Röm. 16,20
1. Was macht Christus in den Zeiten unserer Anfechtung?
2. Was sollen wir tun?

Segnungen – nicht nur für jetzt

„Die drei brachten … Mehl, geröstete Getreidekörner … Honig … Butter und Käse.“ (Vs. 28-29)

Zum Lesen & Nachdenken – 2. Samuel 17,20-29

Einige Ausleger nehmen an, dass David, als er den Vers „Du bereitest vor mir einen Tisch angesichts meiner Feinde“ verfasste, die Situation, die in unserem heutigen Text beschrieben wird, vor Augen hatte. Durch die Rebellion seines Sohnes Absalom in die Wüste getrieben, wurde er zusehends hungrig, durstig und müde. Gott kam ihm zu Hilfe und führte drei Männer zu ihm, die ihm Schlafmatten und Schüsseln brachten (damit konnte David sich waschen und erfrischen), dazu Töpfe, Weizen, Gerste, Mehl, geröstete Getreidekörner, Bohnen und Linsen, Honig, Butter und Käse sowie Schafe und Ziegen.

David wird sich wohl erstaunt die Augen gerieben haben, als er sah, wie Gott ihm „angesichts seiner Feinde“ eine Tafel bereitete. Können Sie sich an einen derartigen Moment erinnern, an dem Gott so etwas ganz Besonderes getan hat, um Ihnen seine zärtliche Liebe und Fürsorge zu zeigen? Ich kann das. Jeder Christ kennt diese Zeiten – traurig, sagen zu müssen, dass wir sie so schnell vergessen.

Gott tut etwas derart Besonderes nie nur für den Moment, sondern auch als eine Art Bürgschaft für die Zukunft, so, als würde er sagen: „Ich tue das jetzt für dich, aber nicht nur, um deiner Not zu begegnen, sondern damit du *allezeit* weißt, dass du der Gegenstand meiner Liebe bist.“ Wenn uns neue Gefahren in Angst versetzen, dann haben wir seine vorigen Gnadenerweise vergessen. Ich glaube, dass Davids Zutrauen zu Gott daraus resultierte, dass er, wann immer er einem neuen Problem gegenüberstand, sich lebhaft an vergangene Stunden der Befreiung erinnerte.

Vater, vergib mir, dass ich so viel für selbstverständlich halte, statt es mit großer Dankbarkeit anzunehmen. Ich erinnere mich an die Worte deines Dieners Isaac Newton und mach sie mir heute zu Eigen: „Seine Liebe in vergangenen Zeiten verbietet es mir zu denken, dass er mich in Problemen versinken lässt.“ Danke, Vater. Amen.

1. Kön. 17; Hes. 34,14; Jes. 25,6; Joh. 6,51
1. Wie erfuhr Elia die Versorgung Gottes?
2. Wovon sollen wir uns ernähren?

Tag 169

Einer hat leiden müssen

„Die Liebe Christi haben wir daran erkannt, dass er sein Leben für uns opferte." (V. 16)

Zum Lesen & Nachdenken – 1. Johannes 3,11-24

Wir verbringen noch einen weiteren Tag mit dem Vers „Du bereitest vor mir einen Tisch im Angesicht meiner Feinde". Um seinen Schafen den „Tisch" oder den Weidegrund vorzubereiten, muss ein Hirte einen Gutteil an persönlichem Opfer und Gefahren auf sich nehmen. Manchmal muss er vielleicht Einsamkeit, Entbehrung, Hunger und sogar körperliche Verletzungen in Kauf nehmen, um die Weide für seine Herde sicher zu machen. So mancher Hirte kehrt von einer derartigen Expedition zerschnitten und zerkratzt zurück.

So, wie sich ein guter Hirte um seiner Schafe willen aufopfert, so schreckte der Gute Hirte vor nichts zurück, um seine Schafe an einen Ort geistlicher Zufriedenheit und Sicherheit zu bringen. Leider vergessen wir nur allzu leicht, was es Jesus gekostet hat, seinem erlösten Volk diese „Tafel" bereiten zu können. Wenn Sie das nächste Mal an den Abendmahlstisch treten – ein wahres Dankesfest der Erinnerung an seine zarte Liebe und Fürsorge –, dann fragen Sie sich: Schätze ich das wirklich, was es meinen Herrn gekostet hat, mir diesen Tisch zu bereiten? Was hat es ihn gekostet? Es kostete ihn *das Leben.*

Christmas Evans, einer unserer großen walisischen Prediger, malt es uns so anschaulich vor Augen: „Niemals hat ein Hirte einen Berg bestiegen, der so gefährlich und herausfordernd war, wie der Berg Golgatha. Dort, auf seinem Gipfel, stellte er sich dem Kampf mit der Sünde, bezwang alle ihre Macht, brachte für alle Zeiten die Stimme des Erzfeindes unserer Seelen zum Schweigen – und dabei bereitete er uns einen Tisch im Angesicht unserer Feinde. Komm – und werde satt …"

Mein Vater und Gott, wie kann ich genug für die Gnade danken, die einen Ort der Isolation, wie es Golgatha war, in einen Platz verwandelt, an dem ich Leben für meine Seele finden kann? Ich bin so voller Dank, lieber Vater. Amen.

Tit. 2; Joh. 15,13; Gal. 1,4; Eph. 5,1-2
1. Wie sieht der größte Akt persönlichen Opfers aus?
2. Wie zeigt sich das in Ihrem Leben?

Diese blöden Fliegen!

„Ich selbst werde ihr Hirte sein, damit sie in Ruhe und Sicherheit leben können. Das verspreche ich, der Herr.“ (V. 15)

Zum Lesen & Nachdenken – Hesekiel 34,1-16

Nehmen wir uns jetzt den nächsten Satz in diesem schönen Psalm vor: *„Du hast mein Haupt mit Öl gesalbt, mein Becher fließt über.“* Schafe, so sagt man, werden besonders von Fliegen und anderen geflügelten Parasiten geärgert, die ihnen um die Köpfe surren und ihnen das Leben verleiden. Ein Bibelhandbuch listet alleine über zwanzig Fliegenarten auf, die man im Nahen Osten finden kann – Nasenfliegen, Dasselfliegen, Bremsen, Kribbelmücken und manches mehr. „Besonders geärgert werden die Schafe von den Nasenfliegen“, sagt ein Hirte, „denn sie surren den Schafen um den Kopf in der Absicht, auf der feuchten Schleimhaut ihrer Nasen zu landen.“ Diese Reizung durch die Nasenfliegen veranlasst die Schafe manchmal dazu, mit dem Kopf gegen einen Baumstumpf oder einen Felsbrocken zu stoßen, um die Plagegeister loszuwerden. Ein aufmerksamer Hirte, der dies beobachtet, kümmert sich um das Schaf, indem er dessen Schnauze mit Olivenöl einreibt. Damit ändert sich das Verhalten des Schafs praktisch umgehend. Die Unruhe weicht und das Schaf fängt wieder an friedlich zu futtern oder es legt sich zufrieden ins Gras.

Möglicherweise leiden Sie gerade unter dem unaufhörlichen Bombardement von Schwierigkeiten und Belästigungen, das Sie langsam mürbe und niedergeschlagen macht. Rücken Sie näher ran an Jesus, Ihren himmlischen Hirten. Gönnen Sie sich einige Augenblicke des Gebets und des Nachdenkens. Lassen Sie ihn Ihre Verletzungen im lindernden Öl seines Geistes baden. Und dann stehen Sie wieder auf und gehen Sie Ihren Weg in dem Wissen, dass, egal, wie frustrierend die Lebensumstände und Situationen auch sein mögen, der göttliche Hirte nur ein Gebet weit weg ist.

Vater, welch ein Trost ist es zu wissen, dass du immer bereitstehst, mir zu helfen, auch wenn ich manchmal meine, fast wahnsinnig zu werden. Hilf mir, nicht selbst da durchkommen zu wollen, sondern mich deiner unerschöpflichen Ressourcen zu bedienen. Amen.

Lk. 10,30-37; Jer. 8,22; Ps. 92,10; Jes. 61,3
1. Wie beschreibt Jesus das Mitleid Gottes?
2. Wie lautete Jeremias Frage?

Wenn böse Gedanken quälen

***„Bewährten Sinn bewahrst du in Frieden, in Frieden, weil er auf dich vertraut.“** (V. 3; REÜ)*

Zum Lesen & Nachdenken – Jesaja 26,1-12

Gestern sahen wir, wie Fliegen und andere geflügelte Parasiten, die um den Kopf der Schafe herumschwirren, diese fast wahnsinnig machen können. Linderung tritt nur dann ein, wenn der Hirte den Kopf des Schafs in Öl badet, das er zu diesem Zweck bei sich trägt.

Welch ein eindrückliches Bild für die Weise, in der Gott uns inmitten der Ärgernisse des Lebens dient. Auf dem Schreibtisch eines Hochschulrektors stand ein Kärtchen mit folgendem Spruch:

Für jeden Ärger unter der Sonne
gibt es ein Heilmittel, oder auch nicht.
Wenn es eins gibt, versuch es zu finden,
wenn nicht, dann mach dir nichts draus.

Der Vorschlag in Bezug auf Ärger, gegen den es kein Gegenmittel gibt, sich einfach nichts draus zu machen, ist gut, doch nicht gut genug. Der Ärger kann so hartnäckig sein, dass alles nichts hilft, man muss sich einfach etwas draus machen.

Nehmen wir etwa böse oder lüsterne Gedanken, die manchmal um unseren Kopf schwirren. Es ist unmöglich, sich nichts daraus zu machen. Doch was soll man tun? Da gibt es verschiedene Möglichkeiten. Zunächst einmal sollten Sie in Ihren Gedanken ein klares Bild von Christus aufrichten. Versuchen Sie, in Ihrer Bibellese, Ihrem Nachdenken und in Ihrem Gebet eine klare Vorstellung von Ihrem Heiland zu erlangen. Wenn dann so ein falscher Gedanke eindringen will, dann konzentrieren Sie sich auf den Herrn und nicht auf den Gedanken. Schlechte und falsche Gedanken können überlistet werden, indem man das eigene Denken schnell auf ein Thema bringt, das einen stärker fesselt. Und welcher unter allen Gedanken ist besser als der an Christus?

Mein Vater und Gott, hilf mir, gegen die falschen Gedanken, die mich manchmal umschwirren, eine Strategie zu entwickeln. Ich weiß, dass du erpicht darauf bist, mir zu helfen – lass mich erpicht darauf sein, mir helfen zu lassen. Um deines lieben Namens willen. Amen.

Röm. 8,1-9; 12,2; Phil. 4,8
1. Worauf sollen wir unsere Gedanken lenken?
2. Machen Sie eine kurze Liste in verschiedenen Kategorien.

Falsche Gedanken austricksen

***„... orientiert euch an dem, was wahrhaftig, gut und gerecht, was redlich und liebenswert ist und einen guten Ruf hat.“** (V. 8)*

Zum Lesen & Nachdenken – Philipper 4,1-9

Gestern sagten wir, dass der erste Schritt im Kampf gegen falsche Gedanken der ist, ein klares Bild von Christus in unserem Denken zu installieren. In dem Moment, wenn ein falscher, besitzergreifender Gedanke kommt und erkannt wird, sollten wir sofort auf Christus schauen. Unser Sieg hängt davon ab, ob wir es gelernt haben, unseren Blick schnell weg von der falschen Sache hin auf Christus zu richten.

Eine zweite Methode, mittels der einige Christen gelernt haben, die Macht böser Gedanken auszutricksen, ist die, das Denken auf irgendeinen nützlicheren Gegenstand ihres Interesses zu lenken. Ein Universitätsabsolvent erzählte, wie er entdeckt hatte, dass der Kampf gegen böse Gedanken dort gewonnen wird, wo sie ihren Anfang nehmen – im Herzen. Er konnte eine ganze Folge schlechter Gedanken dadurch zum Stoppen bringen, indem er sich die Uni-Abschlussfeier vorstellte, bei der er hoffte, seinen akademischen Grad zu bekommen. Auch erzählte er, wie er sich in Gedanken mit anderen, förderlichen Dingen befasste – seinen Hobbys, einer packenden Predigt, die er gehört hatte –, und durch seine Erfahrung wies er nach, dass es, mit etwas Übung und Entschiedenheit, möglich ist, die Gedanken in andere, interessantere und saubere Kanäle zu leiten.

Sie sehen, dass viel von dem Erfolg bei der Überwindung falscher Gedanken davon abhängt, wie man auf die Auseinandersetzung vorbereitet ist. Wenn Paulus uns ermutigt, über Dinge nachzudenken, die wahr, gerecht, rein, liebens- und erstrebenswert sind, dann rät er uns wirklich gut. An diese Dinge zu denken und sie zu bewegen, mit einem Bild von Jesus mittendrin, ist die einzig angemessene Vorbereitung im Kampf gegen böse Gedanken.

Vater, ich sehe, dass beim Thema „Umgang mit bösen Gedanken“ Vorsorge besser ist als Heilen. Festige in mir den Vorsatz, die Bibel zu studieren, bis deine Gedanken meine Gedanken und deine Einstellungen meine Einstellungen geworden sind. Um Jesu willen. Amen.

Hiob 37,1-14; Ps. 48,9; 119,59; 1. Sam. 12,24
1. Welche Anweisung wurde Hiob gegeben?
2. Nennen Sie einige der „großen Dinge“, die Gott an Ihnen getan hat.

Tag
173

Mensch, bitte doch!

„Bittet ihn, und er wird es euch geben. Dann wird eure Freude vollkommen sein.“ (V. 24)

Zum Lesen & Nachdenken – Johannes 16,16-33

Wir haben gesehen, dass einem Denken, das es darauf anlegt, die Störungen böser Gedanken auszuschalten, manche List zur Verfügung steht. Doch in erster Linie ist Christus unser Helfer: *„Wenn mich auch böse Gedanken quälen, ist dies mein Brustpanzer: Jesus Christus sei gepriesen!“*

Wenn uns die Gedanken, die in unserem Kopf umherschwirren, ganz niedergeschlagen machen, dann müssen wir nicht nur unseren Blick auf Jesus richten, sondern ihn auch um Hilfe bitten. Im Laufe der Jahre habe ich mit vielen Menschen gesprochen, die von bösen Gedanken geplagt wurden. Ich war erstaunt zu erfahren, wie wenige von ihnen sich wirklich an Gott gewandt und ihn direkt um Hilfe gebeten hatten. Jakobus erinnert uns daran, dass einer der Gründe, warum wir nicht empfangen, schlicht darin liegt, dass wir nicht bitten (Jak. 4,2).

Wie sollen wir denn bitten? Das kann in eigenen Worten oder auch mit einem passenden Lied sein. Sie könnten etwa sagen: „Vater, bitte lege mir deine tröstenden Hände auf die Stirn, hinter der so viele störende und böse Gedanken herumschwirren. Hilf mir, mich aus ihrem Griff zu lösen. In Jesu Namen. Amen.“ Es muss natürlich klar sein, dass Sie, so, wie Sie beten müssen, auch Verantwortung in dieser Angelegenheit übernehmen müssen. „Herr, errette mich von diesen bösen Gedanken“ ist kein gutes Gebet, wenn man sich danach wieder in den schmutzigen Vorstellungen suhlt. Gott wird seinen Teil tun, doch müssen wir uns um den unsrigen kümmern.

Vater, mir ist so klar, dass deine Fähigkeit zu geben nur durch meine Fähigkeit zu nehmen begrenzt wird. Hilf mir, so eifrig wie du darin zu sein, Befreiung und Erlösung in meine Gedankenwelt zu bringen. Um deines Namens willen. Amen.

1. Kor. 2; Mt. 15,19; Ps. 94,11; 1,1-2
1. Was steht uns zur Verfügung?
2. Welcher Mann ist glücklich zu nennen?

„Herr, hilf mir …“

„Die Salbung, die ihr von ihm empfangen habt, bleibt in euch.“ (V. 27)

Zum Lesen & Nachdenken – 1. Johannes 2,18-29

Wie geht der Herr vor, wenn er unsere Bitte um Befreiung von falschen Gedanken beantworten will? Das macht er durch den freundlichen, wenngleich kraftvollen Dienst des Heiligen Geistes.

Die Worte „Öl“ und „Salbung“ stehen in der Bibel für viele Dinge, nicht zuletzt für Trost, Freude und Ermutigung (Ps. 45,8). Diesen Gedanken hatte der Psalmist im Sinn, als er schrieb: „Du salbst mein Haupt mit Öl, mein Becher fließt über.“ Das Wichtigste, das ein Christ tun kann, wenn ihn die Obsessionen und bösen Gedanken in seinem Kopf schier in den Wahnsinn treiben wollen, ist, sich an den Hirten mit der Bitte zu wenden: „Oh, Herr, hilf mir – bringe dein linderndes Öl in allen Bereichen meines Denkens zur Anwendung.“ Und das wird er tun! Sie werden sich wundern, wie schnell und wirksam er auf eine derartige Bitte reagiert, wenn sie mit tiefem Ernst vorgebracht wurde.

Einige Christen haben es zu ihrem täglichen Gebet gemacht, Gott um die Salbung ihres Denkens zu bitten. Kühlung anstatt Hitze, Frieden statt Quälereien, das ist die Belohnung derer, die sich ganz flink dem Hirten zuwenden und ihn einladen, ihnen auf diese Weise zu dienen. Wenn Sie also manche Gedanken die Wände hochgehen lassen, dann halten Sie sich ganz dicht beim Hirten und lassen Sie ihn das Öl seines Geistes über Ihren geängstigten und beunruhigten Geist gießen. Und keine Angst, sein Vorrat ist nicht begrenzt. Er gießt aus einem Krug, dessen Inhalt nie versiegt. „Du salbst mein Haupt mit Öl; *mein Becher fließt über.*“

Vater, wieder sehe ich, dass nur du mir in diesen Momenten, in denen verwirrende und böse Gedanken mein Denken bevölkern, wirklich dienen kannst. Somit bin ich ganz ruhig, denn „Du salbst mein Haupt mit Öl; mein Becher fließt über“. Danke, lieber Vater, danke. Amen.

1. Sam. 16,1-13; Ps. 133,2; 20,7; 2. Kor. 1,21-22
1. Welches war der Zweck einer Salbung mit Öl?
2. Wo wurde das Öl aufgetragen?

Tag 175

Der Jagdhund des Himmels

„Lässt er nicht die neunundneunzig in der Wüste zurück, um das verlorene Schaf so lange zu suchen, bis er es gefunden hat?“ (V. 4)

Zum Lesen & Nachdenken – Lukas 15,1-7

Wir fahren fort mit der Betrachtung des Verses: *„Deine Güte und Liebe werden mich begleiten mein Leben lang.“* Den gesamten Psalm hindurch hat David eine besondere Betonung auf die Fürsorge und die Sorgfalt des göttlichen Hirten gelegt. Überaus deutlich hat er klar gemacht, dass all die Segnungen, die der Gläubige genießt, in nicht geringem Maße von den Fähigkeiten und dem Geschick des Guten Hirten abhängen. Mit solch einem Hirten brauchen wir uns nie zu fürchten, egal, welche Schwierigkeiten und Probleme uns begegnen. Er bleibt uns auf den Fersen, um uns in jeder Situation beizustehen.

Das Wort „begleiten“ in dem Vers heißt eigentlich „verfolgen“ – womit man auch übersetzen könnte: „Güte und Liebe werden mich alle Tage meines Lebens *verfolgen*.“ Obwohl David von seinen Feinden mit der Absicht verfolgt wurde, ihn vom Thron zu stürzen und ihn zu zerstören, ist Gott ihm doch noch näher auf den Fersen, um ihm beides – Güte und Liebe – zukommen zu lassen. In seinem denkwürdigen Gedicht „Der Jagdhund des Himmels“ schrieb Francis Thompson:

... Jedoch sie hämmerten
mit Jagen sonder Hast,
Mit unbeirrtem Schreiten,
Mit wohlbedachter Eile,
Mit majestätischer Eindringlichkeit.
Und eine Stimme hämmerte
Noch eindringlicher als jene Füße:
„Alles betrügt dich, der du mich betrügst.“

Vater, wie kann ich dir je genug danken, dass du mir so dicht auf den Fersen bleibst und mich mit deiner Liebe verfolgst, mit nichts anderem im Sinn als mir wohlzutun? Mir fehlen die Worte, Herr, nicht jedoch die Dankbarkeit. Amen.

Röm. 8,28-39; Lk. 15,8-10; 19,10
1. Was war Paulus’ Überzeugung?
2. Was ist die Botschaft des Gleichnisses mit der Münze?

Hindernisse werden zu Segnungen

„Ihr sollt wissen, dass meine Gefangenschaft die Ausbreitung der rettenden Botschaft nicht hinderte. Im Gegenteil!“ (V. 12)

Zum Lesen & Nachdenken – Philipper 1,12-30

Mancher meint, dass sich David, als er den Satz „Deine Güte und Liebe werden mich begleiten mein Leben lang“ formulierte, einfach nur poetisch ausdrücken wollte, dabei aber keine „harten Fakten“ im Sinn hatte. Sie sagen: „Diese Aussage lässt sich leicht wiederholen und glauben, wenn alles gut läuft, aber was ist, wenn die Gesundheit schwindet, wenn das Einkommen sinkt und wenn Probleme kommen – ‚nicht nur wie ein einzelner Spion, sondern in ganzen Bataillonen‘?“ Oder wie steht es mit solchen Zeiten, wenn wir zusehen müssen, wie ein geliebter Mensch sich unter den Qualen unstillbarer Schmerzen windet? Oder wenn sich ein naher Freund als falsch und unloyal erweist? Können wir dann wirklich noch sagen: „Güte und Liebe werden mich begleiten mein Leben lang“? Ich denke, ja.

Wenn ich auf mein Leben zurückschaue, dann kann ich mich an eine bestimmte Situation – es war im Jahr 1968 – erinnern. Als ich damals an die Zukunft dachte, erschien alles so dunkel, dass ich erwog, meinen Dienst zu quittieren. Nun, im Nachhinein, vermag ich zu erkennen, dass diese dunklen Stunden einen der größten Wendepunkte meines Lebens darstellten; durch sie wurde ich in Richtung eines noch breiter angelegten Dienstes geführt. Güte und Liebe folgten mir und verwandelten das, was zunächst wie eine verzweifelte Situation erschien, in eine Tür, die zu noch größeren Möglichkeiten führte.

Ich glaube fest daran, dass Gott keine dieser Situationen, die wir als „Schwierigkeiten“ oder „Desaster“ bezeichnen, „anfertigt“, sondern dass sie als Konsequenzen von Sünde, Unwissenheit oder Sorglosigkeit geschehen. Doch ist Gott so geschickt darin, Tragödien in Triumphe und Verlust in Gewinn zu verwandeln, dass ich wohl verstehen kann, wenn manche annehmen, dass er Katastrophen und vielerlei Probleme schickt – so wunderbar, wie er Gutes aus Bösem hervorbringt.

Vater, hilf mir zu erkennen, dass, wann immer mir etwas „Böses“ zustößt, deine Güte und Liebe auf der gleichen Spur folgen, um die Hindernisse in Segnungen zu verwandeln. Danke, Vater. Amen.

2. Kor. 4; Spr. 30,5; Jes. 43,1-2
1. Was bezeugte Paulus?
2. Wie lautet Gottes Versprechen?

Tag 177

Der Untergang der Titanic

„Fürchte dich nicht, denn ich bin bei dir … Ich mach dich stark … mit meiner siegreichen Hand beschütze ich dich.“ (V. 10)

Zum Lesen & Nachdenken – Jesaja 41,1-16

Mancher sieht im Untergang der *Titanic* im Jahr 1912 ein Gerichtshandeln Gottes, weil sich die Schiffseigner rühmten, sie sei „unsinkbar“. Ich kann das nicht in diesem Licht sehen. Der Verlust der *Titanic* ist einem fahrlässigen und zu schnellen Fahren durch einen Meeresteil zuzuschreiben, in dem es viele Eisberge gab, der Blutzoll musste gezahlt werden, weil es nur Rettungseinrichtungen für 1200 Leute gab, obwohl sich die Gesamtzahl der Passagiere und Besatzungsmitglieder auf 2293 belief. Grund für das Sinken des großen Schiffs war eine Mischung aus Stolz und kriminell zu nennender Dummheit. „Die *Titanic* hat vielen das Leben gerettet“, schreibt jemand. „Der Kurs der westwärts über den Atlantik fahrenden Schiffe wurde, mit Blick auf die gefährlichen Eisberge, weiter nach Süden verlegt. Die vollkommen unzulänglichen Bestimmungen die Rettungseinrichtungen betreffend wurden komplett überarbeitet.“

So geht es oft im Leben – Enttäuschung, Tragödie und Leid sind für manchen eine Lehre. Im Christenleben ist das nicht nur häufig so, sondern immer. Gott folgt uns immer dicht auf den Fersen, bei jeder Gelegenheit und in allen Umständen unseres Lebens, und zwar nicht nur, um uns eine Lehre zuteil werden zu lassen, sondern um jeden Verlust zum Gewinn werden zu lassen. Schauen Sie auf Ihr Leben zurück. Gab es nicht Zeiten, zu denen Sie Gottes Weisheit angezweifelt haben? Waren da nicht Momente, in denen Sie dachten, Sie sollten lieber versuchen, auf Ihre Weise durchzukommen? Aber wie betrachten Sie das heute? Sind Sie nicht überzeugt, dass er Ihnen mit Güte und Liebe gefolgt ist? Wurde nicht aus Bösem Gutes, Licht aus der Finsternis, entsprang der Verzweiflung nicht neuer Glaube?

Gütiger Gott und liebender Vater, ich sehe, dass ich nicht heulen oder mich beklagen muss, wenn die Dinge nicht so laufen, wie ich sie geplant habe. Mit der Sicherheit deiner beständigen Güte und Liebe kann ich aus jeder Misere Musik machen, aus jedem Leid ein Lied. Alle Herrlichkeit und Ehre sei deinem wunderbaren Namen. Amen.

2. Kor. 12,1-10; Ps. 34,19-20; 1. Petr. 4,12-13
1. Wie beurteilte Paulus seine Schwachheiten und Rückschläge?
2. Warum sollen wir uns in diesen Dingen freuen?

Was für ein Unterschied

„Wenn sich alle Arten von Prüfungen und Versuchungen in euren Leben drängen … heißt sie als Freunde willkommen.“ (V. 2; nach der engl. Phillips-Üs.)

Zum Lesen & Nachdenken – Jakobus 1,2-18

Wir scheinen davon ausgehen zu müssen, dass es sich bei diesem Satz Davids – „Güte und Liebe werden mich begleiten mein Leben lang“ – um eine Glaubensaussage handelt. Diese kann nur von jemandem gemacht werden, der hinter die Begebenheiten und Umstände des Lebens geblickt hat und dem eine ganz gewisse Zuversicht in den Einen eignet, der letztlich alles unter Kontrolle hat. David glaubte daran, dass ihm nichts widerfahren könnte, dass sich keine Schwierigkeit und keine Zwangslage Zutritt in sein Leben verschaffen könnte, die nicht letztlich Gutes für ihn bewirken müsste. Die meisten von uns können im Rückblick auf ihr Leben bezeugen, dass das wahr ist, doch liegt die Herausforderung darin, es zu glauben, wenn wir mitten in diesen Umständen stecken. Ja, dann fällt das nicht leicht …

Phillip Brooks war einer der großen Prediger vergangener Generationen. Er begann seine Laufbahn als Schullehrer, worin er sich aber als Fehlbesetzung erwies. Mitten in der inneren Bedrückung darüber ereilte ihn der klare Ruf in den christlichen Dienst. Zunächst verdrängte er es, doch wurde der Ruf lauter und lauter. Schritt für Schritt wurde er auf dem Weg geführt, der ihn zu einem Prediger mit erstaunlichem Einfluss werden ließ. Beiderseits des Atlantiks erreichte er höchstes Ansehen.

In einer seiner Predigten zum Psalm 23 sagt er: „Wenn mir in den Stunden der tiefsten Demütigung jemand gesagt hätte, dass mir ‚Gottes Güte und Liebe‘ auf den Fersen seien, hätte ich ihn als schwachsinnig angesehen. *Und doch war es so!* Wie anders hätte ich vermutlich reagiert, wenn ich schon damals, so wie heute, geglaubt hätte, dass seine Güte und Liebe meine beständigen Weggefährten sind.“ Ja, wie anders!

Vater, ich sehe: Was ich glaube macht nicht nur einen Unterschied, es macht eine ganze Welt von Unterschieden. Hilf mir, genau so bereit zu sein, dich zu preisen, wenn die Probleme kommen, wie ich es bin, wenn sie gehen. In Jesu Namen bitte ich. Amen.

Klgl. 3,22-26; Ps. 103,17-18; 108,5; Tit. 3,5
1. Was ist „alle Morgen neu“?
2. Schreiben Sie eine Definition von „Gnade“ auf.

Tag 179

„Aber Gott …“

„Aber Gott hat ihn von den Toten auferweckt.“ (V. 30)

Zum Lesen & Nachdenken – Apostelgeschichte 13,13-31

Der kraftvolle und umgestaltende Gedanke, der ganz leise in unserem Geist Gestalt annimmt, ist der, dass die Güte und Liebe Gottes uns hart auf den Fersen sind, um jede Tragödie in einen Triumph und jeden Verlust in Gewinn zu verwandeln. Es ist leicht, das in der Rückschau zu bekräftigen, die Herausforderung liegt darin, das mit gleicher Überzeugung auch in der Vorausschau zu sagen.

Wenn Sie diese Wahrheit greifen und als funktionierendes Prinzip in Ihr Leben aufnehmen können, dann wird sich Ihre Haltung allem gegenüber ändern. Nie wieder werden Sie sich den Umständen auf Gedeih oder Verderb ausgesetzt fühlen. In Apostelgeschichte 5,40-41 lesen wir eine erstaunliche Aussage: „Man rief die Apostel wieder herein, ließ sie auspeitschen … Die Apostel aber verließen den Hohen Rat voller Freude …“ Voller Freude? Über diese Ungerechtigkeit? Wie kann man sich über Unrecht freuen? Weil sie mit David glaubten, dass das letzte Wort nicht die Menschen, sondern Gott haben würde. „Güte und Liebe“ würden ihnen folgen und ihre Situation zu ihrem Vorteil wenden. Wenn Sie über erlittenes Unrecht jubeln können, sind Sie nicht unterzukriegen.

Ein anderer Vers aus der Apostelgeschichte, der mich immer wieder fasziniert, liest sich so: „Und die Patriarchen, neidisch auf Josef, verkauften ihn nach Ägypten. *Gott aber* …“ (Apg. 7,9; REÜ). Der Ausdruck „Gott aber“ kennzeichnet das Ende aller Ungerechtigkeit – *er* hat das letzte Wort. So, wie Gott die Ungerechtigkeit, die Josef widerfahren ist, dazu benutzte, die Ägypter und seine eigene Familie zu ernähren, so verwandelt er jedes Leid, jeden Verlust, jede Tragödie. Das Christentum mag nicht alles erklären, aber ganz bestimmt verwandelt es alles.

Gütiger Vater, hilf mir, mutig zu sein und allem, was mir begegnen soll, ins Auge zu sehen, wissend, dass selbst das Schlechteste, das passieren kann, von uns in das Beste verwandelt werden kann. Ich sage „uns“, weil ich es nicht allein tun kann. Nur in dir bin ich wahrhaft unschlagbar. Amen.

Röm. 2,1-4; Ps. 34,8; Nah. 1,7
1. Wohin soll uns die Güte Gottes leiten?
2. Wie würden Sie „Güte“ definieren?

„Nichts bringt mich aus dem Laden heraus!“

„Wie sehr liebe ich deinen Tempel – den Ort, an dem du wohnst ... ich sehne mich danach, in die Vorhöfe deines Heiligtums zu kommen!“ (V. 2-3)

Zum Lesen & Nachdenken – Psalm 84,1-13

Kommen wir jetzt zum Schlusssatz in „Davids Lobeshymne an die Sorgfalt Gottes“: *„In deinem Haus darf ich für immer bleiben.“* Wie wir schon zu Anfang unserer Betrachtungen bemerkten, spricht David hier als „Schaf“, als einer aus Gottes Herde.

Besser als jeder andere wusste David, dass das Wohlergehen eines Schafs in hohem Grade von der Liebe und Fürsorge seines Hirten abhängt. Nachdem er sich eingangs stolz gerühmt hat: „Der Herr ist mein Hirte“ oder: „Schaut her, wer mein Hirte ist! Mein Besitzer, mein Manager – der Herr!“, endet er in einer vergleichbaren Tonlage: „In deinem Haus darf ich für immer bleiben.“ Was er damit aussagen will, ist klar: Ich bin unter der Fürsorge meines Hirten so völlig zufrieden, dass es mir nicht in den Sinn kommt, meine Lebensumstände ändern zu wollen. Die Dinge sollen für immer so bleiben, wie sie sind.

Einige Ausleger haben sich enttäuscht über die Verwendung des Begriffs „Haus“ in Davids Schlusssatz geäußert, weil sie meinen, dass das irgendwie die Vorstellung vom Hirten und seiner Schafe beeinträchtigt. Aber der Begriff „Haus“ hat eine viel breitere Bedeutung, als ihm mancher zugesteht. Tatsächlich beschreibt er den „Haushalt“ Gottes, seine „Herde“, oder, wie die *Amplified Bible* es ausdrückt, die „Gegenwart“ Gottes. Phillip Kellers etwas holprige Übersetzung mag das Empfinden der Sprachpuristen beleidigen, aber für mich drückt sie ziemlich genau das aus, was der Psalmist wohl empfand: „Nichts wird mich je wieder aus diesem Laden rausbringen! Es ist stark!“ Dem kann ich nur ein von Herzen kommendes *Amen!* anfügen.

Vater, auch ich möchte hinter diese aufregende, wunderbare Tatsache mein „Amen“ setzen. Ich bin so zufrieden über die Art und Weise, wie du für mich sorgst und wie du mein Leben regelst, dass auch ich nicht mehr „aus diesem Laden herausmöchte“. Amen.

Ps. 122,1-9; 26,8; 27,4; Eph. 2,19-22

1. Wie sah die Haltung des Psalmisten zum Haus Gottes aus?

2. Welche Haltung nehmen wir dem gegenüber ein?

Leben – nicht einfach nur existieren

„Das allein ist ewiges Leben: dich, den einen, wahren Gott zu erkennen, und Jesus Christus, den du gesandt hast.“ (V. 3)

Zum Lesen & Nachdenken – Johannes 17,1-19

Die Worte Davids am Ende dieses Psalms zeigen, dass er, als Teil von Gottes Herde, so zufrieden mit der Fürsorge seines Hirten ist, dass die Dinge so bleiben sollen, wie sie sind – und zwar für immer. Er hat keinen Wunsch oder Verlangen nach Veränderung, und in seinen Worten klingt die positive Gewissheit wider: „Ich *werde* bleiben im Hause des Herrn immerdar“ (Luther 84).

Ein Harvard-Professor hielt einmal eine Vorlesung über das Thema: „Ist eine ewige Existenz begehrenswert?“ – wobei er zu dem Schluss kam, dass sie es nicht ist. Wenn alles, was die Ewigkeit zu bieten hat, schlichte Existenz ist, dann würde ich dem Fazit des Professors zustimmen. Wer könnte es schon ertragen, ewig nur existent zu sein? Doch geht es um ewiges *Leben* – das ist etwas anderes. „Leben muss ewig sein, ansonsten ist es nicht wert, gelebt zu werden.“

Dr. E. Stanley Jones bemerkte im Blick auf das Leben nach dem Tod: „Nur ein Leben, das ewig ist, ist wirkliches Leben. Alle anderen Arten von Leben tragen schon den Keim des Todes in sich.“ Und George Bernard Shaw sagte: „Ich möchte nicht auf ewig mit George Bernard Shaw leben müssen.“ Manchen Leuten kann ich es kaum verdenken, wenn sie nicht auf ewig mit sich leben wollen, denn schon jetzt sind sie sich selbst schlechte Gefährten. Ewigkeiten mit jemandem verbringen zu müssen, den man nicht mag, ist keine schöne Aussicht. Doch stellen Sie sich vor, Sie besäßen ein Selbst, das in das Bild Christi verwandelt worden ist, mit dem Sie untrennbar verbunden wären – was wäre dann? Aah, das ist etwas anderes! Und das ist mehr als nur schiere Existenz – das ist *Leben*! Denken Sie daran: Ewiges Leben heißt nicht nur für immer leben – es heißt vielmehr für immer *mit Jesus* leben. Das ist es, was den Unterschied macht.

Vater, es ist so aufregend zu erkennen, dass es bei dem Leben, das du mir gegeben hast, nicht nur um Quantität, sondern um Qualität geht. Ich werde nicht nur für immer existieren, ich werde auf ewig leben. Danke. Amen.

1. Joh. 5,1-12; Joh. 6,27; Röm. 2,7; Tit. 1,2
1. Was ist „ewiges Leben“?
2. Haben Sie die Gewissheit des ewigen Lebens?

„Ich habe Gewissheit erlangt“

„Gottes Geist selbst gibt uns die innere Gewissheit, dass wir Gottes Kinder sind.“ (V. 16)

Zum Lesen & Nachdenken – Römer 8,1-17

Sehen wir uns weiter den Schlusssatz in Psalm 23 an: „In deinem Haus darf ich für immer bleiben.“ David fühlt sich in der Herde so sicher, dass er ohne Zögern versichert, dass es auf immer so bleiben wird. Ich frag mich, ob Sie sich in Ihrem Christenleben so sicher fühlen, wie David in der Herde des Hirten.

Hier ist nicht der Ort und die Zeit, über das Thema „ewige Sicherheit“ – oder, wie es manchmal beschrieben wird: „einmal gerettet, immer gerettet“ – zu diskutieren. Aber es ist sehr wohl der Ort, unser Augenmerk auf die gesegnetste aller irdischen Erfahrungen zu richten – *Gewissheit.* Eine Frage, die oft in christlichen Kreisen gestellt wird, ist die, ob ein Mensch schon in diesem Leben die Gewissheit der persönlichen Errettung haben kann. Eine Denomination beantwortet die Frage so: „Es ist in diesem Leben nicht mit einem hinreichenden Grad an Gewissheit möglich zu sagen, dass jemand ein Empfänger der Gnade Gottes ist.“

Welch ein Unsinn! Am 24. Mai 1738 schrieb John Wesley, nachdem er einen Vortrag zu Martin Luthers *Vorrede zum Römerbrief* gehört hatte, in sein *Journal*: „Mein Herz wurde seltsam warm. Ich fühlte, wie ich für meine Errettung auf Christus vertraute, auf Christus allein. Mir wurde eine Gewissheit zuteil, dass er meine Sünden weggenommen hat – selbst *meine* Sünden –, und mich vom Gesetz der Sünde und des Todes errettet hat.“ Wesley besaß die Gewissheit der Errettung. Und ich, das möchte ich demütig ergänzen, ich besitze sie auch. Doch, was noch wichtiger ist, was Sie betrifft: Wenn Sie Ihr Leben Christus übergeben und ihm allein für die Rettung Ihrer Seele vertrauen, dann können Sie es auch besitzen.

Gütiger, liebevoller himmlischer Vater, ich bin so dankbar, dass du es mir hier auf Erden schon ermöglichst, Gewissheit der persönlichen Erlösung zu haben. Hilf mir, das nicht nur zu erkennen, sondern mich auch darüber zu freuen. Um deines Namens willen. Amen.

1. Joh. 4,1-13; 3,24; Gal. 4,6; Röm. 8,38-39
1. Wodurch kommt die Gewissheit in unser Leben?
2. Sind Sie sich Ihrer Errettung ganz gewiss?

Tag 183

Besser als ein akademischer Grad

***„Ich sage euch die Wahrheit:
Wer an mich glaubt, der hat jetzt schon das ewige Leben.“ (V. 47)***

Zum Lesen & Nachdenken – Johannes 6,35-51

Gestern sahen wir, dass von einem Teil der Christenheit behauptet wird, dass es nicht möglich ist, mit Gewissheit von einer Person zu sagen, dass sie die Gnade Gottes empfangen hat. Eine andere Ansicht besagt: „Wir können sagen, dass wir *hoffen* gerettet zu sein oder dass wir versuchen Errettung zu erlangen oder auch, dass wir gerettet werden, doch kann niemand sagen: ‚Ich bin gerettet‘, solange er nicht auf der anderen Seite angekommen ist.“

Ian MacPherson beschreibt in *This Man Loves Me*, wie ihm eine Frau sagte: „Ich halte es für eine Anmaßung, wenn jemand sagt, er sei errettet.“ Er fragte sie: „Sind Sie errettet?“, worauf sie antwortete: „Ich gehöre zu einer Kirche.“ „Aber sind Sie errettet?“, hakte MacPherson nach. „Ich hielte es eben für eine Anmaßung, wenn ich sagen würde, ich sei errettet.“ „Doch dann“, entgegnete der Prediger, „erscheint es mir für jeden, der bekennt, an Jesus zu glauben, als noch größere Anmaßung, *nicht* zu behaupten, er sei errettet, denn Christus selbst erklärt: ‚Wer an mich glaubt, hat das ewige Leben.‘“

Die Bibel stellt klar, dass wir uns der Errettung schon jetzt im Leben sicher sein können. Wir können sicher sein, dass wir, wenn wir sterben, unmittelbar in die Gegenwart Gottes gelangen werden und dass wir ewiges Leben haben. Ein alter walisischer Bergmann setzte hinter seinen Namen immer ein „M.A.“. Ich wusste jedoch, dass er keinen Master-Grad besaß und fragte deshalb, was das zu bedeuten habe. „Oh“, entgegnete er, „das heißt, dass ich, was meine Beziehung zu Christus in der Ewigkeit anbelangt, ‚Mightily Assured‘ bin.“ „Mächtig sicher“ – das dürfen wir sein!

Vater, ich bin so froh, dass du der Mittelpunkt meines Lebens bist. Kann das Leben, das ich in mir habe, jemals sterben? Niemals, denn es ist frei vom Todeskeim, unsterblich. Ich ruhe in dieser frohen, herrlichen Gewissheit. Danke, Vater. Amen.

2. Tim. 1,1-12; Ps. 27,1; Jes. 12,2; Röm. 10,9
1. Wie lautete Paulus’ Bekenntnis?
2. Welches sind die Voraussetzungen für eine Gewissheit der Errettung?

Sehnsucht nach dem Himmel

„Wir … würden am liebsten diesen Leib verlassen, um endlich zu Hause beim Herrn zu sein.“ (V. 8)

Zum Lesen & Nachdenken – 2. Korinther 5,1-15

Wahre Christen haben nicht nur die Gewissheit, dass sie nach ihrem Sterben in den Himmel gehen, sie sehnen sich auch danach. Vom griechischen Wort für „Sehnsucht“ leitet sich auch unser Fremdwort „Nostalgie“ ab: *nostos* heißt „nach Hause kommen“, *algos* „Schmerz“.

Eine alte Legende berichtet von einem Seehund-König, der sich nach der Gesellschaft eines menschlichen Wesens sehnte. Eines Tages vernahm er, tief unten in seiner unterseeischen Höhle, das Weinen eines Babys. Er schwamm schnell an die Oberfläche und fand ein niedliches Kind in einem verlassenen Boot. In dem Moment tauchte eine Rettungsmannschaft auf, und so verlor der Seehund seinen Fund wieder. Die Retter nahmen das Boot ins Schlepp, und bevor sie entschwanden, schleuderte der Seehund-König dem Kind einen kleinen Spritzer Salzwasser ins Herz. „Das Kind gehört mir“, sagte er noch, bevor er abtauchte, „wenn es größer wird, wird das Salz es rufen – und dann wird es heimkommen.“

Sicher, nur eine Legende, doch unterstreicht sie die ewige Wahrheit, dass, wenn Gott in unser Leben gekommen ist, wir nicht nur die Gewissheit unseres Heils im Herzen haben, sondern auch ein unstillbares Verlangen nach unserem Zuhause. Ein Prediger meint zwei Dinge an einem Christen feststellen zu können, der mit Haut und Haaren in Jesus verliebt ist: Zum einen fällt auf, wie natürlich und „heimisch“ er ist, doch werden Sie auch zu sich selbst sagen: „Dieser Mensch ist ein im Exil Lebender, der gehört hier überhaupt nicht hin.“ Das kann man auch beim Apostel Paulus sehen. Wie eifrig und besorgt war er um Christi Angelegenheiten auf Erden, und doch seufzt er, wie in unserm heutigen Text, dass er „endlich zu Hause beim Herrn“ sein möge. Haben Sie eine Sehnsucht nach dem Himmel?

Gütiger Vater, hilf mir niemals zu vergessen, dass ich, was diese Welt betrifft, kein Einheimischer, sondern ein Gast bin. In der Ewigkeit bereitest du mir nicht nur eine Behausung, sondern ein Heim. Ich kann es kaum erwarten! Amen.

2. Tim. 4,1-8; Joh. 17,4; Apg. 20,24
1. Worüber dachten Jesus und Paulus nach?
2. Worauf war Paulus vorbereitet?

Tag 185

Niemals mehr getrennt

***„Meine Schafe erkennen meine Stimme …
sie werden niemals umkommen,
niemand kann sie aus meiner Hand reißen.“ (Vs. 27-28)***

Zum Lesen & Nachdenken – Johannes 10,22-38

Dies ist der letzte Tag, an dem wir uns mit den großartigen Versen des 23. Psalms beschäftigen, Zeilen, die jemand einmal als „das lieblichste geistliche Lied, das je geschrieben wurde“ bezeichnet hat. Es fängt an mit der Versicherung: „Der Herr ist mein Hirte, mir wird nichts mangeln“ und endet auf ähnlich freudige und erfrischende Weise mit: „In deinem Haus darf ich für immer bleiben.“

Dieser Psalm, so haben wir gesehen, malt uns ein Schaf vor Augen, das so vollkommen zufrieden ist und sich beim Hirten derart zu Hause fühlt, dass es nicht das leiseste Verlangen nach einer Veränderung verspürt. Andererseits, aus der Sicht des Hirten, hat dieser solch eine Gemeinschaft mit den Schafen entwickelt, dass er sich niemals auch nur von einem von ihnen trennen würde. Die Bindung zwischen ihnen ist so stark, dass sie nichts trennen kann – in Ewigkeit nicht.

Meinen ersten Dienst trat ich in Wales an. Viele der Farmer in der Gegend kümmerten sich intensiv um ihre Schafe, doch war einer von ihnen für sein Desinteresse und seine Nachlässigkeit bekannt. Wenn man sich seine dürren Schäfchen ansah, wie sie so zusammengekauert in einer Ecke der Weide standen, meinte man schon an ihren Augen ablesen zu können, dass sich diese geschundenen Kreaturen danach sehnten, sich unter der Fürsorge eines gütigeren Hirten wiederzufinden.

Sind Sie nicht froh, dass Sie nicht einem derartigen Hirten gehören? Als Christen gehören Sie dem *Guten Hirten*. Freuen Sie sich darüber! Sein Kümmern und sein Sorgen um Sie erstreckt sich nicht nur auf die Zeit, sondern auch auf die Ewigkeit. Sie bleiben für immer … *für immer* … unter der beständigen Fürsorge und der liebenden Gegenwart des Herrn.

Herr Jesus, wie gut und sicher fühlt es sich an, unter deiner persönlichen Fürsorge zu stehen. Und der Gedanke, dass sich dies bis in die Ewigkeit erstrecken wird, ist mehr, als ich begreifen kann. Möge sich das Wunder dieser gewaltigen Tatsache mehr und mehr in meinem Alltag Bahn brechen. Um deines lieben Namens willen. Amen.

Phil. 1,1-6; Jes. 43,4; Lk. 12,7; 1. Petr. 5,7
1. Worüber dürfen wir gewiss sein?
2. Schreiben Sie Ihren eigenen Psalm über Ihr Verhältnis zum Hirten.

Das geisterfüllte Leben

Ein zu befolgender Befehl

***„Betrinkt euch nicht …
Lasst euch vielmehr von Gottes Geist erfüllen." (V. 18)***

Zum Lesen & Nachdenken – Epheser 5,1-20

Unser nächstes Thema ist gleichermaßen herausfordernd wie lebensverändernd – *das geisterfüllte Leben*. Sehen wir uns zunächst den wohl bekannten Text an, den die *Amplified Bible* so überträgt: „Und betrinkt euch nicht mit Wein … sondern lasst euch vom (Heiligen) Geist erfüllen und stimulieren" (a. d. Engl.).

Ganz egal, welche Ansicht wir im Blick auf die Lehre vom Heiligen Geist vertreten oder welche Erfahrungen wir in der Vergangenheit mit ihm gemacht haben: Wenn wir nicht den ständigen Fluss seiner Kraft in unserem Leben genießen, leben wir unterhalb des vom Neuen Testament gegebenen Standards. Viele Ausleger haben darauf hingewiesen, dass es sich bei diesem Text um einen Befehl handelt, den es zu befolgen gilt. Wenn wir nicht erfahren, was die Bibel uns befiehlt, dann steht unser Leben nicht im Einklang mit den Absichten Gottes. Mir begegnen viele Christen, die über verlorene Begeisterung seufzen, vergangenen Siegen nachtrauern und die niedergeschlagen sind, weil sie die Nähe Gottes nicht mehr spüren. Das liegt zum großen Teil daran, dass sie nicht „das Leben im Geist" leben, sondern aus eigener Kraft einem Ideal nachstreben, hin und wieder aufgewühlt durch eine besondere Predigt oder etwas, das sie gelesen haben. Sie werden langsam müde und sind kurz davor aufzugeben.

Ein indischer Übersetzer, der an einer frühen Ausgabe von *Jeder Tag mit Jesus* zum Thema „Heiliger Geist" arbeitete, schrieb: „Ich hätte gern ein anderes Thema. Ich bin es leid, am Thema ‚Heiliger Geist' zu arbeiten." Das Problem haben viele Christen – sie sind es leid geworden, über den Heiligen Geist zu arbeiten. Stattdessen sollten sie den Heiligen Geist an sich arbeiten lassen. Hören wir auf, über den Heiligen Geist zu arbeiten, lassen wir ihn an uns arbeiten!

Gesegneter Heiliger Geist, hilf mir, mir meinen Weg durch die verwirrenden Gedanken und Ansichten über dich zu bahnen. Und hilf mir, am Ende deine Gedanken und deine Ansichten zu kennen. Ich möchte mit dem Geist erfüllt sein – heute und allezeit. In Jesu Namen. Amen.

Röm. 8,1-17; Hes. 36,27; Joh. 14,17; Hebr. 10,15-16
1. Was ist das Ergebnis des „Gesetzes des Lebensgeistes in Jesus Christus"?
2. Was lehrt Paulus über den Heiligen Geist?

In einer Sache einig

„… die Gemeinschaft des Heiligen Geistes sei mit euch allen.“ (V. 13)

Zum Lesen & Nachdenken – 2. Korinther 13,5-13

In der Frage, wie der Heilige Geist im Leben eines Gläubigen wirkt, ist die christliche Kirche tief gespalten. Ein Teil glaubt, dass wir, wenn wir Christus in unser Leben gelassen haben, gleichzeitig den Heiligen Geist in seiner Fülle erhalten; in der Folge müssen wir dann seine Gegenwart und Kraft in unserem Leben zur Auswirkung kommen lassen. Andere nehmen an, dass bei unserer Bekehrung alleine Jesus in unser Leben Einzug hält und wir dann, zu anderer Gelegenheit, auch den Heiligen Geist hereinbitten müssen. Die dritte Fraktion geht davon aus, dass bei unserer Bekehrung zwar beide – Jesus und der Heilige Geist – in unser Leben kommen, dass es jedoch unterschiedliche Funktionen des Geistes gibt (Heiligung, Geistestaufe usw.), welche wir, während wir als Christen wachsen, erfahren müssen. Wie dem auch sei, einig ist sich die Kirche darin, dass der Heilige Geist eine vorrangige Rolle im Christsein spielt.

Der Segensspruch, der in christlichen Kreisen am häufigsten benutzt wird – weil er am umfassendsten ist –, leitet sich aus unserem heutigen Text ab. Die *Amplified Bible* umschreibt den Vers so: „Die Gnade … des Herrn Jesus Christus und die Liebe Gottes und die Gegenwart und Gemeinschaft (die Verbindung, die Teilhabe und Anteilnahme) im Heiligen Geist sei mit euch allen.“ Die Gnade stellt uns der Liebe Gottes vor, in der Folge bekommen wir Anteil am Heiligen Geist, ein Anteil, der *allen* gilt. Es gehört zur Bestimmung eines jeden Christen, Anteil am Heiligen Geist zu erlangen; das einzige, was uns diese Teilhabe streitig machen kann, ist unser nicht ausgelieferter Wille.

Vater, wenn es meine Bestimmung ist, Anteil am Heiligen Geist zu haben, dann wirke in diesen nächsten Wochen, dass sich meine Erwartungen in eben diese Teilhabe verwandeln. In Jesu Namen bete ich. Amen.

1. Joh. 4; Röm. 8,16; Gal. 4,6; 1. Joh. 3,24
1. Wie wird Irrtum aufgedeckt?
2. Was ist das Ergebnis des Wirkens des Heiligen Geistes?

Veredelte Nutzlosigkeit

„Der Geist, den er in uns hat Wohnung nehmen lassen, verlangt nach uns … mit verzehrender Liebe.“ (V. 5, nach der Amplified Bibel)

Zum Lesen & Nachdenken – Jakobus 4,1-10

Der praktisch gesinnte Jakobus zeichnet in unserem heutigen Text ein Bild Gottes, dem nach uns verlangt, eifrig darauf bedacht, durch seinen Geist in unserem Leben zu wohnen, eifriger, als wir darauf erpicht sind „bewohnt zu werden“. Wenn das stimmt, dann ist es äußerst ermutigend, weil das bedeutet, dass Gott bereit ist, alles in seiner Macht Stehende zu tun, um uns ein geisterfülltes Leben zu ermöglichen.

Angenommen, es hätte keinen Heiligen Geist gegeben. Was für eine Art Christentum hätte die Welt dann zu Gesicht bekommen? Das wäre etwa so wie ein Neues Testament nur mit den Evangelien, aber ohne Apostelgeschichte, ohne die Briefe. Hätte das Neue Testament mit den Evangelien geendet, wäre es nicht das Evangelium, das die Welt hätte erobern können!

Die Apostelgeschichte liefert uns zunächst ein Bild einer geistlosen Form von Christenheit. Als Paulus in Ephesus eintraf, verspürte er bei manchen Christen einen ganz wesentlichen Mangel, daher war seine erste Frage: „Habt ihr den Heiligen Geist empfangen, als ihr begonnen habt zu glauben?“ Sie antworteten: „Nein, wir haben noch nicht einmal gehört, dass es einen Heiligen Geist gibt“ (Apg. 19,2). Die Gruppe bestand aus zwölf Männern – und, was taten sie ohne den Heiligen Geist? Anscheinend behaupteten sie sich irgendwie, doch war ihr Glaube nicht ansteckend und ohne dynamische Kraft. In der heutigen Gemeinde gibt es viele, die, obwohl sie viel über den Heiligen Geist gehört haben und ihre Bibel gut kennen, nur den Formalismus und die Rituale kennen, die Gottesdienst und Kirche zu bieten haben. Die Jünger in Ephesus kannten nur die äußerliche Taufe, nicht die innere. Mit welchem Ergebnis? Veredelte Nutzlosigkeit.

Gott, bewahre mich vor einer schön anzusehenden Leere, der die Salbung und die Kraft des Geistes fehlt. Ich bin diese Leere leid, möchte die Fülle haben. Danke, Vater. Amen.

Apg. 19,1-20; Joel 2,28; Mt. 3,11; Lk. 11,13
1. Was geschah in Ephesus nach dem Kommen des Heiligen Geistes?
2. Was hatte das mit Evangelisation zu tun?

Tag 189

Lästerung gegen den Geist

„Wer … den Heiligen Geist verlästert, der wird keine Vergebung finden.“ (V. 31)

Zum Lesen & Nachdenken – Matthäus 12,22-37

Wir sehen, dass der Befehl, ein geisterfülltes Leben zu führen, für alle Christen gilt, ohne Ausnahme. Leider gibt es innerhalb der christlichen Kirche solche, die eben doch meinen, sie seien die Ausnahme. Sie sind derart von der Vorstellung besessen, sie hätten den Heiligen Geist gelästert, dass sie ständig unter einer Wolke der Selbstverdammung leben. Dieses Problem stellt eines der beliebtesten Instrumente des Teufels dar, um Kinder Gottes daran zu hindern, den ständigen Fluss des Heiligen Geistes in ihrem Leben zu erfahren.

Was heißt das nun eigentlich, „den Heiligen Geist lästern“? Ich sehe das so, dass das heißt, dem Heiligen Geist *willentlich* die schmutzigen Attribute des Satans zuzuschreiben. Das ist mehr als nur ein flüchtiger Gedanke, der mir durch den Kopf geht; es ist die durchgängige Haltung des Widerstrebens, die sich weigert, der Wahrheit ins Gesicht zu schauen. Und diese Sünde wird nur selten zugegeben. In der ganzen Zeit meines Dienstes habe ich es nie mit jemandem zu tun gehabt, von dem ich dachte, dass er diese Sünde begangen hätte. Mir sind viele begegnet, die *meinten*, sie getan zu haben, doch zeigte sich bei genauem Nachfragen, dass es weniger um vorsätzliche Rebellion als vielmehr um eine zwanghafte Denkweise ging – und das ist ein ganz anderes Problem.

Diese Sünde hat etwas so Charakteristisches, dass jeder, der beunruhigt darüber ist, sie begangen zu haben, allein dadurch, dass er eben beunruhigt ist, zeigt, dass er ihrer nicht schuldig geworden ist. Hätten sie das getan, würde sich der Heilige Geist zurückgezogen haben und sie wären nicht weiter in Sorge. Lassen Sie sich von Satan nicht in eine Denkweise hineinmanövrieren, dass zwanghafte Gedanken oder unreine Begierden der Beweis dafür seien, dass Sie zu weit gegangen sind, um noch Vergebung erlangen zu können. Wenn Sie Vergebung *wollen*, ist schon dieser Wunsch ein Anzeichen für die Gegenwart des Geistes in Ihrem Leben.

Vater, hilf mir, nicht auf das Höhnen und den Spott Satans zu achten, sondern zu erkennen, dass mein Verlangen nach Besserung dein Lebenszeichen in mir ist. Wie könnte ich dich suchen, wenn ich dich nicht schon in gewissem Maße gefunden hätte? Danke, Vater. Amen.

1. Joh. 1; Ps. 103,3; Eph. 1,7; Apg. 13,38
1. Wieviel Sünde vergibt Gott?
2. Wie eignet man sich Gottes Vergebung an?

Der Geist – mit Füßen getreten

***„… um wie viel härter [wird] die Strafe für den sein,
der den Sohn Gottes gleichsam mit Füßen tritt …
ein solcher Mensch beleidigt Gottes Geist …" (V. 29)***

Zum Lesen & Nachdenken – Hebräer 10,19-39

Gestern haben wir gesagt, dass eine der Methoden, mit denen der Satan einige Christen davon abhalten will, die Fülle des Geistes zu erfahren, darin besteht, sie zu überzeugen, dass die zwanghaften, unreinen Gedanken, die sie in Bezug auf den Geist Gottes hegen, eine offensichtliche „Lästerung" des Geistes sind. Derartige Gedanken haben meist tiefliegende emotionale und psychologische Ursachen und stellen keinen vorsätzlichen Ungehorsam gegen den Heiligen Geist dar. Diese Dinge *können* vergeben werden.

Ganz ähnliche Probleme bereitet manchen Christen unser heutiger Vers. In den Tagen der frühen Kirche gab es Juden, die, nachdem sie Christus angenommen hatten, sich wieder abwandten und in ihre alte Religion zurückgingen, den Judaismus. Bevor sie dann wieder zum Glauben ihrer Väter zugelassen wurden, mussten sie das christliche Evangelium widerrufen, indem sie symbolisch auf dem Blut Jesu herumtrampelten und dabei sagten: „Ich sage mich vom Blut Jesu los und erkläre es als unwert und unnütz." In der jüdischen Religion galt das Treten auf Blut als ein Zeichen der Verächtlichmachung. Welchen größeren Affront hätte es also für den christlichen Glauben geben können, als das Blut des Sohnes Gottes mit Füßen zu treten und offen zu bekunden, dass es nichts bewirkte und unwert sei? Ein derartiges Tun, so sagt der Schreiber des Hebräerbriefes, beleidigt nicht nur den Geist Gottes, sondern tritt ihn gleichsam selbst mit Füßen. Ein derartiges Tun ist in unserer Zeit selten geworden. Glauben Sie mir: Der meiste Ärger in Zusammenhang mit dem Heiligen Geist wird dann verursacht, wenn uns der Geist der Gnade zu Buße und Umkehr ruft.

Vater, ich bete darum, dass du mich von allen Versuchen Satans befreist, mein Denken zu beeinflussen. Mache mich fähig, von heute an die Freiheit eines „Lebens im Geist" zu genießen. Um Jesu willen. Amen.

Hebr. 9; Mt. 26,28; Röm. 5,9; 1. Petr. 1,18-19
1. Warum ist das vergossene Blut Jesu so wertvoll?
2. Wie lässt es sich auf anklagende Gedanken anwenden?

Tag
191

Dämpft den Geist nicht

„Den Geist löscht nicht aus!“ (V. 19; REÜ)

Zum Lesen & Nachdenken – 1. Thessalonicher 5,12-24

Die Sünde, die in der Schrift als „Lästerung des Geistes“ bezeichnet wird, kommt im Leben der Christen nur selten vor. Es stellt ein bewusstes Widerstehen dar, und jeder, der sich deswegen sorgt, hat diese Sünde nicht begangen. Doch gibt es eine viel häufigere Sünde, die fast alle Christen begangen haben, die unter dem Namen „den Geist auslöschen“ bekannt ist.

Wie kann man denn den Geist „auslöschen“? Dafür gibt es manche Wege, der verbreitetste ist der, sich zu weigern, dem Geist die volle Kontrolle über unser Leben zu gewähren. Die *Amplified Bible* umschreibt: „Löscht den Geist nicht aus (unterdrückt, bändigt, zähmt ihn nicht).“ Sie sehen, dass es möglich ist, dass Sie den Heiligen Geist besitzen, ohne dass er Sie besitzt. Dr. Handley Moule, der große anglikanische Bischof vergangener Tage, pflegte zu sagen: „Der Unterschied zwischen jemandem, der den Geist dämpft, und jemandem, der ihm freie Bahn im Leben lässt, ist wie der Unterschied zwischen einem Brunnen, bei dem der Zulauf abgedreht wurde, und einem, bei dem diese Blockierung gelöst wurde, sodass das Wasser fließen und den Brunnen füllen kann.“

Wenn wir durch Ängste, Vorbehalte, Unentschiedenheit und Eigensucht blockiert sind, dann unterdrücken wir den Heiligen Geist, der in uns Wohnung gemacht hat, um uns freizusetzen. Ich weiß, dass sich viele davor fürchten, sich dem Geist ganz auszuliefern, weil sie Angst davor haben, als geistliche Heißsporne angesehen zu werden. Doch geht die Gefahr für die heutige Gemeinde nicht von den Heißspornen aus, sondern von denen, die kalt sind wie ein Fisch. Wenn ich mich nicht sehr irre, dann stehen unsere Gemeinden eher in der Gefahr zu erfrieren als zu verbrennen.

Gott, bitte vergib mir, dass ich deinem Heiligen Geist nicht erlaubt habe, seinen vollen Einfluss in meinem Leben und meinen Erfahrungen geltend zu machen. Lass dein göttliches Feuer in mir brennen und hilf mir, es nicht auszulöschen. In Jesu Namen. Amen.

Apg. 10,34-48; 2. Kor. 3,17; Röm. 8,2; Lk. 4,18
1. Was geschah, während Petrus predigte?
2. Welche Freiheit bringt das mit sich?

„Nicht so gut wie dein Buch“

„… aber keiner wagte, sich ihnen anzuschließen, doch das Volk rühmte sie.“ (V. 13; REÜ)

Zum Lesen & Nachdenken – Apostelgeschichte 5,12-16

Ein Hindu sagte zu einem christlichen Missionar in Indien: „Mein Herr, ich möchte nicht anmaßend erscheinen, aber ist Ihnen aufgefallen, was die Apostelgeschichte berichtet? Ich sehe darin eine seltsame Macht am Wirken, die aus schwachen, einflusslosen Männern starke, erfolgreiche Männer mit Ausstrahlung macht. Das scheint ganz neu und wesentlich zu sein. Haben Sie das auch gesehen?“ Genau das ist die zentrale Frage, die auch wir uns stellen müssen. Wir werden derart von den kleinen, nebensächlichen Dingen des gemeindlichen Lebens in Beschlag genommen, dass wir die wesentliche Kraft vermissen lassen.

Manche Kinder, die auf dem Weg sind, ans große Meer zu kommen, denken dabei an den kleinen Teich, der entstand, als sie ein Rinnsal aufstauten. So ein kleiner Kerl sagte, als er dann von Ferne das Meer sah: „Okay, Billy, das ist nicht das Meer, das ist nur ein Teich.“ Manchmal fühle ich mich, als riefe ich Tausenden von Christen zu, die um die kleinen Tümpel ihrer Denominationen hocken, von denen sie meinen, es sei das weite Meer: „Hey, Brüder und Schwestern, das ist nicht alles. Schaut hierher. Der Ozean erwartet uns – der Ozean Gottes voll Kraft und Überfluss. Am liebsten würde ich euch dorthin scheuchen!“

Ein Christ, der einem Bekannten eine Bibel geschenkt hatte, fragte diesen einige Zeit später, ob er sie gelesen habe. „Ja“, kam die Antwort, „und was noch besser ist: Ich habe dich durchschaut! Du bist nicht so gut wie dein Buch! Dieses Buch erzählt davon, dass es Kraft in menschlicher Schwachheit gibt, Freude anstatt Traurigkeit, Sieg statt Niederlage – aber bei dir sehe ich nur wenig davon.“ Was für eine Anklage! Ob man von Ihnen und von mir dasselbe sagen müsste?

Vater, hilf mir, „so gut zu sein wie das Buch“. Zeig mir den Weg zu Kraft und Gelassenheit, damit ich denen, mit denen ich lebe und arbeite, ein Leben in der höchstmöglichen Qualität vorlebe. Um Jesu willen. Amen.

Joh. 6,44-71; Offb. 2,4; 3,16; Mt. 24,12
1. Wie reagierten einige der Jünger Jesu?
2. Was sagte Simon Petrus?

Tag 193

Wer ist der Heilige Geist?

„… er hilft euch dabei, die Wahrheit vollständig zu erfassen. Denn er redet nicht in seinem eigenen Auftrag …“ (V. 13)

Zum Lesen & Nachdenken – Johannes 16,12-16

Wir sahen, dass das Christentum eine Religion des Geistes ist. Solange wir nicht ununterbrochen mit seinen Ressourcen angefüllt sind, wird unser Leben weitestgehend nutzlos sein. Wenn die Schrift so einen Nachdruck auf das Erfülltsein mit dem Geist legt, dann sollten wir als Konsequenz soviel wie möglich über den herausfinden, der da in uns wohnen möchte. Ich sage bewusst „der“, denn der Heilige Geist ist nicht nur ein unpersönlicher Einfluss, auch nicht nur das Gefühl von Gemeinschaft, das uns überkommt, wenn wir zusammen sind, auch kein Enthusiasmus angesichts irgendwelcher Ideen oder Dinge. Durch den Gebrauch der Personalpronomen seitens der Schreiber der biblischen Bücher wird klar, dass sie ihn als Teil der Dreieinigkeit, in Würde und Status dem Vater und dem Sohn gleich, ansahen.

Und doch lenkt der Heilige Geist die Aufmerksamkeit nicht auf sich selbst. Im Alten Testament richtet der Geist den Scheinwerfer voll auf den Vater, im Neuen Testament ganz auf den Sohn, nie jedoch zielt die Aufmerksamkeit auf ihn selbst.

Ein Großteil dessen, was wir vom Heiligen Geist wissen können, verdanken wir den Aussagen, die Jesus in den Evangelien über ihn macht, denn da erwidert er gelegentlich das Kompliment, indem er den Scheinwerfer zuweilen auf den Heiligen Geist richtet, wobei er sein Wesen und seine Aufgabe erklärt. Tatsächlich führt Jesus mit den Jüngern ein wohlüberlegtes mentales und geistliches Training durch, um sie auf den Empfang des Geistes vorzubereiten. Wenn auch wir den Dienst des Geistes in unserem Leben verstehen wollen, dann müssen auch wir uns diesem Training unterziehen.

Gütiger Vater, in dieser Woche möchte ich verstehen lernen, wer der Heilige Geist ist und was er in meinem Leben tun möchte. Gib mir einen eifrigen Verstand und einen empfänglichen Geist. In Jesu Namen. Amen.

Joh. 14,16-31; 15,26-27; Lk. 24,49; 11,13
1. Was lehrte Jesus über den Heiligen Geist?
2. Was bedeutet der Ausdruck „Tröster“?

Die Geburt durch den Geist

„Nur wer durch Wasser und durch Gottes Geist neu geboren wird, kann in Gottes neue Welt kommen.“ (V. 5)

Zum Lesen & Nachdenken – Johannes 3,1-16

Jesus bereitete die Jünger auf den Empfang des Geistes vor. Dieser Trainingskurs wird am besten im Johannesevangelium beschrieben. Er beinhaltet sechs Lektionen:

Erstens, *die Geburt durch den Geist*. Durch den Dienst des Heiligen Geistes werden wir ins Reich Gottes hineingeboren. Johannes stellt klar, was die neue Geburt *nicht* ist: „Kinder Gottes … nicht aus Geblüt, auch nicht aus dem Willen des Fleisches, auch nicht aus dem Willen des Mannes, sondern aus Gott geboren“ (1,12.13 REÜ). Die neue Geburt wird durch den Heiligen Geist zustande gebracht, und wenn er nicht darin verwickelt ist, dann ist es überhaupt keine neue Geburt. Jemand hat die neue Geburt beschrieben: „Es ist eine Verwandlung, nach und nach oder plötzlich, bei der wir, durch die erste, physische Geburt in eine physische Welt hineingeboren, Kinder einer zweiten Geburt werden, einer geistlichen Geburt, die in eine geistliche Welt hineingebiert.“ So, wie Sie ein Gehirn benötigen, um in das Reich des Wissens eindringen zu können, ein ästhetisches Empfinden, um in das Reich des Schönen zu gelangen, eine musikalische Ader, um das Reich der Musik erkunden zu können, und ein emotionales Empfinden, um in das Reich der Liebe gelangen zu können, so brauchen Sie die geistliche Geburt, um in das Königreich Gottes eintreten zu können.

Bei seiner ersten Bezugnahme auf den Heiligen Geist im Johannesevangelium weist Jesus auf den ersten Schritt beim Dienst des Heiligen Geistes in einem Menschenleben hin – die Geburt durch den Geist. Diese Worte richtete Jesus nicht an einen gesellschaftlichen Außenseiter, sondern an ein Mitglied der jüdischen Führungsriege, an einen Pharisäer. Wenn Nikodemus, ein moralisch gradliniger religiöser Führer, den Geist brauchte, dann brauchen wir alle ihn.

Vater, ich bin dankbar für dieses neue inwendige Leben, für die neue Geburt. Jetzt will ich mehr. Das, was ich schon erleben durfte, hat mein Herz in Brand gesetzt, es verlangt nach Leben in seiner ganzen Fülle. Amen.

Gal. 5; Joh. 1,13; Tit. 3,5; 1. Petr. 1,23
1. Welches sind die Kennzeichen derer, die vom Geist wiedergeboren wurden?
2. Was heißt das, „Im Geist wandeln“?

Tag 195

Einlass – und Abfluss

„Wer an mich glaubt, wie die Schrift gesagt hat, aus seinem Leibe werden Ströme lebendigen Wassers fließen.“ (V. 38; REÜ)

Zum Lesen & Nachdenken – Johannes 7,37-44

Schauen wir uns eine weitere Lektion an, mit der Jesus die Jünger auf den Empfang des Heiligen Geistes vorbereiten wollte.

Zweitens, *das Hinausfließen des Geistes.* Wenn der Heilige Geist hereinkommt, dann möchte er auch wieder hinaus. Das ist der Lebensrhythmus des Geistes – Einlass und Abfluss. Wenn mehr hereingelassen werden sollen, als abfließen kann, dann stoppt der Einlass, wenn mehr abfließt, als hereinkommt, versiegt der Abfluss. Was Jesus seine Jünger hier lehren möchte ist, dass sie, wenn ihnen der Heilige Geist gegeben sein würde, in eine Phase des Abgebens und des Kreativseins eintreten würden. Das ist nicht nur in geistlicher, sondern auch in psychologischer Hinsicht gesund. Wir sind zu kreativem Tun geschaffen, zur Mitwirkung, und wenn wir uns der Mitwirkung verweigern, dann kommen wir in Konflikte mit uns selbst. Die Familienmitglieder, die immer nur fordern und niemals geben, lähmen sich letztlich selbst. Die Philosophie der Welt (und ich hoffe, dass Sie diese nicht teilen) lautet: „Wie kann ich *kriegen*?“, während die christliche Frage lautet: „Wie kann ich *geben*?“ Dabei erweist sich der Christ als die gesündere Persönlichkeit.

In seiner Kommentierung der Worte Jesu sagt Johannes hier: „Dies aber sagte er von dem Geist, den die empfangen sollten, die an ihn glaubten; denn noch war der Geist nicht da, weil Jesus noch nicht verherrlicht worden war“ (V. 39; REÜ). Warum konnte der Geist erst gegeben werden, als Jesus verherrlicht war? Weil zunächst, bevor der Mensch mit sich selbst klarkommen konnte, er mit Gott ins Reine kommen musste, erst musste Sühnung geschehen. Der Tod Jesu am Kreuz machte freie Bahn zwischen dem Menschen und Gott, das Kommen des Geistes machte die Bahn zwischen dem Geist und ihm selbst frei.

Vater, hilf mir, nicht zu einer solchen Person zu werden, die immer nur empfängt und nie gibt, die immer fordert, aber nie etwas abgeben will. Fließe in mich herein und wieder hinaus, heute und jeden Tag. Um Jesu willen. Amen.

1. Kön. 17,1-16; 1. Kor. 2,12; Mt. 10,8; 2. Kor. 9,7
1. Wie lautete Elias Anweisung?
2. Welches Prinzip wird durch das Tun der Witwe illustriert?

Der Geist, ein Dauergast

***„… er [gibt] euch an meiner Stelle einen Helfer …,
der für immer bei euch bleibt.“ (V. 16)***

Zum Lesen & Nachdenken – Johannes 14,1-17

Kommen wir zur dritten Lektion bei der Vorbereitung auf das Kommen des Heiligen Geistes.

Das Kommen des Geistes würde nicht nur eine vorübergehende Heimsuchung bedeuten, er würde für immer bei ihnen bleiben. Im Alten Testament rüstete der Heilige Geist einzelne Menschen vorübergehend mit Kraft zur Bewältigung bestimmter Aufgaben aus. Wenn diese Zwecke erfüllt waren, kehrte er in den Himmel zurück. Ohne Zweifel waren sich die Jünger dieses Aspekts des Dienstes des Geistes bewusst, doch jetzt wartete Jesus mit der Atem beraubenden Neuigkeit auf, dass das Kommen des Geistes jetzt dauerhaft sein würde. „Er wird *für immer* bei euch bleiben.“ Was für eine Offenbarung muss das für die Jünger gewesen sein! Das eher Gelegentlich-„Zufällige“ würde dem Dauerhaften Platz machen, das Spezielle dem Generellen. Im Grunde sagte Jesus, dass der Heilige Geist nicht immer wieder kommen und gehen würde, wie in einer Art Versteckspiel, sondern dass er in die innersten Winkel ihres Seins einziehen und für immer bei ihnen bleiben würde.

Dies ist wohl eine der wichtigsten Wahrheiten, die wir von der Schrift her zu fassen kriegen, denn es gibt viele Christen, welche die Besitzergreifung durch den Heiligen Geist als etwas eher Provisorisches und Zeitweiliges sehen. Doch das würde den Kern und den Zweck der Erlösung zunichte machen, denn, wie es einmal jemand ausdrückte: „Der Heilige Geist ist angewandte Erlösung.“ Mit anderen Worten: Der Heilige Geist ist das „A und O“ des christlichen Lebens. Sein Kommen in unser Leben muss dauerhaft sein, sonst ist unsere Erlösung (oder zumindest ihre Anwendung) nur vorübergehend. Der Heilige Geist wird zum Gast. Und, Gott sei Dank, zu einem Dauergast!

Gepriesener Heiliger Geist, ich bin so dankbar, dass du deinen dauerhaften Wohnsitz in meinem Herzen nehmen willst. Wenn du in mir bleibst, wünsche ich nichts weiter, ich bin für jede Aufgabe gerüstet. Danke. Amen.

1. Mo. 1; Hes. 36,27; 1. Joh. 3,24; Hebr. 9,14; Offb. 22,17

1. Welche Aufgabe hatte der Heilige Geist ganz am Anfang?

2. Welche Aufgabe hat er seit dem ersten Pfingsten?

„Mit“ – oder „in“ und „auf“?

„… er wird bei euch bleiben und in euch leben.“ (Joh. 14,17)
„… ihr werdet Kraft empfangen, wenn der Heilige Geist auf euch gekommen ist …“ (Apg. 1,8; REÜ)

Zum Lesen & Nachdenken – Johannes 14,16-21; Apostelgeschichte 1,8

Die vierte Lektion, die Jesus seinen Jüngern beibrachte, war: *Der Heilige Geist ist ein innewohnender Ratgeber*. Das griechische Grundtextwort an dieser Stelle ist interessant: *parakletos. para* steht für „zur Seite“, *kaleo* heißt „rufen“ – jemand, der einem zur Seite gerufen wird, um zu helfen. Das christliche Leben bedarf keiner einzigen Sache, für die er nicht sorgen könnte. Beachten Sie den Unterschied bei den Präpositionen, die in den heutigen Textpassagen benutzt werden. Jesus sagte, dass der Geist „bei“ ihnen, später jedoch „in“ und „auf“ ihnen sein würde. Ich deute diese Präpositionen so, dass der Geist vor Pfingsten „mit“ ihnen war, in der Folge von Pfingsten jedoch „in“ und „auf“ ihnen. Vor Pfingsten mangelte es den Jüngern an Charakterstärke und Festigkeit. Sie trieben Dämonen aus, doch bei anderer Gelegenheit schien es, dass sie irgendwie sogar von ihnen beeinflusst wurden.

Simon Petrus ist ein treffendes Beispiel (s. Mt. 16,23). Lautstark versicherten die Jünger ihre Loyalität, genauso lautstark, wenn auch vielleicht nicht mit Worten, bezeugten sie ihre Verständnislosigkeit und Kindsköpfigkeit. Ganz sicher war der Heilige Geist „bei“ ihnen, doch genauso sicher war er noch nicht „in“ oder „auf“ ihnen. Als dann zu einem späteren Zeitpunkt der Geist „in“ und „auf“ sie kam, fiel alles Unstete von ihrem Leben ab und Glaube zog ein, zweifelhafte Zuverlässigkeit wurde zu dauerhafter Loyalität.

Es scheint heute im Blick auf das Leben mancher Christen so, als arbeite der Heilige Geist bei ihnen eher außen als innen. Natürlich residiert der Heilige Geist „in“ jedem Christen, jedoch möchte er nicht mehr nur residieren, sondern auch „präsidieren“! Wie sieht es damit in Ihrem Leben und Ihrer Erfahrung aus? Ist der Geist ein vorübergehender oder ein ständiger Gast?

Gott, vergib, dass ich mir die Möglichkeiten des Geistes, den du in mich gegeben hast, nicht zunutze mache. Hilf mir zu erkennen, dass der Geist in mir für alle Belange des Lebens ausreicht – wenn ich mir ihn zunutze mache. Amen.

Eph. 1; Joh. 15,6; 16,7-8
1. Wie werden wir „mit dem Geist versiegelt“?
2. Warum wird der Heilige Geist als „Unterpfand“ bezeichnet?

Die ganze Wahrheit

„Der Heilige Geist … wird euch an all das erinnern, was ich euch gesagt habe, und euch meine Wort erklären.“ *(V. 26)*

Zum Lesen & Nachdenken – Johannes 14,22-31

Lektion fünf bei der Vorbereitung der Jünger auf den Empfang des Heiligen Geistes lautet: *Der Heilige Geist würde sie lehren und an alles erinnern, was Jesus ihnen gesagt hatte.* Ein berühmter Agnostiker sagte einmal, dass der unversöhnliche Konflikt zwischen Wissenschaft und Religion darin läge, dass die Wissenschaft niemals festgelegt sei – sie ist offen und fortschreitend, während die Religion auf Absolutheit und Dogmen festgelegt ist.

Natürlich, es stimmt, dass das Christentum sich festgelegt hat, doch hat es dennoch Raum für fortschreitende Offenbarung: „Der Heilige Geist wird euch alles lehren.“ Jesus ist Gottes letzte und vollständige Offenbarung, doch muss sich diese Offenbarung, wegen unserer Begrenztheit, nach und nach entfalten. Beachten Sie, dass das Lehren des Heiligen Geistes nach einem festgelegten Muster abläuft: „„… [er] wird euch alles lehren und euch an alles erinnern, was ich euch gesagt habe“ (V. 26; REÜ). Er wird uns *mehr* lehren als Jesus, doch *nichts anderes*, als er gelehrt hat. Jemand hat dieses Ansatz als konservativ und radikal zugleich bezeichnet, denn so wird alles, was Jesus gesagt hat, bewahrt, zugleich kann es auf neue Aspekte des Lebens zur Anwendung gebracht werden.

„[Er] wird euch … an alles erinnern, was ich euch gesagt habe.“ Beachten Sie das Wort „alles“. Wenn wir nicht vom Heiligen Geist angeleitet werden, dann tendieren wir dazu, nur auf eins abzustellen, was Jesus gesagt hat, und vernachlässigen dann das „alles“. Und was passiert dann? Wir bringen das Christentum in Schieflage, weil wir eine Sache über-, eine andere unterbetonen. Einige christliche Gemeinschaften, die sich auf eine Wahrheit konzentrieren, verpassen dabei die ganze Wahrheit. Christen, die unter der Kontrolle des Geistes stehen, achten auf „alles“.

O Vater, ich möchte mein Leben nicht auf der Grundlage einer Wahrheit, nicht einmal auf der Grundlage eines ganzen Bündels von Wahrheiten leben, sondern auf der *Wahrheit. In Jesu Namen. Amen.*

1. Kor. 2; Neh. 9,20; Lk. 12,12; 1. Joh. 2,27
1. Was hat uns Gott durch den Geist offenbart?
2. Was wird uns durch den Heiligen Geist gebracht?

Tag 199

Die Betonung liegt auf „Jesus“

„Er wird mich verherrlichen …“ (V. 14)

Zum Lesen & Nachdenken – Johannes 16,5-16

Die sechste und gleichzeitig Schlusslektion lautet: *Der Heilige Geist wird Jesus verherrlichen.* Die Verheißung des heutigen Verses wurde an Pfingsten, nachdem der Heilige Geist auf die Jünger gekommen war, erfüllt, denn dort lesen wir: „Und wir sind Zeugen von diesen Dingen, und der Heilige Geist, den Gott denen gegeben hat, die ihm gehorchen“ (Apg. 5,32; REÜ). Dies zeigt, dass der göttliche Geist mit dem menschlichen Geist zusammenarbeitete, und zwar mit demselben Ziel: der Verherrlichung Jesu.

Die Feststellung, dass der Heilige Geist Jesus verherrlichen würde, war eine der wichtigsten Lektionen im geistlichen Schulungsprozess. Der Sinn des Kommens des Geistes lag nicht darin, ihn selbst oder den, der den Geist empfing, zu verherrlichen, sondern ganz und gar darin, Jesus groß zu machen. Das legt die Betonung auf die richtige Stelle. Wenn der Heilige Geist den Menschen verherrlichen würde, der ihn empfängt, dann wäre das Christentum eine ex-zentrische Religion, das Zentrum wäre verrückt. Wenn der Geist sich selbst verherrlichen würde, dann wäre das Christentum eine „spirito-zentrische“ statt eine „christo-zentrische“ Religion. Ein Christentum, das keine Verbindung zur Inkarnation hat, kann keine klare Vorstellung davon haben, wie Gott wirklich ist. Ein geistzentriertes Christentum würde uns irgendwo in die Randbereiche verschrobener Subjektivität führen.

Einige Christen sind eher Geist-orientiert denn Christus-orientiert. Sie geben vor die „Stimme des Geistes“ zu hören, welche sie anweist, seltsame und unziemliche Dinge zu tun. Jede „Stimme“, die wir vernehmen, muss sich am Charakter Jesu messen lassen; wenn sie diesem Standard nicht genügt, müssen wir sie verwerfen. Der Heilige Geist macht immer Jesus groß.

Gott, mein Vater, mir wird bewusst, dass es hier um eine heikle Angelegenheit geht. Gib mir eine solch klare Sicht von Jesus, dass ich immer in seinem Sinne entscheiden kann. Amen.

Mt. 3; Jes. 11,2; 42,1; 61,1; Joh. 1,32; Apg. 10,38
1. Was prophezeite Jesaja?
2. Wie wurde das erfüllt?

Der Obersaal

***„Sie stiegen hinauf in den Obersaal,
wo sie sich aufzuhalten pflegten.“ (V. 13)***

Zum Lesen & Nachdenken – Apostelgeschichte 1,1-14

Nachdem wir einige der Lektionen betrachtet haben, die Jesus seine Jünger gelehrt hatte, um sie auf das Kommen des Geistes vorzubereiten, wenden wir uns jetzt der Bedeutung der Geschehnisse im so genannten „Obersaal“ zu. Dieser Obersaal wurde auch als „Geburtsort der Gemeinde“ bezeichnet. Ganz sicher wurde dort eine Kraft freigesetzt, welche die Welt verändern sollte.

Einige Ausleger nehmen an, dass es sich bei dem Obersaal um den Teil eines Privathauses handelte, das jemandem gehörte, der mit Jesus und seinem Dienst sympathisierte. Warum suchte sich der Heilige Geist als Ort, um auf die Jünger zu kommen, ein Privathaus und nicht etwa einen heiligen Ort wie den Tempel aus? Wenn der Heilige Geist im Tempel auf sie gekommen wäre, dann wäre sein Kommen für immer mit dem heiligen Ort, heiligen Zeremonien und anderen heiligen Gegebenheiten in Verbindung gebracht worden. Der Heilige Geist kam jedoch an den allergewöhnlichsten aller denkbaren Orte – in ein Heim, ganz so, als ob er sagen wollte: „Ich komme nicht nur für die ‚heiligen‘ Angelegenheiten, sondern für alle Gelegenheiten, für das ganze Leben.“

Ein Autor, welcher die Gewöhnlichkeit dieses Obergemachs kommentierte, schrieb: „Der Heilige Geist ist kein geistlicher Luxus, den man für ungewöhnliche Anlässe braucht, sondern eine geistliche Notwendigkeit für die ganz gewöhnlichen Gelegenheiten.“ Er sollte der Herzschlag alles dessen sein, was wir tun, für das Normale und das Unnormale, für das Gewöhnliche wie für das Außergewöhnliche. Durch das Kommen des Heiligen Geistes werden die gewöhnlichen und scheinbar unbedeutenden Dinge des Lebens von himmlischer Bedeutsamkeit angerührt: Jeder Busch steht mit der Herrlichkeit Gottes in Flammen, jeder Augenblick ist mit Ewigkeit angefüllt, jede Begegnung, die wir haben, ist Teil des perfekten göttlichen Plans.

Gott, ich bin so dankbar dafür, dass ich auf meiner Suche nach deiner Kraft und Herrlichkeit nicht von einem heiligen Ort zum nächsten laufen muss. Du kommst zu mir, dorthin, wo ich bin, bis mein Herz von deiner Schechina-Herrlichkeit erstrahlt. Amen.

Joel 2,18-32; Jes. 32,15; 59,21; Hes. 39,29
1. Was sollte, gemäß der Verheißung Gottes, dem Kommen des Geistes folgen?
2. Was ermahnt der Herr die Israeliten zu tun?

Jeder Ort ist heilig

„Sie kamen im oberen Stockwerk des Hauses zusammen, wo sie sich von nun an trafen.“ (V. 13)

Zum Lesen & Nachdenken – Apostelgeschichte 1,12-14

Heute machen wir viel Aufhebens um den „Obersaal“, doch zu Jesu Zeiten war das einfach nur ein Zimmer in einem Wohnhaus, wo sich die Jünger aufhielten. Bedenken Sie das! Eine der kostbarsten Verheißungen Gottes – „die Verheißung des Vaters“ (V. 4) – erfüllte sich an einem der üblichsten Orte, den die Welt kennt – in einem schlichten Heim. Das zeigt die Wesensverschiedenheit des Christentums von anderen Weltreligionen mit ihrer Wertschätzung von Orten, Ritualen, Zeremonien usw.

Immer, wenn ich einen Ort mit einer gewissen geistlichen Geschichte besuche, überkommt mich eine Traurigkeit, wenn ich sehe, wie manche Pilger eine Berührung von Gott dadurch zu erlangen suchen, dass sie diesen Ort aufsuchen und ihn berühren. Ermattete Pilger stapfen von einem Platz zum nächsten, um etwas zu erhaschen, das sie für sich bewahren können. Dabei ist es unnötig, eine besondere Reise an einen heiligen Ort zu unternehmen, um eine Berührung von Gott zu erfahren, denn der Allmächtige lässt es nicht zu, sich nur an besonderen Orten verschenken zu dürfen. Natürlich findet sich nichts Verkehrtes daran, die Orte zu besuchen, solange man nicht glaubt, dass sich Gottes Gegenwart auf sie beschränkt. Wenn Gott sich tatsächlich auf solche Orte beschränkt hätte, wie sollten dann die Armen oder die, welche Schwierigkeiten haben, ihre Familien mitzubringen, ihn finden?

Eines der befreiendsten Dinge, die je in der Geschichte der Religionen passierten, war, als Gott in der Kraft seines Heiligen Geistes auf die wartenden Jünger kam – und das in einem Wohnhaus. In diesem Zeitalter kann Gott überall auf der Welt gefunden werden, vorausgesetzt, er wird in Christus gesucht. Er kommt zu allen, wo auch immer sie sein mögen, wenn sie ihre hingegebenen und vertrauensvollen Herzen zu ihm hin aufheben.

Gott, ich bin so dankbar, dass ich mich nicht von dem Ort, an dem ich mich befinde, wegbewegen muss, außer in meiner Haltung, um zu sehen, wie du in deiner Fülle und Kraft kommst. Hier und jetzt, da, wo ich bin, strecke ich mich nach dir aus, wissend, dass du aus der Höhe zu mir herunterreichst. Danke, Vater. Amen.

Mt. 18,1-20; Ps. 139,7-8; Spr. 15,3; Apg. 17,27-28
1. Was lehrte Christus in Bezug auf sein Gegenwärtigsein?
2. Wie lautete Davids Schlussfolgerung?

„Alles“ durch „alles“

„Sie alle trafen sich regelmäßig, … um gemeinsam zu beten.“ (V. 14)

Zum Lesen & Nachdenken – Apostelgeschichte 1,14-26

In der Erinnerung der Jünger war der Obersaal ganz eng mit dem letzten Abendmahl verbunden; es war der Raum, in dem Jesus ihnen die Bedeutung der Erlösung darlegte. Als er ihnen das Brot brach, sagte er: „Dies ist mein Leib, der für euch gegeben wird: Dies tut zu meinem Gedächtnis!“ Dann erhob er den Kelch der Gemeinschaft mit den Worten: „Dieser Kelch ist der neue Bund in meinem Blut, das für euch vergossen wird“ (Lk. 22,19-20; REÜ).

Der Obersaal beinhaltete zweierlei: das Kreuz und den Geist. Diese beiden stehen in einem engeren Zusammenhang, als wir vielleicht meinen, denn wenn wir nicht den Geist des Kreuzes in uns tragen, werden wir auch Gottes Geist nicht in uns haben. Wir müssen gekreuzigte Nachfolger eines gekreuzigten Herrn sein.

Stand den Jüngern der Obersaal als Symbol für die Selbsthingabe Jesu vor Augen? Und würde sie die ganze Atmosphäre des Raums daran erinnern, dass sie, so wie er sein Alles gegeben hatte, auch sie ihr Alles würden opfern müssen? Ich muss einfach annehmen, dass ihnen die Verbindung von letztem Abendmahl und dem Herabkommen des Heiligen Geistes sehr bewusst war. In dem Raum hatte Gott, in Gestalt seines Sohnes Jesus Christus, sein Alles hingegeben. Jetzt waren die einhundertzwanzig Jünger vor die gleiche Herausforderung gestellt. Aus der Selbstaufopferung Christi folgerte Kraft, denn Gott antwortet auf Selbsthingabe dadurch, dass er sich selbst gibt. Uns bleibt nur der Schluss, dass während des zehntägigen Wartens etwas Wesentliches mit den Jüngern geschah, denn aus dem „Alles“-Hingeben resultierte „alle“ Kraft.

Gott, in dem „Obersaal“, in dem ich mich gerade befinde, biete ich dir mein geringes „Alles“ an und nehme stattdessen dein allmächtiges „Alles“. Ich tausche meine Armut gegen deinen Reichtum, meine Leere gegen deine Fülle, meine Schwäche gegen deine Stärke. Amen.

Mt. 26,17-30; Eph. 2,14; Kol. 1,20; 2,14
1. Was wurde durch das Kreuz beseitigt?
2. Welcher Zusammenhang besteht zwischen „Passah“ und „Pfingsten“?

Alle von ihnen waren heilig

„An einem dieser Tage waren etwa hundertzwanzig Menschen dort zusammengekommen. Da stand Petrus auf …“ (V. 15)

Zum Lesen & Nachdenken – Apostelgeschichte 1,15 u. 2,1-4

Schauen wir uns einen weiteren Aspekt des „Obersaals“ an. Die nächste interessante Beobachtung ist, dass der Heilige Geist nicht nur auf die zwölf, sondern auf die hundertzwanzig Versammelten kam.

Stellen wir uns einmal vor, der Geist wäre auf die Zwölf gekommen und hätte die anderen, die dort warteten, links liegen gelassen – was hätte das für das Christentum bedeutet? Die Kraft und Gegenwart des Geistes hätte sich auf einige besondere Menschen beschränkt, die für eine bestimmte Aufgabe ausersehen waren. Jemand meinte einmal, dass die Anfügung der „Null“ an die „12“, die als Resultat die „120“ hatte, die größte Addition der Geschichte gewesen sei. Wie wahr! Das Kommen des Heiligen Geistes auf die Einhundertzwanzig bedeutete, dass alle Unterscheidungen, die auf einer besonderen Klasse oder Gruppierung beruhten, hinfällig geworden waren. Natürlich: Die Begabungen, wie sie etwa in Römer 12, 1. Korinther 12 und Epheser 4,11 beschrieben sind, waren unterschiedlich. Doch was den Empfang des Heiligen Geistes anbelangt, sind *alle* Erlösten gleich qualifiziert.

Wenn wir das sorgfältig bedenken, dann wird es uns vielleicht möglich sein, ein Gefühl für Berufung im Leben wiederzuerlangen. Manche Beschäftigung wird für „heilig“, eine andere für „weltlich“ erachtet. Das lässt jede so genannte „weltliche“ Beschäftigung gegenüber einer „geistlichen“ abfallen – der „Laie“ tut einen weltlichen Job und ist damit entschuldigt, wenn er ein nur zweitklassiges Christenleben führt. Das lässt das Leben verarmen, denn es nimmt das Bewusstsein für die göttliche Berufung. Ein Prediger kann heilig sein und ein „Laie“ kann heilig sein – alle beide zu denselben Bedingungen und ohne Bevorzugung. Heiligkeit findet sich im Charakter und nicht unter dem Talar, in Werten und nicht unter dem Ornat.

Vater, ich bin dankbar, dass ich, als Person, die größte aller Gaben – den Heiligen Geist – empfangen und mein Leben dort leben darf, wo du mich hingestellt hast, und das mit dem Wissen um eine göttliche Berufung. Danke, lieber Vater. Amen.

Apg. 10 u. 11
1. Welches Problem hatten einige der ersten Christen?
2. Wie hat Gott dieses Problem überwunden?

Mann und Frau – gleich

„Zu ihnen gehörten auch einige Frauen … So wurden sie alle mit dem Heiligen Geist erfüllt.“ (V. 1,14 u. 2,4)

Zum Lesen & Nachdenken – Apostelgeschichte 1,12-14 u. 2,4

Der Heilige Geist kam in ein normales Heim und befreite das Christentum aus der Tyrannei der „heiligen Stätten“. Er kam auf alle, die dort warteten, nicht bloß auf die Zwölf, und machte damit klar, dass der Heilige Geist für alle da ist. Auch ist es interessant zu beobachten, dass der Geist auf Frauen wie auf Männer fiel.

Was wäre wohl gewesen, wenn der Geist nur auf die Männer gekommen wäre und die Frauen unberücksichtigt gelassen hätte? Ohne Frage wären manche über diese Unterscheidung entzückt gewesen, vor allem diejenigen, die tief im Judaismus verwurzelt waren, doch behandelte der Heilige Geist beide Geschlechter gleich. Bis dahin galt in Israel eines der Geschlechter als besonders heilig – das männliche. „Alle männliche Erstgeburt soll dem Herrn heilig heißen“ (Lk. 2,23; REÜ). Das galt, so weit der jüdische Glaube reichte, doch das Christentum reicht weiter – Frauen empfingen die herrliche Gabe des Heiligen Geistes.

Diese Tatsache schlägt alle Argumente zugunsten einer männlichen Vorrangigkeit und stellt Mann und Frau vor Gott auf eine Ebene. Das hat nichts mit der Rolle der Frau in der Ehe zu tun, wie sie Paulus in Epheser 5,22-24 beschreibt, das ist ein gänzlich anderes Thema. Und doch darf die Lehre des Paulus, dass die Frau in der Ehe eine besondere Stellung hat, nicht dazu benutzt werden, eine Ansicht zu konstruieren, die besagt, dass die Frau ihrem Partner nicht ebenbürtig sei. Gott sieht Mann und Frau als gleichwertig an, eine Tatsache, die er am Tag der Pfingsten ganz deutlich machte, indem er demonstrierte, dass Frauen wie Männer Tempel des Heiligen Geistes waren.

Vater, ich bin so dankbar, dass mit dem Kommen des Geistes alle Schranken niedergerissen wurden. Hilf mir, das Leben mit deinen Augen zu sehen, denn dann rücken alle Dinge an ihren richtigen Platz. Amen.

Röm. 16; Mt. 27,55-56; Lk. 7,37-38; 10,38-42
1. Wie empfahl Paulus Frauen in der Gemeinde?
2. Welchen Stellenwert haben Frauen im Leben und Dienst Jesu?

Alle auf einem Level

„Diese alle verharrten einmütig im Gebet mit … Maria, der Mutter Jesu, und mit seinen Brüdern.“ (V. 14)

Zum Lesen & Nachdenken – Apostelgeschichte 1,12-14

Das Kommen des Heiligen Geistes führte nicht nur dazu, dass jetzt alle Orte und Menschen ebenbürtig sind, sondern schaffte auch die Unterschiede, die aufgrund der Abstammung oder besonderer Privilegien bestanden, ab.

Unser heutiger Abschnitt berichtet, dass sich unter denen, die sich dort dem Gebet hingaben, auch Maria, die Mutter Jesu, und seine Brüder befanden. Wie einfach wäre es gewesen, eine gewisse „Adelslinie“ zu etablieren, die sich durch diejenigen zieht, die besonders nahe mit dem Herrn verwandt sind. Hätte der Heilige Geist diese Menschen in besonderer Weise zur Seite genommen und wäre er auf sie – und nur auf sie – herabgekommen, dann wäre das Christentum nunmehr der Familienlinie gefolgt, bis hin zu den folgenden Generationen. Doch Maria, so gesegnet sie ebenso war, wartete zusammen mit den anderen auf das Kommen des Geistes. Und als sie ihn dann empfing, da geschah das auf derselben Basis, auf der die anderen ihn empfingen – der Glaube an Christus als Heiland und Herrn. In dem großartigen Augenblick des Kommens des Geistes wurde keine Unterscheidung aufgrund der Abstammung gemacht; niemand wurde als vorrangig oder geringer wert geachtet. Alle waren gleich.

„Am Fuß des Kreuzes“, sagte Dr. Abernathy, als ein Richter und ein chinesischer Wäschereiarbeiter vor ihm standen, um die Mitgliedschaft in seiner Gemeinde zu erlangen, „treffen sich alle auf einem Level.“ Im Islam wird den Nachkommen des Propheten Mohammed besondere Ehre zuteil. Im Christentum wurde eine derartige Hierarchie nicht eingerichtet. Warum nicht? Das Kommen des Heiligen Geistes hat dem von vornherein eine Absage erteilt. Dafür wurde eine neue Hierarchie eingeführt. Das Blut des Sohnes Gottes ermöglichte es uns, Söhne Gottes zu werden. Menschliches Blut ist nicht länger von Belang.

Gott, mein Vater, indem du mir deinen Heiligen Geist gegeben hast, wurde dem Niedrigsten das Höchste eröffnet, dem Geringsten Zugang zum Größten. Ich gehöre zum zweimal geborenen Adel. Halleluja!

Lk. 1,38-55; 2,51; Joh. 2,3-5; 19,25
1. Stellen Sie einige der Eigenschaften der Mutter Jesu zusammen.
2. Hat sie in der Gemeinde einen besonderen Platz?

Jung und alt

„… ich werde von meinem Geist ausgießen auf alles Fleisch … eure jungen Männer werden Gesichte sehen und eure Ältesten werden Traumgesichte haben.“ *(V. 17)*

Zum Lesen & Nachdenken – Apostelgeschichte 2,14-21

Eine weitere Barriere, die dort im Obersaal niedergerissen wurde, war die zwischen Jung und Alt. Petrus unterstrich, dass das, was dort geschah, die Erfüllung der Prophezeiung Joels war, in welcher der Prophet dargelegt hatte, dass Tage kommen würden, in denen Jung und Alt gleichermaßen die Gabe des Heiligen Geistes empfangen würden. „Dies ist der Tag, von dem der Prophet geredet hat“, sagte Petrus, „der Tag ist gekommen!“

„Es hat immer ein ‚heiliges Zeitalter‘ gegeben“, bemerkte einmal jemand, „… früher.“ In fast allen Religionen wurden Macht und Heiligkeit mit dem Alten in Verbindung gebracht. Darum ergehen sich auch so viele Religionen in der Rückschau, anstatt nach vorne zu blicken. Im Obersaal befanden sich (ich denke, davon dürfen wir ausgehen) junge Männer, die, genau wie die älteren, die Gabe des Heiligen Geistes empfingen. Welch eine Dynamik hatte das zur Folge! Jung und Alt gehen gemeinsam in der Kraft des Geistes voran. Natürlich wollen die Alten die Werte und die guten Dinge, die sie schätzen gelernt hatten, bewahren, während die Jungen diese Werte in einen breiteren Kontext gestellt sehen und ihnen zu größerer Wirksamkeit verhelfen möchten.

Ein Autor beschrieb es so: „Der christliche Glaube erfordert, um sich vollends ausdrücken zu können, gleichermaßen Radikalität und Konservatismus.“ Jung und Alt tun sich zusammen, um dem Wesen des Christentums Ausdruck zu verleihen, denn, für sich genommen, hat sowohl der Konservatismus wie auch der Radikalismus keine eigene Kraft. Zusammen jedoch sind sie stark und wirkungsvoll. Der Heilige Geist bringt die Alten dazu, die guten Dinge der Vergangenheit zu bewahren, und die Jungen treibt er voran zu großen Eroberungen und Entdeckungen.

Himmlischer Vater, ich bin dankbar dafür, dass Jung und Alt in deinem Reich zu gebrauchen sind. Mische das Konservative der Alten mit der Radikalität der Jungen, damit diese Generation ein neues Pfingsten sehen möge. Um Jesu willen. Amen.

1. Tim. 5; 4,12; 1. Joh. 2,13-14; 1. Petr. 5,5; Röm. 12,10
1. Was lehrte Paulus den Timotheus?
2. Wie sieht „Ehrerbietung“ dem anderen gegenüber aus?

Das Pfingstfest

„Zu Beginn des jüdischen Pfingstfestes waren alle Jünger wieder beieinander." (V. 1)

Zum Lesen & Nachdenken – Apostelgeschichte 2,1-12

Das Pfingstfest eignete sich ausgesprochen gut für das Herabkommen des Heiligen Geistes, denn dieses Fest wurde auch „das Fest der Erstlingsfrüchte" genannt. Dabei wurden Gott unter Danksagung und Gebet die ersten Erträge der Ernte dargebracht.

Beim Pfingstfest quoll Jerusalem über vor Menschen, die aus allen Teilen Israels und darüber hinaus in die Stadt gekommen waren. Während die Leute außerhalb des Obersaals die Erstlingsfrüchte der natürlichen Ernte opferten, gaben die Menschen im Obersaal sich selbst – die Erstlinge einer geistlichen Ernte, die Jesus in der Generation und in den folgenden einbringen würde. In einem von Gott vorgeschriebenen Moment – neun Uhr morgens – fiel der Heilige Geist auf die Wartenden und machte innerhalb weniger Minuten aus ängstlichen und zögerlichen Frauen und Männern furchtlose, brennende Jünger. Statt sich hinter verschlossenen Türen zu verbergen, traten sie auf die überfüllten Straßen und versammelten sich um Petrus, wie er die Wahrheit über das verkündete, was dort geschehen war. Und das war vielleicht eine Predigt! Dreitausend Menschen bekehrten sich! Heutzutage müssen wir dreitausend Predigten halten, damit sich ein Mensch bekehrt!

Soweit es die Nation Israel betraf, endete dieser erste Pfingsttag in einem religiösen Fest, doch für die Jünger mündete der Tag in einem geistlichen Feuer, das die Welt in Brand setzen sollte. Die einen beschlossen den Tag mit dem Gefühl enger Zusammengehörigkeit, für die anderen war es der Beginn einer ewigen Gemeinschaft, einer Gemeinschaft, die man sich tiefer nicht vorstellen kann – die der Gemeinde.

O Gott, gib uns ein neues Pfingsten! Lass diesen Tag der Anfang von etwas Neuem für mich und für die Gemeinde sein. Füll mich jetzt – bis zum Überfließen – mit deinem Heiligen Geist. Um Jesu willen. Amen.

3. Mo. 23,1-21; 5. Mo. 16,10; Apg. 20,16; 1. Kor. 16,8
1. Was hatte es mit dem Pfingstfest auf sich?
2. Welche Beziehung hatte es zum Passahfest?

Schritte zum göttlichen Erfülltwerden

„Prüft euch … Oder ist bei euch nichts mehr davon zu merken, dass Jesus Christus unter euch lebt?“ (V. 5)

Zum Lesen & Nachdenken – 2. Korinther 13,5-14

Zunächst eine Frage: Sehnen Sie sich nach einem Mehr von der erfrischenden Fülle des Heiligen Geistes in Ihrem Leben? Wenn ja, dann wird es Sie mit Befriedigung erfüllen zu hören, dass ich nun vorhabe, unsere Aufmerksamkeit auf die Schritte zu lenken, die nötig sind, um sich der Kraft und der Gegenwart des Geistes weiter zu öffnen. Bevor Sie mir dabei folgen, beten Sie, dass Sie bei diesen Schritten nicht stolpern, denn auf diesem Weg zu scheitern kann den Unterschied zwischen Sieg und Niederlage ausmachen. Die Schritte sind einfach, gleichwohl sehr wichtig.

1. *Prüfen Sie sich, um zu sehen, wie viel vom Geist Ihnen in Ihrem Leben mangelt.* Wenn der Heilige Geist auch bei Ihrer Bekehrung zu Ihnen kam (Joh. 3,16), besteht doch ein großer Unterschied darin, ob *Sie den Geist* oder ob *der Geist Sie* besitzt. Andrew Murray bemerkte: „Wir wollen den Heiligen Geist in den Griff bekommen und ihn benutzen, der Heilige Geist möchte uns in den Griff kriegen und benutzen.“

Machen Sie eine Inventur Ihrer Bedürfnisse. Fehlt Ihnen die Kraft zum Zeugnisgeben? Ist Reinheit der Gedanken Ihr vorrangiges Bedürfnis? Brauchen Sie Kraft zur Überwindung von Versuchungen? Untersuchen Sie das Feld Ihrer Mängel, bevor Sie weitergehen. Wenn Sie dann einen Bereich der Bedürftigkeit entdeckt haben, können Sie sich im Gebet darauf konzentrieren. Welche Ansicht Sie auch im Blick auf die Lehre vom Heiligen Geist vertreten und welche Erfahrungen Sie auch in der Vergangenheit gemacht haben mögen, fragen Sie sich: Bin ich jetzt, in diesem Moment, überfließend mit dem Geist erfüllt? Wenn nicht, dann markieren Sie den Bereich Ihres größten Mangels – und stellen Sie sich darauf ein, dass diesem Mangel begegnet wird.

Vater Gott, mein Herz brennt darauf, alles über deine Fülle zu wissen. Ich bin bereit, die Schritte zu tun, ich stehe, die Hand am Türgriff, direkt an der Schwelle. Und ich weiß, dass sich die Tür auftun wird. Danke, Vater. Amen.

Eph. 5,1-20; Ps. 139,23-24; Röm. 8,27
1. Wie lautete Davids Gebet?
2. Machen Sie es heute zu Ihrem Gebet.

Tag 209

Der Geist der Heiligkeit

„[Ihr habt] den neuen Menschen angezogen … der nach Gott geschaffen ist in wahrhaftiger Gerechtigkeit und Heiligkeit.“ (V. 24; REÜ)

Zum Lesen & Nachdenken – Epheser 4,17-32

Schauen wir uns weiter die Schritte auf dem Weg zur Fülle im Heiligen Geist an. 2. Fragen Sie sich: *Gibt es irgendeinen ungelösten Konflikt, nicht bekannte Sünde oder etwas Ähnliches, das ich in Ordnung bringen muss, damit Gott mein Leben mit seinem Geist durchfluten kann?* Wir dürfen nicht vergessen, dass der Geist Gottes den Namen *Heiliger Geist* trägt. Das *heilig* steht für Reinheit, *Geist* symbolisiert Macht. Der Heilige Geist ist gänzlich heilig, durchdringend, überführend, reinigend und zugleich unvorstellbar kraftvoll in seinem unterstützenden, stärkenden und bewahrenden Dienst. Wenn es da also etwas in Ihrem Leben gibt, das in Ordnung gebracht werden muss, dann sprechen Sie jetzt mit Gott darüber. Halten Sie an diesem Punkt einen Moment inne und bedenken Sie, dass Sie nicht nur einfach eine Seite in einem Buch lesen – Sie sind dabei, eine Seuche loszuwerden! Sie können nicht erwarten, dass der Heilige Geist in Ihrem Leben fließt, während Sie an unbekannter Sünde festhalten. Eins von beiden muss gehen.

3. *Bedenken Sie, dass Gott größeren Eifer hat, Ihnen seinen Heiligen Geist zu geben, als Sie haben, ihn zu empfangen.* Jesus bezeichnete das Geben des Heiligen Geistes als „die Verheißung des Vaters“ (Apg. 1,4). Dies ist die Verheißung aller Verheißungen. Ein Versprechen zurückzunehmen käme für Gott einer Umkehrung seines Wesens gleich, es ist schlicht unmöglich. Dieses Versprechen ist durch den Charakter Gottes gedeckt, darauf können Sie setzen. Wenn Sie für einen Moment lang die Wolken teilen und in den Himmel schauen könnten, dann würden Sie im Herzen Gottes ein tiefes Verlangen danach erkennen, Sie mit dem Heiligen Geist zu erfüllen, es würde Sie überwältigen und zutiefst beeindrucken. Er brennt darauf, Ihnen die Fülle seines Geistes zukommen zu lassen – wirklich!

O Vater, was du für mein Leben willst, will ich auch – damit mein und dein Wille übereinstimmen. Mach mich so eifrig danach, erfüllt zu werden, wie du es bist, mich zu erfüllen. In Jesu Namen. Amen.

Apg. 2,14-38; Ps. 51,19; 34,19; Jes. 66,1-2
1. Wie ermahnte Petrus die Leute, den Heiligen Geist zu empfangen?
2. Mit welchem Ergebnis?

Richtige Prioritäten

„… wie viel mehr wird der Vater im Himmel denen den Heiligen Geist geben, die ihn darum bitten.“ (V. 13)

Zum Lesen & Nachdenken – Lukas 11,1-13

In dem vor uns liegenden Abschnitt wendet Jesus einige Zeit daran, seinen Zuhörern zu erklären, dass Gott sowohl ein Vater als auch ein Freund ist. Es ist von vitaler Bedeutung, dass uns klar wird, dass Gott uns den Heiligen Geist geben *will*, denn wenn wir darin nicht absolut sicher sind, dann wird unser Bitten darum mit Unentschiedenheit und Ungewissheit durchsetzt sein. Der berühmte Erzbischof Temple sagte: „Wir bitten um den Heiligen Geist, doch tief im Herzen sind wir nicht sicher, ob Gott ihn uns wirklich geben will. Und dieser eine Zweifel macht den Gegenstand dieser Übung zunichte.“ Hören Sie also auf zu *wünschen*, dass Sie den Geist in seiner Fülle erhalten, und fangen Sie an zu *erwarten*. In Ihrem Bitten können Sie absolut gewiss sein, weil Gott in seinem Geben auch absolut gewiss ist.

4. *Machen Sie die Sache zu einer Überlebensfrage*. Ein großer Prediger sagte einmal: „Die Seele wächst durch eine Serie von Krisen.“ Machen Sie es zur höchsten Priorität, in dieser Sache, mehr von seinem Geist zu empfangen, einige Zeit im Gebet zu verbringen. Es macht nichts, wenn Sie meinen schier zu verzweifeln. Gehen Sie die Sache so an, als wenn Gott heute Morgen ein Brief in Ihren Briefkasten gesteckt hätte, in dem er schrieb: „Ich möchte dich in einer Angelegenheit, ein wichtiges Geschenk betreffend, so schnell wie möglich sehen.“ Wenn das passieren würde, möchte ich gerne sehen, wie Sie Ihren Zeitplan für die nächsten Tag einrichten! Dinge, die für Sie erste Priorität hatten, werden zweitrangig. Wenn Sie sich entscheiden, Gott die Top-Priorität in Ihren Planungen einzuräumen, dann, bitte glauben Sie mir, wird Gott Ihnen seine erste Priorität geben – den Heiligen Geist.

Herr, ich frage mich, ob ich durstig und verzweifelt genug bin, um dem Erfülltsein mit dem Geist erste Priorität einzuräumen. Hilf mir, der Herausforderung ins Gesicht zu sehen, und zwar jetzt. Um Jesu willen. Amen.

Mt. 6,1-15; 14,23; 2. Kön. 4,33; Lk. 6,12
1. Was lehrte Jesus über das Gebet?
2. Was nahm er als Beispiel?

Die Kunst der Selbsthingabe

„Habt diese Gesinnung in euch, die auch in Christus Jesus war …“ (V. 5; REÜ)

Zum Lesen & Nachdenken – Philipper 2,1-11

Schauen wir uns weiter die Schritte an, die wir tun müssen, um uns für eine tiefere Erfahrung des Geistes zu öffnen.

5. *Passen Sie Ihre Selbsthingabe der Hingabe Gottes an.* Da Gott, indem er uns seinen Heiligen Geist gibt, sich selbst an uns weggibt – um in jeden Bereich unseres Lebens zu fließen und Seite an Seite mit unseren Unzulänglichkeiten zu leben –, sollen auch wir willig sein, uns ihm hinzugeben. Gott hält nichts zurück, und so sollten auch wir nichts zurückhalten, wenn wir uns ihm geben. Wenn ich „uns“ sage, meine ich damit unsere gesamte Persönlichkeit, das zentrale, grundlegende Selbst. Aber wie kann man wissen, ob man sich derart gegeben hat? Bringen Sie Ihr Herz vor Gott zur Ruhe und schauen Sie, ob irgendetwas, das Sie ihm nicht ausgeliefert haben, an die Oberfläche kommt. Wenn dann nach einer gewissen Zeit nichts auftaucht, dann dürfen Sie davon ausgehen, dass nichts zurückgeblieben ist. Um ganz sicher zu sein, sagen Sie Gott, dass Sie ihm alles, was Ihnen bewusst ist und was Ihnen nicht bewusst ist, ausliefern. Und sagen Sie auch, dass alles, was vielleicht zukünftig noch auftauchen wird, ebenfalls ihm gehört.

In der Bitte um den Heiligen Geist bitten Sie Gott eigentlich um ihn selbst. Das ist Teil dessen, was Martin Luther als „göttlichen Austausch“ bezeichnete. Gott gibt sich und Sie geben sich. Natürlich ist die Bekehrung auch so ein „göttlicher Austausch“, doch jetzt, im Ausliefern an den Geist, kommt Gott tiefer hinein in Ihre Persönlichkeit denn je zuvor. So, wie die Leinwand ganz dem Maler ausgeliefert ist, so müssen Sie sich ganz und vollständig in die Hände Gottes ausliefern. Im Ausliefern haben Sie nicht nur ihn – er hat Sie.

Gütiger Vater, hilf mir, meinen unsteten und widerspenstigen Willen zu einer festen und unumstößlichen Hingabe an dich zu bringen. Ich bin froh, das tun zu dürfen, denn mein Wille wurde für deinen erschaffen. Amen.

Phil. 3; Röm. 12,1; 2. Mo. 32,29; Spr. 23,26
1. Was war Paulus' Zeugnis?
2. Wo fängt Hingabe an?

Glaubend empfangen

„Dann wird euch der Vater alles geben, worum ihr ihn in meinem Namen bittet." (V. 16)

Zum Lesen & Nachdenken – Johannes 15,1-17

Jetzt haben wir noch zwei Schritte vor uns, die wir tun müssen, um uns für ein Mehr des Heiligen Geistes zu öffnen. Sechtens: *Strecken Sie sich im Glauben aus und empfangen Sie die Fülle, die Gott für Sie hat.* Wir empfangen die Segnungen Gottes durch Glauben. Als Kind Gottes sind Sie Erben all dessen, was Gott hat – seiner selbst. Also strecken Sie sich aus und nehmen Sie ihn an. Jesus sagte: „Wer Durst hat, der soll zu mir kommen und *trinken*" (7,37). Sind Sie durstig? Also, dann trinken Sie! „Und dies ist die Zuversicht, die wir zu ihm haben, dass er uns hört, wenn wir etwas nach seinem Willen bitten. Und wenn wir wissen, dass er uns hört, was wir auch bitten, so wissen wir, dass wir das Erbetene haben, das wir von ihm erbeten haben" (1. Joh.14-15; REÜ).

Hier noch einmal die Prinzipien: *Zuversicht* – „die Zuversicht, die wir zu ihm haben"; Zuversicht im Blick auf den Charakter Gottes, wie er uns in Jesus gezeigt wurde. *Gespräch* – „was wir auch bitten"; *Bedingung* – „nach seinem Willen"; *Überzeugung* – „wir wissen, dass er uns hört" und als *Folge* – „wissen wir, dass wir das Erbetene haben". Befolgen Sie die Prinzipien eins nach dem anderen. Trauen Sie dem Charakter Gottes. Reden Sie mit ihm und nennen Sie ihm Ihre Bedürfnisse – um überfließend mit seinem Geist erfüllt zu werden. Glauben Sie, dass die Bedingungen erfüllt sind und dass Ihr Bitten mit Gottes Willen im Einklang ist. Denken Sie daran, dass er Ihre Anfragen hört und dass er Ihr ganzes Sein mit seiner Kraft erfüllt. Besitzen Sie die Kühnheit, das, was vor Ihnen liegt, zu ergreifen. Der Glaube wird zur Tatsache, die Tatsache wird dann auch zum Gefühl. Und nun heißen Sie ihn willkommen, *egal, auf welche Weise er kommt.* Sie sind durstig, also trinken Sie … trinken Sie … trinken Sie …

Vater, wie kann ich dir genug dafür danken, mich an diesen Punkt gebracht zu haben? Es ist ein Endpunkt, zugleich aber auch ein Anfang. Ich weiß, dass das Leben vor mir liegt, weil das Leben in mir ist. Für meine Dankbarkeit finde ich keine Worte. Amen.

Apg. 7,42-56; Joh. 20,22; Eph. 5,18; 3,19
1. Was wurde von Stephanus gesagt?
2. Wie lautet Paulus' Ermahnung?

Tag 213

Ein Leben im Gehorsam

„Wer aber auf den Geist sät, wird vom Geist ewiges Leben ernten.“ (V. 8; REÜ)

Zum Lesen & Nachdenken – Galater 6,1-10

Tun wir jetzt den letzten Schritt, der uns für den Fluss des Heiligen Geistes öffnen soll. Siebtens: *Stellen Sie Ihr Leben auf Gehorsam ein.* Unser heutiger Vers zeigt uns dazu den richtigen Ansatz: „Wer auf den Geist sät, wird vom Geist ewiges Leben ernten.“ Wir übergeben der Erde ein Saatkorn in der Hoffnung, dass etwas geschieht. Das, was sich einstellt, ist Wachstum und Veränderung. Wenn Sie Ihr Leben „in den Geist säen“ und jederzeit auf ihn reagieren, so, wie das Samenkorn ständig auf die zarte Berührung der Erde reagiert, dann werden Sie ewiges Leben ernten – hier und im Danach. Ewiges Leben bedeutet eine neue Qualität von Leben, die Sie schon hier besitzen und auf ewig genießen können. Wenn Sie sich unter das Gesetz des Geistes begeben, dann geraten Sie unter das Gesetz der Schöpfung – was gesät wird, wird auch geerntet.

Obwohl wir durch den Glauben eine Erfüllung mit dem Heiligen Geist erhalten, bewahren wir diese Erfahrung mittels Gehorsam. „… der Heilige Geist, den Gott allen gibt, die ihm *gehorchen*“ (Apg. 5,2). Gefühle werden sich als Nebenprodukt Ihres Gehorsams einstellen. Lernen Sie deshalb, von jetzt an im Gehorsam seinem Willen gegenüber zu leben. Wann immer Sie in Sünde fallen oder merken, dass der Heilige Geist nicht da ist, dann gehen Sie unsere Punkte Schritt für Schritt durch. Und denken Sie auch daran, dass Sie, auch wenn Sie eine enge Gemeinschaft mit Gott genießen, Gott gelegentlich bitten müssen, Sie überfließend zu füllen. Jemand hörte einmal, wie Billy Graham betete, er möge mit dem Heiligen Geist erfüllt werden. „Ich dachte, Sie seien erfüllt“, sagte derjenige. „Ja, schon“, entgegnete Billy, „doch das Problem ist: Ich habe ein Leck!“

Gott, mein Vater, jetzt, nachdem ich gesehen habe, wie ich mein Leben mehr für deinen Geist öffnen kann, hilf mir, Tag für Tag im Gehorsam deinen Geboten gegenüber zu leben. Das bitte ich in Jesu Namen. Amen.

Apg. 1,1-11; 5,29; Jak. 1,25; 1. Sam. 15,22
1. Was befahl Christus?
2. Wo hinein mündete ihr Gehorsam?

Welche Bedeutung hat sein Kommen?

„… jede Stadt oder jedes Haus, die mit sich selbst entzweit sind, werden nicht bestehen.“ (V. 25; REÜ)

Zum Lesen & Nachdenken – Matthäus 12,22-37

Welches sind die Kennzeichen eines geisterfüllten Lebens? Wie können wir wissen, dass wir voll sind vom göttlichen Tröster? Ich werde nicht, wie Sie vielleicht erwartet haben, mit dem Thema Geistesgaben anfangen (das kommt später), sondern mit einem Bereich, der mir gleichermaßen wichtig erscheint, obwohl er selten angesprochen wird. Mir geht es um den Bereich des Unterbewussten. Je länger ich lebe, desto mehr wächst die Überzeugung, dass die Kirche hier etwas vom Weg abgekommen ist. Wir haben viel über das Wirken des Geistes auf der bewussten Ebene gesprochen, doch wenig über sein Werk im Unterbewussten gesagt. Wir haben es, ganz allgemein gesagt, versäumt zu sehen, dass ein Teil des Wirkens des Heiligen Geistes im Leben eines Christen darin besteht, seine Kraft und Gegenwart in die Tiefen seiner Persönlichkeit hineinzubringen – selbst in das Unterbewusste.

Man hat uns gesagt, dass etwa ein Zehntel dessen, was im Geist eines Menschen abläuft, bewusst ist, neun Zehntel hingegen unbewusst. Wie der Eisberg, dessen neun Zehntel eingetaucht sind, so wird unser Leben zum Großteil in den untergetauchten Bereichen gelebt. Wenn dem so ist, dann wird augenblicklich klar, dass, wenn die neunzig Prozent, die unter der Oberfläche sind, nicht mit den bewussten zehn Prozent zusammenarbeiten, hier eine ernsthafte Entzweiung vorliegt, eine Entzweiung, die zur Trennung wird. Was immer die neun Zehntel kontrolliert, hat entscheidenden Einfluss auf das verbleibende Zehntel. Der Heilige Geist möchte auf die verborgenen Teile unseres Seins Einfluss nehmen, um diese ungezähmten Kräfte zu zügeln, damit sie für uns und nicht gegen uns arbeiten. Dann ist das Unterbewusstsein nicht länger unser Feind, sondern ein Freund.

Gott, mein Vater, danke, dass du für meine tiefsten Bedürfnisse Vorsorge getroffen hast, das Bedürfnis, die Tiefen in mir zusammenzubringen und zu kontrollieren. Mein Herz freut sich an dem Gedanken, dass ich innerlich zur Einheit gelangen kann. Danke, Vater. Amen.

Joel 2,18-32; Röm. 12,2; 1. Kor. 14,3; 2. Tim. 1,7
1. Was prophezeite Joel?
2. Wo liegt der Unterschied zwischen Träumen und Visionen?

Tag 215

Gibt es eine Antwort?

***„Ich liebe es, den Willen Gottes zu tun …
doch tief in mir ist etwas, … das befindet sich im Krieg.“
(Vs. 22-23; a. d. Engl.)***

Zum Lesen & Nachdenken – Römer 7,21-25

Ich kannte einen hingegebenen Christen, der eine Witwe geheiratet hatte. Diese hatte aus der ersten Ehe einen Sohn im Teenageralter. Der Junge war ausgesprochen rebellisch und der Mann, der jetzt sein Stiefvater war, ärgerte sich sehr über ihn. In einer Nacht, die Mutter war nicht zu Hause, teilten die beiden ein Schlafzimmer. In der Nacht wachte der Mann auf und stellte fest, dass er gerade im Begriff war, den Jungen aus dem Schlafzimmerfenster zu werfen, ein kurzer Stoß noch, und der Junge wäre hinuntergestürzt und schwer verletzt worden.

Was war passiert? Der Mann erzählte mir, dass er an dem Abend mit einem Gefühl tiefer Verbitterung seinem Stiefsohn gegenüber ins Bett gegangen war. Im Moment des Einschlafens ist das Unterbewusstsein sehr empfänglich, und der Groll, den sein Unterbewusstsein jetzt aufnahm, leitete eine Handlung ein, die den Mann, wäre er bei vollem Bewusstsein gewesen, entsetzt hätte.

Ein kleines Mädchen meinte: „Ich möchte gut sein, aber ich möchte nicht gehorsam sein.“ Der bewusste Anteil ihres Geistes wollte, dass sie als gut bekannt war, doch ihr Unterbewusstsein, wo der Egoismus die treibende Kraft ist, wollte niemandem anders gehorchen als nur sich selbst. Der Prediger, der eine ganze Hingabe an Gott verkündigt und der doch nach Anerkennung und Lob giert, leidet unter einer Entzweiung zwischen seinem Bewusstsein und seinem Unterbewusstsein. Der Mensch, der sich müht, anderen zu helfen, jedoch nur, um einer eigenen inneren Not zu begegnen, anstatt sich wirklich für die anderen einzubringen, ist innerlich zerteilt. Die Frage lautet: Kann das Unterbewusstsein vom Heiligen Geist erreicht werden? Von ganzem Herzen sage ich: Ja, kann es! Durch den Heiligen Geist sind wir mit einer göttlichen Gegenwart ausgestattet, die unsere ganze Persönlichkeit erlösen und vereinen kann.

Vater, ich bin dieser innerlichen Teilung, die mich zu zerreißen scheint, überdrüssig. Zähme diese wilden Pferde in mir, damit ich in allen Bereichen meines Lebens deinen vollkommenen Frieden kennen lerne. Um Jesu willen. Amen.

Jak. 1; Röm. 8,6; Jes. 26,3; Phil. 4,8
1. Was macht einen Menschen unstet?
2. Woher kommen Stabilität und Frieden?

Ganz licht

„Wenn du [das Licht] einlässt und keine Finsternis in dir ist, dann lebst du im Licht.“ (V. 36)

Zum Lesen & Nachdenken – Lukas 11,33-36

Ein Prediger sagte einmal: „Ohne den Heiligen Geist müsste sich der christliche Glaube ausschließlich mit Geschichte befassen, mit der Präsentation des historischen Jesus.“ Wenn der Heilige Geist nicht wäre, müssten wir uns in unserem Glauben nur mit dem befassen, was Jesus in der Vergangenheit getan hat, nicht mit dem, was er heute für uns tun kann. Der Geist ist das Bindeglied, das die Erlösung Jesu Christi auf alle Bereiche unseres Lebens zur Anwendung bringt und Kreuz und Auferstehung für das Heute relevant macht. Die Kraft der Erlösung muss so dauerhaft und ständig in uns sein wie das Unterbewusstsein selbst.

Ich wurde einmal gefragt, ob ich eine Bibelstelle vorweisen könne, die meine Ansicht belegt, dass Christus durch die Kraft und die Gegenwart des Heiligen Geistes Bewusstsein und Unterbewusstsein in Einklang zu bringen vermag. Ich wies den Frager auf Epheser 1,10 hin: „[Er plante] … alle Dinge zu vereinen und sie in Christus zusammenzufassen“ (n. d. Engl.). Ich weiß, dass Paulus an dieser Stelle von der letztendlichen Zusammenfassung aller Dinge spricht, doch glaube ich auch, dass wir das Prinzip der Zusammenbringung und des Vereintwerdens der Dinge (für die Christus gestorben ist) nicht erst in großem Maßstab in der Zukunft erleben werden, sondern dass das etwas ist, das wir auf der persönlichen Ebene schon heute erfahren dürfen. Ein weiterer Vers ist natürlich der, den wir heute vor uns haben. Wenn das Bewusste und das Unterbewusste vereint sind und gemeinsam auf ein gutes Ende hinarbeiten, dann ist dieser Vers zur Erfüllung gekommen: „Wenn nun dein ganzer Leib licht ist und keinen finstren Teil hat, … so wird er ganz licht sein.“

O Gott, mein Vater, ich möchte, dass mein innerer Mensch von deinem Licht erhellt wird, ohne dass ein Teil unerlöst bleibt. Nimm die dunklen Ecken weg, damit ich in deinem Licht erstrahle. Um Jesu willen. Amen.

2. Kor. 3; Eph. 5,8; Phil. 2,15; 2. Petr. 1,19
1. Wie wird der Schleier weggenommen?
2. Was bewirkt das?

Tag 217

„Lebendig in ihm“

„… nichts ist ohne das Wort erschaffen. Von ihm kam alles Leben …“ (Vs. 3-4)

Zum Lesen & Nachdenken – Johannes 1,1-14

Kommen wir jetzt zu der Kernfrage in Bezug auf die Zusammenbringung des Unterbewussten. Wie begegnet der Heilige Geist unseren tiefliegendsten Instinkten?

Der Hauptenergiestrom, der unser Sein durchfließt, teilt sich in drei Arme: das Selbst, Sex und die Masse. Der Selbstinstinkt ist die Grundlage aller unserer Handlungen. Es ist der Drang zur Selbstbehauptung, wir wollen „wer sein“. Sex ist der schöpferische Trieb, der Drang, sich zu vermehren. Der Herdeninstinkt treibt uns dazu, der Masse zu folgen. Wir sagen: „Jedermann tut’s“, und das bestimmt unser Leben. Diese Instinkte sind uns von Gott gegeben, doch sind sie durch die Sünde pervertiert worden. Außer in dem Fall, dass sie dem Heiligen Geist ausgeliefert wurden, funktionieren sie jetzt in einem selbst-zentrierten Bezugsrahmen. Unsere heutigen Verse zeigen, dass unsere Instinkte den Stempel Gottes tragen.

Beachten Sie zwei Dinge: a) Gott hat unsere Instinkte erschaffen – „alles wurde durch das Wort [also durch Gott] geschaffen“, und b) sie wurden gemacht, um auf seine Weise zu funktionieren – „das, was gemacht wurde, war in ihm lebendig“ (nach der RSV-Fußnote). Wenn unsere Triebe und Instinkte ihm ausgeliefert sind, werden sie „in ihm lebendig“ – sie leben. Werden wir die Triebe jedoch sich selbst überlassen, bleiben sie tot. Außerhalb Gottes findet sich nur Tod, in ihm gibt es ausschließlich Leben. Ich las von einem Schüler, der eine Aussage Jesu zitieren wollte: „Ich bin gekommen, dass sie Leben haben sollen, Leben im Überfluss.“ Er hatte sich wohl verhört und schrieb statt „more abundantly“ – *im Überfluss* – „moribundantly“ – *todgeweiht* … Leben wir auch ein „todgeweihtes“ Leben?

Vater, ich möchte nicht „todgeweiht“ sein, sondern ein Leben des Überflusses leben. Ich möchte, dass das, was du geschaffen hast – mein Körper, mein Verstand, mein Geist – in dir lebt. Möge es so sein, zur Ehre deines Namens. Amen.

Röm. 1; 8,7; Eph. 4,17

1. Wie werden Menschen zu „Toren“ in ihrem Denken?

2. Was geschah, als Gott die Menschen ihren eigenen Lüsten hingegeben hatte?

Der Weg heißt „Hingabe"

„Habt ihr etwa vergessen, dass euer Körper ein Tempel des Heiligen Geistes ist, der in euch wohnt …?" (V. 19)

Zum Lesen & Nachdenken – 1. Korinther 6,9-20

Wie stellen wir es denn nun an, unsere starken Triebe zu kontrollieren? Versuchen wir einfach, sie „unterzubuttern"? Nein, denn wie schon Hadfield sagte: „Unterdrückte Instinkte sind wie böse Jungs, die, nachdem man sie aus dem Klassenraum verwiesen hat, sich rächen, indem sie von außen Steine in die Fenster werfen." Besser ist es, die bösen Jungs in der Klasse zu halten und sie anzuleiten, ihre Energie auf bessere Dinge zu verwenden.

Wenn die Antwort also nicht lautet: „Unterdrücken!", wie wäre es dann mit „Ausdrücken"? Sollen wir den Trieben in uns freie Bahn lassen? Nein, denn das würde uns in noch stärkere Gebundenheit bringen. Sollten wir vielleicht versuchen, sie zu eliminieren? Keine uns bekannte Methode wäre in der Lage, dies zu tun. Weise ihnen die Tür und sie kommen durchs Fenster wieder herein, oftmals in Verkleidung. Das philosophische Gebäude des Buddhismus baut auf der Idee auf, dass wir Instinkte ausmerzen und Begierden auslöschen können. Ein Missionar fragte einen buddhistischen Mönch: „Was begehrst du?" „Nichts." „Wohin gehst du?" „Nirgendwohin." „Woher kommst du?" „Nirgendwoher." Er wollte „nichts" sein – aber doch auch nicht so ganz. Eifrig verlangte er danach, ein „Nichts" zu sein. Somit war das Begehren immer noch da und widersetzte sich hartnäckig seiner Auslöschung.

Wenn wir die Triebe also nicht ausmerzen können, sie nicht unterdrücken und auch nicht ausdrücken können, was können wir dann noch tun? Wir müssen dem Heiligen Geist erlauben, sie zu übernehmen. Unsere Triebe kommen nur dann ihrer ordnungsgemäßen Bestimmung nach, wenn sie dem Willen Gottes ausgeliefert werden. Wenn wir dem Heiligen Geist gestatten, auf dem Fahrersitz unserer Persönlichkeit Platz zu nehmen, dann sind wir in sicheren Händen.

Vater, hilf mir, rüberzurücken und deinen Geist ans Steuer zu lassen. Die Triebe in mir sind zu stark, als dass ich sie in den Griff bekommen könnte. Von jetzt an bist du der Fahrer. Amen.

4. Mo. 11,1-9; Pred. 6,7; 1. Kor. 10,6; Eph. 2,3
1. Welches Problem hatten die Kinder Israel?
2. Was versäumten sie zu sehen?

Tag 219

„Alles will ich Jesus weihn“

„Wo der Geist des Herrn ist, da ist Freiheit.“ (V. 17)

Zum Lesen & Nachdenken – 2. Korinther 3,7-18

Moderne Ansätze zum Thema „Unterbewusstsein“ können nicht mehr als das fahle Licht der Information darauf zu werfen. Die Botschaft der Bibel jedoch stellt nicht einfach nur Information dar, sie führt vielmehr zur Umgestaltung: „Wo der Geist des Herrn ist, da ist Freiheit.“ Wenn also der Geist des Herrn in uns ist, dann bedeutet das Freiheit von dem Konflikt zwischen Bewusstsein und Unterbewusstsein.

Wenn uns eine derartige Freiheit zur Verfügung steht, warum leben dann so viele Menschen mit dem Konflikt? Weil sie die Kraft und die Gegenwart des Geistes, die ihnen zur Verfügung stehen, noch nie angewendet haben, ihn nicht durch das Mittel der Selbsthingabe in die tieferen Regionen ihrer Persönlichkeit geleitet haben. Gott, Christus oder der Heilige Geist werden sich niemals in irgendeinen Bereich unserer Persönlichkeit hineindrängen. Sie kommen dann, wenn wir die weiße Kapitulationsflagge hissen und, in einem bewussten Akt, zustimmen, dass sie in uns wohnen und regieren.

Es ist schon erstaunlich, wie viele Christen mit dem bewussten Anteil ihres Seins sagen: „Alles will ich Jesus weihn“, um dann im Unterbewussten zu ergänzen: „Einige Bereiche möchte ich aber für mich selbst“. Wir müssen es in die Hand nehmen und entscheiden, ob wir wollen, dass der Geist bestimmte Bereiche unserer Persönlichkeit „evangelisiert“ oder nicht, ob wir wollen, dass er unser ganzes Sein in Beschlag nimmt. Wenn Sie das nie wirklich geklärt haben, dann fragen Sie sich heute: Führe ich mich selbst an der Nase herum, wenn ich sage, dass ich von Gott erfüllt sein möchte? Sagt der eine Teil von mir: „Komm rein!“, während der andere sagt: „Bleib bloß draußen!“? Der Heilige Geist kommt nur in die Bereiche, wo man ihm freiwillig Zutritt gewährt.

Vater, ich glaube, du hast den Finger genau auf mein Problem gelegt. Der Grund, warum ich nie die volle Kontrolle des Geistes verspürt habe, liegt vielleicht darin, dass ich es gar nicht wirklich wollte. Doch jetzt will ich. Mein ganzes Sein schreit nach seinem rechtmäßigen Herrn. Ich ergebe mich jetzt völlig. Amen.

Jak. 4; Gal. 2,20; Röm. 6,6; 2. Tim. 2,11
1. Wo hat der Streit seinen Ursprung?
2. Was bezeugte Paulus?

In die richtige Richtung fahren

„Ihn verkündigen wir, indem wir jeden Menschen ermahnen … um jeden Menschen vollkommen in Christus darzustellen.“ (V. 28)

Zum Lesen & Nachdenken – Kolosser 1,21-29

In einem vom Geist geleiteten Leben hat das Selbst immer noch seinen Platz, doch nimmt es nicht mehr die Mitte ein, sondern dreht sich um Gott, dadurch ist es im Takt und in Harmonie. „Perfektes Funktionieren bedeutet perfekte Gesundheit“, sagte ein Arzt. Das Selbst funktioniert perfekt und ist somit absolut gesund – ein Selbst, mit dem man es aushalten kann. Der Sexualtrieb ist noch da, doch jetzt, auf Gott ausgerichtet, funktioniert er so, wie von Gott vorgesehen. Ist jemand verheiratet, kann er in der körperlichen Gemeinschaft zum Ausdruck gebracht werden, ist jemand unverheiratet, kann er sublimiert und in andere, kreative Richtungen umgeleitet werden. Der Herdeninstinkt ist auch noch da, doch orientiert er sich jetzt am Reich Gottes und man bewegt sich mit dem Rest der Gemeinde in Richtung Einheit des Glaubens und des Geistes.

In einem Leben im Geist werden wir unakzeptable Begierden auf die einzig denkbare Weise los, indem wir sie gegen bessere Wünsche austauschen. Mittels Hingabe werden wir die Selbstzentriertheit los und stellen Gott in den Mittelpunkt. Sex beherrscht uns nicht mehr, weil wir diesen Trieb an Gott und seine Steuerungsmechanismen ausgeliefert haben. Und was passiert dann? Der Sexualtrieb dient uns, macht uns über die reine körperliche Gemeinschaft in der Ehe hinweg kreativ. Der Herdentrieb beherrscht uns nicht länger, weil wir ihn an Gott abgegeben haben. Und dann kommt er zu uns zurück. Und was sehen wir? Wir lieben die Menschen mehr, weil sie uns nicht mehr dominieren und verletzen. Die uns jetzt innewohnende liebevolle Kraft treibt alle „minderwertigen Lieben“ aus, weil wir jetzt auf höhere Ziele ausgerichtet sind.

Heiliger Geist, langsam lerne ich, dass, wenn du die Kontrolle hast, alles perfekt geordnet ist, wenn ich es versuche, gibt es nur Chaos. Leben will gelebt sein – und ich will es ganz auskosten. Hilf mir, mich dir nicht nur einmal auszuliefern, sondern in dieser Haltung zu bleiben. Amen.

Hebr. 6; Mt. 5,48; 2. Kor. 13,11
1. Was meint der Hebräerbrief mit „voller Reife“ und „Vollkommenheit“ (REÜ)?
2. Was war Paulus' Wunsch?

Tag 221

Ein anderer Tröster

„… er wird euch einen anderen Beistand geben.“ (V. 16)

Zum Lesen & Nachdenken – Johannes 14,15-31

Wir haben uns das Wirken des Heiligen Geistes am Unterbewusstsein angeschaut und dabei gesehen, dass, wenn wir ihm gestatten, unsere Persönlichkeit ganz zu durchdringen, sich der innere Konflikt legt. Unser Inneres stimmt mit Gott überein. Der Heilige Geist koordiniert die inneren Kräfte unseres Seins und führt unser Leben seinem großen Ziel zu.

Heute (und während der nächsten sechs Tage) werden wir einen anderen Aspekt des Dienstes des Heiligen Geistes betrachten, den er in unserem Leben zu Anwendung bringen will – den des *Tröstens*. Wir haben uns schon an anderer Stelle mit dem Wort befasst, das Jesus zur Beschreibung des Heiligen Geistes benutzt: *Paraklet*, ein Begriff, der sich, wie wir auch schon sahen, aus den beiden griechischen Worten *para*, „zur Seite, beiseite“, und *kaleo*, „rufen“, zusammensetzt. Viele moderne Bibelausgaben übersetzen dieses Wort mit „Ratgeber“, während ältere Versionen das Wort „Tröster“ benutzen. Diese Betonung kann leicht verloren gehen.

Der Heilige Geist ist nicht nur ein Ratgeber, der in uns wohnt, um uns gut zu raten und Anweisung zu geben, sondern er ist auch dazu da, uns in unseren Verletzungen zu dienen und unsere Wunden zu verbinden. Mit dem Heiligen Geist erfüllt zu sein bedeutet nicht, plötzlich gegen alle Verletzungen des Lebens immun zu sein, oder dass es keine Zeiten mehr gäbe, in denen man sich nicht von den Schwierigkeiten des Lebens überwältigt fühlt. Wie tröstlich ist es dann, wenn ein rauer Wind weht, den Parakleten an der Seite zu wissen, der uns sowohl *tröstet* als auch berät. Ein Lehrer, der sich dem Heiligen Geist geöffnet hatte, meinte: „Jetzt, wo ich völlig in seiner Hand bin, mag ich wohl durchgeschüttelt werden, aber ich werde nicht erschüttert.“ *Das* ist Trost!

Gütiger Heiliger Geist, ich bin zutiefst dankbar, dass du in mir bist, nicht nur, um meine Kräfte zu stärken, sondern zur Heilung meiner Verletzungen. Gesegneter Tröster, danke! Amen.

Joh. 14,1-18; 2. Kor. 1,3-4; 1. Thess. 5,11-14; Jes. 66,13
1. Wie tröstete Jesus seine Jünger?
2. Wie können wir einander trösten?

„Hilfe!“

„Dabei hilft uns der Geist Gottes in all unseren Schwächen und Nöten.“ (V. 26)

Zum Lesen & Nachdenken – Römer 8,18-27

Welch einen Trost bringt dieser Vers all denen, die sich in diesem Augenblick von riesigen Problemen umzingelt sehen. Der Heilige Geist hilft uns in unseren Schwächen! Gott sei Dank lässt er uns nicht allein, sind wir nicht nur auf unsere eigenen, dürftigen Möglichkeiten angewiesen um irgendwie durchzukommen – er kommt um unsere Wunden zu heilen und uns in unseren Verletzungen zu dienen.

Dieses Wörtchen „helfen“ ist einer der faszinierendsten Begriffe der griechischen Sprache. Es ist eine Zusammensetzung aus drei Wörtern: *syn*, „zusammen mit“, *anti*, „gegenüber“, und *lambano*, „entgegennehmen“. Nimmt man alles zusammen, lautet das Wort: *synantilambanomai*. Das heißt: „entgegennehmen, zusammen mit uns, auf die andere Seite“. Wirft das nicht ein neues Licht auf das Wirken des Heiligen Geistes in unserem Leben? Die Worte Jesu im Johannesevangelium könnte man folgendermaßen umschreiben: „Ich werde euch einen Helfer senden, der, wenn ihr ruft, euch zur Seite kommt. Der wird jede Last und jedes Problem annehmen und es zusammen mit euch tragen.“ Wie sollten wir Gott für diesen wunderbaren Dienst des Heiligen Geistes danken! Er ist mit uns, um unsere Unzulänglichkeiten, unsere Schwachheiten, unsere schweren Lasten in den Griff zu bekommen und uns den Trost zukommen zu lassen, den wir benötigen.

Die Griechischkenner sagen uns, dass das Wort umso aufregender wird, je „technischer“ wir es betrachten. Es steht im Indikativ, womit ausgedrückt wird, dass es sich um eine Tatsache handelt. Dazu steht es im Genus des Mediums (Anm. d. Üs.: d. h. „zwischen“ Aktiv und Passiv, im Deutschen reflexiv ausgedrückt), was anzeigt, dass der Heilige Geist diese Aktion nur in Zusammenarbeit mit uns tätigt. Schließlich steht es in der Verlaufsform der Gegenwart, damit geht es also um ein fortwährendes Handeln. Er ist immer da!

Gott, je mehr ich über den Heiligen Geist erfahre, desto mehr merke ich, wie viel ich ihm schuldig bin. Bitte vergib mir, dass ich so oft versäumt habe, seine Gegenwart und seinen Dienst in meinem Leben wahrzunehmen. In Jesu Namen. Amen.

Hebr. 4; Ps. 28,7; 40,18; Heb. 13,6
1. Wie kommen wir zur Ruhe Gottes?
2. Warum können wir uns ihm zuversichtlich nahen?

Tag 223

Zurückweisung tut weh

„Er wurde verachtet, von allen gemieden.“ (V. 3)

Zum Lesen & Nachdenken – Jesaja 53,1-12

Denken wir weiter über die Tatsache nach, dass einer der Dienste des Heiligen Geistes in unserem Leben der des Trösters ist. Ich habe festgestellt, dass es fünf wesentliche Arten von Verletzungen gibt, die Menschen in ihrem Leben erfahren.

Da ist zunächst das Verletztwerden durch *Zurückweisung*. Kann uns der Heilige Geist trösten, wenn wir abgelehnt werden? Ganz sicher kann er das. Im Durcheinander dieser Welt fühlt sich früher oder später jeder einmal zurückgesetzt und abgelehnt. Tatsächlich erfahren manche Menschen derart oft Ablehnung, dass sie kaum noch etwas anderes erwarten. Oft fängt es in der Kindheit an: Das Kind ist vielleicht von den Eltern nicht gewollt, hat das „falsche“ Geschlecht oder missfällt den Eltern aus anderen Gründen. Wie auf einem Kassettenrekorder werden diese Erfahrungen in uns aufgezeichnet. Später im Leben, wenn wir wieder einmal zurückgewiesen werden, trifft uns nicht nur die gegenwärtige Erfahrung, sondern auf merkwürdige Weise scheint der Wiedergabeknopf unseres Kassettenrekorders gedrückt zu werden, der dann all die Gefühle der Zurückweisung vergangener Jahre wieder „zu Gehör bringt“.

Derartige Gefühle der Zurückweisung aus vergangenen Tagen, die niemals Heilung erfahren haben, können einer Person eine Last aufbürden, die sie alleine nicht zu tragen in der Lage ist. Das ist dann der Grund, warum diese Leute zusammenbrechen. Kaum jemand bricht wegen eines einzigen Anlasses zusammen, normalerweise ist es am Ende ein letzter Tropfen, der das Fass überlaufen lässt. Schleppen Sie noch Gefühle der Ablehnung aus der Vergangenheit mit sich herum? Oder sind Sie in den letzten Tagen oder Wochen abgewiesen worden? Dann begeben Sie sich ganz nah in die Gegenwart Gottes. Der Heilige Geist ist mit Ihnen, um ihre Verletzungen zu heilen – gerade in diesem Moment.

Gütiger Heiliger Geist, ich bin dankbar, dass du mir zur Seite getreten bist, um mir in der Stunde meiner Not zu helfen. Ich gebe dir jedes Gefühl von Ablehnung und Verletzung, das sich in meinem Herzen findet. Heile mich jetzt im Namen Jesu. Danke, Vater. Es ist vollbracht. Amen.

Lk. 15,11-32; Eph. 1,6; 2. Kor. 5,9; Apg. 10,35
1. Was will das Gleichnis aussagen?
2. Welche drei Dinge erhielt der jüngere Sohn, um das zu bestätigen?

Falsche Anschuldigung

„Glücklich könnt ihr sein, wenn ihr … verleumdet werdet, weil ihr mir nachfolgt.“ (V. 11)

Zum Lesen & Nachdenken – Matthäus 5,1-12

Heute untersuchen wir eine weitere Erfahrung, die das menschliche Herz oft verletzt – *falsche Anschuldigung*.

Sind Sie eines Fehlers beschuldigt worden, für den Sie nicht verantwortlich sind? Und obwohl Sie versucht haben, die Sache zu erklären und sich zu verteidigen, hat Ihnen keiner geglaubt? Tut weh, nicht wahr? Ich habe viele Christen kennen gelernt, die sich, nachdem sie sich mit falschen Anschuldigungen konfrontiert sahen, ganz vom Glauben abgewandt haben. Das ist traurig! Einer meiner Freunde wurde von Mitchristen fälschlich angeklagt. Obwohl ich selbst und viele andere Christen wussten, dass die Anschuldigung nicht gerechtfertigt war, und ihn leidenschaftlich in Schutz nahmen, brach dieser Mann schließlich zusammen und musste in eine psychiatrische Einrichtung eingewiesen werden.

Die Menschen – Christen eingeschlossen – haben ihre eigenen Wege, um mit den Gefühlen, die nach falschen Anschuldigungen in einem hochkommen, umzugehen. Einige wenden sich dem Trinken zu. Sie möchten den Schmerz in sich betäuben und benutzen die Methode, die am schnellsten zum Ziel zu führen scheint. Doch funktioniert das nicht, denn immer gibt es den Morgen danach. Andere wenden sich Büchern zu. Diesen Rat gab Edmund Gosse seinem Freund Robert Ross, als dieser Ende des 19. Jahrhunderts in die Oscar-Wilde-Affäre verwickelt war. „Suche dir Trost in den Büchern“, lautete sein Rat, der aber nicht half. Wieder andere entdecken die Natur, die Kunst oder die Musik – sicher nicht der schlechteste Weg. Wenn Sie Christ sind und Ihr Herz mit der Last einer falschen Beschuldigung beschwert ist, dann kann ich Ihnen versichern, dass der gute Tröster auch jetzt an Ihrer Seite ist. Übergeben Sie ihm den Schmerz. Es ist ihm eine Freude zu heilen.

Gesegneter Herr Jesus, du, der du den Schmerz falscher Anschuldigungen kennst, komm du in der Kraft deines Geistes zu mir und heile mich jetzt. Ich nehme – und du unternimmst etwas. Danke, mein Retter. Amen.

Jak. 3; 1. Petr. 2,1; 3,16; Lk. 6,7
1. Was lässt sich am schwierigsten zähmen?
2. Wofür sollen wir unsere Zunge benutzen?

Der Schmerz der Enttäuschung

„Du bist der Gott meiner Zuflucht. Warum hast du mich verworfen?“ (V. 2; REÜ)

Zum Lesen & Nachdenken – Psalm 43,1-5

Andere tiefe Verletzungen können das Ergebnis von *Enttäuschungen* sein. Wie erwarten, dass die Dinge in einer bestimmten Weise laufen, wenn's dann anders läuft, fühlen wir uns fallen gelassen. Menschen können uns enttäuschen und selbst Gott, etwa dann, wenn er entschieden hat, unser Leben in eine andere Richtung zu führen, als wir es erhofft haben.

Eine Frau schrieb mir, dass ihr Gott, während sie meinem Vortrag über „Heilung der Verletzungen des Lebens“ zuhörte, in heilender Weise begegnete und ihr ihre tiefsitzenden Gefühle von Enttäuschung nahm. Sie fühlte sich von Gott enttäuscht, weil er, wie sie es ausdrückte, „meinen Mann nicht geheilt und ihn stattdessen zu sich genommen hat“. Auf der Heimfahrt nach der Versammlung entging die Frau nur knapp einem schweren Verkehrsunfall. Da flüsterte ihr der Herr ins Herz: „Und du hast an meiner Liebe dir gegenüber gezweifelt?“ Innerhalb weniger Stunden wurde der bittere Enttäuschungsschmerz geheilt, ein Schmerz, den sie einige Jahre mit sich herumgeschleppt hatte.

Kämpfen Sie gerade mit Enttäuschung? Haben andere Menschen Sie fallen gelassen? Oder vielleicht fühlen Sie sich so, als hätte Gott selbst Sie fallen gelassen, und Sie meinen, dass Sie, weil er eben Gott ist, nicht in dieser Weise fühlen sollten. Also unterdrücken Sie Ihre Enttäuschung und verdrängen sie ins Unterbewusstsein. Bringen Sie es ihm – jetzt. Gott wird nicht wütend darüber werden, wenn Sie ihm sagen, dass Sie von ihm enttäuscht sind. Wenn Sie über Gott verwirrt sind, dann bekennen Sie ihm das, sagen Sie ihm genau, wie Sie sich fühlen. Dann, wenn alles heraus ist und Sie bekannt haben, dass Sie – und nicht er – falsch lagen, dann liefern Sie ihm neu Ihr Herz aus, legen es in seine Hand und erfahren die Heilung, die der göttliche Tröster bringt.

Himmlischer Vater, ich bin so dankbar, dass ich dir alle Verletzungen und Enttäuschungen bringen darf. Mancher irdische Vater würde es seinen Kindern nicht erlauben, sich über ihn zu ärgern, doch du nimmst mich so an, wie ich bin. Heile jetzt jede Enttäuschung in mir. Um Jesu willen. Amen.

Joh. 11,6-22; Ps. 13,1-6; 69,4; 2. Petr. 3,9
1. Wie brachte David seine Enttäuschung zum Ausdruck?
2. Was machte Martha mit ihrer Enttäuschung?

Der Schmerz, versagt zu haben

„In sicherem Abstand folgte ihnen Petrus … um zu beobachten, was mit Jesus geschehen würde.“ (V. 58)

Zum Lesen & Nachdenken – Matthäus 26,57-68

Auch *Versagen* gehört zu den Erfahrungen, die einen sehr verletzen können. Eine Missionarin bekannte mir: „Ich kann einfach nicht zurück auf das Missionsfeld, denn alles, was ich angepackt habe, ist in sich zusammengebrochen. Ich bin ein Versager.“ Ich verdeutlichte ihr, dass die Geschichte Jesu hier auf Erden auch ein augenscheinlicher Fehlschlag war. Sein Volk hatte ihn verstoßen und er endete am Kreuz. Die, welche ihn sterben sahen, erkannten in seinem Tod das Scheitern seiner Sache. Aber stimmte das? Drei Tage später verwandelte sich das Versagen in Triumph, als er von den Toten auferstand und sich über alle Feinde als siegreich erwies.

Ich erklärte ihr, dass „Ich bin ein Versager“ zu sagen bedeutet, einer Lüge Glauben zu schenken. Die Tatsache, dass Sie in einer Sache versagt haben, macht aus Ihnen keinen Versager. Sie sind ein Kind Gottes und ein Miterbe Christi – ein Sohn oder eine Tochter des Himmels, mit Auferstehungsleben in sich. Wie können Sie dann behaupten, Sie seien ein Versager? Einige Dinge, die Sie anfassen, mögen nicht so laufen, wie Sie sich das vorstellen, aber ist das so schrecklich? *Erfolg oder Versagen sind nicht so wichtig, wie die Treue in dem, was Gott Ihnen aufgetragen hat.*

Während ich diesen letzten Satz hervorbrachte, entgegnete die Missionarin: „Sie haben die größte Spannung in meinem Leben gelöst.“ Während wir dann beteten, brachte der Heilige Geist die Heilung zur Vollendung, sie erhob sich, ein ganz neues Funkeln in den Augen. Möge Gott diese Worte benutzen, auch Ihnen in Ihren Verletzungen zu dienen. Erfolg oder Versagen sind nicht so wichtig wie die Treue in dem, was Gott Ihnen aufgetragen hat.

Gütiger Vater, danke, dass du mir gezeigt hast, dass mein Versagen nicht bedeutet, dass ich ein Versager bin. Heile die innerlichen Verletzungen, die mir das Versagen beigebracht hat, und hilf mir, dir in allem treu zu sein. Um Jesu willen. Amen.

Mt. 26,33-35; 26,69-75; Lk. 15,7; 24,12; Joh. 21,15-19; Apg. 2,14
1. Wie wollte Petrus sein Versagen wieder gutmachen?
2. Wie half der Heilige Geist dem Petrus nach seinem Versagen?

Tag 227

Der Schmerz eines schweren Traumas

„Gott hat mich … meine Sorgen vergessen lassen.“ (V. 51)

Zum Lesen & Nachdenken – 1. Mose 41,46-52

Kommen wir jetzt zur fünften und letzten Kategorie von Verletzungen, die, welche daher rühren, dass uns ganz schlimme Dinge widerfahren sind wie etwa körperliche Schläge, sexueller Missbrauch oder eine ernsthafte Verletzung. In der Gemeinde finden sich eine Menge „wandelnde Verletzte“. Den Heiligen Geist verlangt danach, Sie von solchen Verletzungen zu heilen, doch kann er das nur, wenn Sie ihn lassen.

Um dem Heiligen Geist zu ermöglichen, unsere tiefen Verletzungen zu heilen, müssen wir willens sein, allem Groll, der häufig damit verbunden ist, abzusagen. Wenn wir eine traumatische Erfahrung machen, dann kommt es häufig vor, dass wir mit einem gewissen Maß an Selbstmitleid reagieren: „Warum musste mir das passieren?“ Wie auch immer Sie diese Bitterkeit zu rechtfertigen versuchen, am Anfang einer tiefen Heilung muss der Wille stehen, allen Groll loszulassen. Das meine ich, wenn ich sage, dass der Heilige Geist Ihre Verletzungen heilen will – wenn Sie ihn lassen. Er kann keine Heilung bringen, wenn noch Bitterkeit vorhanden ist. Das wäre wie eine oberflächliche Heilung, wo doch unter der Haut eine Eiterbeule vor sich hin schwärt. Wenn Sie sich von der Bitterkeit lossagen, dann, das verspreche ich Ihnen, wird die Heilung ihren Anfang nehmen.

Sie kennen die Geschichte von Joni Eareckson? Jung, hübsch, lebhaft – und dann hatte sie einen Tauchunfall, der sie querschnittsgelähmt werden ließ. Sie malte Bilder, indem sie den Pinsel mit den Zähnen hielt. Ihr Zeugnis ging um die Welt. Zuerst war sie wütend und verbittert, doch eines Tages ließ sie alle Bitterkeit fahren und erfuhr eine innere Heilung. Äußerlich ist sie immer noch dieselbe, aber innen drin ist sie neu geworden.

Heiliger Geist, mir wird klar, dass ich, wenn ich an Verbitterung und Groll festhalte, nur erreiche, dass deine Heilungskraft blockiert wird. Ich übergebe dir allen Groll, jedes Gramm Selbstmitleid, und empfange stattdessen eine vollkommene Heilung. Amen.

Hiob 42; Hebr. 12,15; Eph. 4,31; 5. Mo. 32,32; Apg. 8,23
1. Wie lautete Hiobs Bekenntnis?
2. Wann wendete Gott Hiobs schlimme Lage?

Der göttliche Mitarbeiter

„Die Frucht des Geistes aber ist: Liebe, Freude, Friede …" (V. 22)

Zum Lesen & Nachdenken – Galater 5,16-23

Ein weiterer Aspekt des Wirkens des Geistes in unserem Leben ist der, dass er an unserer Umgestaltung in Christi Ebenbild *mitarbeitet.* Der Heilige Geist fungiert nicht nur als Koordinator, indem er unser Bewusstsein und unser Unterbewusstsein zusammenbringt, er ist nicht nur der Tröster, der uns in unseren tiefen Verletzungen hilft, er ist auch ein Mitarbeiter – er hilft uns, mehr wie Jesus zu werden.

Haben Sie je darüber nachgedacht, was Gottes vorrangiges Ziel in Ihrem Leben sein könnte? Es geht ihm nicht darum, aus Ihnen einen Billy Graham oder eine der anderen christlichen Größen zu machen. Gottes erstes Ziel ist es, Sie in das Bild seines Sohnes Jesus Christus umzugestalten. Ich mag es, wie die *Living Bible* Römer 8,29 wiedergibt: „Von Anfang an hatte Gott beschlossen, dass die, welche zu ihm kommen würden, … seinem Sohn gleich werden sollten." Ist das nicht wunderbar? Und der Heilige Geist ist deshalb bei Ihnen eingezogen, um mitzuhelfen dieses Ziel zu erreichen.

Wie erfüllt er denn nun diesen ungeheuren Auftrag? Indem er in unserer Persönlichkeit die Bestandteile des Wesens Jesu versprüht, die Eigenschaften, die man in Paulus' Beschreibung der „Frucht des Geistes" sehen kann. Alle neun Bestandteile der Frucht des Geistes können beispielhaft im Leben Jesu wahrgenommen werden. Aufgabe des Geistes ist es, sie in und durch unsere Persönlichkeit zu verbreiten. Wenn Paulus sich auf das Fleisch bezieht, spricht er von „Werken", beim Bezug auf den Geist jedoch von „Frucht". „Werke" bezeichnen etwas, das „hergestellt" wird, nichts Natürliches. „Frucht" bezeichnet hingegen etwas, das einen natürlichen Ursprung hat, wie jemand sagte: „Wenn wir ‚in Christus' sind, dann ist das Böse fremd, das Gute aber vertraut." So ist's!

Vater, hilf mir, alle meine Kanäle offen zu halten, damit dein Geist fließen und seine Frucht wachsen und wachsen kann. Darum bitte ich, damit der Lobpreis und die Ehre deines Namens zunimmt. Amen.

Ps. 1,1-6; Jak. 3,17; Eph. 5,9; Röm. 14,17
1. Woran erfreut sich ein frommer Mensch?
2. Welche Frucht findet sich im Leben gerechter Menschen?

Tag 229

Liebe und Freude

„Er hat schon damals beschlossen, dass wir durch Jesus Christus seine eigenen Kinder werden sollten.“ (V. 5)

Zum Lesen & Nachdenken – Galater 5,22-23 u. Epheser 1,3-14

Die Eigenschaft, die der Heilige Geist zuerst in uns entwickeln möchte, ist die *Liebe*. Paulus legt in 1. Korinther 13,13 besonderen Nachdruck auf die Liebe: „Was bleibt, sind Glaube, Hoffnung und Liebe. Die Liebe ist die Größte.“ Je mehr wir dem Heiligen Geist erlauben, sich den Weg in unsere Herzen zu bahnen, desto mehr werden wir in der Liebe wachsen. Wenn wir nicht in der Liebe wachsen, dann wachsen wir nicht – Punkt. Ohne Liebe bleiben wir unreif oder, wie Dr. Karl Menninger es ausdrückt: „Wenn Liebe sich nur um sich selbst dreht, sich selbst im Mittelpunkt hat, dann ist das Ergebnis eine unreife Persönlichkeit. Wenn Liebe selektiv ist, sich nur auf eine bestimmte Gruppe, Klasse oder Rasse erstreckt, dann werden wir auch hier eine unreife Persönlichkeit vorfinden.“

Die Elberfelder Bibel liest Epheser 1,5 wie folgt: „In Liebe hat [Gott] uns zur Sohnschaft durch Jesus Christus für sich selbst … vorherbestimmt.“ Unsere Bestimmung ist es, Gottes Kinder zu sein, und zwar durch Liebe. Wenn diese Bestimmung aus Liebe geschah, dann muss sie auch eine Bestimmung zum Lieben beinhalten. Wenn Sie dem Heiligen Geist erlauben, in Ihnen Gottes Liebe zu entfalten, dann entscheiden Sie sich, Ihre Bestimmung zu erfüllen.

Zweite „Zutat“ der Frucht des Geistes ist die *Freude*. Viele Christen wissen nicht viel von Freude zu berichten, sie leben unter der Knute der Pflicht. Sind Sie so jemand? Es ist kein Zufall, dass die Freude nach der Liebe genannt wird, denn Freude ist ein Nebenprodukt von Liebe. Wenn Sie zunächst nach der Freude suchen, wird sie sich Ihnen entziehen, wenn Sie sich jedoch mit der Liebe Jesu umgehen, werden Sie von der Freude aufgesucht werden. Ganz automatisch werden Sie sich freuen.

Vater, ich will, dass dein Heiliger Geist so mächtig in mein Leben kommt, dass es wie ein artesischer Brunnen ist, aus dem es nur so herausspritzt, damit deine Liebe und Freude in alle meine Beziehungen hineinkommt. Um Jesu willen. Amen.

1. Kor. 13; Röm. 8,35; 5,8; 2. Kor. 5,14; Eph. 2,4
1. Listen Sie die Merkmale der Liebe Gottes auf.
2. Wie finden diese Merkmale in Ihrem Leben Anwendung?

Freude und Frieden

„Jesus sagte: ‚Friede sei mit euch!‘ … Dann hauchte er sie an und sprach: ‚Empfangt den Heiligen Geist!‘“ (Vs. 21-22)

Zum Lesen & Nachdenken – Galater 5,22-23 u. Johannes 20,19-22

Viele Christen erwarten gar nicht erst, dass ihr Wesen mit Freude durchflutet werden könnte; weil sie es nicht erwarten, bekommen sie es auch nicht – so, wie ich es mit einer Dame erlebte: „Ich betete zu Gott, mich mit dem Geist zu erfüllen. Und was passierte? Nichts!“ „Und“, fragte ich, „was hatten Sie denn erwartet?“ „Nichts.“ „Ja, dann haben Sie doch bekommen, was Sie erwartet haben, oder?“ Gehen Sie mit der Erwartung durchs Leben, dass Gottes Liebe und Freude zum Durchbruch kommen, und es wird geschehen. „Um was ihr auch bittet – glaubt fest, dass ihr es schon bekommen habt, und Gott wird es euch geben“ (Markus 11,24).

Dritter Bestandteil der Frucht des Geistes ist der *Friede*. Diese Reihenfolge muss wirklich inspiriert sein: erst die Liebe – Liebe ist das hervorragende Attribut, dann die Freude – als Resultat der Liebe; schließlich der Friede – Frieden ist Freude, die sich in tiefer Zuversicht gründet. „Frieden“, sagte ein Autor, „das ist Freude, die ihre Arme fest um die Gewissheit geschlungen hat.“ Schönes Bild!

Eine nicht geringe Zahl von Christen ist der Ansicht, dass das Leben ein Kampf ist und dass wir uns, indem wir diesen Kampf aufnehmen und durchstehen, weiterentwickeln. Aber das ist nur die eine Hälfte der Geschichte. Es stimmt schon, dass wir mit der Auseinandersetzung wachsen, wahr ist aber auch, dass es möglich ist, egal, wie schwierig unsere Umstände sein mögen und wie kräftig uns der Wind um die Ohren bläst, in unserem Innersten einen tiefen, beständigen Frieden zu erleben. Paulus sagte, dass der Friede Gottes all unser Verständnis übersteigt, wobei jemand ergänzte: „Und auch das Missverständnis“. Als der Mob einmal ein Gebäude, in dem John Wesley predigte, mit Steinen bewarf und alle Zuhörer ängstlich flohen, legte sich Wesley hin und schlief, inmitten der umherliegenden Steine. Er befand sich im Frieden mit Gott, darum hatte er einen Frieden in sich, der alles Verstehen überstieg.

Gütiger Vater, es wird immer besser. In dir und durch deinen Geist habe ich nicht nur Liebe und Frieden, sondern innere Gelassenheit und Ruhe. Ewig bin ich dir dankbar. Amen.

Joh. 16,19-33; Röm. 8,6; Kol. 3,15; Phil. 4,7
1. Was stört unseren Frieden?
2. Was meint das Wort „regieren“?

Geduld und Freundlichkeit

„Zieht nun an als Auserwählte Gottes … Güte, … Langmut.“ (V. 12)

Zum Lesen & Nachdenken – Galater 5,22-23 u. Kolosser 3,12-14

Die vierte Frucht des Geistes ist *Geduld*, oder, wie andere Übersetzungen es formulieren, „Langmut“. Jemand hat einmal vorgeschlagen, Langmut als „langgezogene Liebe“ zu beschreiben. Sie ist derart elastisch und zäh, dass sie nicht vor Ungeduld zerbricht. Inmitten des Stroms menschlicher Umstände und Gegebenheiten bewahrt sie eine geduldige Haltung. Dabei darf Geduld nicht mit Gleichgültigkeit verwechselt werden. Eine philosophische Richtung der Antike, der so genannte Stoizismus, erklärte die Gleichgültigkeit zu einer Tugend. Es gab Leute in der frühen Christenheit, die versuchten, diese Haltung zu christianisieren, doch gelang das nicht. Ein Christ ist jemand, der sich kümmert und sorgt. Und weil wir das tun, leiden wir, doch mitten im Leid erfahren wir zurüstende Geduld des Heiligen Geistes.

Nachdem sie zum Glauben gekommen war, durchlebte eine Frau eine Zeit der Drangsalierung seitens ihrer Familie. Sie berichtet: „Ich war nie eine besonders geduldige Frau, aber seit Christus und sein Geist in mein Leben eingezogen sind, haben sie mich innerlich auf den Kopf gestellt. Früher musste ich bei jeder Diskussion in der Familie das letzte Wort haben. Ich habe immer noch das letzte Wort … doch mein letztes Wort ist Schweigen.“ Mittlerweile hört ihre Familie zu, wenn sie etwas sagt, weil sie jetzt aus der Tiefe des Schweigens das Wort ergreift. Die *Amplified Bible* umschreibt Galater 5,22 so: „Doch die Frucht des Geistes (die Aufgabe, die er durch seine Gegenwart erfüllt) – ist Geduld“ (a. d. Engl.).

Dann kommen wir zu *Freundlichkeit*. Das scheint eine recht gewöhnliche Tugend zu sein, doch ohne sie sind die anderen Tugenden unvollständig. Es ist kein Zufall, dass die Güte genau in der Mitte der Aufzählung steht, gibt sie den anderen doch eine gewisse Würze.

Vater, ich möchte, dass all die Tugenden mit Freundlichkeit gewürzt sind, damit der Geist der Freundlichkeit alles, was ich bin und tue, durchzieht. Amen.

1. Thess. 1; Röm. 5,3; 12,12; Lk. 21,19; Jak. 1,4
1. Wie bringt Paulus Geduld und Verfolgung in Zusammenhang?
2. Worüber freut sich Paulus?

Freundlichkeit und Großzügigkeit

„… Freigebigkeit, die durch uns Danksagung Gott gegenüber bewirkt.“ (V. 11)

Zum Lesen & Nachdenken – Galater 5,22-23 u. 2. Korinther 9,6-15

Bleiben wir noch etwas bei der *Freundlichkeit.* In der unvergesslichen Beschreibung der vorbildlichen Ehefrau in Sprüche 31 lesen wir eine Aussage: „Ihren Mund öffnet sie mit Weisheit, und auf ihrer Zunge ist das Gesetz der Freundlichkeit“ (V. 26, n. d. Engl.). Das *Gesetz* der Freundlichkeit! Eine vorbildliche Ehefrau hat sich eine Regel auferlegt, dass alles, was sie sagt und tut, mit diesem Gesetz der Freundlichkeit in Übereinstimmung ist. Freundlichkeit ist nicht in ihren Emotionen, sondern in ihrem Willen verankert, damit wurde sie zu einer Lebenseinstellung. Mögen wir heute, auf unseren Knien, dafür Sorge tragen, dass dieses Gesetz unsere Herzen bestimmt und wir unter seinen beständigen Einfluss kommen.

Als sechste Frucht wird uns die *Güte* genannt. Das griechische Wort lautet *agathosyne*, das nach Aussage der Experten „Freundlichkeit in Aktion“ bedeutet. Dieses Wort wird am besten verstanden (und manchmal auch so übersetzt) als „Großzügigkeit, Freigebigkeit“. Interessanterweise übersetzt Moffatt die Aussage Jesu in Matthäus 6,22 so: „Wenn dein Auge großzügig ist, wird dein ganzer Leib erhellt sein“ (a. d. Engl.) Wenn Ihr „Auge“ (Ihre Sichtweise, die Art, wie Sie Dinge betrachten) großzügig ist, dann wird Ihre ganze Persönlichkeit erhellt und licht sein. Jesus verhielt sich allen gegenüber großzügig, den Armen, den Sanftmütigen, den Sündigen und den Unliebenswerten – und sein gesamtes Wesen war voller Licht. Durch den Dienst des Heiligen Geistes nimmt dieses Wesensmerkmal Jesu auch in uns Gestalt an – wenn wir es zulassen. Und wenn wir das tun, werden wir jedermann mit einem „großzügigen Auge“ ansehen können.

Herr Jesus, dein großzügiges Auge sah in mir etwas, was noch nicht da war – und dann war es da! Hilf mir, dass ich auf diese Weise auch andere Menschen sehe. Um deines lieben Namens willen. Amen.

2. Petr. 1; Röm. 12,10; 1. Kor. 13,4; Eph. 4,32; Kol. 3,12
1. Wo hat die Freundlichkeit ihren Ursprung?
2. Wo können Sie heute Freundlichkeit erweisen?

Tag 233

Treue und Sanftmut

„Er zeige aus dem guten Wandel seine Werke in Sanftmut der Weisheit!“ (V. 13; REÜ)

Zum Lesen & Nachdenken – Galater 5,22-23 u. Jakobus 3,13-18

Die siebte Frucht ist die *Treue*. Ein Christ, in dem sich diese Frucht entwickeln konnte, ist völlig zuverlässig. Jemand sagte einmal: „Der ultimative Test für den Charakter eines Menschen ist folgender: Kann es irgendwelche Umstände geben, unter denen er nicht die Wahrheit sagen würde? Wenn ja, dann ist auch der Rest seines Charakters wertlos, denn er ist im Grunde unzuverlässig.“ Starker Tobak! Ich frage mich, wie viele von uns diesen Test bestehen würden. Ich kenne eine Christin, die fast bis zur Selbstaufgabe für die Sache Jesu gearbeitet hatte. Sie konnte es jedoch nicht unterlassen, ständig Lügen zu verbreiten. Diese Lügerei machte ein Gutteil ihres Lebenswerks zunichte.

Ist es jemals richtig zu lügen? „Gott ist kein Mensch, der lügt“ (4. Mo. 23,19). Wenn Gott schon nicht lügen kann, dann wird er uns auch wohl kaum das Vorrecht lassen, dies für ihn zu tun! Wie treu und zuverlässig sind Sie in Ihrem Christenleben? Besehen Sie sich heute einmal Ihr Leben im Licht des Heiligen Geistes. Checken Sie, ob da vielleicht noch unerledigte Kleinigkeiten sind, nicht eingehaltene Versprechen oder nur halb ausgeführte Aufgaben, wenn ja, nehmen Sie sich vor, die Sachen in Ordnung zu bringen.

Als achte Frucht wird uns die *Sanftmut* oder *Milde* genannt. Dieser Begriff wird in christlichen Kreisen grob missverstanden, indem man Sanftmut mit Schwäche gleichsetzt. Vielen kommt dann der unterwürfige Geist Uriah Heaps in den Sinn, der sagte: „Ich bin demütig, Master Copperfield, so demütig.“ Ich konnte einmal zusehen, wie sich ein Dampfhammer so langsam auf ein Ei senkte, dass die Schale nur ganz leicht anknackte. Das ist Sanftmut. Göttliche Kraft und Stärke, auf sanfteste Weise dargeboten.

Vater, wie sehne ich mich danach, dass diese Eigenschaft in meinem Leben erkennbar wird. Allzu oft bin ich entweder zu anmaßend oder zu zurückhaltend. Gib mir durch deinen Geist die Sanftmut, die andere erkennen lässt, dass ich dir nachfolge. Um Jesu willen. Amen.

Lk. 19,1-27; Offb. 2,10; Hebr. 10,23; 1. Petr. 4,19; 1. Kor. 4,2
1. Was antwortete der Herr dem treuen Knecht?
2. Wie verfuhr er mit dem untreuen?

Selbstbeherrschung

„Der Geist Gottes [bringt] Besonnenheit und Selbstbeherrschung hervor.“ (Vs. 22-23)

Zum Lesen & Nachdenken – Galater 5,22-23 u. Matthäus 10,37-39

Die letzte der neun Früchte des Geistes ist die *Selbstbeherrschung*. Interessanterweise stellt Paulus die Selbstbeherrschung an den Schluss. Andere Religionen hätten sie wohl zuerst genannt. Der Konfuzianismus lehrt, dass die Selbstbeherrschung den überlegenen Menschen hervorbringt, während die Stoiker von ihr den gänzlich gleichmütigen Menschen erwarteten. Manche moderne Sekte nimmt an, dass Selbstbeherrschung zu einem glücklichen Menschsein führt. Sie liegen allesamt falsch. Auch Christus erlangen wir nicht über die Selbstbeherrschung, sondern umgekehrt. Das Wort findet sich nur an dieser Stelle im Neuen Testament, die Eigenschaft ist ein Nebenprodukt der Liebe. Wenn Sie mit der Liebe starten, kommen Sie am Ende zur Selbstbeherrschung. Wenn man es in der anderen Reihenfolge versucht, endet man im Nervenzusammenbruch.

Die Selbstbeherrschung, die der Heilige Geist bewirkt, ist nicht von der nervösen, ängstlichen Sorte. Es ist eine ganz entspannte, unaufgeregte Art der Beherrschung, somit angenehm. Kein Wunder, wenn ein großer Denker zu dem Schluss kam: „Liebe Christus – und dann tue, was du willst“, denn wenn Sie Christus lieben, dann wollen Sie das, was er will. Unsere Selbstbeherrschung gründet sich auf dem Wunsch, ihm zu gefallen.

Wenn wir jetzt mit der Betrachtung der wunderbaren Frucht des Heiligen Geistes zum Ende kommen, möchte ich noch darauf hinweisen, dass alle Eigenschaften zusammengehören. Moffatt übersetzt Galater 5,22 mit: „Doch die Ernte des Geistes ist …“ Es ist *eine* Ernte. Wo die Liebe an erster Stelle steht, wo Freude und Friede zu Hause sind, wo Langmut und Freundlichkeit entspringen, wo Güte, Treue und Selbstbeherrschung vorzufinden sind – da strahlt die Christusähnlichkeit auf.

Heiliger Geist, ich bin so dankbar, dass du an der Arbeit bist, mich in das Bild Jesu zu formen. Mögen die Konturen seines Wesens Tag für Tag deutlicher an mir erkennbar werden. Um seines Namens willen. Amen.

Mt. 27; Spr. 16,32; Röm. 6,12; 2. Petr. 1,5-6
1. Wie erwies Jesus Selbstbeherrschung?
2. Wie zeigt sie sich bei uns?

Tag 235

Der Mantel der Kraft

„Aber ihr werdet Kraft empfangen, wenn der Heilige Geist auf euch gekommen ist." (V. 8; REÜ)

Zum Lesen & Nachdenken – Apostelgeschichte 1,1-8

Als Nächstes schauen wir uns an, wie der Heilige Geist seine Leute mit übernatürlicher Kraft bekleidet. Es ist eine Sache, innerlich zur Einheit gekommen zu sein, eine andere jedoch, gekräftigt zu sein, um allen Anforderungen, die von außen an einen herangetragen werden, begegnen zu können. Der Heilige Geist kann – wenn wir es erlauben – beides bewerkstelligen. Wenn Jesus im Johannesevangelium über den Heiligen Geist und sein Wirken spricht, dann benutzt er zwei verschiedene Präpositionen. Er sagt: „Er wird *bei* euch bleiben und *in* euch leben" (14,17). Eine weitere Präposition verwendet er in unserem heutigen Text: „Er wird *auf* euch kommen." Das Wörtchen „auf" lässt an ein Bild denken, auf dem der Heilige Geist den Jüngern den Mantel göttlicher Allmacht auf die Schultern legt, die es ihnen ermöglicht, in seinem Namen große Taten zu vollbringen.

Die alttestamentliche Geschichte von Elia und Elisa illustriert diesen Aspekt noch ein wenig. Sie erinnern sich: Elia trug einen Mantel, der mit großer übernatürlicher Kraft ausgestattet war. Ohne Zweifel liebäugelte sein Diener Elisa mit diesem Kleidungsstück. Elia versprach ihm, dass, wenn er selbst in den Himmel aufgenommen werden würde, sein Mantel, mit dem doppelten Anteil des Geistes, an Elisa fallen würde. Als dann der Tag von Elias Himmelfahrt gekommen war, blickte Elisa ihm nach und empfing dann den begehrten Mantel. Er ging hin und vollbrachte doppelt so viele Wunder wie sein Meister.

Den Mantel der Kraft, den Jesus während seines Erdenlebens getragen hat, hat er nun an uns weitergegeben. Und nun holen Sie einmal tief Luft! Hören Sie, was Jesus denen sagt, die an ihn glauben: „Wer an mich glaubt, wird die gleichen Taten vollbringen wie ich – ja sogar noch größere" (Joh. 14,12).

Vater, vor was für eine Herausforderung stellt das mich und alle anderen, die zur Gemeinde gehören. Wir tun kaum ein Zehntel von dem, was du getan hast, geschweige denn das Doppelte. Irgendetwas stimmt nicht. Zeige mir in den nächsten Tagen, wie das wieder in Ordnung kommen kann. In Jesu Namen. Amen.

2. Kön. 2; Sach. 4,6; Lk. 4,14; Apg. 19,11-12
1. Was zeigt das Begehren des Mantels über Elisas Charakter?
2. Was wird über Jesus berichtet, wie er aus der Wüste zurückkam?

Reinheit und Kraft

„Denn unser Evangelium erging … in Kraft und im Heiligen Geist und in großer Gewissheit.“ (V. 5; REÜ)

Zum Lesen & Nachdenken – 1. Thessalonicher 1,1-10

Wir endeten gestern mit der Feststellung, dass wir uns, obwohl Jesus gesagt hat, dass wir in der Kraft des Heiligen Geistes größere Werke tun würden als er, nicht der göttlichen Möglichkeiten bedienen. Zwar gibt es durchaus nennenswerte Ausnahmen, doch im Großen und Ganzen sieht das in der heutigen Christenheit so aus. Paulus konnte sagen: „Unser Evangelium erging in Kraft und im Heiligen Geist und in großer Gewissheit.“ Zentrum dieser „Kraft“ und „großen Gewissheit“ war der Heilige Geist. Das ist es, was der modernen Christenheit zum Großteil mangelt – ihr mangelt es an Kraft und Gewissheit, weil es ihr an einer Begegnung mit dem Heiligen Geist mangelt.

Es ist einige Jahre her, ich war Pastor irgendwo im Norden Englands, als mir ein anderer Pastor, ein Freund von mir aus derselben Stadt, sagte: „Du predigst über die Kraft des Geistes, ich werde über die Reinheit des Geistes predigen. Damit werden wir im Leben der Christen dieser Stadt die Balance gewährleisten.“ Ich dachte über diese Aussage nach und kam zu der Schlussfolgerung, dass am Ende eines solchen Vorgehens einseitige, schief gewachsene Christen stehen würden. Beide Gemeinden mussten sowohl von der Kraft als auch von der Reinheit des Geistes hören.

Die heutigen Gemeinden lassen sich grob in zwei Lager unterteilen. Im einen steht der Reinheitsaspekt an vorderster Stelle, in dem anderen wird die Kraft betont. Wenn jede Gemeinde den gleichen Nachdruck auf beide Merkmale des Geistes legen würden, dann würden wir einen gesünderen und kraftvolleren Leib Christi abgeben. Einseitigkeit führt zur Schieflage. Reinheit ist wichtig, Kraft ebenso. Und der Heilige Geist bietet beides.

O Geist der Reinheit und der Kraft, wirke du beides in deiner Gemeinde. Ich brauche Reinheit, um meine Bestimmung zu erkennen, und Kraft, ihr nachzukommen. Gib es mir zu gleichen Teilen. In Jesu Namen. Amen.

Apg. 5,1-16; 1. Kor. 12; Gal. 5,22-26
1. Wie lernte die erste Gemeinde etwas von der Kraft und Reinheit des Geistes?
2. Was war das Ergebnis?

Tag 237

„Es kommt!“

„Gott … bestätigte dies alles durch Zeichen und Wunder seines Geistes.“ (V. 19)

Zum Lesen & Nachdenken – Römer 15,13-19

Ich glaube von ganzem Herzen, dass Gott sein Volk in dieser Generation mit einem Maß an Kraft des Heiligen Geistes ausrüsten will, das sie befähigt, die Wunder (wenn nicht mehr) zu tun, welche die frühe Kirche erlebt hat. Doch leider haben die meisten von uns Angst davor, sich für diesen Zweck hinzugeben.

Peter Wagner, ein angesehener Prediger aus den Vereinigten Staaten, der auch Bücher über Gemeindewachstum verfasst hat, sagt: „Ich war Dispensationalist“ (jemand, der glaubt, dass übernatürliche Zeichen nur für die erste Gemeinde galten), „der immer und überall seine Scofield-Bibel dabei hatte. Wenn ein Heilungsevangelist in unsere Stadt kam, warnte ich die Gläubigen davor. Dann begann Gott an mir zu arbeiten. Nicht durch einen Blitz vom Himmel, der mich innerhalb von Minuten umkrempelte, sondern nach und nach während der letzten fünf Jahre meiner Missionsreisen.“ Er erzählte weiter, dass er keine Führung verspürt hätte, Charismatiker oder Pfingstler zu werden, und obwohl er immer noch seine Scofield-Bibel mit sich trägt und aus ihr predigt, ist er überzeugt, dass die Kirche sich in den vor ihr liegenden Jahren, wenn sie nicht zu einer Randbemerkung verkommen will, der Tatsache stellen muss, dass es des Dienstes der Zeichen und Wunder bedarf.

Fast jeder Brief, den ich in diesen Tagen von Dienern Gottes aus der ganzen Welt erhalte, spricht von deren tiefem Verlangen nach mehr Kraft für ihre Predigten und Lehre. Ich glaube, dass der Heilige Geist uns Appetit auf eine größere Demonstration der Kraft machen will, als sie die Welt je gesehen hat. Und glauben Sie mir: Es kommt!

Vater, ich bin voll gespannter Erwartung, wenn mir klar wird, dass du deine Gemeinde eine Wiedererweckung neutestamentlichen Christentums sehen lassen willst. Lass es bald geschehen, bald. Amen.

Apg. 4,23-37; Sach. 4,6; Mi. 3,8; Lk. 4,14
1. Was war das Ergebnis des „Apostelgeschichte-3-Erlebnisses“?
2. Bitten Sie Gott, Sie heute mit seiner Kraft zu füllen.

„Es fehlt das"

„... durch mich sprach Gottes Geist und wirkte seine Kraft." (V. 4)

Zum Lesen & Nachdenken – 1. Korinther 2,1-12

Denken wir weiter über den Geist als eine Kraft nach. Gestern sagten wir, dass es das ist, was der modernen Christenheit vielerorts fehlt. Ihr fehlt die Kraft und die Gewissheit, weil es ihr an einer Begegnung mit diesem Aspekt geistlicher Möglichkeiten mangelt. Wenn wir die Fülle des Geistes in unserem Leben erleben möchten, müssen wir uns für alles, was er uns geben möchte, öffnen. Wir dürfen uns nicht nur hier und da etwas herauspicken im Sinne von: „Davon ein wenig, nee, das lass ich, davon nichts." Wenn wir nämlich Gottes wahre Repräsentanten in dieser Welt sein wollen, dann müssen wir ihn in seiner ganzen Fülle kennen.

In einer Fernsehsendung sah ich einen Mann, der ein wunderbares Gemälde unter die Lupe nahm. Er schaute es sich einige Augenblicke lang an und sagte dann: „Die Perspektive ist gelungen, schöne Farbgebung, schön abgestuft, grundsätzlich sehr empfehlenswert." Aber dann schnippte er mit den Fingern und meinte: „Ihm fehlt *das*."

Im Blick auf die christlichen Aktivitäten unserer Generation können wir das Gleiche sagen. Unsere Predigt ist korrekt, unsere Gottesdienste sind wohlgeordnet, schöne Musik, eine exzellente Organisation, aber eins fehlt – der Pulsschlag und dic Kraft des Heiligen Geistes. Ohne diese Kraft des Geistes in unserer Mitte predigen wir nur tote Wahrheiten, Wahrheiten, die sich nicht überführend, ernüchternd, erweckend, Umkehr bewirkend auf die Seelen legen. Unser Christentum ist nicht schlecht – es ist einfach nur stumpf. Da, wo dem Heiligen Geist *Zutritt gewährt und ihm gehorcht wird*, da weicht der schale, abgestandene Geschmack einer neuen Inspiration, Trägheit dem Tanzen, Mittelmäßigkeit wird zur Vorzüglichkeit. Wenn uns das Wesentliche, der Heilige Geist, fehlt, müssen wir aufpassen, dass wir uns nicht eines Tages wegen falscher Inhaltsdeklaration vor Gericht verantworten müssen.

Aua, Herr, das tut weh! Aber ich weiß aus Erfahrung, dass du mir nur weh tust, um mich zu heilen. Fang heute bei mir damit an, setze mich in Brand, damit auch andere Feuer fangen! Amen.

Apg. 19,21-41; Eph. 5,18; 3,19
1. Wie verhalf der Heilige Geist dem Paulus zu Kühnheit?
2. Wie lautete Paulus' Ermahnung an die ephesische Gemeinde?

Jeder Christ ein Charismatiker

„Mit großer Überzeugungskraft berichteten die Apostel von der Auferstehung Jesu …“ (V. 33)

Zum Lesen & Nachdenken – Apostelgeschichte 4,31-37

In einer der wöchentlichen Bibelstunden äußerte ein Freund von mir die Meinung, dass es seiner Gemeinde an sichtbaren Beweisen für die übernatürliche Kraft des Heiligen Geistes fehle. Einer aus der Gruppe protestierte: „Bitte benutze nicht das Wort ‚übernatürlich‘! Das macht mir Angst und verwirrt mich.“ Ist es nicht traurig, dass ein Christ (und es gibt viele andere, die diese Abneigung teilen) Angst vor einem der berechtigtesten und notwendigsten Dienste in der heutigen Gemeinde hat – *übernatürliche* Kraft?

Das Wort „übernatürlich“ bedeutet jenseits der natürlichen Kräfte liegend, „wunderbar“. Wie viel von dem, was heute in der Gemeinde geschieht, könnte mit diesem Begriff umschrieben werden? Wenn Sie mir jetzt sagen: „Selwyn scheint sich ja sehr für die charismatische Bewegung stark zu machen“, dann sollte ich an dieser Stelle meinen Standpunkt klar machen. Ich glaube, dass jeder Christ ein Charismatiker ist, weil „Charisma“ einfach nur „Gnadengabe“ bedeutet, und da jeder Christ wenigstens eine Gabe besitzt, ist jeder Christ auch ein Charismatiker. Der Grund, warum die charismatische Bewegung so in den Vordergrund geriet, ist der, dass viele sich der Tatsache widersetzen, dass übernatürliche Zeichen und Wunder Teil des Programms Gottes für die heutige Gemeinde sind. Ich weiß, dass diese Bewegung Trennungen verursacht hat, doch bleibt eines sicher: Gott will, dass sein Volk der Welt demonstriert, dass die Zeichen und Wunder, die die frühe Christenheit erleben durfte, auch heute noch Teil seines Plans sind.

Vater, hilf mir, diese Sache gewissenhaft zu bedenken, und nimm mir alle Ängste vor dem Übernatürlichen. Zeig mir, dass eine Gemeinde, die sich ausschließlich mit natürlichen Begriffen beschreiben lässt, eine Million Meilen vom Wesentlichen entfernt ist. In Jesu Namen. Amen.

Röm. 15; Mk. 16,17-20; Apg. 4,29-30
1. Was bezeugte Paulus?
2. Was wird über die ersten Jünger berichtet?

Kanäle des Segens

„Gott [hat Jesus] mit Heiligem Geist und mit Kraft gesalbt, … der umherging und wohl tat …" (V. 38; REÜ)

Zum Lesen & Nachdenken – Apostelgeschichte 10,34-38

Befassen wir uns noch ein wenig mit der Wichtigkeit des Angetanseins mit Kraft aus der Höhe. „An der Kraft entscheidet sich", so ein Autor, „ob sich eine Religion selbst widerlegt oder ob sie lebendig wird." Wie viel geistliche Kraft bahnt sich aus unserem Leben – individuell und als Gemeinschaft – ihren Weg in eine verlorene und sterbende Welt? Wenn wir ehrlich sind, sind wir gezwungen zu sagen: Sehr wenig.

An der Tür des Kundenbüros der Elektrizitätswerke hing ein Zettel: „Die elektrische Klingel funktioniert nicht – bitte klopfen!" Alle unsere großen Behauptungen und Ankündigungen im Blick auf das Evangelium erledigen sich von selbst, wenn die Kraft sich nicht in unserem Alltag erweist. Die Kraft des Heiligen Geistes beschränkt sich nicht darauf, die Heiligen während ihrer Versammlungen mit Manifestationen zu beglücken, vielmehr sollen sie für ein effektives Zeugnis der Welt gegenüber bevollmächtigt werden. Wir müssen aufpassen, dass wir nicht nur zu schlichten Konsumenten des Segens werden, statt dass wir dessen Kanäle sind.

Ich habe einen Berg von Briefen, in denen davon berichtet wird, wie unterschiedliche Leute geführt wurden, für ihre nichtgläubigen Freunde um Heilung zu beten – dabei geschahen bemerkenswerte Dinge. Manche mögen es als lehrmäßig nicht ganz korrekt erachten, für Nichtchristen um Heilung zu beten, doch Jesus tat es, ebenso Paulus. Mir scheint, als ob der Heilige Geist mich drängt, Folgendes zu sagen: Einer der Wege, auf dem wir in Zukunft große Massen für Jesus gewonnen sehen werden, ist der, dass wir dem Heiligen Geist erlauben, durch uns übernatürliche Zeichen und Wunder zu wirken. Gott ruft uns auf, wieder mehr in die Tiefe zu gehen.

Vater, etwas in mir scheint mich von den Grenzen zum Übernatürlichen wegziehen zu wollen. Gib mir trotzdem Glauben und Erwartung, damit ich diese Grenze überschreite und anderen zeige, dass ich nicht nur ein Konsument, sondern auch ein Kanal deines Segens bin. Amen.

Apg. 3,1-13; Jes. 53,5; Lk. 4,18; 1. Kor. 12,9

1. Was taten Petrus und Johannes, nachdem der Heilige Geist gekommen war?

2. Was antworteten sie dem lahmen Mann?

Tag
241

Ein Glaubensschritt

„Kranke, denen sie die Hände auflegen, werden gesund.“ (V. 18)

Zum Lesen & Nachdenken – Markus 16,14-20

Wenn wir in die Welt hinausgehen wollen, um Menschen die Botschaft vom neuen Leben in Christus mitzuteilen, dann ist es lebenswichtig, sich mit dem Kraft-Aspekt des Dienstes des Heiligen Geistes eng vertraut zu machen.

Üblicherweise haben wir die Worte „Ihr werdet Kraft empfangen, wenn der Heilige Geist auf euch gekommen ist“ (Apg. 1,8; REÜ) so gedeutet, dass es um die Kraft geht, von Jesus reden zu können. Darum geht es auch – aber um noch viel mehr. Es geht um Kraft ganz allgemein. Ein Aspekt der Kraft ist die Kraft zum Zeugnisgeben, doch die Kraft als solche richtet sich an die ganze Person – Stärkung des Glaubens, Erhöhung der Erwartungen, das Austreiben der Furcht, Kühnheit im Glauben. Und einer der Wege, auf denen Gott seine Leute zum Zeugnis an den Nichtgläubigen führt, ist, dass sie in der Kraft des Geistes sowohl für deren *körperliche* als auch für die geistlichen Nöte beten. Unser Ziel sollte dabei nicht sein, diejenigen zu überzeugen, die diese „Ich will aber Beweise“-Mentalität haben, denn viele derer, die Augenzeugen des Heilungsdienstes Christi waren, ließen sich trotzdem nicht überzeugen. Es geht vielmehr darum zu zeigen, dass sich der christliche Glaube sowohl um die körperlichen als auch um die geistlichen Bedürfnisse der Menschen kümmert.

Wenn Sie die kräftigende Wirkung des Heiligen Geistes bislang nicht erfahren haben, dann seien Sie versichert, dass eine solche Erfahrung vor Ihnen liegt, wenn Sie den Schritt auf das zugehen, was bisher für Sie eine unbekannte geistliche Größe war. Nur ein Schritt weiter – und Sie sind da!

Vater, ich bin schon zu weit gegangen um umzukehren. Nimm mich heute in deine Arme und stärke mich in einer Weise, dass mein Gebetsleben und mein Zeugnis vollständig umgestaltet werden. Um Jesu willen. Amen.

Mt. 8,1-13; 9,29-30; 17,20; Hebr. 11,1; Joh. 6,28-29
1. Wie zeigte sich der Glauben des Hauptmanns?
2. Was rief Jesus aus?

Die Stimme des Herrn

„Der Geist selbst bezeugt mit unserem Geist, dass wir Kinder Gottes sind.“ (V. 16; REÜ)

Zum Lesen & Nachdenken – Römer 8,9-17

Wenden wir uns nun einem anderen Zug im Dienst des Geistes an unserem Leben zu. Der Geist bringt nicht nur zusammen, tröstet, hilft und bekleidet nicht nur, er *überführt* auch. Das Wort „überführen“ hat ein weites Bedeutungsspektrum. Es kann überzeugen, versichern, zufrieden stellen und andere Bedeutungsnuancen annehmen.

Heute bedenken wir den Dienst des Geistes, durch den er uns versichert, dass wir Mitglieder der göttlichen Familie sind und dass wir einen gültigen Reisepass für den Himmel haben. Ein Bibelgelehrter legt nahe, dass das Wort „mit“ in unserem heutigen Text anzuzeigen scheint, dass es sich um ein doppeltes Zeugnis handelt: Der Heilige Geist bezeugt in Richtung „unten“, unser Geist in Richtung „oben“. Man könnte das als Wortspielerei ansehen, ich glaube jedoch, dass das eine interessante Feststellung ist. Alles Leben besteht aus einem Stück, es gibt keine Dualismen, keine Abteilungen. Die Gesetze, die das All regieren, haben alle eine Quelle – Gott.

Einige von Ihnen werden alt genug sein, um noch die Werbung für die berühmten *His Master's Voice*-Schallplatten zu kennen, die einen Hund zeigte, der mit gespitzten Ohren vor einem Grammophon saß, um die Stimme seines Herrn zu hören. Ist das nicht ein Bild von dem, was nach der Bekehrung im Herzen eines Gläubigen vorgeht? Der Geist sagt: „Du gehörst zu Gott“, und unser Geist antwortet: „Mein Herz erkennt die Stimme seines rechtmäßigen Herrn.“ Wir kennen die Stimme, denn sie gehört dem, der uns geplant und geschaffen hat. Die Wahrheit von oben und die, die in unserem eigenen Geist geschrieben ist, küssen sich und sind von nun an für immer ein Paar.

Vater, ich bin so dankbar, dass, während dein Geist nach unten drängt, der meine nach oben strebt – und beide sagen dasselbe: Ich gehöre zu dir. Was für eine Sicherheit! Ja, ich bin wirklich dankbar. Amen.

Joh. 16,1-11; Apg. 2,37; 24,25
1. Wie überführt der Heilige Geist?
2. Was ist der Unterschied zwischen „überführen“ und „überzeugen“?

Tag 243

Sicher und versiegelt

„[Ihr] seid versiegelt worden mit dem Heiligen Geist … Der ist das Unterpfand unseres Erbes …“ (V. 13-14; REÜ)

Zum Lesen & Nachdenken – Epheser 1,3-14

Unser heutiger Text besagt, dass die, welche „gehört“ haben, „versiegelt“ worden sind. Kam es bei der Bekehrung zu dieser „Versiegelung“ oder irgendwann danach? Ich glaube, dass das bei der Bekehrung geschieht. Ein Siegel ist das Zeichen des Eigentums. Wenn der Heilige Geist anlässlich unserer Bekehrung bei uns einzieht, legt er die Bestätigung in unsere Herzen, dass wir Erben Gottes und Miterben Christi sind. Ich bin mir bewusst, dass manche glauben, die Versiegelung fände erst später statt, etwa bei der Taufe durch Untertauchen, an einem bestimmten Punkt der Heiligung oder, wie manche es nennen, bei der Geistestaufe. Doch wie unsicher wäre das Leben, wenn wir auf „diese „ oder „jene“ Erfahrung warten müssten, bis wir wüssten, in Christus sicher zu sein.

Ein Historiker erzählte, dass es in Ephesus bei bestimmten Kaufleuten Brauch war, ihre Sklaven auf den Markt zu schicken, um Einkäufe zu tätigen. Nachdem man sich handelseinig geworden war, markierte der Sklave die Ware mit dem Siegel seines Herrn; später wurde sie dann abgeholt und dem Herrn zugestellt. In ganz ähnlicher Weise hat der Geist durch sein Siegel die Frage der Eigentümerschaft ein für alle Mal geklärt. Gleichzeitig ist er selbst eine Art Pfand oder Garantie dafür, dass wir eines Tages sicher im Vaterhaus „angeliefert“ werden. Vor vielen Jahren hörte ich in Wales einen alten, gebrechlichen Christen sagen: „Der Umschlag (damit meinte er seinen Körper) mag ein wenig zerknittert sein, aber der Brief darin ist trotzdem sicher.“ So ist es!

Vater, was für ein nicht enden wollender Segen fließt aus dem Kommen des Geistes in mein Leben. Durch Gnade errettet, versiegelt mit dem Geist und von einer ewigen Liebe getragen. Was mehr könnte ich diesseits des Himmels erbitten? Amen.

Joh. 5; Röm. 8,16; Gal. 4,6; 1. Joh. 4,13
1. Wie gibt der Heilige Geist Zeugnis?
2. Welche Zuversicht vermittelt uns das?

Der Geist leitet

„Alle, die sich vom Geist Gottes regieren lassen, sind Kinder Gottes." (V. 14)

Zum Lesen & Nachdenken – Römer 8,14-27

Der Heilige Geist möchte uns dazu bringen, dass wir die Führung Gottes in unserem Leben akzeptieren. „Denn so viele durch Gottes Geist geleitet werden, die sind Söhne Gottes" (V. 14; REÜ).

Das ist ein Stand, den viele Christen nie erreichen – sie sind keine geistgeleiteten Christen. Sie lassen sich durch Eigeninteresse, fleischliche Impulse oder durch die Meinung anderer leiten. Sie haben sich dem Heiligen Geist nicht zur Verfügung gestellt, um von ihm in den Details ihres Lebens geführt zu werden. Entsprechend mangelt es ihnen an Richtung und damit auch an einem Ziel. Wenn mir Christen erzählen: „Der Heilige Geist scheint mich nie zu leiten", dann erwidere ich zumeist: „Wie gut hören Sie denn hin?" Das Problem, das wir häufig mit Führung haben, kommt nicht daher, dass der Geist uns nicht führen würde, sondern dass wir nicht zuhören.

Wir müssen einfach einmal aufhören zu reden und still vor ihm warten, damit er reden kann. In unserer hektischen Zeit haben viele Christen die Kunst des Zuhörens verlernt. Sie sind schon bereit, Zeit im Gebet zu verbringen, aber zumeist nur, um zu Gott zu reden, statt auch Zeit darauf zu verwenden, ihm zuzuhören. Wir müssen innehalten, warten und unser Inneres auf die Wellenlänge des Geistes einstellen, wenn wir seine Stimme hören und seine sanften Eindrücke verspüren wollen. Eine Quäkerfrau fragte einen jungen Mann: „Hast du Gott in der letzten Zeit reden gehört?" „Nein", erwiderte der Mann. „Dann hast du vergessen, still zu sein", sagte darauf die Frau. „Seid stille und erkennet …", sagt die Schrift (Ps. 46,11, Luther 84). Sei nicht still und du wirst nicht erkennen. Gott führt jeden, der geführt werden möchte.

O Geist des lebendigen Gottes, hilf mir, mein Herz so zu stimmen, dass ich deine Stimme hören kann, denn ohne deine Führung fehlen meinem Leben Ziel und Richtung. Nimm die Zügel meines Lebens und führe mich. Um Jesu willen bete ich. Amen.

Apg. 16; 10,19-20; 13,2; Joh. 16,13
1. Wie wurde Paulus durch den Geist geleitet?
2. Was war das Ergebnis?

Tag 245

Ein justiertes Gewissen

„Ich sage die Wahrheit in Christus … mein Gewissen gibt mir Zeugnis im Heiligen Geist." (V. 1; REÜ)

Zum Lesen & Nachdenken – Römer 9,1-16

Eine andere Methode, mit der der Geist sein überführendes Werk vollbringt, ist der, dass er zu unserem Gewissen spricht und es dazu zu bewegen sucht, in jeder Situation den Weg Christi zu wählen. Unser heutiger Vers bringt die objektive Messlatte – „die Wahrheit in Christus" – und den subjektiven Standard – „mein Gewissen gibt mir Zeugnis im Heiligen Geist" – zusammen.

Manche Leute sagen: „Ich lebe im Einklang mit meinem Gewissen – reicht das nicht?" Nein, denn das Gewissen für sich genommen ist kein verlässlicher Führer. Das Gewissen ist eine Instanz, mittels der wir Richtig und Falsch unterscheiden können – aber immer nur im Rahmen unserer individuellen Maßstäbe. Im Extremfall können zweierlei Gewissen zu genau entgegengesetzten Bewertungen kommen. Ein Missionar griff ein, um eine indische Frau daran zu hindern, ihr Baby dem Ganges als Menschenopfer zu übergeben. „Aber mein Gewissen rät mir dazu", sagte sie. „Und mein Gewissen sagt mir, dass Sie das lassen sollen", entgegnete der Missionar.

Solange das Gewissen nicht voll und ganz vom Heiligen Geist erfüllt ist, solange ist es eine sehr fehlbare Leitinstanz. Beim Heiligen Geist kann man darauf vertrauen, dass er in jeder Situation so handelt, wie es Jesus tun würde, denn der Heilige Geist ist ein christusgleicher Geist. Ich erkühne mich zu behaupten, dass unter denen, die diese Zeilen lesen, nicht einer ist (vorausgesetzt, Sie sind Christ), der in seinem Gewissen nicht schon einmal etwas von dem überführenden Wirken des Geistes gespürt hat. In und mit Ihnen setzt sich der Heilige Geist dafür ein, dass Ihr Gewissen die höchste denkbare Ebene erreicht, dass es zu einem „Gewissen ohne Anstoß … vor Gott und den Menschen" (Apg. 24,16; REÜ) wird.

Vater, mich selbst und meine Maßstäbe übergebe ich dir, damit du sie reinigst und korrigierst. Lehre mich die Maßstäbe Christi, damit mein Gewissen ein wahres Zeugnis ablegt. Um Jesu willen. Amen.

Röm. 14; 15,1-13; Apg. 24,16; 2. Kor. 1,12; 1. Tim. 1,5
1. Was lehrt Paulus über unser Gewissen?
2. Wie bringt er es mit dem Wirken des Heiligen Geistes in Verbindung?

Nicht das Ende – ein Anfang

***„Bleibt hier in Jerusalem, bis ihr diese Kraft von oben empfangen habt!“* (V. 49)**

Zum Lesen & Nachdenken – Lukas 24,36-49

Über das Thema Heiliger Geist zu schreiben hat meinen Appetit nach mehr von seiner Fülle und seiner Kraft angeregt. Ich kann nicht mehr derselbe sein. Ich hoffe, dass etwas Ähnliches mit Ihnen passiert.

Wir haben gesehen, wie der Heilige Geist das Bewusste und das Unbewusste koordiniert und vereint, wie er unterstützt und mitwirkt, wie er bekleidet und überführt. Es gibt noch viel mehr, was über seinen Dienst in unserem Leben gesagt werden könnte, aber lassen Sie mich Ihre Aufmerksamkeit auf etwas lenken, was ich bereits betont habe – *Gott ist bereit, Ihnen so viel von seinem Geist zu geben, wie sie bereit sind von ihm anzunehmen.*

Wenn Sie glauben, dass Sie bei Ihrer Bekehrung alles vom Heiligen Geist erhielten, dann ist die Frage an Sie diese: Wie sehr beherrscht und regiert er mein Leben in diesem Moment? Wenn Sie glauben, dass Sie den Heiligen Geist nach der Bekehrung erhalten, dann erlauben Sie mir Sie dies zu fragen: Welche Schritte haben Sie unternommen, Ihr Sein für ihn zu öffnen, sodass Sie mit seiner Fülle erfüllt werden? Ich bitte Sie, bleiben Sie nicht auf der Stelle stehen, weil Sie diese oder jene dogmatische Position eingenommen haben. Suchen Sie ihn heute erneut, sodass er in der Fülle seiner Macht durch Ihr Leben hindurchfließen kann. Und richten Sie sich nicht nur darauf, sich an dem Segen, den Sie empfangen werden, zu erfreuen. Denken Sie daran, der Heilige Geist ist wie Elektrizität – er wird nicht hineinfließen, wenn er nicht auch wieder heraus kann. Sagen Sie ihm, dass Sie ein Kanal sein wollen, nicht nur ein Konsument. Dann wird der heutige Tag nicht das Ende, sondern ein Anfang sein.

O Gott, jetzt, wo ich alle Barrieren niederreiße, komme du hinein durch die Kraft deines Heiligen Geistes und durchflute mein Leben mit deiner göttlichen Herrlichkeit. Möge das Empfangene durch Geben hinausfließen. Darum bitte ich in Jesu Namen. Amen.

Joh. 7,32-44; Mt. 5,6; Jes. 55,1; Offb. 22,17
1. Was hat Jesus versprochen?
2. Wie durstig und hungrig sind Sie heute?

Stark an Orten des Zerbruchs

Stärke aus der Schwäche

„… als sie schwach waren, gab Gott ihnen neue Kraft …“ (V. 34)

Zum Lesen & Nachdenken – Hebräer 11,30-40

Als ich zum ersten Mal den Drang verspürte, über das Thema: „Stark an Orten des Zerbruchs“ zu schreiben, hatte ich große Schwierigkeiten, den Ursprung dieser Thematik aufzuspüren. Dann schrieb mir jemand, wobei er einen ganzen Abschnitt von Ernest Hemingway zitierte, in dem es hieß: „Das Leben zerbricht uns alle … aber viele werden an den Orten des Zerbruchs stark gemacht.“ Ich fühlte dies als sanften Anstoß des Heiligen Geistes und begann sofort, mich mit diesem spannenden Thema auseinander zu setzen.

Es ist ein Prinzip des Lebens, dass die Stelle, an der ein Knochen bricht und dann heilt, so stark wird, dass sie im Normalfall nie wieder brechen wird. Genau so verhält es sich, wenn die Haut verletzt wird und sich Narbengewebe bildet, der verheilte Teil ist robuster als die umgebende Haut. Wenn dies in der Natur passiert, warum nicht auch im geistlichen Bereich? Der Schreiber des Hebräerbriefes berichtet uns in der Textpassage, welche wir heute vor uns haben, dass Gott ein Experte darin ist, die Schwächen seiner Kinder auf sich zu nehmen und sie in Stärke zu verwandeln. Was für eine ermutigende Wahrheit! Ein Holland-Reisender erzählt, wie sein Fremdenführer eine historische Sehenswürdigkeit herausstellte. „An dieser Stelle brach die See durch“, sagte er, „und ertränkte Tausende. Aber sehen Sie – der Bereich ist nun so stark wiederhergestellt worden, dass er nie wieder brechen wird.“

Sind Sie durch das Leben in solchem Maße zerbrochen worden, dass Sie ein überwältigendes Gefühl von Schwachheit spüren? Dann nehmen Sie sich dies zu Herzen: Gott ist darauf spezialisiert, seine Fähigkeit mit Ihrer Unfähigkeit zu verbinden. Durch seine umgestaltende Gnade kann Ihre Frustration Frucht bringen. Sie können stark werden an Ihren Orten des Zerbruchs.

O Vater, das hört sich in der Theorie gut an, aber kann es wirklich wahr werden? Dein Wort sagt, dass es das kann. Ich bin bereit und begierig darauf zu lernen. Lehre mich, mein Vater. In Jesu Namen. Amen.

Ps. 34,1-22; Ps. 147,3; 1. Kor. 11,24
1. Was wird denen mit gebrochenem Herzen versprochen?
2. Warum wurde Jesus zerbrochen?

Die „Innenstände"

***„Die Schwierigkeiten bedrängen uns von allen Seiten ... wir werden zu Boden geschlagen, aber wir kommen dabei nicht um."* (V. 8-9)**

Zum Lesen & Nachdenken – 2. Korinther 4,1-15

Wie kommt es, dass, obwohl uns allen vergleichbare Dinge passieren können, sie nicht auf alle die gleichen Auswirkungen haben? Die gleiche Sache kann, wenn sie zwei verschiedenen Personen passiert, ganz unterschiedliche Konsequenzen zeitigen. Warum ist das so? Es kommt nicht so sehr auf die äußeren Umstände, sondern auf die inneren Umstände, gewissermaßen die „Innenstände" an – oder, in anderen Worten, auf unsere Einstellung. Wie jemand sagte: „Was das Leben auf lange Sicht mit uns macht, kommt darauf an, was es in uns vorfindet." Die Stürme des Lebens können manche Menschen verdrossen und bitter machen, andere machen sie sanft und veredeln sie; die gleichen Ereignisse, aber mit gegensätzlichen Auswirkungen.

Das Evangelium berichtet uns, dass am ersten Karfreitag drei Kreuze auf Golgatha aufgestellt waren. Dasselbe Schicksal ereilte drei verschiedene Personen, aber schauen Sie sich die unterschiedlichen Ergebnisse an. Ein Verbrecher beklagte sich und machte Jesus dafür verantwortlich, dass er sie nicht rettete, der andere Verbrecher erkannte seine eigene Unwürdigkeit, bekannte sie und fand eine offene Tür zum Paradies. Jesus, natürlich, sah es als Höhepunkt dessen, was er auf Erden erreicht hatte, und machte es zum Stützpunkt, von dem aus er die Welt veränderte.

Was demnach zählt, ist nicht so sehr, was uns zustößt, sondern wie wir damit umgehen. Derselbe Sonnenschein, welcher auf zwei verschiedene Planeten fällt, kann verursachen, dass der eine Planet verwittert und stirbt, während der andere aufblüht und gedeiht. Und warum? Obwohl sie natürlich beide Wasser brauchen, ist einer besser für den heißen Sonnenschein ausgestattet als der andere und reagiert daher mit mehr Leben und Wachstum, während der andere verkümmert und stirbt.

Gütiger, himmlischer Vater, schreibe dieses Gebot in mein Herz, sodass ich es nie mehr vergesse: Entscheidend ist nicht so sehr, was mir zustößt, wichtig ist, wie ich damit umgehe. Danke, Vater. Amen.

2. Kor. 11,21-29 ; 2. Tim. 4,7; Ps. 37,28; Spr. 2,8
1. Was war Paulus' Zeugnis?
2. Wie fasste er sein Leben zusammen?

Sind Christen davon ausgenommen?

„Denn er lässt seine Sonne für Böse wie für Gute scheinen, und er lässt es regnen für Fromme und für Gottlose." (V 45)

Zum Lesen & Nachdenken – Matthäus 5,38-48

Wir beschäftigen uns mit dem Thema „Stark an Orten des Zerbruchs" und wir entdecken, dass, obwohl das Leben uns allen Schicksalsschläge zufügt, diejenigen, welche dem Leben mit der richtigen Antwort und der richtigen inneren Einstellung entgegentreten, die sind, welche ihre Schwächen in Stärken umwandeln.

Ich kenne einige Christen, die meinen, dass sie von den grausamen Schicksalsschlägen des Lebens ausgenommen sein sollten. Ein junger Mann, der erstaunt war, weil er seine Prüfung nicht bestanden hatte, sagte: „Ich kann das nicht verstehen. Ich betete sehr ernsthaft vor diesem Examen und ich lebte ein beispielhaftes Leben für den Herrn. Warum nur lässt er mich in diesem entscheidenden Moment versagen?" Später bekannte er einem Freund: „Weil Gott mich im Stich ließ, wurde mein Glaube erschüttert."

Ich kann mit dem jungen Mann mitfühlen, nicht jedoch kann ich seine Schlüsse nachvollziehen. Angenommen, Gebet allein könnte uns befähigen, Prüfungen zu bestehen – was würde passieren? Vor der Examenszeit würden die Unterrichtsräume wie leergefegt sein und alle würden in die Kirchen strömen, um zu beten und zu meditieren. Keine schlechte Sache, denken Sie jetzt vielleicht. Aber was würde mit den Köpfen der jungen Menschen passieren, wenn Gebet allein den Erfolg bringen würde? Sie würden abstumpfen, weil sie nicht mehr studieren. Ich nehme an, dass der junge Mann, auf den ich mich gerade bezogen habe, sich mehr auf das Gebet verließ als auf fleißiges, gewissenhaftes Lernen. Nun, Gebet und das Studium ergeben eine gute Kombination, aber Gebet ohne Studium hat nie jemandem geholfen, seine Prüfung zu bestehen. Christen sind nicht befreit von den natürlichen Gesetzen, die das Universum regieren. Wir mögen durch Gebet befähigt werden, sie zu überwinden, aber wir können sie nicht umgehen.

Vater, danke, dass du mich daran erinnerst, dass ich, obwohl ich Christ bin, immer noch von den Naturgesetzen beherrscht werde, welche für jeden gleichermaßen gelten. Ich kann nicht davon befreit werden, aber durch dich kann ich sie überwinden. Ich bin so dankbar. Amen.

Jak. 2,14-26; 1. Tim. 4,9-16; 2. Tim. 2,15
1. Was lehrt uns Jakobus?
2. Wie bringt Paulus dies dem Timotheus nahe?

Wie lautet Ihre Antwort?

„Achtet darauf, dass keiner von euch an Gottes Gnade gleichgültig vorübergeht, damit sich das Böse nicht bei euch breit macht.“ (V. 15)

Zum Lesen & Nachdenken – Hebräer 12,4-15

Heute wollen wir einen Sachverhalt untersuchen, der auch für uns Christen eine große Herausforderung darstellt, welcher wir uns stellen müssen. Wie kommt es, dass viele Nichtchristen so erfolgreich dabei sind, „stark an Orten des Zerbruchs“ zu werden, obwohl sie vom Leben arg mitgenommen werden, während viele Christen durch ähnliche Erfahrungen gehen und verkrüppelt und bitter wieder herauskommen?

Vor einigen Jahren sah ich in den Vereinigten Staaten eine Fernsehsendung, in welcher ein berühmter Jude, Viktor Frankl, über seine Erfahrungen in einem Konzentrationslager in Nazideutschland sprach. Als er zur Gestapo gebracht wurde, zogen sie ihn nackt aus. Als sie bemerkten, dass er immer noch seinen goldenen Ehering trug, sagte einer der Soldaten: „Geben Sie mir diesen Ring!“ Als er ihn sich vom Finger zog, ging ihm dieser Gedanke durch den Kopf: „Sie können diesen Ring nehmen, aber es gibt eine Sache, die mir niemand nehmen kann – die Freiheit zu entscheiden, wie ich darauf reagiere, was mit mir geschieht.“ Mit dieser innewohnenden Stärke überlebte Frankl nicht nur den Holocaust, sondern entwickelte später sein psychiatrisches System, *Logotherapie* genannt, die davon ausgeht, dass man, wenn man in allem einen Sinn entdeckt, mit allem und jeglichem umgehen kann. Frankl, ein Heide, überlebte den Schrecken des Holocausts, weil er von der inneren Überzeugung gestützt war, dass er durchkommen und fähig sein würde, aus dem Leiden einen sinnvollen Nutzen zu ziehen. Sein System der Logotherapie wird nun benutzt, um Tausenden von Menschen, die mentale und emotionale Probleme haben, zu helfen. Wenn ein Nichtchrist, der erlösenden Gnade beraubt, auf das Leben in dieser Art und Weise antworten kann, wie viel mehr können wir es, die wir behaupten, Gott als unseren himmlischen Vater zu haben?

O Vater, wann immer du mich in dieser Weise in Bedrängnis bringst, kennst du meine Tendenz, mich herauswinden und mich aus der Schlinge ziehen zu wollen. Hilf mir, dem Problem zu begegnen und meine Medizin zu nehmen, so bitter sie auch sein mag. Um Jesu willen. Amen.

Hebr. 4; 2. Kor.12,9-10; Klgl.3,22-23
1. Warum können wir zuversichtlich zum Herrn kommen?
2. Was war Paulus' innere Einstellung zu seinem Problem?

Zwei Männer – unterschiedliche Reaktionen

***„Meine Gnade ist alles, was du brauchst! Denn gerade wenn du schwach bist, wirkt meine Kraft ganz besonders an dir!"** (V. 9)*

Zum Lesen & Nachdenken – 2. Korinther 12,1-10

Wir müssen einen weiteren Tag darauf verwenden, diesen sehr wichtigen Sachverhalt zu untersuchen, warum manche Nichtchristen besser auf die Probleme des Lebens zu reagieren scheinen als viele Christen.

Ich hörte von zwei verschiedenen Leuten, deren Unternehmen zusammenbrachen. Einer war ein Christ, der andere ein Agnostiker. Der Agnostiker reagierte auf die Situation, indem er sagte: „Ich kann nicht festlegen, was mir passiert, aber ich entscheide, wie ich damit umgehe. Dies hier wird mich besser und nützlicher machen." Er orientierte sich in eine andere Richtung, und sein neues Unternehmen hatte einen solchen Erfolg, dass er eine Auszeichnung gewann. Der Christ reagierte auf den Kollaps seines Unternehmens, indem er sagte, „Das Leben ist ungerecht. Ich sollte mich aus der halsabschneiderischen Geschäftswelt zurückziehen und mich auf meinen Garten konzentrieren." Er musste sich einer sechsmonatigen seelsorgerlichen Beratung unterziehen, bevor er wieder auf die Füße kam. Nach einem weiteren halben Jahr fühlte er sich stark genug, ein neues und mittlerweile auch wieder erfolgreiches Unternehmen aufzubauen.

Was kann die unterschiedlichen Reaktionen dieser beiden Männer erklären? Wir könnten es mit den unterschiedlichen Temperamenten, ihrer Erziehung und so weiter erklären, doch sollten wir einen Umstand nicht übersehen: Der Christ hatte Zugang zur Gnade Gottes, welche, wenn sie genutzt worden wäre, ihn dazu hätte befähigen können, die Situation noch positiver als der Nichtchrist zu sehen. Als Seelsorger und Berater verstehe ich schon, warum Menschen falsch auf die Situationen des Lebens reagieren, doch hält mich dieses Verständnis nicht davon ab zu erkennen, dass die wahre biblische Entgegnung auf die Probleme des Lebens darin liegt, die Vorzüge der Gnade in ihrer ganzen Breite auszunutzen und so jeden Rückschlag in ein Sprungbrett zu verwandeln.

Barmherziger Gott, hilf mir, auf alles in der Weise zu reagieren, wie es ein Christ tun sollte. Hilf mir zu sehen, dass du nicht nur die Messlatte hoch legst, sondern mich mit der Stärke ausstattest, sie zu überspringen. Um Jesu willen. Amen.

Jak. 1,1-15; Eph.3,16; Jes.41,10

1. Was lehrt uns Jakobus über Prüfungen?

2. Was betete Paulus für die Epheser?

Tun, was richtig ist

***„Arbeitet mit Furcht und Zittern an eurer Rettung. Und doch ist es Gott allein, der beides in euch bewirkt …“* (V. 12-13)**

Zum Lesen & Nachdenken – Philipper 2,5-16

Gestern endeten wir mit der Feststellung, dass die biblische Antwort auf alle Probleme unseres Lebens die ist, Nutzen aus der unerschöpflichen Gnade Gottes zu ziehen und die Rückschläge in Sprungbretter zu verwandeln. Ich weiß, dass einige auf diese Aussage antworten werden: „Das hört sich in der Theorie gut an, aber es ist schwer, das in die Praxis umzusetzen. Was ist zum Beispiel mit den Verletzungen, die manche Leute in sich herumtragen und die es ihnen schwierig oder manchmal unmöglich machen, Gottes Gnade in Anspruch zu nehmen und ihre Probleme in Möglichkeiten zu verwandeln?“

Ich verstehe das wohl und habe Mitleid mit den Verwundungen der Menschen, die es ihnen manchmal scheinbar unmöglich machen, dem Leben auf biblische Weise entgegenzutreten. Ich weiß aus erster Hand, wie Menschen argumentieren, um zu vermeiden, das tun zu müssen, was Gott in seinem Wort verlangt. Und doch muss ich einen Standpunkt hinsichtlich der Autorität der Schrift einnehmen – und Sie müssen das übrigens auch – und bekräftigen, dass Gott nie etwas von uns verlangt, zu dem wir nicht auch in der Lage wären.

Ich fürchte, dass vieles in unserem evangelikalen Christentum den Menschen zum Mittelpunkt hat. Wir müssen zu einer Gott-zentrierten Haltung zurückkehren, wo wir genau das tun, was Gott verlangt – ob uns danach ist oder nicht. Ich bekenne ganz freimütig, dass es Zeiten gibt, in denen ich mich nicht danach *fühle,* Gott zu gehorchen. Doch weiß ich, was richtig ist – Gott hat mich erlöst und ich gehöre zu ihm – und ich tue, was er von mir verlangt, egal, ob ich entsprechend fühle oder nicht. Was steuert Sie in Ihrem Christenleben: Ihre Gefühle – oder das, von dem Sie wissen, dass es Gottes Wille ist und dass er es von Ihnen erwartet? Ihre Antwort wird zeigen, wer am Steuer sitzt!

Gütiger und liebender himmlischer Vater, lehre mich die Kunst, nicht mit meinen Gefühlen, sondern mit einem klaren Verstand und einem klaren Entschluss auf das Leben zu antworten. Hilf mir das zu tun, was richtig ist – ob ich mich danach fühle oder nicht. In Jesu Namen. Amen.

Joh. 14,15-31; Lk.12,11-12; 1. Kor. 2,13
1. Wie drücken wir unsere Liebe zu Jesus aus?
2. Wie werden wir befähigt, dies zu tun?

Halten Sie dies fest!

„Das eine aber wissen wir: Wer Gott liebt, dem dient alles, was geschieht, zum Guten …“ (V. 28)

Zum Lesen & Nachdenken – Römer 8,28-39

Bevor wir uns näher anschauen, auf welche Weise uns das Leben zerbrechen kann, wollen wir noch einmal kurz innehalten und Revue passieren lassen, was wir in den letzten Tagen erkannt haben. Zunächst stellten wir fest, dass, obwohl uns allen das Gleiche passieren kann, die Dinge doch nicht die gleichen Auswirkungen auf uns haben. Die Schläge des Lebens hinterlassen den einen bitter und verhärmt, andere hingegen machen sie sanft und liebenswert.

Wir sahen auch, dass der Grund, warum manche auf das Leben positiv reagieren und ihre Probleme in Möglichkeiten umwandeln, in der richtigen inneren Einstellung liegt. Es gibt viele Nichtchristen, die uns regelrecht beschämen, wenn es darum geht, auf das Leben die richtigen Antworten zu finden. Darum ist es höchste Zeit, dass wir Christen unsere Lebensphilosophie überdenken und ein für alle Mal festlegen.

Wenn Gott, wie die Schrift es lehrt, seinen Kindern nichts widerfahren lässt, ohne für die nötige Gnade zu sorgen, die Stolpersteine in eine Treppe nach oben zu verwandeln, dann sollten wir der Welt weit voraus sein und demonstrieren, wie man jeglicher Situation, die das Leben für uns bereithält, mit Zuversicht und Glauben begegnen kann. Machen Sie sich klar: Niemand ist in der Lage, die christliche Lebensweise in Gänze zu repräsentieren, solange er sich nicht entschieden hat zu glauben, dass Gott, auch wenn er Dinge zulässt, die einem zunächst wie eine Katastrophe vorkommen, dies nur tut, wenn er es auch zu einem guten Ausgang führen kann. Wenn eine derartige Umkehrung nicht möglich ist, würde Gott es von Anfang an nicht zulassen. Lassen Sie diese Wahrheit tief in sich einwirken: Gott lässt nur zu, was er auch benutzen kann.

Vater, ich komme jetzt zu dir, um dich darum zu bitten, dass diese Wahrheit mich während der nächsten Wochen so durchdringt, dass ich nie mehr daran erinnert werden muss. Um deines Namens willen. Amen.

1. Petr. 4; Ps. 30,6; 40,2-4; Jes. 43,2
1. Wie lautet Gottes Versprechen für Prüfungszeiten?
2. Wie ermutigt uns Petrus, auf sie zu reagieren?

Tag 254

„Niemals wieder so hoch hinaufsteigen?“

„So wird sich euer Glauben bewähren und sich wertvoller und beständiger erweisen als pures Gold …“ (V. 7)

Zum Lesen & Nachdenken – 1. Petrus 1,3-9

Wir werden uns nun einige der Wege ansehen, auf denen unser Leben zerbrochen werden kann, aber auch, was wir tun können, um an den Orten des Zerbruchs stark zu werden.

Wir beginnen, indem wir uns Zerbrochensein aufgrund von *Versagen* anschauen. Vielleicht wird jemand, der diese Zeilen liest, von einem Strudel der Schwermut, der in einer Versagenssituation seinen Ursprung nahm, nach unten gezogen. Möglicherweise werden Sie sich wie der Mann fühlen, der zu mir sagte: „Ich bin niedergeschmettert von meinem Versagen. Mein Leben ist in Stücke zerschlagen. Ich las irgendwo, dass ‚ein Vogel mit einem gebrochenen Flügel niemals wieder so hoch aufsteigen wird‘. Bedeutet das, dass ich niemals wieder zu den Höhen in Gott, die ich einmal kannte, emporsteigen kann?“

Ich erinnerte ihn an Simon Petrus – den Mann mit der wohl ungünstigsten Beurteilung im ganzen Neuen Testament. Er hatte Vorurteile, war fanatisch, stur und geistlich unsensibel. Wieder und wieder kapierte er nicht, worum es ging, etwa, als er versuchte, Jesus davon abzuhalten nach Jerusalem zu gehen, um dort zu sterben (Mt. 16,22) oder als er darauf bestand, dass sie auf dem Berg der Verklärung bleiben sollten (Mt. 17,4). Dann, am Vorabend der Kreuzigung Jesu, verleugnete er Jesus und verfluchte ihn sogar. Ich kann mir Satan vorstellen, wie er in sein Ohr flüsterte: „Jetzt bist du fertig. Ausgebrannt. Du hast versagt. Man wird dich vergessen … und einfach austauschen.“ Aber durch Gottes Gnade stand Petrus wieder auf, sein Versagen wandelte sich in Erfolg. Er wurde „stark an einem Ort des Zerbruchs“. Weil er sich weigerte, im Schatten seines bisherigen Werdegangs zu leben, sind seine zwei Briefe für immer in der Bibel bewahrt worden. Sie sehen, dass Scheitern nur ein vorübergehender Test ist, um uns auf unvergängliche Triumphe vorzubereiten.

Vater, ich verstehe jetzt, dass meine Misserfolge keine Misserfolge sind, wenn sie mich an deine Seite führen. Alle Dinge dienen mir – wenn ich dir diene. Amen.

1. Mo. 2 u. 3
1. Wie versagte Mose bei Gott?
2. Wie ging Gott mit ihm um?

Durchdringende Fragen

„Ich richte meinen Sinn darauf, zu erfahren und zu erforschen und zu suchen Weisheit und Einsicht …“ (V. 25)

Zum Lesen & Nachdenken – Prediger 7,21-29

Welche Schritte müssen nun wir unternehmen, um dafür zu sorgen, dass wir die „Orte des Zerbruchs“ gestärkt wieder verlassen? Denken Sie daran, dass die Prinzipien, die wir hier erörtern, nicht nur zurechtbringenden, sondern auch bewahrenden Charakter haben.

Das Erste, was wir tun sollten, wann immer wir in irgendeiner Sache versagt haben, ist, den Grund für unser Versagen herauszufinden. Dies sind einige der Fragen, die Sie sich stellen sollten: Habe ich in irgendeiner Weise, etwa durch Unachtsamkeit im Detail, mangelnde Vorbereitung, Naivität, falsches Timing, Missachtung moralischer Prinzipien oder Unsensibilität gegenüber anderen Personen zu dem Misserfolg beigetragen? Was möchte Gott mich durch dieses Versagen lehren? Es ist natürlich schwierig, sich hinzusetzen und sich derartige Fragen zu stellen, wenn man gerade vom Misserfolg eingeholt wurde. Doch sobald wie möglich nach dem Vorfall sollte man versuchen abzuschätzen, wie die Lektion lautete, die man lernen sollte. Das kann etwa dadurch geschehen, dass Sie Ihren Gefühlen offen begegnen – etwa Verletzung, Ärger, Angst. Erinnern Sie sich noch? Wenn wir aufhören zu lernen, hören wir auf zu leben.

Eine andere Frage, die sich zu stellen lohnt, ist diese: Hat Gott diesen Misserfolg zugelassen, weil er mir seine Pläne für mich verdeutlichen will? Ich kenne einen Mann, der in evangelikalen Kreisen wohlbekannt ist. Als Teenager hatte er sich Pläne für seine Karriere zurechtgelegt. Obwohl er ein brillanter Student war, scheiterte er beim Einstellungsgespräch für den von ihm gewählten Beruf. Als ihn die Nachricht erreichte, sagte er nur: „Herr, ich weiß, dass du hier mit drinsteckst. Was möchtest du, das ich tue?“ Dies war der Moment, auf den Gott gewartet hatte, und er zeigte ihm einen neuen Weg, der ihn zu seinem Botschafter für Millionen machte.

Vater, hilf mir, meinem Versagen ins Auge zu sehen in dem Wissen, dass selbst aus den deprimierendsten Umständen etwas Gutes kommen kann. Zeige mir, dass eindringliches Fragen zu durchdringenden Antworten führen kann. In Jesu Namen. Amen.

Jak. 3; 1,5; Spr. 2,1-5; 3,13-14
1. Was sind die Eigenschaften weltlicher Weisheit?
2. Wie können wir Weisheit erlangen?

Tag 256

Dem Versagen ins Gesicht sehen

„Jetzt ist der Menschensohn verherrlicht, und Gott ist verherrlicht in ihm.“ (V. 31)

Zum Lesen & Nachdenken – Johannes 13,12-32

Die zweite Sache, die wir tun sollten, wenn uns das Versagen trifft, ist: *ihm in dem Wissen ins Gesicht sehen, dass zusammen mit Gott etwas daraus gemacht werden kann.*

Die heutige Textpassage erzählt uns von Judas' Verrat an Jesus. Beachten Sie, wie Jesus die Situation zunächst akzeptierte, bevor er fortfuhr, etwas zu tun. Der Meister sagte: „Was du tust, das tue bald!“ Er startete keinen Versuch, die Situation zu ignorieren, sie unter den Teppich zu kehren oder so zu tun, als ob sie nicht da wäre – stattdessen stellte er sich ihr ganz ruhig und bewusst. Bevor Sie einen Schritt weitergehen, sollten Sie sich entscheiden, allen Problemen des Lebens offen zu begegnen, weil jeder Versuch, sie zu ignorieren, Sie nur innerlich erniedrigen wird. Der Bericht fährt fort: „Als er nun den Bissen genommen hatte, ging er alsbald hinaus. Und es war Nacht. Als Judas nun hinausgegangen war, spricht Jesus: ‚Jetzt ist der Menschensohn verherrlicht, und Gott ist verherrlicht in ihm.‘“ Jesus akzeptierte die Situation nicht nur, sondern schickte sich an, sie in einen Sieg zu verwandeln. Kein Selbstmitleid, keine egoistischen Bedenken – er nahm sich der Situation an und ließ den Verrat zu seinem Sieg beitragen. War Jesus durch Judas' Verrat verletzt worden? Ich denke ja. Aber anstatt sich eine Nacht in Selbstmitleid zu suhlen, sah er die Situation aus Gottes Sicht und bekräftigte ruhig: „Jetzt ist der Menschensohn verherrlicht.“ Vielleicht braucht es eine Weile, bis Sie dazu fähig sind, auf schwierige Situationen in Jesu Art und Weise zu reagieren, aber denken Sie daran: Die Mittel, auf die sich unser Meister bezog, stehen auch Ihnen zur Verfügung – wenn Sie nur darum bitten.

Vater, ich sehe, dass mein Leben dort erschaffen oder zerbrochen wird, wo ich mein Versagen anerkenne und damit umgehe. Hilf mir, nicht davor wegzulaufen, denn in dir bin ich allem mehr als gewachsen. Danke, Vater. Amen.

Mt. 26,58-75; Lk. 24,12; Joh. 21,15-19; Apg. 2,14
1. Wie entwickelte sich Petrus' Versagen?
2. Wie begegnete er diesem Versagen?

Eine biblische Denkweise

„Denn ihr wisst selbst, liebe Brüder, wie wir Eingang gefunden haben bei euch: Es war nicht vergeblich.“ (V. 1)

Zum Lesen & Nachdenken – 1. Thessalonicher 2,1-12

Heute werden wir uns einem anderen Prinzip widmen, welches wir in unserem Leben entwickeln müssen, wenn wir an unseren Orten des Zerbruchs erstarken wollen: *eine biblische Perspektive von allem entwickeln.* Sie werden die heutige Textstelle vielleicht kennen, aber ich möchte einige Dinge unterstreichen, die uns helfen werden zu verstehen, wie effektiv Paulus an geistliche Prinzipien glaubte und wie er sie praktizierte.

Da ist zunächst sein Reden und Predigen. Obwohl es öffentlicher Anfeindung ausgesetzt war, war es nicht das Resultat eigenen Denkens, vielmehr hatte es seinen Ursprung im Evangelium Gottes (V. 2). Zweitens: Sein Leben und sein Charakter wurzelten in der Wahrheit des Evangeliums (V. 3). Drittens: Er betrachtete das Wort Gottes als etwas, das ihm anvertraut war, und es gab ihm solch eine Sicherheit, dass er keine Notwendigkeit verspürte, Kompromisse einzugehen oder jemand zu werden, der den Leuten zu Gefallen war (V. 4).

Es mag sich vielleicht für manche altmodisch und naiv anhören, aber ich glaube von ganzem Herzen, dass das Geheimnis, die Niederlagen und Schläge des Lebens zu überstehen, darin liegt, eine geistliche und biblische Sicht und Denkweise für alles zu entwickeln. „Es ist ein Segen“, schrieb C. H. Spurgeon, „sich bis zum innersten Kern der Bibel hindurchzubeißen, bis du dazu gelangst, in der Sprache der Schrift zu sprechen, wenn dein Geist mit den Worten Gottes gewürzt ist, das Wort Gottes durch deine Adern pulst und du das Wesen der Bibel ausstrahlst.“ Sehr anschaulich, oder? Ich finde, dass diese Vorstellung, sich einer biblischen Denkweise zu verpflichten, so selten in der heutigen Christenheit ist, dass ich manchmal innerlich vor Sorge zittere. Jemand sagte einmal: „Zeit, die man mit der Bibel verbringt, streicht die Sorgenfalten wieder glatt.“ So ist es.

Oh Vater, hilf mir, also „mich bis zum innersten Kern der Bibel durchzubeißen … bis mein Geist mit den Worten des Herrn gewürzt ist“. Gib mir eine biblische Denkweise. In Jesu Namen bitte ich darum. Amen.

Ps. 119,97-104; Jos.1,8; 2. Kor.10,1-5; Röm.12,2
1. Wie können wir eine biblische Sichtweise entwickeln?
2. Wie wird unser Denken erneuert?

„Ich nicht."

***„Dabei wollen wir ... allein auf Jesus schauen ...
Weil große Freude auf ihn wartete,
erduldete Jesus den verachteten Tod am Kreuz."** (V. 2)*

Zum Lesen & Nachdenken – Hebräer 12,1-13

Ein anderes Prinzip, mit Versagen umzugehen, lautet: *Wenn die Aufgabe, in der Sie versagt haben; eindeutig die Aufgabe ist, die sie tun sollen, dann widmen Sie Gott Ihre Energie, versuchen Sie es erneut und geben Sie nicht auf.*

Nachdem sein Teenagersohn durch eine Prüfung gefallen war, versuchte der Vater ihn zu ermutigen: „Gib nicht auf, versuch's noch einmal!" „Was bringt das denn?", entgegnete der Sohn, „es ist einfacher aufzugeben." Der Vater wandte ein: „Die Menschen, an die man sich später einmal erinnert, sind die Menschen, die, nachdem sie versagt haben, nicht aufgaben, sondern es noch einmal versuchten." Er fuhr fort: „Erinnerst du dich an Churchill? Und an Edison? Sie gaben nicht auf!" Der Junge nickte. „Und erinnerst du dich an John McCringle?" „Wer ist John McCringle?", fragte der Junge. „Siehst du", sagte der Vater, „du erinnerst dich nicht an ihn – er hat aufgegeben."

Ein Poster zeigte das Bild von einem Mann, der auf einer Parkbank saß und niedergeschlagen und untröstlich aussah. Seine Arme waren über seiner Brust gekreuzt und sein Gesicht zeigte einen resignierten Ausdruck. Die Überschrift lautete: „Ich gebe auf!" Als ich dieses Poster sah, schaute ich es mir einen Moment lang an, um mich dann abzuwenden, als mein Blick von etwas angezogen wurde, das sich in der rechten Ecke des Posters befand. Es war ein Bild von einem schwarzen Hügel, darauf ein kleines Kreuz. Daneben stand, kaum lesbar: „Ich nicht." Fühlen Sie sich, als ob Sie aufgeben wollen? Dann heben Sie Ihre Augen auf zum Kreuz. Der Eine, der alle Hindernisse besiegt hat, streckt seine Hände nach Ihnen aus. Ergreifen Sie diese Hand und versuchen Sie es noch einmal – in seiner Kraft und seiner Stärke.

O Gott, hilf mir, meine Winzigkeit mit deiner Größe, meine Feigheit mit deinem Mut und meine Angst mit deinem Glauben zu verbinden. Dann wird mich nichts mehr aufhalten können. Amen.

Phil. 3; Jak. 1,6-8; Mt. 6,22
1. Wie war Paulus' Haltung?
2. Was passiert, wenn unser Auge einfältig ist?

„Gnade, größer als das Versagen"

„Gott aber kann machen, dass alle Gnade unter euch reichlich sei, damit ihr in allen Dingen allezeit volle Genüge habt und noch reich seid zu jedem Werk." (V. 8)

Zum Lesen & Nachdenken – 2. Korinther 9,6-15

Eine andere Sichtweise, die wir, um mit Rückschlägen umgehen zu können, in unserem Leben entwickeln müssen, ist diese: *Wie enttäuschend und entmutigend unsere Fehlschläge auch immer sein mögen, Gottes Gnade bedeckt sie alle.* Wir müssen uns nicht wegen unserer gestrigen Misserfolge in Ängste flüchten, da die Gnade Gottes sie alle wegwischt und daran arbeitet, sie zu einem guten Ergebnis zu wenden. Das bedeutet nicht, dass wir den Konsequenzen unserer Fehler entkommen, aber vorausgesetzt, dass wir ihnen auf korrekte Art und Weise und ehrlich begegnen, fließt die Gnade hinein und übernimmt und verändert die Situation. Emerson sagt: „Beenden Sie jeden Tag und schließen Sie ihn für sich ab. Sie haben getan, was Sie konnten. Einige Fehler, Misserfolge und Widersinnigkeiten werden sich eingeschlichen haben. Aber vergessen Sie sie. Morgen ist ein neuer Tag."

Dies ist ein guter Ratschlag, aber nicht gut genug. Wir können sie nicht einfach vergessen, besonders dann nicht, wenn unsere Fehler uns in Schwierigkeiten mit anderen geführt haben. Wie auch immer: Wenn wir Dingen ehrlich begegnen und beschließen, aus unseren Fehlern zu lernen, dann kann Gott diese Fehler durch seine Gnade verwandeln. Er kann die quälenden Erinnerungen der Schande und des Selbstekels auslöschen, sodass unsere Fehler, die wir dann durch Gottes Gnade betrachten können, uns nicht behindern, sondern vorantreiben.

Das Alte Testament endet mit einem Fluch (Mal. 4,6), aber das Neue Testament endet mit Gottes Gnade (Offb. 22,21). Was hat uns das zu sagen? Dass Gnade nicht nur auf unsere früheren Taten zurückschaut, sie blickt nach vorne, um uns eine Zukunft zu sichern. Sie sind heute unter Gottes Gnade, und morgen werden Sie ebenfalls unter der Gnade Gottes sein. Welch eine Aussicht! Die Vergangenheit kann Ihnen nichts anhaben, und das Heute und das Morgen ist gesichert. Unsere Misserfolge lassen uns folglich singen – singen über die Erlösung von ihnen, welche wir durch Gnade erlangt haben.

O Vater, ich bin so dankbar, dass deine Gnade die Schlüssel für gestern und morgen hält. Du schließt das eine – und öffnest das andere. Und auch für heute gibt es Gnade! Ich bin auf ewig dankbar. Amen.

Röm. 5; 3,23-24; 2.Tim. 2,1; Tit. 3,7
1. Welches sind die Kennzeichen der Gnade?
2. Wozu führt die Rechtfertigung durch Gnade?

Tag 260

Halleluja – der Druck ist weg!

„Gott selbst hat unser und euer Leben auf ein festes Fundament gestellt, auf Christus …“ (V. 21)

Zum Lesen & Nachdenken – 2. Korinther 1,12-22

Noch ein weiteres Prinzip: *Streben Sie nicht so sehr danach, Erfolg zu haben, sondern das Richtige zu tun.*

Ich erinnere mich daran, als ich mich in Atlanta, Georgia, in einem Vortrag zum Thema „Fallgruben im geistlichen Dienst“ an eine Gruppe von Pastoren wandte. Ich erzählte ihnen die Geschichte meiner Misserfolge, die sich zu dieser Zeit häuften, und ich sagte: „Die Lektion, die ich aus meinen Fehlschlägen gelernt habe, ist die, dass ich nicht erfolgreich sein muss. Ich muss das Richtige unter Gottes Führung tun und ihm die Entscheidung über Erfolg oder Misserfolg belassen.“ Einer der Pastoren kam nachher zu mir und sagte: „Ich bin Pastor einer der größten Gemeinden in der Gegend und von meinen Mitbrüdern als einer der erfolgreichsten Pastoren meiner Denomination angesehen. Aber heute haben Sie mir dabei geholfen, den größten Druck in meinem Leben zu überwinden – den Druck, erfolgreich sein zu müssen.“

In den frühen Jahren meines Dienstes war ich sehr erfolgsorientiert: War ich erfolgreich, fühlte ich mich gut, wenn ich versagte, war ich niedergeschlagen. Eines Tages fragte mich Gott ganz unverblümt: „Bist du bereit, ein Versager zu sein?“ Diese Frage erschütterte mich. Es dauerte eine ganze Woche, bis ich die Frage durch Gottes große Gnade mit „Ja!“ beantworten konnte. Danach war ich augenblicklich von zwei Dingen frei, die sich in meinen Dienst und mein Leben geschlichen hatten: von dem Erfolgsdruck und von der Angst vor dem Versagen. Was wirklich zählt, ist nicht, ob wir versagen oder erfolgreich sind, sondern ob wir ihm gegenüber treu sind. Erfolg und Misserfolg liegen in seiner Hand. Ich bin nicht auf dem Weg zum Erfolg, ich bin auf *dem Weg*. Welch ein Unterschied!

Vater, befreie mich heute von zwei Behinderungen, die sich eingeschlichen haben: dem Druck, erfolgreich sein zu müssen, und der Angst vor Versagen. Hilf mir, einfach nur das Richtige zu tun und Erfolg oder Misserfolg dir zu überlassen. In Jesu Namen. Amen.

Röm. 7 u. 8
1. Was half Paulus, seinen Kampf durchzustehen?
2. Schreiben Sie auf, wie oft in Kap. 7 das Wort „ich“ und in Kap. 8 das Wort „Geist“ vorkommt.

Zum Himmel schreien

„Den Schrei der Wehrlosen überhört er nicht ..." (V. 13)

Zum Lesen & Nachdenken – Psalm 9,1-21

Nachdem wir etwas darüber gelernt haben, wie wir mit unseren Misserfolgen umgehen sollten, wenden wir uns nun dem zu, was wir tun können, wenn uns das Leben durch *unverdientes Leid und Kummer* angreift. Ich bekomme mehr Briefe zu diesem Thema als zu allen anderen. Leute schreiben und sagen: „Mein Leiden ist so groß, dass ich manchmal an der Existenz eines Gottes der Liebe zweifle. Können Sie mir etwas sagen, das mir helfen könnte, in dieser tragischen Stunde meinen Glauben wieder zu finden?"

Eines der bittersten Elemente des Leidens ist, dass man meistens keinen Sinn darin entdecken kann. Ein großer Autor sagte, dass jeder, der unberührt von unverdientem Leiden bleibt, entweder das Opfer eines verhärteten Herzens oder ein Dummkopf ist. Er hatte Recht. Jeder, der geistig fit ist, besonders, wenn er an einen Gott der Liebe glaubt, findet, dass dieses Problem schwer zu lösen ist. Kein Wunder, dass der Dichter rief:

Mein Sohn, die Welt ist dunkel durch die Leiden und die Gräber,
so dunkel, dass selbst Männer zum Himmel schreien.

Ich nehme an, dass es nichts gibt, was Menschen mehr veranlasst zum Himmel zu schreien als Schmerz, welcher ungebeten und unverdient kommt. Manche unserer Leiden sind das Resultat unserer eigenen Dummheit. Aber was ist, wenn das Leben uns durch Dinge zu zerbrechen sucht, die keinen direkten Bezug zu uns haben? Erinnert sich Gott dann noch an uns? Unser heutiger Text bejaht diese Frage. Das allein sollte ausreichen, uns mutig zu machen – wenn nicht gar vergnügt, uns Frieden geben – wenn nicht gar Freude. Schreiben Sie es sich ins Herz: Gott erinnert sich an Sie, wenn Sie leiden. Er tut es wirklich!

Herr Jesus, du, der du das Leiden in einer Art und Weise erfahren hast, die ich nie kennen lernen werde, halte mich nah bei deinem Herzen, sodass mein Leiden mich nicht zerstört, sondern mich voranbringt. In Jesu Namen. Amen.

Röm. 8,17-26; 2. Kor. 1,7; 4,11-18; 1.Petr. 5,10
1. Was bezweckt Gott mit unserem Leiden?
2. Auf welcher Art und Weise hat Jesus gelitten?

Leiden ist unvermeidlich

„Nein, von Geburt an gehört zum Menschsein die Mühe, so wie zum Feuer die Funken gehören.“ (V. 7)

Zum Lesen & Nachdenken – Hiob 5,1-18

Wie gehen wir als Christen mit dem Problem unverdienten Leidens um? Zunächst müssen wir erkennen, dass es in einem Universum, dessen Balance durch die Sünde gestört wurde, unabdingbar ist, dass sich unverdientes Leid einstellt. Sehen Sie dem ins Auge, und Sie haben bereits den halben Weg geschafft, das Problem in eine Gelegenheit verwandelt zu haben.

Vor vielen Jahren wurde in einem indischen Palast ein Kind geboren, dessen Eltern sich vorgenommen hatten, es von jeglichen Anzeichen des Verfalls und des Todes fernzuhalten. Wenn es in den Garten ging, wurden Dienstmädchen vorgeschickt, um alle verwelkenden Blüten und auf die Erde gefallenen Blätter zu beseitigen, sodass der Junge keines der Merkmale des Leidens und des Todes wahrnehmen konnte. Eines Tages verließ er sein Zuhause. Als er durch die Straßen ging, stieß er auf eine Leiche. Seine Reaktion darauf war derart heftig, dass er sich daran machte, eine Lehre aufzustellen, die besagte, dass, da das Leben vornehmlich aus Leiden besteht, einem nur bliebe, ins Nirvana zu flüchten, den Zustand der Auslöschung des eigenen Seins.

Der junge Mann war Siddharta Guatama, genannt Buddha, dessen Glaube von Millionen seiner Nachfolger geteilt wird, nicht nur in Indien, sondern auf der ganzen Welt. Seine Philosophie ist das dramatisch-tragische Resultat des Versuchs, sich selbst vor den Realitäten des Lebens, unter denen man leidet, zu schützen. Der christliche Glaube ist das Gegenteil davon: Er setzt uns dem Herzen des Leids aus – dem Kreuz. Dann nimmt er dieses Leid und wandelt es in Erlösung. Daher sollten sich Christen nicht davor fürchten, dem Schlimmsten offen zu begegnen – weil Gott es in das Beste verwandelt kann.

Vater, ich bin so dankbar für das Kreuz – was ist mein Leiden verglichen damit? Und selbst, wenn ich ähnliche Leiden tragen müsste, weiß ich, dass daraus dasselbe erwachsen wird, was auf dich wartete – die Auferstehung. Gesegnet sei dein Name für immer. Amen.

Jes. 53; Lk. 22,40; Hebr. 2,9-10; 5,8; 8,1

1. Warum war es notwendig, dass Jesus leiden musste?

2. Wie kann Leiden zu etwas Positivem werden?

Das Beste aus dem Schlimmsten

„Lebt stattdessen so vorbildlich, dass die Menschen, die Gott nicht kennen, darauf aufmerksam werden … Wenn Gott ihnen eines Tages die Augen öffnet, werden auch sie ihn noch ehren.“ (V. 12)

Zum Lesen & Nachdenken – 1. Petrus 2,11-25

Gestern sagten wir, dass die erste Einstellung, die wir gegenüber unverdientem Leiden annehmen sollten, die ist, dass Leiden zwangsläufig kommt. Die Sünde hat das Universum aus der Balance gebracht, und das Leiden ist eine der unvermeidlichen Folgen. Dies zu verleugnen heißt die Realität zu verleugnen, und die Verleugnung der Realität ist die Verleugnung des Lebens. Daraus ergibt sich unser zweites Prinzip: *Gott kann jedes Leid zum Guten und zum ruhmreichen Ende führen.*

J. B. Phillips übersetzt den heutigen Vers folgendermaßen: „… obwohl sie uns als Übeltäter verleumden mögen, wenn das Unheil kommt, werden sie Gott die Ehre geben, wenn sie sehen, wie vorbildlich ihr euch verhaltet.“ Beachten Sie die Formulierung „wenn das Unheil kommt“. Es trifft unvermeidlich jeden – es ist dumm zu denken, nur weil wir Christen sind, wären wir davon ausgenommen. Wir sind Teil der Welt, die durch die Sünde aus dem Gleichgewicht gebracht worden ist, Teil der sterblichen, verfallenden Welt. Und doch sind wir, obwohl wir Opfer der Katastrophen des Lebens werden können, fähig, sie durch die erlösenden Absichten Gottes in Gelegenheiten zu verwandeln und durch sie reicheres, erfüllteres Leben zu erlangen.

Eine Frau, die sich von einer Sekte abgewendet und zu Jesus bekehrt hatte, sagte in einem Zeugnisgottesdienst ihrer Gemeinde: „Sie lehrten mich, dass die erste Sache, auf die ich mich konzentrieren sollte, mein Glück war. Ihr habt mir beigebracht, dass das Wichtigste darin besteht, ‚zu sein‘. Dadurch fühle ich mich sicher.“ Seit sie errettet war, war auch ihr Glück gesichert. Andere werden an den Tragödien des Lebens irre. Nur das Kreuz hat die Antwort. Aus dem Schlimmsten macht Jesus das Beste und lässt die Opfer des Lebens zu Siegern werden.

Vater, je mehr ich darüber nachdenke, desto begeisterter werde ich. Du hast mir solch eine Sicherheit gegeben. Ich kann alles aushalten, weil ich alles nutzen kann. Dir sei die Ehre! Amen.

Joh. 10,1-10; 2. Kor. 9,8: Eph. 3,20
1. Was hat der Dieb im Sinn?
2. Was gibt uns Jesus?

Kein Wohlbefinden – sondern Charakter

„Das Gute haben wir von Gott angenommen, sollten wir dann nicht auch das Unheil annehmen?" (V. 10)

Zum Lesen & Nachdenken – Hiob 2,1-10

Heute kommen wir zu einem der schwierigsten Prinzipien, das wir im Blick auf das Leid verstehen müssen – aber da müssen wir durch: *Leid als ein Geschenk Gottes betrachten können.*

Dieses Prinzip ergibt sich aus dem heutigen Vers – ein Vers, welchen ein Kommentator als „den tiefgründigsten der ganzen Bibel" beschreibt. Wenn man den Abschnitt liest, wird klar, dass Hiobs Gott kein himmlisches Wesen ist, das, an die Balkonbrüstung des Himmels gelehnt, seinen Kindern niedliche kleine Geschenke zuwirft und ruft: „Hier, das wird euch glücklich machen, das gefällt euch bestimmt!" Bei Gott ist das ganz anders. Der Gott der Bibel teilt die Dinge aus, die seinem Namen am meisten Ehre eintragen. Und wenn er sieht, dass durch Leiden am meisten Ehre erzielt werden kann, dann gibt er eben das. Merken Sie sich gut: Gott hat keinerlei Verpflichtung, es Ihnen so angenehm wie möglich zu machen.

Können Sie die Wahrheit sehen, die sich hinter den Worten des heutigen Textes verbirgt? „Das Gute nehmen wir von Gott an, da sollten wir das Böse nicht auch annehmen?" (REÜ). Sie sind für das Gute von Gott empfänglich, aber sind Sie es gleichermaßen für das Unglück? Sie sehen, Gottes Ziel ist nicht unser Wohlbefinden, sondern unsere Charakterformung. Deshalb ist es falsch, einem Nichtchristen zu erzählen: „Vertrauen Sie Gott und Ihre Probleme werden sich alle auflösen." Das ist unfair, unehrlich und einfach unbiblisch. In der Realität bedeutet Christwerden wahrscheinlich, dass man mehr Probleme haben wird als vorher. Und warum? Weil der Charakter im Feuerofen der Prüfung geformt wird – kein Leiden, kein Charakter.

Vater, ich brauche jetzt deine Hilfe. Es ist einfach, die guten Dinge aus deiner Hand zu akzeptieren, hilf mir, auch die unschönen Dinge anzunehmen. Präge diese Worte nicht nur in meinen Verstand, sondern auch in meinen Geist. In Jesu Namen bitte ich darum. Amen.

1. Petr. 1,1-9; Ps. 66,10; 119,67; Jes. 48,10
1. Welche Analogie zeigt die Schrift auf?
2. Was ist das Ergebnis erduldeten Leidens?

Das Leiden Gottes

„Dabei war es unsere Krankheit, die er auf sich nahm … Wir aber dachten, diese Leiden seien Gottes gerechte Strafe für ihn. Wir glaubten, dass Gott ihn schlug und leiden ließ, weil er es verdient hatte.“ (V. 4)

Zum Lesen & Nachdenken – Jesaja 53,1-12

Dr. E. Stanley Jones sagt: „Das Christentum ist die einzige Religion, die es wagt, ihren Anhängern zuzumuten, Leiden als ein Geschenk Gottes zu akzeptieren, weil es auch die einzige Religion ist, die wagt zu sagen, dass auch Gott selbst gelitten hat.“

Ganz sicher ist es für uns Christen von Bedeutung zu wissen, dass, obwohl es uns selbst Schmerzen bereitet, in dieser Welt zu leben, es Gott noch viel mehr kostete. Aber wie sehr hat Gott denn gelitten? Manche Christen denken, dass sich das ganze Ausmaß des Leidens Gottes in den Stunden manifestierte, in denen er seinen Sohn am Kreuz sterben sah, aber es bedeutet mehr als das. Die Bibel sagt uns, dass Christus das „geschlachtete Lamm von Grundlegung der Welt an“ war (Offb. 13,8; REÜ). Das bedeutet, dass schon lange, bevor auf Golgatha ein Kreuz aufgerichtet wurde, ein Kreuz im Herzen Gottes aufgerichtet war.

Gottes Leiden begann zu dem Zeitpunkt, als er das Universum plante, und zerrte an seinem Herzen, seit er die Fundamente der Welt legte. Während er auf den schrecklichen Moment wartete, an dem sein Sohn auf Golgatha stirbt, muss ihn der Schmerz gequält haben. Wie lange musste er warten? Jahrhundertelang? Jahrtausende! Dann schließlich kam der Moment – der schreckliche Todeskampf der Kreuzigung. War das das Ende? Nein. Seine Leiden setzen sich fort, wenn er sieht, wie ihn die Welt verwirft und wie seine Kinder gleichgültig daherleben. Muss uns das Wissen, dass es Gott so viel kostete, nicht etwas, ja, alles bedeuten – selbst dann, wenn uns das Leben auch einiges an Schmerz abverlangt? Ich finde diesen Gedanken zutiefst tröstlich, und ich bete, dass Sie ebenso empfinden.

Vater, ich ahne, dass ich dem tiefsten Geheminis des Universums mitten ins Herz schaue – ich sehe deine opfernde Liebe. Hilf mir, das zu begreifen, denn wenn ich das sehen kann, dann sehe ich alles. Amen.

Mt. 26,36-42; Mt. 27; Jes. 50,6; Lk. 22,44; Hebr. 2,10
1. Listen Sie fünf Aspekte des Leidens Jesu auf.
2. Was war der „Becher“, den Jesus trinken musste?

Tag 266

Gott hat alles unter Kontrolle

„Ich bin der einzige, wahre Gott. Keiner dieser Götter ist mir gleich … Meine Pläne verwirkliche ich, und was mir gefällt, das führe ich aus.“ (Vs. 9 u. 10)

Zum Lesen & Nachdenken – Jesaja 46,3-13

Sie müssen ein weiteres Prinzip verinnerlichen – *erkennen Sie, dass Sie, weil Sie begrenzt sind, Gottes Wege niemals vollständig verstehen werden.* Es war ein wunderbarer Moment in meinem Leben, als ich von den Qualen des Zwangs erlöst wurde, die Gründe für Gottes Verhalten erforschen zu wollen. Ich las die obige Bibelstelle, als es mich wie ein Blitz aus heiterem Himmel traf: „Gott hat die ganze Welt unter seiner Kontrolle. Versuche nicht, die ganzen Verästelungen und Einzelheiten dieser Wahrheit zu verstehen, akzeptiere sie einfach.“ Seitdem habe ich keinen Augenblick mehr daran verschwendet zu ergründen, warum Gott tut, was er tut. Ich akzeptiere seine Souveränität, ohne nachzufragen – und es geht mir dabei wesentlich besser.

„Ein Merkmal von Reife“, sagt Charles Swindoll, „ist die getroste Zuversicht, dass Gott alles unter Kontrolle hat … ohne verstehen zu müssen, warum er tut, was er tut.“ „Er handelt nach seinem Willen als Hausherr des Himmels und unter den Bewohnern der Erde; und niemand kann sich ihm widersetzen oder zu ihm sagen: ‚Was tust du da?‘“ (Daniel 4,32). Es gibt natürlich viele andere Bibelstellen, die auf dieselbe Wahrheit abstellen – der Herr hat alles im Griff. Wenn Sie vor Angst innerlich aufgewühlt sind und versuchen herauszufinden, warum Gott tut, was er tut, dann hören Sie damit auf. Sie können es sowieso nicht. Fieberhaft zu versuchen alle Knoten zu lösen kann Sie an den Rand des Nervenzusammenbruchs führen. Das Endliche kann das Unendliche nie ergründen. Erkennen Sie die Tatsache an, dass Gottes Wege unerforschlich und unergründlich sind. Dann werden Sie anfangen zu leben – wirklich zu leben.

Mein gnädiger Vater, mach mich heute von der Tyrannei frei, das Unergründliche ergründen zu wollen. Ganz tief atme ich die Ruhe und den Frieden deiner Souveränität in mich ein. Ich werde nicht mehr darum ringen, alles zu verstehen. Ich werde einfach nur stillhalten. Danke, Vater. Amen.

Jes. 55; 40,28-31; Röm. 11,33; Hiob 11,7
1. Was hat Gott anstelle von Dornen und Brennnesseln versprochen?
2. Wie unterscheiden sich Gottes Wegen von unseren?

Gott prüft, bevor er anvertraut

„Wer nach Gottes Willen leiden muss, der soll sich nicht davon abbringen lassen, Gutes zu tun und seinem treuen Schöpfer sein Leben anzuvertrauen.“ (V. 19)

Zum Lesen & Nachdenken – 1. Petrus 4,12-19

Gott benutzt selten jemanden, bevor er ihn nicht einer Prüfung des Leidens und der Not unterzogen hat.

Sie erinnern sich: Jesus begann seinen Dienst in der Wüste der Versuchung, aber er erreichte seinen Höhepunkt am Ostermorgen im Garten in Jerusalem. Unsere niedrigen, geringen Dienste sind auch ein Test des Leidens. Ein altes Sprichwort sagt: „Wer im Feuer geboren ist, wird auch in der Sonne nicht vergehen.“ Wenn Gott uns im Feuer der Not leiden lässt, verlassen Sie sich darauf, dann will er nur sicherstellen, dass wir in der Sonne der kleineren Schwierigkeiten nicht vergehen. Hat das Leben Sie durch Leiden und Not zerbrochen? Fühlen Sie sich geschwächt und erschöpft durch die Dinge, die Ihnen zugestoßen sind? Machen Sie Gebrauch von den Prinzipien, die wir in dieser Woche durchgenommen haben. Ich verspreche Ihnen, dass das Leben Sie nie wieder durch Leiden zerbrechen wird.

Das heißt nicht, dass Sie nie wieder Erfahrungen des Leidens machen werden, aber es bedeutet, dass Sie auf Nöte mit einem neuen und positiven Glauben reagieren können. Lassen Sie mich Ihre Aufmerksamkeit einmal mehr auf den Text lenken, den wir vor einigen Tagen angeschaut haben: „Durch euer Verhalten sollen selbst die überzeugt werden, die euch bösartig verleumden. Wenn Gott ihnen eines Tages die Augen öffnet, werden auch sie ihn noch ehren“ (1. Petr. 2,12). Seien Sie gewiss – die Welt beobachtet genau, wie wir Christen auf Leiden und Nöte reagieren. Und was bekommen sie dann zu sehen? Menschen, die dauernd nur mit Schwachheit zu kämpfen haben – oder solche, die „an Orten des Zerbruchs stark geworden“ sind?

Oh Vater, ich bin einer deiner Nachfolger, aber so oft habe ich Angst, dir den ganzen Weg zu folgen. Jetzt sehe ich, dass dein Weg der richtige ist – nichts anderes ist richtig. Ich weiß, dass du zu mir stehen wirst – hilf mir, auch zu dir zu stehen. In Jesu Namen. Amen.

Röm. 5,1-11; 2. Thess. 1; Mt. 5,10-12
1. Wie lauten einige der Ergebnisse von Nöten und Kummer?
2. Hat Ihr Leben diese Ergebnisse gezeitigt?

Wenn Reichtümer davonfliegen

„Versuche nicht, mit aller Gewalt reich zu werden … Schneller als ein Adler fliegen kann, ist dein Geld plötzlich weg …“ (V. 4-5)

Zum Lesen & Nachdenken – Sprüche 23,1-8

Wir wenden uns nun einem anderen Bereich zu, in dem uns das Leben zerbrechen kann – *durch eine finanzielle Katastrophe oder durch materiellen Verlust.* Manche Christen sprechen verächtlich über Geld. Ich habe gehört, wie sie die Bibel in dieser Weise zitiert haben: „Geld ist die Wurzel allen Übels.“ Sie vergaßen, dass die Schrift eigentlich sagt: „Denn Geldgier ist eine Wurzel allen Übels …“ (1. Tim. 6,10, Luther 84).

Geld an sich ist nicht böse. Es speist die Hungrigen, kleidet die Nackten und kommt den Mittellosen zu Hilfe, durch Geld können viele Taten der Gnade bewirkt werden. Vor einigen Jahren behauptete der Sprecher vom *Old Bailey* (Hauptkriminalgericht in London, Anm. d. Üs.) etwas, das in fast jeder Zeitung berichtet wurde. Er sagte: „Ein paar Pfund retten oft das Leben – und manchmal eine Seele.“ Es mag stimmen, dass Geld kein Glück bringt, aber es kann, wie jemand sagte, „sicher unsere Gläubiger in eine bessere Stimmung versetzen“. Vielleicht schmerzt nichts mehr, als wenn das Leben uns durch einen finanziellen Rückschlag trifft und wenn wir etwas davon erleben, was der Schreiber der Sprüche beschreibt – „Reichtümer haben Flügel“. Können wir auch an den Bruchstellen unseres finanziellen Versagens stark werden? Ja, das können wir. Ich habe von einem Mann gehört, der vor einigen Jahren sein gesamtes Vermögen verlor. Sein finanzieller Verlust war so groß, dass er alles verlor – wortwörtlich alles. Er war vom Leben gebrochen. Er kam jedoch mit einer neuen Philosophie aus dieser Krise heraus, welche seine gesamte Einstellung zum Geld änderte. Ich bin mir sicher, das Leben wird ihn an dieser Stelle nie mehr zerbrechen können. Er war an einer Schwachstelle stark geworden. Und so, mein Freund, kann es auch Ihnen ergehen.

O Vater, hilf mir ein für alle Mal, meine Einstellung zum Geld in Ordnung zu bringen. Wenn es eine Schwachstelle ist, dann hilf mir, sie zur Stärke werden zu lassen. In Jesu Namen. Amen.

Mt. 6,19-34; 10,29-31; Lk. 12,15
1. Was hat Jesus über Besitz gepredigt?
2. Wie sollte unsere Priorität lauten?

Den Besitzanspruch abgeben

„Weil du gehorsam warst und mir deinen einzigen Sohn als Opfer geben wolltest, werde ich dich überreich beschenken …“ (V. 16 u. 17)

Zum Lesen & Nachdenken – 1. Mose 22,1-19

Gestern haben wir uns den Mann angeschaut, der durch ein finanzielles Desaster in den Zerbruch geführt wurde, der aber derart aus der Krise herauskam, dass er sagen konnte: „Nie wieder wird mich ein materieller Verlust zerbrechen können.“ Und warum? Weil er sich eine biblische Denkweise zugelegt hat, die ihn befähigte, den Bereich „Geld“ aus Gottes Sicht zu sehen.

Hier sind die Schritte, die mein Freund unternahm, um von der finanziellen Gebundenheit zur Freiheit zu gelangen. (1) *Übergeben Sie Gott in einem klaren Akt der Hingabe das Eigentumsrecht an all Ihren Besitztümern.* Ob wir das anerkennen oder nicht, in Wirklichkeit gehören uns unsere Besitztümer nicht. Wir sind Verwalter, nicht Eigentümer des Vermögens, welches Gott in unsere Hände gelegt hat. Nachdem er die Geschichte von Abraham und dessen Willigkeit, seinen Sohn zu opfern, gelesen hatte, übergab mein Freund jedes einzelne Teil seines Besitzes an Gott. Er sagte: „Ich fuhr mit dem Gebet fort, bis alles, was ich besaß, auf Gottes Altar lag. Danach war ich ein veränderter Mensch. Dieser Akt der Hingabe wurde zu einem Wendepunkt für meine Finanzen.“

Wenn wir also eigentlich gar nicht Besitzer unseres Eigentums sind, dann liegt es auf der Hand, Gott zu sagen: „Herr, ich bin nicht Besitzer, nur Schuldner. Lehre mich, wie ich in dieser Haltung und Beziehung den Gütern gegenüber leben kann.“ Wenn Sie Ihre Besitztümer loslassen und Gott die volle Kontrolle überlassen, kommt der Aspekt der Verwaltung zum Tragen. Sie managen etwas im Auftrag eines anderen. Geld ist nicht länger Ihr Herr – es wird zu Ihrem Boten.

O Vater, mir ist bewusst, dass du deine Finger wieder einmal auf einen wunden Punkt in meinem Leben gelegt hast. Ich schrecke zurück, aber ich weiß, dass ich niemals ein wahrer Jünger sein kann, bis ich diese Entscheidung treffe. Ich treffe sie heute – und zwar fröhlich. In deinem Namen. Amen.

1. Kön. 17; 1. Kor. 4,1-2; Röm. 14,12
1. Was können wir von der Witwe aus Zarpat lernen?
2. Was ist das Merkmal eines Verwalters?

Tag 270

Vor den Pflug gespannt

„Richtet eure Gedanken auf Gottes unsichtbare Welt und nicht auf das, was die irdische Welt zu bieten hat.“ (V. 2)

Zum Lesen & Nachdenken – Kolosser 3,1-17

Ein zweiter Schritt, die richtige biblische Einstellung bezüglich Finanzen zu erlangen, ist dieser: (2) *Richten Sie Ihr Leben an den Plänen Gottes für sein Reich aus.*

Livingstone sagte: „Ich will nichts, was ich habe oder besitze, einen Wert beimessen, außer in der Beziehung zum Reich Gottes. Wenn irgendetwas, das ich habe, das Reich voranbringen kann, dann will ich es geben oder behalten, je nachdem, was der Ehre Gottes am besten dient, ihm, dem ich für Zeit und Ewigkeit alle meine Hoffnungen schulde.“ Ein anderer Missionar sagte: „Dieser Satz von Livingstone sollte das Lebensmotto jedes Christen werden. Jeder Christ sollte dies jeden Tag langsam für sich wiederholen: ‚Ich will nichts, was ich habe oder besitze, einen Wert beimessen, außer in der Beziehung zum Reich Gottes.‘“ Wenn es dem Reich dient, dann hat es einen Wert – dann kann es bleiben. Wenn es dem Reich unnütz ist, dann ist es wertlos – es muss nützlich gemacht werden – oder gehen.

John Wanamaker, ein großartiger christlicher Geschäftsmann, besuchte vor vielen Jahren China, um zu sehen, ob das Geld, das er einer Missionsarbeit gespendet hatte, bestmöglich verwendet wurde. Eines Tages kam er in ein Dorf, in dem eine schöne Kirche stand. Auf einem Feld in der Nähe sah er einen jungen Mann, der mit einem Joch an einen Ochsen gebunden war und das Feld pflügte. Er ging hinüber zu ihm und fragte, welchen Sinn diese seltsame Art des Pflügens machte. Ein alter Mann, der den Pflug führte, erwiderte: „Als wir uns anschickten, die Kirche zu bauen, hatten mein Sohn und ich kein Geld, was wir hätten geben können. Da sagte mein Sohn: ‚Lass uns einen unserer Ochsen verkaufen, ich werde sein Joch nehmen.‘ Das taten wir und gaben den Erlös der Kirche.“ Wanamaker weinte.

Vater, mir ist auch danach zu weinen, wenn ich darüber nachdenke, wie wenig von meinem Leben in die Pläne des Reiches einfließt. Hilf mir, freudig an einen Pflug gespannt zu sein und die Freude des Opfers kennen zu lernen. In Jesu Namen. Amen.

Jak. 4,8-17; Röm. 14,8; Ps. 24,1; Hag. 2,8
1. Wie sollten wir unser Leben angehen?
2. Ist Ihr Wertesystem biblisch?

Reich oder arm – was soll's?

„Ob ich nun wenig oder viel habe, beides ist mir durchaus vertraut, und so kann ich mit beidem fertig werden …" (V. 12)

Zum Lesen & Nachdenken – Philipper 4,4-13

Der dritte Schritt auf dem Weg in die Freiheit im Umgang mit unserem Besitz sieht so aus: *Erkennen Sie, dass Sie nur dann frei sind, wenn es Ihnen nichts mehr ausmacht, ob Sie in Armut oder im Überfluss leben.*

Es gibt zwei Wege, wie Männer und Frauen versuchen, sich gegen finanzielle Notlagen zu wappnen. Ein Weg ist, möglichst viel zur Seite zu legen. Die andere Methode ist die, Geld und materiellen Dingen ganz und gar zu entsagen, um sich ihren Fängen zu entziehen. Beide Methoden haben ihre Nachteile. Die erste, weil sie zu Geiz und Ängstlichkeit führen kann, zudem macht sie einen Menschen oft so „metallisch hart" wie die Münzen, die er anzuhäufen versucht. Die zweite Methode versucht sich darin, das Problem loszuwerden, indem man sich die Hände gar nicht erst mit Geld schmutzig macht. In jedem Fall stellt sich eine Gebundenheit ein – entweder die Abhängigkeit von materiellen Dingen oder eine Gebundenheit an Armut. Derjenige, der *ausschließlich* die Freiheit besitzt, sich des Überflusses zu bedienen, ist daran gebunden, wer hingegen *nur* mit Armut leben kann, ist an sie gebunden. So oder so – beide sind nicht frei. Wer aber, wie Paulus in unserem heutigen Text, gelernt hat, mit jeder Lebenslage zurechtzukommen – „viel oder wenig haben" –, der ist frei, wirklich frei.

Während er in Indien auf den Zug wartete, kam ein Missionar mit einem Inder aus der höchsten Kaste ins Gespräch. „Fahren Sie im nächsten Zug mit?", fragte der Missionar. „Nein", antwortete der Inder, „der Zug hat nur Dritte-Klasse-Abteile. Für Sie ist das kein Problem. Sie sind Christ. Die dritte Klasse setzt sie nicht herab, und die erste Klasse erhebt Sie nicht. Sie sind über diese Unterteilungen erhaben, aber ich muss mich danach richten." *Über alle Unterteilungen erhoben!*

O Vater, was für ein Leben lebe ich – erhoben über alle Unterteilungen. Überfluss nimmt meinen Geist nicht gefangen und Armut bricht ihn nicht. Ganz egal, wie ich in der Vergangenheit gelebt habe – so möchte ich in Zukunft leben. Hilf mir, Herr. Amen.

Jak. 2,1-10; 5,1-8
1. Woher kommt Günstlingswirtschaft?
2. Was sagt Jakobus über egoistisches Leben?

Tag 272

Bedürfnis oder Wunsch?

„Aus seinem Reichtum wird euch Gott, dem ich gehöre, durch Jesus Christus alles geben, was ihr zum Leben braucht.“ (V. 19)

Zum Lesen & Nachdenken – Philipper 4,14-23

Heute werden wir uns mit einem weiteren Schritt beschäftigen, der uns hilft, finanzielle Notlagen zu überwinden: (4) *Lernen Sie, zwischen einem echten Bedürfnis und einem Wunsch zu unterscheiden.* Ihre Bedürfnisse sind wichtig, nicht jedoch Ihre Wünsche. Gott hat versprochen, allen Ihren Nöten zu begegnen, aber nicht allen Ihren Wünschen.

Welches sind unsere Bedürfnisse? Jemand hat es folgendermaßen definiert: „Wir brauchen so viel, dass wir körperlich, mental und geistlich fit für die Pläne des Reiches Gottes sind. Alles, was darüber hinausgeht, gehört zu den Bedürfnissen anderer Menschen.“ Wenn das wahr ist, wie entscheiden wir dann, was zu unseren Bedürfnissen gehört? Niemand kann das für Sie entscheiden; das muss zwischen Ihnen und Gott ausgemacht werden. Lassen Sie Ihr Leben unter den Augen Gottes Revue passieren und schauen Sie, was unter Bedürfnisse und was unter Wünsche fällt. Lassen Sie zu, dass der Heilige Geist Ihr Bewusstsein sensibilisiert, so dass Sie den Unterschied erkennen können.

Ein Fischer erzählt diese Geschichte: „Gestern, auf dem See, ließ ich mein Boot abtreiben. Solange ich nur auf das Wasser schaute, konnte ich keinen Abdrift feststellen. Aber als ich einen Fixpunkt am Ufer anvisierte, konnte ich sehen, wie weit ich schon abgetrieben war.“ Das ist ein Gleichnis! Nur wenn Sie Ihre Augen fest auf Jesus gerichtet haben und seine Billigung feststellen, können Sie sehen, ob Sie auf Gottes Kurs bleiben – oder davon abweichen. Noch eine Sache: Sehen Sie zu, dass Bedürfnisse immer Bedürfnisse sind, nicht als Not getarnter Luxus. Wenn Sie mehr essen, als Sie brauchen, dann verstopfen Sie Ihr Verdauungssystem. Und so geht es auch mit anderen Dingen. Bedürfnisse helfen, während Luxus nur behindert.

Barmherziger Vater, führe mich unter die Herrschaft deines kreativen Geistes. Sensibilisiere mein Innerstes, sodass ich deine Stimme höre, wenn ich in der Gefahr bin, vom Kurs abzuweichen. Darum bitte ich in deinem Namen. Amen.

2. Mo. 16; Ps. 23,5; 33,18-19; 37,25
1. Wie sorgte Gott für die Bedürfnisse der Israeliten?
2. Listen Sie einige der Nöte auf, denen Gott in Ihrem Leben begegnet ist.

Versprechen! Versprechen!

„Das ist viel zu teuer!, schimpft der Käufer beim Handeln; doch hinterher lacht er sich ins Fäustchen." (V. 14)

Zum Lesen & Nachdenken – Sprüche 20,1-22

Wir fahren fort und folgen den Schritten, die uns helfen, an unserer Schwachstelle „Finanzprobleme" stark zu werden: (5) *Bitten Sie Gott, Ihnen zu helfen, dem außerordentlichen Druck der modernen Konsumgesellschaft zu widerstehen.*

Ich hörte einmal eine Predigt, in welcher der Pastor Satans Konversation mit Eva im Garten Eden mit den subtilen Taktiken der modernen Werbung verglich. Der Hauptpunkt war, dass Eva, mit allem, was sie in diesem üppigen Garten, „Paradies" genannt, hatte, unzufrieden wurde. Es gibt wenig Hoffnung für uns alle, wenn wir die modernen Methoden der verlockenden Werbung nicht durchschauen und zurückweisen. Wie lässt sich diese Werbung beschreiben? Eine Definition lautet wie folgt: „Verlockende Werbung ist der sorgsam geplante Reiz unserer menschlichen Schwäche, der dazu dienen soll, uns unzufrieden mit dem zu machen, was wir haben, damit wir den Kauf von Dingen, die wir nicht brauchen oder die wir nicht haben sollten, rational rechtfertigen können."

Natürlich fällt nicht jede Werbung in diese Kategorie, aber die meisten tun es. Charles Swindoll, ein amerikanischer Autor, sagte, dass manche Werbung nicht nur verlockend, sondern definitiv dämonisch sind. Ich stimme dem zu. Er sagt, dass er und seine Familie eine einfache Technik entwickelt haben, um die Werbespots zu überlisten, die versuchen uns zu überzeugen, dass wir zu unserem Glück ein bestimmtes Produkt brauchen. Er beschreibt es so: „Jedes Mal, wenn eine überzeugende Werbung in uns ein Verlangen auslöst, schreien wir einfach so laut wir können: ‚Was glaubst du eigentlich, wen du hier vor dir hast?'" Er behauptet, dass es wirklich funktioniert. Gott erwartet, dass wir uns in vielerlei Hinsicht disziplinieren, nicht zuletzt dadurch, dass wir uns im geistlichen „Kaufwiderstand" üben.

Vater, hilf mir, ich bitte darum, durch die verlockenden Werbungen der heutigen Welt einfach hindurchsehen zu können und in mir Weisheit und Stärke zu entwickeln, um einen starken geistlichen „Kaufwiderstand" aufzubauen. Ich bitte darum zu deiner Ehre und deinem Ruhm. Amen.

1. Joh. 2,12-17; 1. Mo. 3,6; Jak.1,13-16
1. Welche drei Wege nutzt die Werbung?
2. Wie lautet Johannes' Warnung?

Tag 274

„Sei großzügig“

„Sie sollen Gutes tun und gern von ihrem Reichtum abgeben, um anderen zu helfen. So werden sie wirklich reich sein und sich ein gutes Fundament für die Zukunft schaffen.“ (V. 18 u. 19)

Zum Lesen & Nachdenken – 1. Timotheus 6,6-19

Wir haben die Maßnahmen besprochen, die wir ergreifen müssen, um an den Stellen stark zu werden, an denen uns finanzielle Notlagen in den Zerbruch führen wollen. Das sechste und letzte Prinzip, welches mein Freund, auf den ich mich hier immer noch beziehe, anwendete, ist dies: (6) *Werden Sie ein großzügiger Mensch.*

Schauen Sie sich den Text zu Beginn dieser Seite noch einmal an. Er ist so eindeutig, dass man fast keine Erklärung mehr geben muss. Ein Gedanke, der sich auch an vielen anderen Stellen des Neuen Testaments findet, durchwirkt das Gewebe dieses Textes: Gib, gib, gib, gib, gib. Wenn Sie Geld haben, dann horten Sie es nicht, lassen Sie es frei. Lassen Sie die Großzügigkeit zu Ihrem Markenzeichen werden. Dies soll nicht heißen, dass Sie all Ihr Geld weggeben sollen, aber geben Sie, so viel Sie können, so viel, wie Sie denken, dass Gott möchte, dass Sie geben. Jesus sagte einmal: „Wenn dein Auge großzügig ist, dann wird dein ganzer Leib erleuchtet sein“ (Mt. 6,22; nach der Moffatt-Üs.).

Was meint er damit? Wenn Ihr Auge – Ihre Sicht des Lebens, Ihre ganze Art, Dinge und Menschen zu betrachten – großzügig ist, dann wird Ihre ganze Persönlichkeit erleuchtet, hell. Jesus hatte nicht viel, was er finanziell hätte geben können, aber er war allen gegenüber großzügig – den Kranken, den Bedürftigen, den Verkrüppelten, den Sündigen und den Ungeliebten. Seine ganze Persönlichkeit war erfüllt von Licht. Also seien Sie wie Jesus – beginnen Sie jeden und alles mit einem großzügigen Auge zu betrachten. Seien Sie nicht geizig. Eine der großartigsten Definitionen des Christentums, die ich jemals gehört habe, lautet: „Gib, gib, gib, gib, gib …“

Herr Jesus, hilf mir heute und an jedem Tag, dass Großzügigkeit die Basis meines Umgangs mit anderen Leuten wird. Lass mich zu einem Kanal und nicht zu einer Sackgasse deiner Großzügigkeit an mich werden. In Jesu Namen. Amen.

Lk. 21,1-4; 6,38; Pred.11,1; Apg. 4,32-35; Mt. 5,42
1. Was hat Jesus über das Geben gelehrt?
2. Wie ist die frühe Gemeinde mit diesem Thema umgegangen?

Wenn böse Gedanken bedrücken

„Aus dem Herzen kommen die bösen Gedanken …“ (V. 19)

Zum Lesen & Nachdenken – Matthäus 15,1-20

Wir wenden uns nun einem weiteren Bereich zu, in dem uns das Leben zerbrechen kann – *die Heimsuchung durch böse Gedanken.* Ich denke dabei nicht an einen gelegentlichen falschen Gedanken, der einem durch den Kopf geht, sondern an die Situationen, in denen Menschen von zwanghaften, sich wiederholenden Gedanken unterdrückt werden. Vor einiger Zeit bekam ich einen Brief, in dem stand: „Meine privaten Unterhaltungen mit Christen aller Denominationen haben mich dazu gebracht anzunehmen, dass viel mehr von bösen Gedanken gequält und unterdrückt werden, als wir uns vorstellen.“

Als der bereits verstorbene Dr. Sangster, der große Methodistenprediger, einmal Bexhill-on-Sea besuchte, traf er auf eine schöne Allee mit Bäumen. Als Naturliebhaber lief er die Allee bewundernd auf und ab und entdeckte plötzlich etwas Seltsames. Zwei der Bäume waren tot, nicht nur tot, sondern düster, von fast boshaft zu nennender Erscheinung. Frost konnte nicht dafür verantwortlich sein, ihre Nachbarn waren alle gesund. Sangster stellte Nachforschungen an und fand heraus, dass die Gasleitung, welche unter ihnen hindurchführte, leck war! An der Oberfläche war alles zu ihren Gunsten – die See bescherte eine leichte Brise, Sonnenschein, Regen … aber sie waren von unten vergiftet worden.

Viele Christen sind genauso. Vielleicht sind Sie auch so jemand. Die Lebensumstände scheinen alle zu Ihren Gunsten zu sein – ein guter Job, eine glückliche Familie, eine schöne Umgebung, eine nette Gemeinde, und doch wird Ihr Leben auf mysteriöse Weise von bösen Gedanken erstickt. Wer kann uns helfen, wenn unser Leben durch ständige niederdrückende Gedanken zerstört wird? Jesus kann es! Jesus kann nicht nur Ihre Zerbrochenheit heilen, sondern Sie an den Orten des Zerbruchs stark machen.

Oh Vater, ich bin so dankbar, dass du mir deinen nicht unterzukriegenden Weg zeigst. Du kannst mehr tun, als mich in meiner Schwachheit stützen; du kannst meine Schwachheit in Stärke verwandeln. Mach mich auch in diesem Bereich stark. In Jesu Namen. Amen.

Mt. 5,27-28; 6,19-34; 2. Kor. 10,5; Eph. 4,22-24
1. Nennen Sie acht Wege, durch die Satan unsere Gedanken angreifen will.
2. Was ist das christliche Gegengift?

Tag 276

„Pass auf, kleines Auge“

„Wenn dich dein Auge zur Sünde verführt, dann reiß es raus …“ (V. 47)

Zum Lesen & Nachdenken – Markus 9,42-50

Welchen Prinzipien müssen wir folgen, wenn wir im Problembereich „böse Gedanken“ von Schwachheit zur Stärke gelangen wollen? Das erste ist: *Stellen Sie sicher, dass Sie nicht durch die Literatur, die Sie lesen, oder die Dinge, die Sie sich ansehen, zum Problem beitragen.*

Ein großer Philosoph sagte, dass man, um die Moral einer Gesellschaft einschätzen zu können, einfach deren Literatur untersuchen muss. In diesen Tagen ist es fast unmöglich, eine Zeitung zu kaufen, die nicht ein Bild oder einen Artikel enthält, die darauf abzielen, unsere Leidenschaft anzustacheln. Wir leben in einer Zeit, die von Sinnlichkeit und Hedonismus (dem Streben nach Genuss) in Beschlag genommen ist. Jede dieser Diskussionen bezüglich dieses Themas ist unvermeidlich mit Sex verbunden, weil dies eine der Hauptproblemzonen der bösen Gedanken ist. Obwohl Sex an sich nicht böse ist, gibt es wenige Themen, die die Gedanken so fesseln oder unsere Neugier erwecken können. Menschen mit einer leidenschaftlichen Natur, wie hoch ihre Ideale auch immer sein mögen, kämpfen in ihren Gedanken und Vorstellungen oft mit sexuellen Fantasien. Dies macht sie zu der Art von Mensch, von denen Montaigne mit großer Verachtung spricht: „Männer und Frauen, deren Kopf ein Karussell lustgeladener Gedanken ist.“

Prägen Sie sich fest ein: Der erste Schritt zum Sieg über böse Gedanken ist, die Versorgungsleitung schon an der Quelle zu kappen. Vernichten Sie alle Bücher oder Magazine in Ihrem Besitz, die andere als „wirklich heiß“ bezeichnen würden. Schalten Sie den Fernseher ab, wenn er biblische Standards verletzt. Meiden Sie Zeitungen, die sich der Nacktheit widmen. „Nein“ sagen zur Sinnlichkeit ist das Gleiche wie „Ja“ sagen zu Gott.

Vater, hilf mir zu kapieren, dass das Christentum, obwohl es ein Vorrecht und kein Verbot ist, trotzdem Verbote enthält. Heute werde ich mich entscheiden, ein klares „Nein“ zu den Dingen zu finden, die nicht von dir sind. Stärke mich in diesem Entschluss. Amen.

2. Sam. 11,1-17; 1. Joh. 2,16; Lk. 11,34; Eph. 1,18

1. Was war die Quelle für Davids Fall?

2. Beschreiben Sie sechs Wege, wie Satan uns über unsere Augen versuchen will.

Der Pfad zur Sünde ist kurz

„Was unsere alte, sündige Natur will, bringt den Tod. Regiert uns aber Gottes Geist, dann schenkt er uns Frieden und Leben.“ (V. 6)

Zum Lesen & Nachdenken – Römer 8,1-17

Obwohl es vielleicht nicht möglich ist, sich vor schlechten Gedanken zu schützen, sollten Sie doch eine klare Entscheidung treffen, ihnen nicht noch Nahrung zu bieten. Ein abgedroschener Spruch drückt dasselbe folgendermaßen aus: Du kannst nicht verhindern, dass die Vögel dir durchs Haar fliegen, aber du kannst sie daran hindern, dort ihr Nest zu bauen.

Burns, der berühmte Dichter, sagte, dass er ein Rezept hätte, wenn er ein Liebeslied schreiben wollte. Er stellte sich eine wunderschöne Frau vor, füllte seine Gedanken bewusst mit Bildern, die sehr gefährlich für seine leidenschaftliche Natur waren. Shairp, sein Biograph, sagte über ihn, dass „die Bilder, wenn sie sich oft wiederholten, kaum zum Frieden seines Herzens oder zur Reinheit seines Lebens beigetragen haben können“. Augustinus, einer der großen frühen Christen, betrat auch einen gefährlichen Weg. Er kam nach Karthago, das für seine Lasterhaftigkeit bekannt war und das augenblicklich seine fleischlichen Lüste erregte. Er sagte: „Noch liebte ich nicht, doch suchte ich Liebe, und aus einem tieferen und besseren Liebesbedürfnis zürnte ich mir, dass ich wenig liebesbedürftig war … So trübte ich den Quell der Freundschaft mit dem ekligen Schlamm der Sinnenlust, ihren reinen Glanz verdunkelte ich durch höllische Lüste, und so abscheulich und ehrlos ich war, so wollte ich doch im Übermaß der Eitelkeit für fein und gebildet gelten. So stürzte ich mich hinein …“

Augustinus’ Erfahrung zeigt, wie die vieler anderer, die Dummheit, schlechte Gedanken und Wünsche zu pflegen. Nehmen Sie sich vor, wenn Sie schon nicht in der Lage sind zu verhindern, dass schlechte Gedanken an Ihrem Verstand anklopfen, nicht auch noch den Gastgeber zu spielen.

Vater, obwohl ich weiß, was ich tun sollte, ist es oft schwer – aber nicht unmöglich. Ich gebe dir heute erneut meinen Willen. Nimm ihn und stärke ihn, sodass ich deine Gebote befolge. In Jesu Namen bitte ich darum. Amen.

Ps.119,1-11; 139,23-24; Spr. 23,7; Mt. 22,37; Phil. 4,8
1. Wann werden schlechte Gedanken zu Sünde?
2. Wir können wir unsere Gedankenwelt produktiv nutzen?

Tag 278

Das Gesetz der gegenläufigen Anstrengung

„Aber wir sehen … Jesus.“ (V. 9)

Zum Lesen & Nachdenken – Hebräer 2,5-18

Gestern haben wir gesagt, dass wir sicher sein müssen, dass wir keine schlechten Gedanken beherbergen. Wie funktioniert das in der Praxis? *Bauen Sie in Ihren Gedanken ein klares Bild von Jesus auf; wenn dann ein böser Gedanke aufkommt, wenden Sie sich ab und schauen Sie auf Jesus.*

Die, welche sich mit dem menschlichen Denken beschäftigen, sagen uns, dass wir schlechte Gedanken nicht vertreiben können, indem wir uns mit ihnen beschäftigen, selbst dann nicht, wenn wir dies im Gebet versuchen. Es ist keine gute Vorgehensweise, ihnen zu lange Aufmerksamkeit zu schenken, selbst nicht im Bereuen, denn dann kommt das zum Tragen, was als „das Gesetz der gegenläufigen Anstrengung“ bezeichnet werden kann. Dieses Gesetz besagt, dass „je mehr Aufmerksamkeit man darauf verwendet, etwas zu vermeiden, desto mehr man davon getroffen wird“. Einfachstes Beispiel ist der Radfahrer, der vor sich ein Schlagloch entdeckt und bei dem konzentrierten Versuch, es zu umfahren, mitten hineinfährt.

Je länger Dinge Aufmerksamkeit bekommen, desto tiefer brennen sie sich in unser Gedächtnis ein und um so mehr mentale Assoziationen entstehen. Der Weg, sie zu überlisten, ist der, dass man sich schnell einem anderen einnehmenden Thema zuwendet. Es wird schwer sein, sie hinauszuwerfen, aber man kann sie durch eine andere, stärkere Idee zur Seite drängen. Was gibt es Besseres, als ein Bild von Jesus vor Augen zu haben, welches durch tägliches Bibellesen und Gebet noch verstärkt wird, sodass man, wenn dann eine übermächtige Versuchung auftaucht, die Gedanken auf Jesus richten kann. Jemand, der diese Technik zu einer richtigen Kunst entwickelt hatte, sagte: „Jesus im Herzen und in den Gedanken – das ist wie eine Sicherung. An ihn zu denken heißt seine Hilfe anfordern. Unter seinem durchdringenden Blick lösen sich schlechte Gedanken einfach auf.“

O, Gott, mein Vater, hilf mir, in meinen Gedanken ein so starkes Bild von Jesus zu entwickeln, dass es der rettende Anker in meinem Leben wird. Hilf mir, mich immer ihm zuzuwenden, wenn sich schlechte Gedanken in meinem Verstand breit machen wollen.

Jak. 4,1-8; 1. Petr. 5,8-9; Eph. 6,11
1. Welche drei Schritte nennt Jakobus, um Satans Angriffe zu überwinden?
2. Welchen Bezug hat das zu schlechten Gedanken?

Das rettende Wort

„Tief präge ich mir dein Wort ein, damit ich nicht vor dir schuldig werde." (V. 11)

Zum Lesen & Nachdenken – Psalm 119,1-16

Ein weiteres wichtiges Prinzip bei der Entwicklung einer Verteidigungsstrategie gegen bedrückende und schlechte Gedanken ist dieses: *Speichern Sie das Wort Gottes in Ihren Gedanken, sodass es jederzeit für Sie verfügbar ist.*

Das ist eines der kraftvollsten und erfolgreichsten Prinzipien des christlichen Lebens. Manchmal schreiben mir Leute und sagen: „Ihre praktischen Vorschläge sind sehr interessant und faszinierend, aber funktionieren sie auch?" Ich antworte dann: „Probieren Sie es aus – dann werden Sie sehen! Sie wirken bei mir, und ich bin sicher, wenn Sie sie so anwenden, wie ich es vorschlage, dann gelten sie auch für Sie."

Ein Prediger war zu einem Dienst in einer anderen Stadt eingeladen. Die einladende Gemeinde hatte ihn in einem der größten Hotels der Stadt untergebracht. Eines Abends, als er mit dem Aufzug fuhr, trat eine Frau an ihn heran und schlug ihm vor, gemeinsam die Nacht zu verbringen. „Das war mehr als nur ein böser Gedanke", sagte der Prediger, „es war ein böser Gedanke, gekleidet in die schönste und attraktivste Frau, die ich seit langem gesehen hatte. Ich war allein und sie war verfügbar." Er fuhr fort: „Aber wissen Sie, was mir sofort durch den Kopf schoss? Nicht meine Frau und meine vier Kinder – auf jeden Fall nicht sofort. Noch nicht einmal meine Stellung oder mein Ruf. Nein, auch nicht der Gedanke, dass alles herauskommen könnte. Vielmehr ‚sah' ich förmlich die Aussage von Römer 6,11-12 in mir aufsteigen: ‚Ihr seid tot für die Sünde und lebt nun für Gott.' Dieser verinnerlichte Vers kam mir zur Rettung – genau im richtigen Moment."

Barmherziger Vater, hilf mir dein Wort so tief in meinem Herzen zu haben, dass es eine automatische Reaktion auslöst, wann immer ich von etwas Schlechtem bedroht werde. In Jesu Namen. Amen.

Ps.119,17-40; Jer. 23,29; Eph. 6,17; Hebr. 4,12
1. Wie können wir Gottes Wort in unserem Herzen verbergen?
2. Wie können wir die Waffe benutzen, die uns Gott gegeben hat?

Der letzte Gedanke

„Ich kann ruhiger schlafen, auch wenn kein Mensch zu mir hält, denn du, Herr, beschützt mich.“ (V. 9)

Zum Lesen & Nachdenken – Psalm 4,1-9

Lassen Sie den letzten Gedanken vor dem Einschlafen einen Gedanken an Ihren Herrn und Retter Jesus Christus sein.

Die letzten Gedanken, welche uns vor dem Einschlafen beschäftigen, sind mächtig und bestimmend, weil sich dann die Tür zu unserem Unterbewusstsein öffnet und die Gedanken hineinkommen, um Gutes oder Böses anzurichten. Es ist schon schlimm genug, während des Wachseins mit schlechten Gedanken kämpfen zu müssen, darum lassen Sie sie nicht auch noch die Kontrolle übernehmen, wenn Sie schlafen. Ihr Bewusstsein ist, während Sie schlafen, inaktiv, aber nicht ihr Unterbewusstsein. Die letzten Gedanken, mit denen Sie sich vor dem Einschlafen beschäftigen, werden dann häufig zum „Spielzeug“ des Unterbewusstseins, mit dem es sich dann während des Schlafs beschäftigt.

Wenn es stimmt, dass ihr Geist aktiv ist, während sie schlafen – und es gibt viele Belege, die diese Theorie stützen –, dann beschäftigen Sie ihn mit positiven Dingen und nicht mit negativen. Satan macht es Spaß, Ihnen kurz vor dem Einschlafen noch einen schlechten Gedanken einzuträufeln, weil er weiß, dass er die ganze Nacht lang zerstörend arbeiten, ihre Einstellungen beeinflussen und ihnen vor allem eine ruhige, friedvolle Nacht rauben wird. Wenn Sie dann aufwachen, werden Sie feststellen, dass Sie sich mit den Problemen eines neuen Tages auseinander setzen müssen, aber zudem noch ohne die Kräfte, die Ihnen durch eine erholsame Nacht hätten zufließen sollen. So stellt sich ein wiederkehrendes Muster ein, das Sie unausweichlich nach unten zieht. Lernen Sie, Ihre geistlichen Ellbogen zu benutzen, um die schlechten Gedanken vor dem Einschlafen beiseite zu stoßen – und lassen Sie Ihren letzten Gedanken einen Gedanken an Jesus sein.

Vater, wenn es wahr ist, dass mein Verstand arbeitet, während ich schlafe, dann hilf mir, dass er zum Guten arbeitet und nicht zum Bösen. Lehre mich die Kunst, den Gedanken an dich kurz vor dem Einschlafen festzuhalten. Ich möchte heute Abend beginnen. In Jesu Namen. Amen.

1. Mo.1; 24,63; Ps. 1,1-6; 63,6
1. Wann beginnt Gottes Tag?
2. Warum ist es wichtig, nachts über Gottes Wort nachzudenken?

Zusammen in Richtung Sieg

„Deshalb setzt alles daran, Gott zu vertrauen, … [dies] zeigt sich in eurer Selbstbeherrschung.“ (V. 5-6)

Zum Lesen & Nachdenken – 2. Petrus 1,3-11

Gott ist gewillt, seinen Part in diesem Kampf mit den bösen Gedanken zu übernehmen – aber Sie müssen auch bereit sein, Ihren Teil zu tun.

In manchen christlichen Kreisen gibt es die Lehre, dass wir, wenn wir entdeckt haben, dass sich in unserem Leben etwas ändern müssen passiv auf Gott warten sollen, bis er sich darum kümmert. Das klingt sehr geistlich, kommt aber einem sehr groben Denkfehler nahe. Ein Christ sagte mir einmal: „Ich würde gerne von einer Sünde frei werden, in die ich verstrickt bin, aber ich fühle mich zu schwach, davon loszukommen.“ Ich fragte ihn, was er denn erwarte, das passieren müsse, damit er frei werden kann. Er sagte: „Ich erwarte, dass Gott dieses sündige Verlangen wegnimmt und mich freimacht.“ Er sagte also eigentlich: „Gott ist dafür zuständig, mich zu erlösen, und meine Aufgabe ist es, passiv zu sein, bis er es tut.“

Diese Sicht ist unbiblisch – und noch schlimmer: Sie funktioniert auch nicht. Obwohl die Erlösung von Gott kommt, *sind wir diejenigen, die sie ausführen müssen.* Lassen Sie das sacken! Das Prinzip lautet: Sie liefern den Willen – und er wird Sie mit Kraft ausstatten. Möchten Sie wirklich Sieg über die schlechten Gedanken erringen? Wenn ja, dann können Sie es. Zeigen Sie Gott, dass Sie es ernst meinen, indem Sie die Prinzipien anwenden, die wir in den letzten Tagen besprochen haben, und Sie werden den Weg für seine wunderbare Kraft bereiten, die in Ihnen und durch Sie arbeiten wird. Wenn Sie das einmal getan haben, werden die schlechten Gedanken, die sich im Leben einstellen, Sie nie wieder zerbrechen können. Auch hier können Sie „stark an den Orten des Zerbruchs“ werden.

Barmherziger Vater, danke, dass du mich daran erinnerst, dass Erlösung Teamarbeit ist. Der Heilige Geist und ich sind daran beteiligt. Ich liefere den Willen – du gibst die Kraft. Also lass uns ein Team bilden, Vater, und uns zusammen zum Ziel bewegen. Amen.

Dan.1; Röm. 6,13; Eph. 6,13
1. Wie sind Daniel und seine Freunde mit der Versuchung umgegangen?
2. Was waren die Resultate ihres Widerstands gegen die Versuchungen?

Von den Zweifeln zurück

„Thomas antwortete: Mein Herr und mein Gott.“ (V. 28)

Zum Lesen & Nachdenken – Johannes 20,19-31

Wir beschäftigen uns mit einem weiteren Gebiet, auf dem manche Christen zerbrochen sind – dem Bereich der tiefen und verstörenden Zweifel. Manche Männer und Frauen haben Christus als ihren Herrn und Retter angenommen, sind aber von lähmenden Zweifeln geplagt. Manche dieser Menschen gehen durch einen Todeskampf der Seele, weil sie innerlich mit Zweifeln ringen; oft enden sie geistlich ausgebrannt.

Eine Frau, der es so erging, erzählte mir, dass sie als Wissenschaftlerin ernsthafte Zweifel im Blick auf einige Teile der Bibel hatte. „Ich habe Angst, dass ich eines Tages aufwache und die Wissenschaft große Teile der Bibel widerlegt hat.“ Ich konnte ihr Problem nachempfinden, aber ihre Zweifel waren unbegründet. Wahre Wissenschaft wird die Schrift niemals widerlegen, sondern sie bestätigen. Halbgare „Wissenschaft“ wird vielleicht meinen, die Wahrheit der Bibel widerlegen zu können, aber echte Wissenschaft kann sie nur bestätigen.

Ich nehme an, dass das klassische Beispiel des Zweiflers der Jünger Thomas ist. Er wurde unfairerweise als „Thomas, der Zweifler“ tituliert. Es ist schon traurig, dass wir eine Schwachstelle einer Person herauspicken und sie deswegen abstempeln. Thomas hatte diesen einen Moment des Zweifelns, aber er ließ diese Schwäche hinter sich und kehrte von diesem Ort des Zerbruchs erstarkt zurück. Wie stark? Lassen wir die Geschichte entscheiden. Glaubwürdige Quellen sagen, dass Thomas nach Indien ging und dort eine Gemeinde gründete. Selbst heute noch gibt es in Indien Gläubige, die sich auf ihn berufen – die Thomas-Christen. Sie gehören zu den feinsten Christen, die ich kenne. In einem Moment der Erkenntnis wurden seine Zweifel beseitigt – und danach brachte er es noch zu etwas. Das kann Ihnen genauso gehen!

O mein Vater, genauso, wie du Thomas beiseite genommen und ihn von einem Zweifler zu einem Mann von faszinierendem Glauben und Erfolg gemacht hast – so mache es mit mir. Zur Ehre deines Namens bitte ich darum. Amen.

Ps. 37,1-40; Jes. 12,2; Lk. 12,29

1. Nennen Sie sieben Schritte des Vertrauens, die in Vs. 1-9 dieses Psalms genannt werden.

2. Was sind fünf Ergebnisse des Vertrauens?

Wahrheit im Innern

„Siehe, du hast Lust an der Wahrheit im Innern.“ (V. 8; REÜ)

Zum Lesen & Nachdenken – Psalm 51,1-21

Was tun wir, wenn wir uns durch ehrliche Zweifel angegriffen fühlen? Erstens *müssen wir lernen, zwischen ehrlichen Zweifeln und verteidigenden Zweifeln zu unterscheiden.*

Viele der Zweifel, die Christen in Schwierigkeiten bringen, dienen eher unbewusst als Schutzschild, hinter dem moralische Schwächen und Versagen versteckt werden soll. Ich bezweifle nicht, dass manche Christen akute intellektuelle Probleme in Bezug auf ihren Glauben durchleben, und es wäre arrogant zu behaupten oder auch nur anzudeuten, dass jeder, der von Zweifeln geplagt ist, diese bewusst oder unbewusst als Vorwand benutzt. Aber weil die Erfahrung zeigt, dass manche es doch tun, müssen wir uns damit auseinander setzen. Fragen Sie sich selbst: Benutze ich Zweifel als „Abwehrmechanismus“, um Schwächen oder persönliche Mängel zu verstecken? Dieser Abwehrmechanismus ist eine Erfindung, die unser Verstand nutzt, um der Realität nicht ins Auge sehen zu müssen.

Adam benutzte diesen Mechanismus, als er Eva für seine Sünde beschuldigte. Es wird *Projektion* genannt – die Zurückweisung persönlicher Verantwortung, um dann die Schuld auf jemand anderen zu projizieren. Könnte es sein, dass einige Ihrer Zweifel dazu dienen sollen? Ich behaupte nicht, dass das so ist, aber es wäre *möglich.* Wenn Sie gewillt sind, unvoreingenommen an diese Sache heranzugehen, dann garantiere ich Ihnen, dass Gott sich Ihnen nicht widersetzen wird. Ein Liederdichter sagte:

Jesus, zeig mir das Hindernis,
welches ich aus Angst nicht sehen wollte,
ich bin bereit zu erkennen,
was mich von dir fern hielt.

Barmherziger Vater, du weißt, wie schwierig es für mich ist, mich so zu sehen, wie ich wirklich bin. Hilf mir, ehrlich zu mir selbst zu sein, weil ich ehrlich zu dir sein will. Hilf mir in dieser Stunde der Herausforderung. In Jesu Namen. Amen.

1. Mo. 3; 2. Kor. 2,11; 10,1-6; 11,3; 11,14
1. Wie war Satans Vorgehensweise bei Eva?
2. Wie hätte Eva seiner Strategie widerstehen können?

Tag 284

Positiv mit Zweifel umgehen

„…und forschten täglich nach, ob dies mit der Heiligen Schrift übereinstimmte.“ (V. 11)

Zum Lesen & Nachdenken – Apostelgeschichte 17,1-15

Wie reagieren wir, wenn wir uns durch echte, ehrliche Zweifel angegriffen fühlen? Nun, zunächst müssen wir erkennen, dass *Zweifel wertvoll sein können, wenn sie uns motivieren, ausdauernd und tiefgründig nach den Antworten zu suchen.* Vielleicht war es dieser Gedanke, der Samuel Coleridge zu dieser Aussage veranlasste: „Fürchten Sie sich nicht vor Zweifeln … wenn Sie eine Veranlagung zum Glauben haben.“

Unglücklicherweise sind die Zweifler in den meisten evangelikalen Gemeinden nicht sehr beliebt. Zweifler sind in manchen Versammlungen so willkommen wie ein Schinkensandwich in einer Synagoge! Weil den ehrlichen Zweiflern zu wenig Beachtung geschenkt wurde, haben zwei amerikanische Missionare, Francis und Edith Schaeffer, einen Dienst in einem abgelegenen Dorf in der Schweiz aufgebaut. Sie errichteten ein Zentrum für solche Menschen, die Zweifel an ihrem Glauben haben, und nannten es *L´Abri*, was auf französisch „Zuflucht“ bedeutet. Hunderte sind im Laufe der Jahre dort gewesen und kamen ohne ihre Zweifel wieder.

Haben Sie je von Frank Morrison gehört? Er war ein Agnostiker, der sich vor vielen Jahren vornahm, seine Zweifel an der Auferstehung Jesu darzulegen. Je mehr er sich jedoch auf die Fakten einließ, desto überzeugter wurde er, dass Christus wirklich vom Tod auferstanden ist. Schließlich schrieb er ein Buch mit dem Titel *Wer rollte den Stein?,* eine der eindrücklichsten Beweisführungen für die Auferstehung Jesu, die ich je gelesen habe. Es gibt klare Antworten auf alle Zweifel, welche Sie womöglich bezüglich des christlichen Glaubens haben. Suchen Sie nach diesen Antworten, je mehr sie kämpfen, um so stärker wird ihr Glaube.

Vater, hilf mir heute zu begreifen, dass alles meinem Glauben dienlich sein kann, meine Zweifel eingeschlossen. Wenn ich das erkenne, wird es weitergehen. Danke, Vater, Amen.

Mt. 14,22-36; 21,21-22; Lk. 12,29; Hebr. 11,6; Jak. 1,6-8
1. Was lehrte Jesus über Zweifel?
2. Wodurch werden Zweifel verursacht und wie sollten wir damit umgehen?

Johannes zweifelt an Jesus

„Bist du wirklich der Retter, der kommen soll, oder müssen wir auf einen anderen warten?“ (V. 3)

Zum Lesen & Nachdenken – Matthäus 11,1-11

Obwohl es Gott vorzieht, wenn wir glauben, liebt er doch die, die mit ehrlichen Zweifeln kämpfen, außerordentlich. Ist Ihnen aufgefallen, als wir vor ein paar Tagen über Thomas redeten, dass Jesus seine zweifelnde Einstellung weder ablehnte noch seine Bitte um einen physischen Beweis, dass er wirklich Christus war, zurückwies? Stattdessen sagte Jesus zu ihm: „Leg deinen Finger auf meine durchbohrten Hände! Gib mir deine Hand und leg sie in die Wunde an meiner Seite! Zweifle nicht länger, sondern glaube!“ (Joh. 20,27).

Der heutige Textauszug berichtet uns von einer anderen Begebenheit, als einer seiner Nachfolger von Zweifeln bedrückt wurde. Johannes war im Gefängnis und verspürte wohl großes Unbehagen und Desillusionierung. Johannes’ Bote kam zu Jesus und wollte wissen, ob er wirklich der Messias war oder ob er nach jemand anderem Ausschau halten sollte. Johannes, Sie erinnern sich, hatte Jesus getauft und ihn der Welt mit folgenden Worten vorgestellt: „Seht, das ist das Opferlamm, das die Sünde aller Menschen wegnimmt“ (Joh. 1,29).

Kommt es einem nicht seltsam vor, dass Johannes, der Zeuge gewesen war, wie bei der Taufe der Heilige Geist auf Jesus kam, nun Zweifel darüber hatte, wer er war und ob seine Mission Gültigkeit hatte? Wie ist Jesus mit dieser Situation umgegangen? Sanft und einfühlsam. Er sagte: „Geht zu Johannes zurück und erzählt ihm, was ihr hört und seht: Blinde sehen, Gelähmte gehen, Aussätzige werden geheilt, Taube hören …“ (V. 4-5). Unser Herr hätte den zweifelnden Jünger mit starken Worten zurechtweisen können, aber er tat es nicht. Obwohl er sich um Probleme sorgt, sorgt er sich noch mehr um die Menschen.

Danke, Vater, dass du mich daran erinnerst, dass du mich als Person und nicht als Problem ansiehst. Ich weiß, dass du dich um meine Probleme kümmerst, aber noch mehr kümmerst du dich um mich. Ich bin sehr dankbar. Amen.

Röm. 8,18-39; Joh. 8,1-11; 3,16-17; Offb. 12,10
1. Wer verurteilt uns?
2. Wie ist Jesus mit der Frau umgegangen, die in Ehebruch verstrickt war?

Tag
286

Entscheide dich zu glauben

„Er bitte aber im Glauben und zweifle nicht …“
(V. 6; Luther 84)

Zum Lesen & Nachdenken – Jakobus 1,2-12

Ein weiteres Prinzip, welches wir anwenden können, wenn wir mit ehrlichen Zweifeln zu kämpfen haben, ist dies: *Treffen Sie eine bewusste Entscheidung, an Ihren Zweifeln zu zweifeln und Ihrem Glauben zu glauben.* Wir haben schon gesehen, dass die Effektivität eines christlichen Lebens auch davon abhängt, wie bereit wir sind, unsere Wünsche an Gott und seinem Wort auszurichten. Dazu bedarf es des Glaubens, dass Gott sich in seinem Sohn und in der Schrift offenbart hat.

Als Teenager hatte ich viele Zweifel an der Schrift, doch eines Nachts traf ich die bewusste Entscheidung, das ewige und unfehlbare Wort Gottes zu akzeptieren. Haben Sie gehört? Ich sagte *„eine bewusste Entscheidung“*. Ich *entschied mich* in einem Willensakt, an meinen Zweifeln zu zweifeln und dem Glauben zu glauben. Dann fand ich etwas Erstaunliches heraus: Zweifel und Glaube sind wie Muskeln – je mehr wir sie anspannen, desto stärker werden sie. Ich hatte die Muskeln des Zweifelns zu einem hohen Maß angespannt, aber leider hatte ich versäumt, die Muskeln des Glaubens zu trainieren. Als ich mich entschied, der Wahrheit des Wortes Gottes zu glauben, fingen Muskeln an zu funktionieren, von denen ich nicht einmal wusste, dass ich sie besaß. Nun, viele Jahre später, sind diese Muskeln so weit entwickelt, dass es, was Gott betrifft, einfacher für mich ist, ihm zu glauben als an ihm zu zweifeln. Ich kann den Beginn meiner eigenen geistlichen Entwicklung auf den weit zurückliegenden Tag zurückverfolgen, an dem ich mich entschloss das zu tun, was ein Theologe als den „Glaubenssprung“ bezeichnete. Vielleicht steht heute eine ähnliche Entscheidung für Sie an. Entschließen Sie sich, an Ihren Zweifeln zu zweifeln und Ihren Glauben zu glauben.

O Gott, vielleicht ist das das Geheimnis: Ich habe die Muskeln des Zweifelns mehr trainiert als die Muskeln des Glaubens. Von heute an werden die Dinge anders sein. Ich entscheide mich, auf dich und dein Wort zu vertrauen – und nun lass es wirken. Amen.

Hebr. 11; Mt. 15,21-28; 17,20; Röm. 10,17; 12,3
1. Welche verschiedenen Aspekte des Glaubens werden in Hebräer 11 gezeigt?
2. Wie überwand die Kanaaniterin die Hindernisse, die sich ihr in den Weg stellten?

Von Gefühlen beherrscht?

„Die Güte des Herrn aber bleibt für immer und ewig; sie gilt allen, die ihm gehorchen …" (V. 17)

Zum Lesen & Nachdenken – Psalm 103,1-22

Wir machen weiter damit, Wege zu finden, auf denen wir an Schwachstellen, die durch tiefe und zerstörende Zweifel verursacht werden, erstarken können. Ein weiterer Gedanke, den wir im Blick auf aufkommende Zweifel beachten sollten, ist, dass *manche Zweifel eher in unseren Gefühlen als in unserem Intellekt verwurzelt sind.*

Unsere Gefühle sind ein wichtiger Teil unseres Seins, und sie können sehr dazu beitragen, uns unser Leben zu vermiesen oder es sinnvoll zu gestalten. Wenn die Gefühle überhand nehmen, dann bringen sie unsere Gedankenwelt ins Schwanken, sodass wir zu falschen Entscheidungen kommen. Stellen Sie sich jetzt die Frage: Bin ich ein Mensch, der mehr von Gefühlen als vom Verstand beherrscht wird? Wenn das so ist, dann kann man davon ausgehen, dass Ihre Zweifel eher in Ihren Gefühlen verwurzelt sind als in Ihrem Verstand.

Vor vielen Jahren kam ein gläubiger Universitätsstudent zu mir und beklagte sich, dass er ernsthafte Zweifel an der Inspiration und Glaubwürdigkeit der Bibel hätte. Als ich ihn beriet, hörte ich den Geist sagen: „Dies ist kein intellektueller Zweifel, sondern ein emotionaler." Ich durchforschte mit ihm den Bereich seiner Gefühle und er bekannte mir, dass er sich an keine Zeit seines Lebens erinnern konnte, in der er sich wirklich geliebt fühlte. Als diese emotionale Spannung gelöst war, verschwanden die Zweifel von selbst. Verstand und Gefühl sind beide wichtig im Leben, aber Entscheidungen, besonders Entscheidungen, die das geistliche Leben betreffen, dürfen nicht auf dem aufbauen, was wir *gefühlsmäßig* für richtig erachten, sondern auf dem, von dem wir *wissen*, dass es wahr ist.

Mein Vater und mein Gott, hilf mir, das Problem bis zu den Wurzeln zurückzuverfolgen und begegne mir am tiefsten Punkt meiner Not. Darum bitte ich in Jesu Namen. Amen.

Hiob 1-3
1. Nennen Sie einige der Gefühle, die Hiob ausdrückte.
2. Hat er zugelassen, dass sie zu Zweifeln wurden?

Thomas, der Täter

„Aber ihr werdet den Heiligen Geist empfangen und durch seine Kraft meine Zeugen sein … auf der ganzen Erde.“ (V. 8)

Zum Lesen & Nachdenken – Apostelgeschichte 1,6-14

Machen Sie sich klar: Wenn Sie nicht zweifeln könnten, könnten Sie auch nicht glauben. Also lassen Sie sich durch Ihre Zweifel nicht bedrohen oder einschüchtern. Robert Browning sagte es folgendermaßen: „Sie fragen nach Glauben: Ich zeige Ihnen Zweifel, um zu beweisen, dass der Glauben existiert. Je mehr Zweifel, um so stärker der Glaube, wenn der Glaube den Zweifel überwindet.“ Diejenigen, die am stärksten zweifeln und danach streben, ihre Zweifel zu überwinden, werden meist die stärksten Jünger Jesu.

Ein Ausleger betont, dass Thomas, weil er ein Zwilling war, früh eine eigene Urteilsfähigkeit entwickelt haben muss, die es ihm ermöglichte, sich von seinem Bruder zu trennen und ein Nachfolger Jesu zu werden. Dies ist natürlich nur eine Annahme, aber ich denke, dass sie etwas für sich hat. Es war vielleicht diese Unabhängigkeit, die ihn dazu brachte, das Zeugnis der anderen Jünger zurückzuweisen, als sie behaupteten: „Wir haben den Herrn gesehen.“ Jesus hat Thomas nicht wegen seiner Zweifel abgewiesen, sondern zu ihm gesagt: „Leg deinen Finger auf meine durchbohrten Hände! Gib mir deine Hand und leg sie in die Wunde an meiner Seite! Zweifle nicht länger, sondern glaube!“ (Joh. 20,27) Auf einmal verschwanden seine Zweifel, und von diesem Moment an war er einer der hingegebensten Jünger Jesu. Bis zu diesem Zeitpunkt nannte niemand Jesus „Gott“. Sie hatten ihn „Messias“, „Sohn Gottes“, „Sohn des lebendigen Gottes“ genannt – aber nicht „Gott“. Thomas war einen Schritt hinter den anderen zurück gewesen, doch nun bewies er den stärksten Glauben von allen. Und dieser Glaube blieb nicht einfach nur Glaube – er hatte großartige Ergebnisse zur Folge. Der Zweifler wurde zum Täter. Und wie!

O Gott, was für eine Aussicht – mein Glaube, zunächst so zaghaft, kann durch deine Erleuchtung und meine Reaktion zur treibenden Kraft werden. Er kann mich nicht nur retten, sondern auch senden. Amen!

Mt. 8,1-13; Röm. 10,17; 14,23; Hebr.11,1
1. Wo kommt Glaube her?
2. Was sagte Jesus zum römischen Hauptmann?

Gefahr in den eigenen vier Wänden

„Lasst euch von mir in den Dienst nehmen, und lernt von mir! Ich werde euch Ruhe geben." (V. 29)

Zum Lesen & Nachdenken – Matthäus 11,25-30

Probleme zu Hause sind ein weiterer Lebensbereich, an dem viele zerbrochen sind. „Das Leben bricht jeden", behauptete Hemingway, aber vielleicht ist nichts so schmerzhaft wie durch Schwierigkeiten im eigenen Heim zerbrochen zu werden. Haben Sie Zerbruch durch Probleme in Ihrer eigenen Familie erlebt? Dann fassen Sie Mut – aus Ihrer Zerbrochenheit kann Jesus Stärke hervorbringen.

Welcher Art sind die familiären Probleme, die uns an den Punkt des Zusammenbruchs bringen können? Ich nenne einige: Unverträglichkeit, Meinungsverschiedenheiten, Auseinanderleben, Scheidung oder die Drohung damit, mangelnde Sensibilität, Gezänk, Streit, Missverständnisse und Gewalt, dazu Alkoholismus, Drogenmissbrauch, nervliche und emotionale Zusammenbrüche, Rebellion, grobe Pflichtverletzung und vieles mehr. Sogar in christlichen Familien kann sich große Verzweiflung breit machen. Eine Studie, die an der Universität von Rhode Island verfasst wurde, besagt, dass, abgesehen von Krieg und Aufstand, das amerikanische Zuhause der gefährlichste Ort ist. Und in Großbritannien ist es mittlerweile genauso.

Jeder von uns hat in seiner Familie Verletzungen durch gestörte Beziehungen erfahren. Viele setzen, aus Loyalität der Familie gegenüber, ein Lächeln auf, aber innerlich bluten sie. Ich kenne eine Frau, deren Herz durch den Ehebruch ihres Mannes und die Rebellion ihrer Kinder gebrochen wurde, die sich aber wieder erholt hat und heute damit beschäftigt ist, sich treu um die blutenden Wunden anderer zu kümmern. So kann es werden. Denen, die durch Schwierigkeiten in ihrer Familie zerbrochen wurden, sagt unser Herr: „Lernt von mir: Ich werde euch an den Bruchstellen eures Lebens stark machen, sodass ihr aus dieser verborgenen Kraft heraus anderen dienen könnt."

O Gott, du weißt, wie leicht es ist, in diesem delikaten und schwierigen Geschäft der Beziehungen zu stolpern. Ich brauche jemanden, der mich auf den richtigen Weg führt. Du leitest mich, Vater – ich werde folgen. Amen.

Ps. 46,1-11; 147,3; Lk. 4,18; Mt. 12,20
1. Was sagte Gott dem Psalmisten inmitten des Aufruhrs?
2. Was verspricht Gott denen, die ein zerbrochenes Herz haben?

Unsere drei wichtigsten Bedürfnisse

„Ihr seid in ihm zur Fülle gebracht." (V. 10)

Zum Lesen & Nachdenken – Kolosser 2,1-10

Das erste Prinzip, das wir beherzigen müssen, damit die Bruchstellen, die sich durch Schwierigkeiten in der Familie eingestellt haben, geheilt werden können, lautet: *Vertrauen Sie auf Gott, und auf niemanden sonst, dass er sich um die tiefsten Nöte Ihrer Persönlichkeit kümmert.* Lassen Sie zu, dass diese Wahrheit von Ihrem tiefsten Innern Besitz ergreift – und Sie werden ein anderer Mensch werden.

Die Grundbedürfnisse unserer Persönlichkeit sind diese: (1) Das Bedürfnis, bedingungslos geliebt zu werden (Sicherheit); (2) das Bedürfnis nach Wertschätzung (Selbstwert); (3) das Bedürfnis, etwas Sinnvolles zu Gottes Welt beizutragen (Bedeutung). Menschliche Geschöpfe können nur in dem Maße funktionieren, wie diese drei Grundbedürfnisse gestillt sind. Wenn das nicht der Fall ist, leidet unsere Fähigkeit, als Mensch zu funktionieren. Wenn diesen Grundbedürfnissen jedoch entsprochen wird, dann haben wir, unter sonst gleichen Umständen, die Voraussetzungen für ein effektives Leben.

Machen Sie sich diese wichtige Tatsache klar: Unsere Bedürfnisse nach Sicherheit, Selbstwert und Bedeutung können nur in einer engen, dauerhaften Beziehung zu Jesus *vollständig* erfüllt werden. Wenn wir nicht zulassen, dass Gott diese Bedürfnisse erfüllt, dann werden es andere tun, denn sie müssen gestillt werden, wenn wir ein erfolgreiches Leben führen wollen. Obwohl sie es nicht merken, ist dies für viele ein Grund zur Heirat, denn sie meinen, darin die Möglichkeit zu erkennen, die Grundbedürfnisse durch ihren Partner erfüllt zu bekommen. Aber kein menschliches Wesen, wie liebend, nett und aufmerksam es auch sein mag, kann diese Bedürfnisse stillen. Ich sage es noch einmal: Sie können nur in einer engen, dauerhaften Beziehung zu Jesus erfüllt werden.

Vater, ich merke, dass ich am Rand von etwas Großem und Herausforderndem stehe. Hilf mir, es zu ergreifen, denn ich glaube, dass ich dann zu einer veränderten Persönlichkeit werde. In Jesu Namen bitte ich darum. Amen.

Eph. 1 u. 2
1. Wo ist Christus?
2. Wo sind wir?

Manipulieren Sie?

„Und so lautet mein Gebot: Liebt einander, wie ich euch geliebt habe." (V. 12)

Zum Lesen & Nachdenken – Johannes 15,9-17

Gestern haben wir an etwas gerührt, das wahrscheinlich das größte Einzelproblem in unglücklichen Ehen ist – der sinnlose Versuch, den Partner dahin zu kriegen, dass er einem diese Grundbedürfnisse erfüllt, sinnlos deshalb, weil sie eben nur in der Beziehung zu Jesus Christus gestillt werden können.

Was passiert, wenn wir nicht zulassen, dass sich Gott unserer Grundbedürfnisse annimmt? Wir müssen versuchen, sie auf andere Art zu erfüllen. Manche suchen ihre Zufriedenheit im Erfolg. Diese Methode schlägt fehl, weil sie keine andauernde Befriedigung bringt. Wann immer die innere Unzufriedenheit die Schwelle des Bewusstseins erreicht, betäuben sich diese Leute mit noch mehr Aktivitäten, Aufgaben und Arbeit.

Ein weiterer Weg ist der Versuch, diese Bedürfnisse durch Heirat zu befriedigen. Aber wenn wir mit der Einstellung in eine Ehe gehen, dass wir dort Befriedigung für unsere Bedürfnisse finden, dann werden wir – bewusst oder unbewusst – versuchen, unseren Partner zu manipulieren, damit er auf uns eingeht. Anstatt der christlichen Vision von Ehe zu folgen, welche darin besteht, unseren Partnern aus einer Position der Sicherheit in der Liebe Gottes zu dienen, fangen wir an, sie zu manipulieren. Tausende von Ehen, vielleicht Millionen, sind in dieser Tretmühle gefangen – jeder versucht, den Partner dazu zu bringen, die eigenen Bedürfnisse zu stillen, die eigentlich nur Gott befriedigen kann. Der beste Weg, unsere Bedürfnisse befriedigt zu sehen, ist der des Vertrauens auf Gott. Wenn wir uns ihm anschließen und uns darauf ausrichten, wie sehr er uns liebt und schätzt, was seine Pläne für unser Leben sind, dann, und nur dann, sind wir frei, anderen in der Art zu dienen, wie Gottes Wort es vorsieht. Ohne diese innere Sicherheit sind wir ungeschützt und verletzlich für die Vorlieben und Abneigungen unserer Partners. Wir werden zu Puppen – nicht zu Menschen.

Mein Herr und Meister, nimm mich heute in deine Arme und mach mir deine Liebe bewusst, damit ich nicht mehr andere manipulieren muss, damit sie mich lieben, sondern damit ich ihnen in der Liebe dienen kann, die ich bereits in mir habe. In Jesu Namen. Amen.

1. Kor. 13; Röm. 5,8; 8,35; 1. Joh. 3,16
1. Listen Sie fünfzehn Eigenschaften der Liebe auf.
2. Liegt deren Betonung auf geben oder bekommen?

Tag 292

Geben Sie Gott mehr Bedeutung

„Niemand hat Gott jemals gesehen. Doch wenn wir einander lieben, bleibt Gott in uns und seine Liebe erfüllt uns ganz.“ (V. 12)

Zum Lesen & Nachdenken – 1. Johannes 4,7-21

In den letzten zwei Tagen haben wir erarbeitet, dass das erste Prinzip, das uns von der Gebrochenheit, die von familiären Problemen herrührt, heilen soll, darin besteht, im Blick auf die Stillung unserer Grundbedüfnisse auf Gott zu vertrauen. Sie fragen sich jetzt vielleicht: Wenn der Herr meine Bedürfnisse nach Sicherheit, Selbstwert und Bedeutung erfüllen kann, warum brauche ich dann überhaupt noch einen menschlichen Partner?

Die Antwort kann aus dem nächsten Prinzip gefolgert werden: *Konzentrieren Sie sich in Ihrer Beziehung zu Ihrem Partner oder zu Ihren Kindern mehr darauf, was Sie geben können, als darauf, was Sie bekommen können.* Das kann natürlich außerordentlich schwierig sein, wenn Sie sich nicht darauf verlassen, dass Gott ihre Bedürfnisse stillt, aber wenn Sie in ihm sicher sind, *wird alles, worum er Sie bittet, möglich.* Angenommen, Gott stillt alle unsere Bedürfnisse nach Sicherheit, Bedeutung und Selbstwert, dann sind wir in der Lage, Gottes wahre Absicht für die Ehe zu verwirklichen, die da lautet: Gott – unsichtbar, unberührbar, ewig – hat die Ehe als eine sichtbare, „begreifbare“ Demonstration der Realität seiner Liebe geschaffen, eine Einrichtung, in der wir einander in Liebe und Rücksichtnahme dienen.

Machen Sie sich das einmal klar: In der Ehe haben wir das wunderbare Vorrecht, unserem Partner Gottes Liebe in einer Art und Weise zu demonstrieren, die er fühlen, berühren und begreifen kann. Unsere Liebe wird nichts zu der *Tatsache* ihrer Sicherheit in Jesus beitragen können, aber sie wird insofern etwas beisteuern, als sie *fühlbar* wird. Kein Wunder, dass Martin Luther sagte, dass die Ehe Gottes großartigster Weg sei, uns seine Wahrheiten zu lehren. Und der zweitbeste Weg? Ja, richtig, die Gemeinde!

Vater, festzustellen, dass ich das Vorrecht habe, die Realität deiner Liebe anderen zu bringen und dich ihnen realer erscheinen zu lassen, ist so unglaublich, dass ich es kaum fassen kann! Aber ich weiß, dass es wahr ist. Mach mich dieses Vorrechts würdig. In Jesu Namen. Amen.

Mt. 10,1-8; Lk. 6,38; Spr. 11,25; Apg. 20,35; 2. Kor. 9,6
1. Was lehrte Jesus seine Jünger?
2. Wie können Sie das heute umsetzen?

Ihren Partner akzeptieren

„Wer einen Menschen aufnimmt, den ich senden werde, der nimmt mich auf ...“ (V. 20)

Zum Lesen & Nachdenken – Johannes 13,12-20

Das dritte Prinzip, um Zerbrochenheit zu heilen, die aus den Problemen in unserer Familie resultiert, kann nur angewendet werden, wenn die beiden anderen zwei bereits beherzigt wurden: *Akzeptieren Sie Ihren Partner oder Ihre Kinder, ertragen Sie sie nicht nur.* Zu schwierig? Schauen Sie sich noch einmal den Vers an, der ganz oben auf dieser Seite steht. Wir werden angewiesen, einander genauso zu akzeptieren, wie Gott uns akzeptiert. Und denken Sie immer daran: Wenn wir unseren Willen beisteuern, versorgt Gott uns mit Kraft.

Es gibt natürlich einen Unterschied zwischen den Partner *akzeptieren* oder sich an ihm zu *erfreuen*; das erste ist eine biblische Notwendigkeit, das letztere etwas, das von seiner Reaktion und seinem Verhalten abhängt. In der Ehe haben wir es manchmal mit einem irritierenden, wütend machenden, ja, abscheulichen Menschen zu tun: Wie können wir so jemanden akzeptieren, uns sogar an ihm erfreuen? Akzeptanz bedeutet nicht, dass wir uns über alles freuen, was unser Partner tut: Es meint eher, dass wir unseren Partner als jemanden sehen, dem wir aus Gottes Sicht dienen sollen, und dem sollen wir nachgehen, ob uns danach ist oder nicht.

Viele Christen stoßen sich daran. Eine Dame, die es letztlich geschafft hat, diesen Punkt zu überwinden, sagte zu mir: „Aber wie kann ich meinen Ehemann akzeptieren, der nichts anderes ist als ein widerliches, alkoholisiertes Schwein?“ Ich entgegnete: „Es ist so lange unmöglich, wie Sie darauf setzen, dass Ihr Mann Ihr Bedürfnis nach Geborgenheit erfüllt. Verlassen Sie sich auf Gott, und sehen Sie zu, was passiert.“ Sie tat es und merkte, dass sie ihren Mann in einem völlig neuen Licht sah, seit sie nicht mehr darauf baute, dass ihr Ehemann dieses Bedürfnis stillt. Danach hatte sie keine Probleme mehr, ihn zu akzeptieren.

O Gott, das hört sich zu gut an, um wahr zu sein. Können die Schwierigkeiten des Lebens so einfach gelöst werden? Gib mir den Mut, nicht aufzugeben, bis ich es ausprobiert habe und keinem Prinzip zu widerstehen, das in Einklang mit deinem Wort ist. Amen.

Eph. 5,21-33: 1,6; Röm. 15,7
1. Wie sollte ein Mann seiner Frau zeigen, dass er sie akzeptiert?
2. Und umgekehrt?

Checkliste für Ehemänner

„Ihr Männer, liebt eure Frauen so, wie Christus seine Gemeinde liebt …“ (V. 25)

Zum Lesen & Nachdenken – Epheser 5,22-33

In den nächsten zwei Tagen möchte ich zwei letzte Prinzipien erläutern, wie man mit familiären Problemen umgehen kann: eins für Ehemänner und eins für Ehefrauen. Fangen wir mit den Männern an. *Seien Sie darauf vorbereitet, sich für einen geistlichen Check-up zur Verfügung zu stellen, wie Sie sich als Ehemann anstellen.* Streichen Sie die für Sie zutreffende Antwort an.

1. „Umwerben“ Sie Ihre Frau immer noch mit *unerwarteten* Geschenken, Blumen oder Pralinen? (Geburtstage und Jahrestage ausgenommen) (JA/NEIN)
2. Geben Sie darauf Acht, sie nie vor anderen zu kritisieren? (JA/NEIN)
3. Bemühen Sie sich, ihre weiblichen Stimmungsschwankungen zu verstehen und helfen Sie ihr durch sie hindurch? (JA/NEIN)
4. Verlassen Sie sich darauf, dass Ihre Frau Ihre persönlichen Bedürfnisse stillt? (JA/NEIN)
5. Beten Sie gemeinsam? (JA/NEIN)
6. Teilen Sie mindestens die Hälfte Ihrer freien Zeit mit Ihrer Frau und Ihren Kindern? (JA/NEIN)
7. Achten Sie auf Gelegenheiten, Ihre Frau zu loben und Ihr Komplimente zu machen? (JA/NEIN)
8. Gehen Sie gemeinsam zur Kirche? (JA/NEIN)
9. Steht sie – nach Gott – für Sie an erster Stelle? (JA/NEIN)
10. Haben Sie ihr für alle Verletzungen oder Probleme vergeben, die sie Ihnen möglicherweise verursacht hat? (JA/NEIN)

Bei 7 bis 10 „JAs“ – *hervorragend!*, unter 7 „JAs“ – Sie haben noch einiges zu tun …

Vater, du hast uns als Familie zusammengestellt, hilf mir, die Person zu sein, die ich in deinen Augen sein soll, in der Ehe und zu Hause. Darum bitte ich in Jesu Namen. Amen.

Pred. 9,1-9; 1. Mo. 2,23-24; Kol. 3,18-21; 1. Petr. 3,7
1. Was bedeutet das Wort „anhängen“ (REÜ)?
2. Warum werden unsere Gebete oft gehindert?

Checkliste für Ehefrauen

„Ihr Frauen, ordnet euch euren Männern unter!“ (V. 1)

Zum Lesen & Nachdenken – 1. Petrus 3,1-12

Gestern sollten die Männer ihr Verhalten als Ehemänner anhand eines einfachen Fragebogens überprüfen. Heute haben die Frauen die gleiche Gelegenheit.

1. Verlassen Sie sich auf Gott, dass er Ihre Grundbedürfnisse nach Sicherheit, Bedeutung und Selbstwert stillt? (JA/NEIN)
2. Können Sie finanzielle Rückschläge tapfer hinnehmen, ohne Ihren Mann für seine Fehler anzuklagen oder ihn zu seinen Ungunsten mit anderen zu vergleichen? (JA/NEIN)
3. Kleiden Sie sich in Farbe und Stil so, wie es Ihrem Mann gefällt? (JA/NEIN)
4. Haben Sie ein beständiges persönliches Gebetsleben, das Ihnen hilft, allem, was passiert, mit Gelassenheit zu begegnen?
5. Vermeiden Sie es, über andere Männer, die Sie vielleicht geheiratet hätten, Tagträume zu haben oder zu fantasieren? (JA/NEIN)
6. Sind Sie sensibel für die Stimmungen und Gefühle Ihres Mannes und wissen Sie, wann Sie heikle Themen auf den Tisch bringen können und wann nicht? (JA/NEIN)
7. Respektieren Sie Ihren Mann? (JA/NEIN)
8. Achten Sie darauf, Ihren Mann nie vor anderen zu kritisieren? (JA/NEIN)
9. Bleiben Sie auf dem Laufenden, was die Geschehnisse der Welt angeht, so dass Sie mit Ihrem Mann darüber diskutieren können? (JA/NEIN)
10. Ordnen Sie sich Ihrem Mann unter? (JA/NEIN)

Bei 7 bis 10 „JAs“ – *hervorragend*, unter 7 „JAs“ – es ist an der Zeit, Entscheidungen zu treffen.

Mein himmlischer Vater, ich erkenne, dass die zarten Beziehungen zu Hause einem Heiligtum oder einem Chaos gleichen können. Lass mein inneres Heiligtum frei sein von allen falschen Einstellungen und von allen Sorgen. Lass mich die Herausforderung des Tages in dem Wissen angehen, dass ich „alles durch Jesus bewältigen kann, der mich bestärkt“. Amen.

Spr. 31,10-31; 1. Tim. 3,11; Esth. 1,20
1. Was sind die Eigenschaften einer tugendhaften Ehefrau?
2. Wie wird sie von ihren Kindern genannt?

Tag
296

Zerbruch durch Stress

„Not und Elend hast du mir zwar nicht erspart, aber du erhältst mich am Leben und bewahrst mich vor dem sicheren Tod." (V. 20)

Zum Lesen & Nachdenken – Psalm 71,1-24

Ein anderer Hauptgrund für den Zerbruch menschlichen Lebens ist *Stress*. Ich bekomme oft Briefe zugesandt, in denen Leute berichten: „Ich fühle mich am Rand eines Zusammenbruchs. Es gibt nichts Bestimmtes, das dafür verantwortlich ist, aber ich kann nicht damit umgehen. Mein Arzt sagt, ich leide an Stress. Kann die Bibel meine Not lindern?" Ich bin so kühn zu behaupten, dass sie es kann. Gott kann einem Menschen, der von Stress überwältigt ist, Einsichten vermitteln, die es ihm ermöglichen, sich seines lähmenden Zugriffs zu entwinden.

Was genau ist „Stress"? Ein Arzt definierte ihn als das „Verschleißen und Auseinanderreißen einer Persönlichkeit, das, wenn dem nicht entgegengewirkt wird, zum physischen und mentalen Zusammenbruch führen kann". Donald Norfolk, ein britischer Fachmann für Knochenkrankheiten, der eine Studie über Stress veröffentlichte, behauptet, dass Stress zwei Hauptursachen hat: zu wenig oder zu viel Veränderung. Um erfolgreich funktionieren zu können, brauchen wir alle ein gewisses Maß an Veränderungen. Doch wenn sich Veränderungen zu schnell einstellen, um auf sie reagieren zu können, wird unsere Persönlichkeit einem enormen Druck ausgesetzt.

Dr. Thomas H. Holmes misst Stress in „Veränderungs-Einheiten". So verursacht etwa der Tod eines geliebten Menschen ein „Stress-Maß" von 100 Einheiten, Scheidung 73, Schwangerschaft 40, Umzug oder Hausbau 25 und Weihnachten 12 Einheiten Stress. Holmes ermittelte, dass kein Mensch mehr als 300 Einheiten Stress in einem Zeitraum von zwölf Monaten verkraften kann, ohne während der folgenden zwei Jahre physisch oder emotional darunter zu leiden. Holmes äußerte sich natürlich aus rein menschlicher Sicht – mit Gott sind „alle Dinge möglich".

Vater, du hast mir viel darüber beigebracht, wie ich meine Schwachheiten in Stärken umwandeln kann. Hilf mir nun, mit Stress umzugehen. Ich kann meine Umstände nicht ändern – aber meine Einstellung. Hilf mir dabei. In Jesu Namen. Amen.

Lk. 10,38-42; Phil. 4,6; Ps. 127,2; Mt. 6,25
1. Was hat Jesus Martha geantwortet?
2. Wie hat sich diese Antwort von seiner Antwort an Maria unterschieden?

Suche nach der Ursache – finde die Heilung

„Durchforsche mich, o Gott, und sieh mir ins Herz, prüfe meine Gedanken und Gefühle." (V. 23)

Zum Lesen & Nachdenken – Psalm 139,1-24

Waren Sie gestern überrascht, dass Weihnachten auf der Stressskala von Dr. Thomas Holmes 12 Punkte einheimste? In der Woche vor Weihnachten gibt es mehr Selbstmorde und Zusammenbrüche als in jeder anderen Woche des Jahres, weil die Feierlichkeit dieser Zeit in so starkem Kontrast zu der melancholischen Stimmung der Depressiven steht.

Was ist der erste Schritt zur Erholung oder Vorbeugung von Stress? *Identifizieren Sie die Ursachen des Stresses.* Eine Person mag unter dem Eindruck ständiger Veränderungen in Verzückung geraten, während eine andere schon Panik bekommt, wenn nur ein Möbelstück in der Wohnung verrückt wird. Dr. Hans Selye, ein weltberühmter Stressexperte, sagt: „Schon zu wissen, was den Stress verursacht, hat eine heilende Wirkung." Kommen Sie allein, nur mit Stift und Papier, in die Gegenwart Gottes und bitten Sie den Herrn, Ihnen zu helfen, die Gründe für Ihren Stress zu identifizieren.

Sie können den Anfang machen, indem Sie sich die folgenden Fragen stellen: „Welche Sache macht mich mehr als alle anderen unruhig, was irritiert mich und gibt mir das Gefühl, dass ich es nicht bewältigen kann?" (Das könnte der Stressfaktor Nr. 1 sein.) „Wie reagiere ich auf Veränderung? Locker, oder habe ich damit Schwierigkeiten? Wieviel Konkurrenzdruck kann ich ertragen?" Fahren Sie fort, bis Sie die Stressursachen gefunden haben. Nur, wenn Sie die Ursprünge des Stresses ausgemacht haben, können Sie biblische Prinzipien in Ihrem Leben anwenden, die zwar nicht den Stress als solchen verändern, die Sie aber befähigen, Ihre Schwachheiten in Stärken zu verwandeln.

Vater, lehre mich, wie ich auf das Leben reagieren kann, sodass ich statt einem Zusammenbruch einen Durchbruch erfahren kann – einen Durchbruch in eine neue Lebensweise. In deinem Namen. Amen.

Mk. 4,35-41; 1. Petr. 5,7; Mt. 13,22; Lk. 12,29
1. Warum waren die Jünger im Gegensatz zu Jesus so gestresst?
2. Wie antwortete Jesus?

Was für eine Verschwendung!

„Macht euch keine Sorgen! Ihr dürft Gott um alles bitten! Sagt ihm, was euch fehlt, und dankt ihm!“ (V. 6)

Zum Lesen & Nachdenken – Philipper 4,1-13

Wir fahren fort, über die Prinzipien nachzudenken, die uns helfen können, wenn unser Leben durch Stress bedroht wird: Nehmen Sie die Symptome von Stress wahr. Es gibt keine Alarmglocken, die läuten, wenn wir unter Stress leiden, aber es gibt bestimmte Warnsignale. Leute unter Stress sind schnell reizbar und überreagieren bereits bei trivialsten Anlässen. Ihr Schlafrhythmus verändert sich und sie werden immer müder und rastloser. Das Leben scheint ihnen kaum mehr etwas bieten zu können, Beten und Bibellesen macht keine Freude mehr, sie lachen weniger und werden von Gefühlen der Unzulänglichkeit und des Selbstzweifels geplagt. Sie entwickeln manchmal psychosomatische Beschwerden wie Spannungskopfschmerzen, Magenverstimmung und andere Dinge.

Manche Menschen haben das, was als „Zielorgan“ bekannt ist – Körperorgane, die bei Stress zuerst in Mitleidenschaft gezogen werden. Harold Wilson bekannte, dass er immer, wenn er einen Kollegen feuern musste, unter akuten Bauchschmerzen litt. Henry Ford quälten Bauchkrämpfe, wann immer er eine schwierige Geschäftsentscheidung treffen musste. Leo Trotzki entwickelte, wenn er unter Druck stand, hohes Fieber und musste regelmäßig einige Zeit zur Kur auf die Krimhalbinsel. Ein mir bekannter Geschäftsmann hat immer ein Glas Milch auf seinem Schreibtisch stehen, von dem er regelmäßig einen Schluck nimmt, um sein nagendes Magengeschwür zu beruhigen.

Können Sie Ihre typische Reaktion auf Stress ausmachen? Sie schulden es Gott und sich selbst, es herauszufinden. Die Verschwendung, die bei Gläubigen passiert, weil sie ihre Energien darauf verwenden, mit dem Stress umzugehen anstatt das Reich Gottes voranzutreiben, ist beängstigend.

Gott, schärfe meine Fähigkeit, die Dinge zu erkennen, die zum Stress in meinem Leben beitragen, sodass meine Energien in geistlichen Aktivitäten gebündelt werden können, nicht in solchen, bei denen ich mich nur mit mir selbst beschäftigen muss. In Jesu Namen. Amen.

Lk. 12,15-34; 2. Tim. 1,12; 2. Kor. 11,22-33; 12,7-10
1. Wie konnte Paulus in Stresssituationen vertrauen?
2. Nennen Sie sechs Gründe, die Jesus anführte, warum man sich nicht um das Morgen sorgen soll.

Halten Sie inne und riechen Sie die Rosen

„Seht euch an, wie die Lilien auf den Wiesen blühen!" (V. 28)

Zum Lesen & Nachdenken – Matthäus 6,25-34

Ein weiteres Prinzip, das uns hilft mit Stress umzugehen, ist dieses: *Streben Sie danach, jegliche Unnachgiebigkeit in Ihrer Persönlichkeit zu überwinden.* Sie können „Unnachgiebigkeit" am besten verstehen, wenn Sie es mit dem Gegenteil vergleichen – Flexibilität. Eine formalere Definition von „Unnachgiebigkeit" ist diese: „Die Unfähigkeit oder Ablehnung, Handlungen oder Einstellungen zu ändern, obwohl objektiv gesehen eine Veränderung wünschenswert wäre."

Eine unnachgiebige Person klammert sich an bestimmte Denkens- und Handlungsweisen, auch wenn sie die Persönlichkeit verletzen oder ihre emotionale Energie verbrauchen. Jemand beschrieb, dass das so ist, als führe man sein Auto mit angezogener Bremse. Oder nehmen Sie eine Hausfrau, die unter einer Migräneattacke leidet, weil sie es nicht schafft, ihr Haus peinlich sauber zu halten, während ihre Enkel zu Besuch sind. Oder den Geschäftsmann, der eine Magenschleimhautentzündung auslöst, weil er wegen der Krankheit der Sekretärin hinter seinen Zeitplan zurückfällt.

Unflexible Zielsetzungen können lähmende Fesseln sein. Es ist nicht gut zu sagen: „Aber es gibt Dinge, die einfach gemacht werden müssen, und wenn ich sie nicht tue, dann bleiben sie halt liegen." Vielleicht müssen Sie Ihre Prioritäten neu ordnen, passen Sie Ihren Lebensstil an und lernen Sie „Nein" zu sagen. Wie jemand sagte: „Wir müssen nicht so schonungslos weiterfahren, dass wir nicht mehr anhalten können, um an den Rosen am Straßenrand zu riechen." Vielleicht sind Sie gerade in einer der stressigsten Wochen Ihres Jahres gefangen, doch machen Sie trotzdem einen Moment Pause und fragen Sie sich: Fahre ich – oder werde ich gefahren? Habe ich meine Persönlichkeit unter Kontrolle oder hat sie mich unter Kontrolle? Entscheiden Sie sich heute, einen Schritt aus der Unnachgiebigkeit heraus zu machen und anzuhalten, um „an den Rosen zu riechen".

O Gott, jetzt befasse ich mich gerade mit dem Rohmaterial des Lebens – daraus muss eine Person werden – deine Person. Hilf mir, nur in Bezug auf die Beziehung zu dir „unnachgiebig" zu bleiben, jedoch flexibel gegenüber allem anderen. In Jesu Namen. Amen.

1. Mo.1; 2,1-3; Hebr. 4,1-11; Ps. 37,7; Mt. 11,29
1. Welcher war der erste Tag des Menschen?
2. Wir können wir zu Gottes Ruhe gelangen?

Tag
300

Schieb den Fluss nicht an!

„Jedes Ereignis, alles auf der Welt hat seine Zeit.“ (V. 1)

Zum Lesen & Nachdenken – Prediger 3,1-4

Ein weiteres Prinzip, das uns helfen kann, besser mit Stress umzugehen, ist dies: *Lassen Sie es nicht zu, von der Zeit beherrscht zu werden.* Es ist richtig, sich Gedanken über die Zeit zu machen, aber man sollte nicht davon besessen sein. Leben Sie Ihr Leben nach der Uhr? Dann sind Sie ein Stresskandidat. Wenn Filmemacher Spannung erzeugen wollen, dann zeigen sie eine Uhr, die unbarmherzig tickt. Solche Taktiken sind zwecklos, wenn Sie auf die gewöhnlichen Belange des Alltags angewandt werden. Nervöse Blicke auf die Uhr erzeugen Stress, wenn Sie im Stau festgehalten werden, doch geht es deshalb auch nicht schneller vorwärts. Sich zu ärgern wird die Situation nicht bessern. Also lernen Sie zu relaxen, und lassen Sie sich nicht von der Zeit einschüchtern.

Manche Menschen leben ein Leben wie auf der Rennstrecke und setzen selbst unbarmherzige Rundenzeiten für die Dinge fest, die sie während des Tages erreichen wollen. Zwei Testfahrer hatten die Aufgabe, jeweils 1700 Meilen zu fahren. Einer wurde angewiesen, so schnell zu fahren, wie er konnte, ohne jedoch irgendwelche Geschwindigkeitsbegrenzungen zu übertreten; der andere sollte in einem eher gemütlichen Tempo fahren. Am Ende der Strecke fand man heraus, dass der schnelle Fahrer fast 50 Liter mehr Sprit verbraucht hatte und einen doppelt so hohen Reifenverschleiß aufwies. Dabei kam er letztlich auf eine Durchschnittsgeschwindigkeit, die nur etwa vier Stundenkilometer über der des anderen Fahrers lag! Ein Mann, dem ich riet, etwas kürzer zu treten, entgegnete mir: „Das Problem ist, dass ich in Eile bin – aber Gott nicht!“ Zeigen Sie Weisheit, indem Sie den Dingen gestatten, sich in ihrem ihnen eigenen Tempo zu entwickeln. Und folgen Sie dem Grundsatz: „Du brauchst den Fluss nicht anzuschieben – lass ihn einfach fließen.“

O Vater, bewahre mich davor, von der Zeit besessen zu werden. Hilf mir zu sehen, dass ich alle Zeit der Welt habe, um das zu tun, was du für mich vorgesehen hast. Und wenn ich zu besorgt bin, bin ich überarbeitet. Hilf mir, lieber Vater. Amen.

Eph. 5,1-21; Kol. 4,5; Jak. 4,14
1. Wie können wir die Zeit auskaufen?
2. Worauf bezieht sich Jakobus hier?

Fit bleiben für Jesus!

„Wie ein Asket zu leben ist ganz gut und schön, aber Gott zu hören ist besser.“ (V. 8)

Zum Lesen & Nachdenken – 1. Timotheus 4,1-12

Wir denken noch einen weiteren Tag darüber nach, wie wir den Stress in unserem Leben überwinden können. Das letzte Prinzip ist: *Gehen Sie in dem nötigen Umfang sportlicher Betätigung nach.*

In einem Laborexperiment nahm man zehn untrainierte Ratten und setzte sie wiederholt einer Reihe von Stressschocks, Schmerzen, schrillen Geräuschen und Blitzlichtern aus. Nach einem Monat waren alle an den unaufhörlichen Strapazen gestorben. Eine andere Gruppe Ratten wurde solange trainiert, bis sie auf der Höhe ihres physischen Potenzials waren, und dann den gleichen Stressfaktoren ausgesetzt. Nach einem Monat war nicht eine von ihnen gestorben.

Immer mehr Christen werden sensibel für den Gedanken, dass Gott unseren Körper so geschaffen hat, das man ihn bewegt. Und je mehr sie trainieren, desto effektiver funktionieren sie. Studien darüber, wie körperliches Training bei der Stressbewältigung hilft, sind sehr schlüssig. Training baut schädliche Substanzen im Körper ab und ist eine Form von Abreagieren („Dampf ablassen“), es baut Ausdauer auf, wirkt den biochemischen Auswirkungen von Stress entgegen und reduziert die Anfälligkeit für psychische Erkrankungen. Die Bibel sagt nicht viel über die Wichtigkeit körperlichen Trainings, weil die Menschen, die damals lebten, sowieso zu Fuß gingen und daher wenig Anweisung auf diesem Gebiet brauchten. In unserer technisierten Welt sagt uns schon der gesunde Menschenverstand, dass unser Körper Training braucht und dass wir das nicht vernachlässigen sollten.

Vielleicht sind das keine besonders spektakulären Gedanken, aber Gott kommt oft auf staubigen und einsamen Straßen zu uns. Wir sollten sein Kommen nicht verschmähen, nur weil er uns auf einer solchen Straße begegnet.

Vater, hilf mir, deinen Aufruf, meinen Körper zu trainieren, nicht zu verachten. Vergib mir, dass ich solch ein schlechter Pächter deines Besitzes bin. Heute beschließe ich mich zu bessern. In deinem Namen. Amen.

1. Kön. 19; 1. Kor. 3,16-17; 6,19
1. Was verursachte Stress in Elias Leben?
2. Wie half Gott ihm?

Tag 302

Verwandelt!

„Glücklich sind alle, denen Gott ihre Sünden vergeben und ihre Schuld zugedeckt hat!“ (V. 1)

Zum Lesen & Nachdenken – Psalm 32,1-11

Wir kommen nun auf die zu sprechen, die durch *die Erinnerung an einige schlimme Sünden* zerbrochen sind oder kurz davor stehen, diesen Zerbruch zu erleiden.

Ich denke nicht so sehr an die, die Sünden begangen haben und nicht zu Christus gekommen sind, um um Vergebung zu bitten, sondern an die, welche, obwohl Gott ihnen vergeben hat, sich selbst nicht vergeben können. Letztlich kam am Ende eines Meetings, bei dem ich gesprochen hatte, ein Mann zu mir, der Details seiner schrecklichen Sünde erzählte, in die er verwickelt war. Er sagte: „Ich weiß, dass Gott mir vergeben hat, aber die Gedanken an das, was ich getan habe, weichen nicht von mir. Es treibt mich in den Wahnsinn.“

Dadurch wurde ich an eine Geschichte erinnert, die ich vor vielen Jahren gehört hatte. Ein Vater brachte seinem Sohn bei, jedes Mal, wenn er etwas falsch gemacht hatte, einen Nagel in ein Brett zu schlagen, und ihn dann, nachdem er es bekannt hatte, wieder herauszuziehen. Jedes Mal, wenn das passierte, sagte der Sohn triumphierend, „Hurra! Die Nägel sind weg!“ „Ja“, sagte der Vater, „aber denk immer daran, dass die Löcher, die durch die Nägel im Holz entstanden sind, immer noch da sind.“ Die Botschaft, die Sie sich merken und in Ihr Leben einbauen sollen, ist diese: Der Zimmermann aus Nazareth kann nicht nur die Nägel herausziehen, sondern das Holz so aufpolieren und verschönern, dass diese kaputten Stellen der Lebensqualität nicht entgegenstehen, sondern zu ihr beitragen.

Herr Jesus Christus, du, der einst als der Sohn des Zimmermanns bekannt warst, nimmst die Schmutzflecken und Mängel meiner Vergangenheit, polierst sie und arbeitest sie auf, sodass sie in meinem Leben mitwirken, anstatt ihm entgegenzustehen. In Jesu Namen. Amen.

1. Joh.1; Ps. 103,3; Apg. 5,31; Eph. 1,7
1. Wie können wir ganzheitliche Vergebung erfahren?
2. Warum bitten Sie nicht heute darum?

Gnade – größer als all unsere Sünde!

„Wo bisher die Sünde über alle Menschen herrschte und ihnen den Tod brachte, dort herrscht jetzt Gottes Gnade." (V. 20)

Zum Lesen & Nachdenken – Römer 5,12-21

Wir denken darüber nach, wie wir über den Zerbruch hinwegkommen können, der durch die Erinnerung an schlimme Sünden verursacht wurde. Damit meinen wir eine Sünde, die Gott uns vergeben hat, die aber aus irgendeinem Grund immer noch in unserer Erinnerung brennt.

Die erste hilfreiche Erkenntnis lautet: *Machen Sie sich klar, dass Gott mit Sünde mehr machen kann als sie nur zu vergeben.* Vor vielen Jahren, als junger Christ, hörte ich einen älteren Prediger diese Aussage machen. Zunächst lehnte ich sie ab, sagte mir: „Wie kann Gott Sünde *benutzen*? In diesem Bereich kann er doch nicht tolerant sein?" Nachdem ich eine Weile darüber nachgedacht hatte, erkannte ich, was er meinte. Gott benutzt unsere Sünde, um uns zur Erreichung höherer geistlicher Ziele zu motivieren, um unser Mitleid Sündern gegenüber zu schüren und um den Strauchelnden mehr von Gottes Freundlichkeit zu zeigen.

Wir müssen uns natürlich vorsehen, dass wir nicht in den Denkfehler verfallen, auf den sich Paulus in Römer 6,1-2 bezieht: „Sollen wir etwa weitersündigen, damit Gott Gelegenheit hat, uns seine Barmherzigkeit in ihrer ganzen Größe zu zeigen?" Wenn wir sündigen, „damit Gott unsere Sünde gebrauchen kann", dann ist unser Motiv gänzlich falsch und wir kollidieren mit den ewigen Plänen Gottes. Wenn wir jedoch sündigen, die Sünde aber vor Gott bekennen – sie *wirklich* zu ihm bringen –, dann wird er sie nicht nur vergeben, sondern noch etwas daraus machen. Fällt es Ihnen schwer, das anzunehmen? Dann verweise ich Sie auf das Kreuz. Das Kreuz war das Böseste, das die Menschheit jemals veranstaltet hat; doch Gott machte es zum Dreh- und Angelpunkt seiner Erlösung. Es war unser Tiefpunkt – aber Gottes Zenit. Halleluja!

O Vater, ich bin so erleichtert zu wissen, dass du alle meine Sünden nimmst und sie an deinen Zielen für mich mitwirken lässt. Gnade wendet all mein Schlechtes zum Guten, das Gute in Besseres und das Bessere in das Beste. Halleluja!

Hebr. 10,1-22; Jes. 43,25; 44,22; 55,7
1. Woran wird sich Gott nicht mehr erinnern?
2. Worüber können wir „volle Gewissheit" haben?

Tag 304

Warum tue ich diese Dinge?

„Wenn wir aber unsere Sünden bekennen, dann erfüllt Gott seine Zusage treu und gerecht: Er wird unsere Sünden vergeben und uns von allem Bösen reinigen.“ (V. 9)

Zum Lesen & Nachdenken – 1. Johannes 1,1-10

Wir fahren fort, über die Prinzipien nachzudenken, die uns befähigen, uns von der Zerbrochenheit zu erholen, die durch die Erinnerung an einige schmerzliche Sünden entstanden ist. Das zweite Prinzip: *Erkennen Sie den Hauptgrund, warum Sie über der Vergangenheit brüten.* Menschen, die über die Vergangenheit nachdenken und die Gedanken an ihre Sünden am Leben erhalten, tun das aus mehreren Gründen.

Wir wollen sie uns der Reihe nach anschauen: (1) *Sie sind sich nicht sicher, ob Gott ihre Sünden vergeben hat.* Wenn Sie diese Art des Zweifels haben, ist es in Wirklichkeit eine *Verleugnung*. Es ist, als nähme man einen Vers wie den heutigen und schleuderte ihn Gott ins Angesicht zurück und sagt: „Ich glaube das nicht!“ Wenn Sie Gottes Vergebung nicht annehmen, dann werden Sie versuchen müssen, Ihre eigene Erlösung für die Sünden zu erlangen, indem Sie sich in Schuldgefühlen ergehen. Wenn Sie Ihre Sünde einmal bekannt haben, dann ist es, soweit es Gott betrifft, damit getan. Glauben Sie das – und handeln Sie danach. Das ist die Wahrheit des Evangeliums!

(2) *Geistlicher Stolz hat sie im Griff.* An einem der Tiefpunkte Ihres geistigen und emotionalen Lebens sagen Sie zu sich selbst: Wie konnte ich so etwas nur tun? Eigentlich zeigt das, dass Sie eine zu hohe Meinung von sich selbst haben – und das ist genauso schlecht, wie eine zu niedrige Meinung zu haben. (3) *Sie haben sich selbst nicht vergeben.* Vielleicht hilft es, sich mit der aufgeschlagenen Bibel vor den Spiegel zu stellen und den heutigen Vers zu lesen, um sich selbst zu versichern, dass Gott einem vergeben hat. Sagen Sie sich selbst: „_______________, Gott hat dir vergeben – und nun vergebe ich dir auch!“

Gnädiger Vater, obwohl ich viele Dinge verstehe, versage ich so oft dabei, mich selbst zu verstehen. Lehre mich, was tief in mir vor sich geht, sodass ich, indem ich mich selbst wahrnehme, mehr auf dich achte. In deinem heiligen Namen. Amen.

Ps. 51,1-19; Eph. 4,32; Kol. 3,13; Mk. 12,33
1. Warum können wir uns selbst vergeben?
2. Vergeben Sie sich heute!

Erinnern, zu vergessen

„Ich will alles vergessen, was hinter mir liegt, und schaue nur noch auf das Ziel vor mir. Mit aller Kraft laufe ich darauf zu.“ (V. 13-14)

Zum Lesen & Nachdenken – Philipper 3,1-14

Ein letztes Prinzip, das uns helfen kann, Heilung im Bereich „Erinnerung an dunkle Sünden“ zu erlangen: *Vergessen Sie, indem Sie den Prozess der Erinnerung umdrehen.* Wie bitte? Lassen Sie es mich erklären. Das Gedächtnis arbeitet folgendermaßen: Jemand lässt ein Bild von einem vergangenen Erlebnis wieder aufleben und behält es dann für eine gewisse Zeitspanne im Gedächtnis, dann wird der Vorgang wiederholt, bis sich der Gedanke im Kopf verfestigt hat. Nun kehren Sie diesen Prozess um. Die Sache wurde von Gott vergeben, also lassen Sie *nicht* zu, dass sich Ihre Gedanken weiter damit beschäftigen. Wenn es an die Oberfläche kommt – und das wird es –, wenden Sie Ihre Aufmerksamkeit augenblicklich davon ab.

Haben Sie immer ein paar interessante Themen „auf Abruf“. Denken Sie über ein anderes, zuträglicheres Thema nach. Ich kenne einen Christen, der in eine der schlimmsten denkbaren Sünden verwickelt war, der dann aber gelernt hatte, ungewollte Erinnerungen daran dadurch aus seinen Gedanken zu verbannen, dass er seine Gedanken immer dann, wenn die Erinnerung hochkam, auf das Kreuz Jesu richtete. Dabei ist es egal, welches Bild Sie sich aussuchen, um die schlechte Erinnerung zu ersetzen, solange es nur hilfreich und geeignet ist, die ungewollte Erinnerung aus Ihrem Kopf zu verbannen.

Eine andere Sache, die Sie tun können, wenn die Erinnerung an Ihre Sünden wiederkehrt – auch, wenn es nur für einen Moment ist –, ist, Ihre Gedanken mit Gebet zu beschäftigen. Beten Sie nicht über die Sünde selbst – dann werden Sie sie weiterhin im Gedächtnis behalten –, beten Sie vielmehr dafür, dass Gott in Ihnen Liebe, Vergebung, Frieden und Gelassenheit aufbaut. Bilder, die kontinuierlich zurückgewiesen werden, verschwinden nach und nach. Wenn Sie auftauchen, erscheinen Sie nur als *Tatsache* – die Gefühle werden nun nicht länger mit brennender Scham reagieren.

O mein Vater, wie könnte ich nachlassen, dir für die Antworten, die du mir gibst, zu danken – sie sind so wahr und richtig; alles in mir bestätigt es. Nun hilf mir, die Dinge, die ich lerne, in die Praxis umzusetzen. Amen.

2. Sam. 12,1-14; Mk. 2,5; Kol. 2,13; Hebr. 8,12
1. Wie lautete Nathans Botschaft an David?
2. Was tut Gott noch, außer zu vergeben?

Tag 306

Das Ende vom Anfang

„Von ganzem Herzen danke ich Gott dafür, dass er uns überall im Triumphzug Christi mitführt.“ (V. 14)

Zum Lesen & Nachdenken – 2. Korinther 2,12 bis 3,11

Dies ist das Ende des Themas „Stark an Orten des Zerbruchs“, und ich bete, dass es für viele von Ihnen einen neuen Ansatz darstellt, mit ihren Schwächen umzugehen.

Wie dankbar bin ich, dass Gott mir schon in den frühen Jahren meines Christenlebens die Wahrheit eingebrannt hat, dass meine Schwachheiten in Stärken verwandelt werden können. Mit nur wenigen Jahren christlicher Erfahrung im Rücken stolperte und fiel ich. Ich war versucht, mich in Selbstmitleid zu suhlen, aber durch Gottes Gnade kam ich wieder hoch, klopfte mir den Staub ab und sagte: „Teufel, diese Runde hast du gewonnen, aber ich werde an diesem Problem arbeiten, so lange, bis mir diese Schwäche zur Stärke geworden ist.“ Und ich arbeitete daran. Heute kann ich bezeugen, dass die Schwäche, die mich ins Stolpern gebracht hatte, mir tatsächlich zur Stärke geworden ist. Und das sage ich in aller Demut, denn ich weiß, dass es letztlich nicht meine Stärke ist, sondern *seine*.

Heute ist ein neuer Tag. Wie werden Sie ihm begegnen? Sind Sie bereit, Ihren Schwachheiten in der Sicherheit zu begegnen, dass, wie auch immer das Leben Sie brechen will, Sie aus jeder neuen Erfahrung eine Lektion lernen können, die in Ihnen weiterleben und Ihnen helfen wird, in einer künftigen Situation siegreich zu sein? Genauso, wie ein gebrochener Knochen, wenn er geheilt ist, an der Bruchstelle stärker wird als vorher, so können auch Sie an Ihren Schwachstellen erstarken. Wenn Sie stolpern, stolpern Sie vorwärts, wenn Sie fallen, fallen Sie auf Ihre Knie und stehen gestärkt wieder auf. Wenn wir Christen sind, können wir aus allem Kapital schlagen.

O Vater, ich spüre, dass heute nicht das Ende ist, sondern erst das Ende eines Anfangs. Von nun an werde ich der Zukunft in der Gewissheit begegnen, dass, wie auch immer mich das Leben zerbrechen wird, ich an den Orten des Zerbruchs stark werden kann. Dir sei alle Ehre und Ruhm – in deinem unvergleichlichen und kostbaren Namen. Amen.

Eph. 3; 2. Kor. 12,9; Jes. 40,31; 41,10
1. Wie lautete Paulus' Zeugnis?
2. Wie lautet Ihr Zeugnis?

Mit Gott in die Tiefe gehen

Kein fester Wechselkurs

„Wachset aber in der Gnade und Erkenntnis unseres Herrn und Heilandes Jesus Christus.“ (V. 18; REÜ)

Zum Lesen & Nachdenken – 2. Petrus 3,1-18

Auf den folgenden Seiten wollen wir über die Dinge nachdenken, die wir wissen und tun müssen, wenn wir zu einer tieferen und persönlicheren Beziehung zu Gott gelangen möchten. Eine Frage, die mir während der Jahre, in denen ich als Pastor und Seelsorger diente, immer wieder gestellt wurde, lautete: „Wie kommt es, das der eine Mensch eine viel engere Gemeinschaft mit Gott hat als ein anderer, obwohl sie beide gleich lange mit dem Herrn gehen?“ Selbst einem eher beiläufigen Beobachter christlicher Lebensweise wird nicht entgehen, dass nicht alle Menschen die Straße, die zu einer tieferen Gotteserkenntnis führt, in gleichem Tempo beschreiten. Fortschritt in geistlichen Dingen geschieht jedoch nie zu einem festen, für alle gleichen Wechselkurs.

Hin und wieder begegne ich Menschen, die, obwohl sie über eine kürzere Erfahrung im christlichen Leben verfügen, Gott auf tiefere Weise kennen als ich. Sie lassen mich ernstlich herausgefordert und gedemütigt zurück. Das haben Sie sicher auch schon erlebt, nicht wahr? Sie haben bestimmt schon Menschen getroffen, die, gemessen an den Jahren ihrer Nachfolge, jünger waren als Sie, die aber doch in der Lage waren, Verletzungen viel schneller zu vergeben als Sie, die nicht von diesem Kritikgeist befallen waren, unter dem Sie selbst so leiden, und die schnell bereit sind, anderen für das, was sie viel effektiver und geschickter anstellen als sie selbst, Anerkennung zu zollen. Wie kommt das?

Dieser Frage wollen wir in den nächsten Wochen auf den Grund gehen. Kenner und Liebhaber der Schrift werden keinen Zweifel daran haben, dass Gott enger mit uns wandeln möchte. Was wir für uns beantworten müssen, ist die Frage: Wollen *wir* enger mit ihm wandeln?

Vater, gib, dass ich in der vor mir liegenden Zeit eine Vision von dir gewinne und allen Einsatz wage. Möge es eine Zeit geistlichen Weiterkommens sein, wie ich es nie zuvor erlebt habe. Das bitte ich in Christi Namen.

1. Kor. 3,1; 14,20; Eph. 4,1-14
1. Wie beschreibt Paulus die Korinther?
2. Was wünschte sich Paulus für die Epheser?

Tag
308

Eine entscheidende Sache

„… gebietet [Gott] jetzt den Menschen,
dass sie alle überall Buße tun sollen.“ (V. 30; REÜ)

Zum Lesen & Nachdenken – Apostelgeschichte 17,16-34

Sicher gibt es viele Gründe, warum die einen den Weg der Nachfolge im Schneckengang zurücklegen, während andere die doppelte Strecke in halber Zeit schaffen. Das hat viel damit zu tun, wie wir unseren Lauf als Christ begonnen haben.

Die, welche die Art und Weise, wie Menschen Christen wurden, untersucht haben, berichten von zwei unterschiedlichen Wegen. Da ist zunächst die dramatische Bekehrung, bei der ein Mensch mit dem Anspruch Jesu konfrontiert wird und sich ihm augenblicklich ausliefert. Dann gibt es den Fall, wo ein Mensch nach und nach zum Glauben kommt, manchmal kann er den Augenblick der Übergabe nicht einmal exakt benennen. Beide Erfahrungen haben ihre Gültigkeit. Der beste Beweis dafür, dass wir leben, ist nicht unsere Geburtsurkunde, sondern die Tatsache, dass wir als lebendige, atmende Wesen unseren Tag begehen. Ich habe kein Problem damit, wenn der Einzelne Tag und Stunde seiner Übergabe nicht genau nennen kann, vorausgesetzt, dass sie die Anzeichen aufweisen, die zeigen, dass sie zu ihm gehören: der Wunsch, Zeit mit ihm im Gebet zu verbringen, ein Verlangen, ihn durch sein Wort besser kennen zu lernen, oder der Eifer, sich mit anderen Christen zu treffen und Gemeinschaft zu pflegen.

Egal, wie jemand den Schritt hinein ins Christenleben getan hat – schnell oder langsam –, das wesentliche Element ist die Buße. Ich zögere nicht zu behaupten, dass wir, wenn wir kein klares Verständnis von einem Leben in der Buße besitzen, Schwierigkeiten haben werden, erfolgreich weiterzukommen – ungeachtet dessen, wie wir einmal gestartet sind.

Mein Vater und mein Gott, wenn die Buße so wichtig ist – und ich merke, dass das so ist –, dann verhilf mir zu einem klareren Verständnis darüber. Ich sitze dir zu Füßen, lehre mich, Herr. In Jesu Namen bitte ich. Amen.

Apg. 3,11-20; Lk. 13,3; Apg. 26,19-20
1. Wie lautete Petrus' Botschaft an die Umstehenden?
2. Wie wichtig ist Buße?

Gesinnungsänderung

„Ich weiß, wie du aufrichtig glaubst; genauso war es schon bei deiner Großmutter Lois und deiner Mutter Eunike.“ (V. 5)

Zum Lesen & Nachdenken – 2. Timotheus 1,1-12

Gestern sagten wir, dass es zwei Zugangsarten ins Christenleben gibt – plötzlich und schrittweise. Der Apostel Paulus scheint eines der dramatischsten und plötzlichsten Bekehrungserlebnisse der Kirchengeschichte aufweisen zu können, während sein Schüler Timotheus keine vergleichbare Erfahrung gemacht hat. Wir können das zwar nicht sicher sagen, doch scheint die Art und Weise, wie Timotheus zum Glauben kam, ein wesentlich längerer Prozess gewesen zu sein, der augenscheinlich von seiner Mutter und seiner Großmutter beeinflusst wurde. Wir sagten auch (und manchen mag das erstaunt haben), dass es ohne ein klares Verständnis von Buße und allem, was sie beinhaltet, kein erfolgreiches Fortkommen im christlichen Glauben geben kann. Was also ist Buße und was macht sie so lebensnotwendig?

Das griechische Wort für Buße, *metanoia*, heißt „eine Veränderung des Denkens, Umdenken“. Doch des Denkens über was? Darüber, wo Leben zu finden ist. Bevor wir zu Christus kommen, ist unser Denken über das Leben durchzogen von Vorstellungen wie Selbstgenügsamkeit, Selbstständigkeit und dem Aufbau des Egos. Die Bibel stellt sich diesem ichzentrierten Ansatz entgegen und stellt klar, dass, wenn wir so leben wollen, wie Gott es sich gedacht hat, unser Ich eher eine Randfunktion einnehmen muss, statt im Mittelpunkt zu stehen. Anders ausgedrückt: Christus muss im Zentrum stehen und alle Egos müssen ihn umkreisen wie die Planeten die Sonne.

Diese radikale Denkweise fordert jeden heraus, doch seien Sie versichert, dass es, wenn diese Rangfolge nicht akzeptiert wird, für uns keinen Fortschritt im Blick auf die Entwicklung einer tiefen, sich entwickelnden Beziehung zu Gott gibt. Wenn es keine Denkänderung in Bezug darauf gibt, wo wir meinen Leben zu finden, dann wird es auch kein geistliches Fortkommen geben. Es ist wirklich so einfach.

Vater, hilf mir, mein Herz zu erforschen und mich zu entscheiden, wer der Mittelpunkt meines Lbens sein soll – du oder ich. Und zeig mir auch mit größerer Klarheit, wie ich mehr christus-zentriert und weniger ich-zentriert leben kann. Ich bitte das im Namen deines Sohnes. Amen.

Gal. 2,20; Röm. 6,6; Kol. 2,1-20
1. Wie beschreibt Paulus die Buße?
2. Worüber war Paulus im Blick auf die Kolosser besorgt?

Wie gütig von Gott

„[Gottes] Güte will euch zur Umkehr bewegen." (V. 4)

Zum Lesen & Nachdenken – Römer 2,1-16

Ein anderer Punkt, an dem das Christentum der modernen Psychologie die Gemeinschaft aufkündigen muss, ist die Sicht über unser Ich. Das Ich beinhaltet unser Gefühl für Individualität, unser Selbstverständnis. Die weltliche Psychologie will uns sagen, dass wir desto besser für das Leben gerüstet und befähigt sind, es zur Fülle auszuleben, je stärker unser Ich ist und je mehr es im Mittelpunkt steht. Das Christentum sieht das Ich gleichfalls als wichtig an und versucht deshalb nicht (wie einige Kritiker gern unterstellen), es einzureißen. Vielmehr ist es bemüht, ihm den richtigen Platz zuzuweisen – zu den Füßen Jesu.

Am 12. August 1973 war Charles Colson, rechte Hand von Präsident Nixon, sehr beunruhigt über die Ereignisse, in die er verwickelt war. Er suchte einen Freund auf, der ihm aus C. S. Lewis' *Pardon, ich bin Christ* vorlas. Spät an diesem Abend entfuhr ihm ein solcher Seufzer, dass er selbst erschrak. Er spürte, dass etwas auf geistlicher Ebene mit ihm zu geschehen schien, und rief Gott an: „Nimm mich, nimm mich!" Dieses Nachts nahm in diesem starken, selbstbewussten Mann etwas seinen Anfang; er fand einen neuen Mittelpunkt für sein Leben – den Herrn Jesus Christus.

Darum geht es letztlich bei der Buße: eine Änderung der Denkweise darüber, wo das Leben zu finden ist – bewerkstelligt in Zusammenarbeit mit dem Heiligen Geist. Wirkliches Leben findet sich nicht in der Verfolgung eigennütziger Ziele, sondern darin, dass man Gottes Willen tut und seine Ziele für das Leben verfolgt. Charles Colson gehört zu den kraftvollsten Nachfolgern Jesu unserer Tage. Es hat den Anschein, dass er so weitergegangen ist, wie er den Weg begann – mit dem Vorsatz, Christus an die erste und sich selbst an die zweite Stelle zu setzen.

Gott, möge ich denselben Vorsatz haben: dass dein Wille dem meinen vorgesetzt ist. Zeig mir mehr von dem, was es mit der Buße auf sich hat, denn ohne ein Verständnis davon kann ich keinen wahren geistlichen Fortschritt machen. In Christi Namen. Amen.

Matth. 19,16-30; 16,24; Gal. 5,24; Matth. 8,18-22
1. Welche Voraussetzung für die Nachfolge formulierte Jesus?
2. In welchem Bereich der Buße hatte der junge Mann zu kämpfen?

Jesus Christus ist Herr

„Von da an begann Jesus zu predigen und zu sagen: ‚Tut Buße, denn das Reich der Himmel ist nahe gekommen'." (V. 17; REÜ)

Zum Lesen & Nachdenken – Matthäus 4,12-25

In der heutigen Gemeinde ist nur wenig Nachdruck auf das Thema Buße zu verzeichnen. Unser Text zeigt, dass der erste Aufruf, den Jesus in seinem Predigtdienst machte, lautete: „Tut Buße!" Andere Passagen aus den Evangelien lassen uns annehmen, dass er diese Botschaft wieder und wieder betonte. In seiner allerersten Predigt, die Petrus am Pfingsttag hielt, nahm er dieses Thema auf (siehe Apg. 2,38). Und tatsächlich begegnet uns das Wort „Buße" in der einen oder anderen Form im gesamten Neuen Testament.

Warum, fragt man sich, lässt dann, etwas verallgemeinert gesprochen, das zeitgenössische Christentum dieses Thema derart vermissen? Liegt es daran, dass wir in unserer Angst, viele Bekehrte zu erleben, das Thema Buße vermeiden und stattdessen den einfacheren Job vorziehen, den Leuten ein Gebet beizubringen, bei dem es keiner radikalen Verwandlung bedarf? Ich hörte einmal einem Evangelisten zu, der seinen Bekehrten zurief: „Betet mir dieses Gebet nach, und ihr werdet eine Wohnung im Himmel haben … vielleicht sogar die Aufsicht über zehn Städte, dann, wenn Christus auf die Erde zurückkehrt, um sein Reich zu errichten." Das Gebet, zu dem er sie dann einlud, hörte sich etwa so an: „O Gott, mach aus mir einen Christen … und gib, dass ich alles in Besitz nehme. das Christus für mich bereitet hat." Was mich an dem Gebet ärgerte, war nicht zunächst, dass es nichtig war, sondern dass es nicht auf dem ersten Prinzip fußte.

Die erste Tatsache, die wir uns im Blick auf den Eintritt in das christliche Leben vergegenwärtigen müssen, lautet: *Jesus Christus ist Herr*. Das heißt, dass wir nicht länger die Herren über unser Leben sind – denn er ist es ja. Glücklich, wer mit einem klaren Verständnis hierüber ins Christenleben startet.

Gott, hilf mir, die erste Sache an den Anfang zu stellen. Ich sehe, dass ein erfolgreiches Christenleben davon abhängt, dass ich dich an die erste und mich an die zweite Stelle setze. Bin ich wirklich dazu bereit und willens? Hilf mir, meine Seele zu befragen. In Jesu Namen. Amen.

Jes. 55,7; Apg. 2,38; 1. Joh. 1,9; Lk. 15,11-32
1. Was hat Gott dem Umkehrwilligen verheißen?
2. Wie brachte der verlorene Sohn seine Buße zum Ausdruck?

Tag 312

Flugunfähige Schmetterlinge

„Ich verkündigte, … Buße zu tun und sich zu Gott zu bekehren, indem sie der Buße würdige Früchte vollbrächten.“ (V. 20)

Zum Lesen & Nachdenken – Apostelgeschichte 26,1-20

Mancher Evangelist fragte mich: „Warum sehen wir in der heutigen Gemeinde nicht mehr derartige Neubekehrte wie noch vor einigen Jahrzehnten, solche, die gleich vom Start weg ganze Sache mit Jesus machen?“ Meine Entgegnung lautete, dass es meiner Meinung nach etwas damit zu tun hat, wie wir den „potenziellen Gläubigen“ die Wahrheiten des Christentum präsentieren, und ich erzählte eine Geschichte, die ich einmal von John White, einem christlichen Psychiater, gehört hatte.

Ein wohlmeinender Beobachter versuchte, einem Schmetterling beim Schlüpfen aus seiner Puppenhülle behilflich zu sein. In der Folge war es dem Schmetterling unmöglich zu fliegen, da er erst durch die Mühe des Herausschlüpfens die Kraft erlangt, die er dann zum Aufsteigen benötigt. In der guten Absicht, es dem schlüpfenden Schmetterling einfacher zu machen, trug der Beobachter unabsichtlich zu dessen vorzeitigem Ableben bei.

Wir verhalten uns ähnlich, wenn wir Menschen dabei behilflich sein wollen, den Kampf, den eine radikale Buße unausweichlich mit sich bringt, zu vermeiden. Von einigen Ausnahmen abgesehen gleicht die moderne Kirche einer unerfahrenen Hebamme, die behinderte Kinder zur Welt bringen hilft, behindert, weil sie gewisse Grundregeln nicht beachtet. Um noch einmal das Bild des Schmetterlings aufzugreifen: In der heutigen Gemeinde sind zu viele Schmetterlinge nicht in der Lage zu fliegen, weil es ihnen wohlmeinende Helfer zu leicht machten, sich aus ihrer geistlichen Puppenhülle zu winden. Das kann durch falsche oder auch unvollständige Aussagen unsererseits geschehen oder auch dadurch, dass wir falsche Schwerpunkte oder Betonungen legen. Evangelisation macht es Männern und Frauen leicht, gerettet zu werden, doch dürfen wir es nicht leichter machen, als es sein sollte.

Vater, wecke uns als Gemeinde auf, damit wir die Betonung darauf legen, worauf du sie legst: auf die Notwendigkeit einer vollständigen und entschiedenen Übergabe an dich schon vom Moment der Bekehrung an. In Jesu Namen beten wir. Amen.

Lk. 14,25-35; Mk. 10,28; Lk. 5,27-28
1. Wie lautete die Botschaft Jesu an die nachfolgende Menschenmenge?
2. Was konnte Petrus sagen?

Mit Gott übereinstimmen

„Durch Umkehr und durch Ruhe werdet ihr errettet.“ (V. 15; REÜ)

Zum Lesen & Nachdenken – Jesaja 30,12-21

Eine Definition von Buße, die ich einmal von jemandem hörte und die mir gut gefällt, lautet: „Mit Gott übereinstimmen“. Wenn wir Buße tun, dann nehmen wir die Haltung ein, dass Gott richtig liegt und wir falsch. Wenn Sie es recht bedenken, macht es eigentlich keinen Sinn, in irgendeiner Sache nicht mit Gott übereinzustimmen, denn weil er Gott ist, hat er immer Recht.

Während meiner Jahre als christlicher Berater haben Menschen viele Probleme an mich herangetragen, die in einer Schwierigkeit in ihrer Beziehung zu Gott wurzelten. Wieder und wieder habe ich Menschen Aussagen wie diese machen hören: „Aber Gott kann das doch nicht wirklich von mir verlangen!“ „Ist Gott da nicht zu hart, wenn er will, dass ich in diese Sache einwillige?“ „Mir scheint, dass Gott manchmal vergisst, dass wir doch nur Menschen sind.“ Was liegt allen diesen Aussagen zugrunde? In allen Fällen tun sich die Menschen schwer zu glauben, dass Gott in allem, was er sagt und tut, richtig liegt. Aus diesem Grund frage ich die Ratsuchenden, die etwas Derartiges sagen, immer, wie sie in das christliche Leben gestartet sind. Fast immer tritt dann zutage, dass sie, als sie zu Christus kamen, durch keine tiefgehende Buße gegangen sind. Weil sie nie gelernt haben, was es heißt, mit Gott übereinzustimmen (also wirklich Buße zu tun), als sie als Christen starteten, wollen sie dann später mit ihm diskutieren (oder zumindest Bedenken äußern), wenn Dinge auf der Bildfläche erscheinen, die ihre Ichbezogenheit herausfordern.

Wenn wir eine tiefe Gemeinschaft mit dem Allmächtigen entwickeln wollen, dann muss unser Wille vor dem Willen Gottes kapitulieren. Und der beste Zeitpunkt dafür ist bei unserer Bekehrung.

Vater, vergib mir, wenn ich auf deine Herausforderung mit Widerstand und Argumenten reagiert habe. Wenn dir mein Ego noch nicht zu Füßen liegt, dann hilf mir, es heute dahin zu bringen. Um deines Sohnes willen, der sein Leben für mich gegeben hat, in seinem Namen bete ich. Amen.

Phil. 3,1-8; Röm. 6,2-11; Kol. 3,3
1. Welche Haltung nahm Paulus ein?
2. Wie beschrieb er das Ergebnis?

„Ich fühle mich nicht errettet“

„Denn die von Gott bewirkte Traurigkeit führt zur Umkehr und bringt Rettung. Und wer sollte das jemals bereuen!“ (V. 10)

Zum Lesen & Nachdenken – 2. Korinther 7,1-16

Manchmal werde ich gefragt: „Wenn sich also ein Mensch keiner radikalen Buße unterzogen hat, als er sich Christus zuwandte, ist er dann nicht bekehrt und wird er, wenn er stirbt, nicht in den Himmel kommen?“ Meine Antwort geht dann meist in diese Richtung: „Es ist auf jeden Fall besser, wenn ein Mensch schon bei seiner erstmaligen Hingabe an Christus eine klare Buße erlebt, denn das richtet die Seele darauf aus, mit Gott übereinzustimmen. Gott wird jedoch auch dann in das Leben eines Menschen einziehen, wenn die Buße noch nicht so vollständig war, wie sie hätte sein sollen.“

Wie ich schon sagte, liegt der Vorteil einer radikalen Buße gleich zu Anfang eines Christenlebens darin, dass dadurch das Ich auf Gott ausgerichtet wird und es gleich zu Beginn gelehrt wird, dass Unterordnung ganz wesentlich ist. Einer der Hauptgründe für das Fehlen geistlicher Gewissheit (Menschen, die sich Jesus hingegeben haben, *fühlen* sich nicht errettet), liegt in der unvollständigen Buße. Wenn die Buße nicht gründlich war und es keine „göttliche Traurigkeit“ über Sünde gab, dann werden auch die Auswirkungen der Sünde – Schuld- und Schamgefühle – nicht beseitigt. Eine radikale Bekehrung spült alle diese Dinge fort und lässt die Seele sich frei fühlen. Man bedauert nicht mehr, das Alte hinter sich gelassen zu haben, das Verlangen danach schwindet.

Um ein anderes Bild zu gebrauchen: Wenn die Seele nicht mittels tiefgehender Buße durchpflügt wird, dann wird der Same des Heiligen Geistes und des Wortes nicht tief wurzeln können. Wer sich noch nie einer tiefen Buße unterzogen hat, der sollte das jetzt unverzüglich tun. Nehmen Sie sich heute Zeit, Ihren geistlichen Zustand zu checken. Machen Sie Christus zum *Herrn*.

Gott, hilf mir, diesen Tag nicht hinter mir zu lassen, ohne meine geistliche Hingabe geklärt zu haben. Bin ich die Nummer eins in meinem Leben – oder bist du es? Möge ich die göttliche Traurigkeit kennen lernen, die zur tiefen Buße führt. In Jesu Namen bete ich. Amen.

Hos. 10,9-13; Ps. 34,19; 51,18-19, Joe. 2,13
1. Worauf vertraute Israel?
2. Wie lautete Gottes Wort an sie?

Das erste und letzte Wort

„Denn bei dir findet die Waise Erbarmen.“ (V. 4; REÜ)

Zum Lesen & Nachdenken – Hosea 14,1-9

Üblicherweise wird Buße als schlichtes Zugeben und Bekennen unserer Sünde angesehen. Doch die Buße, die sich Gott von uns wünscht, besteht nicht nur aus dem Bereuen einzelner Sünden, vielmehr ist sie eine tägliche Haltung, eine andauernde Sichtweise. Martin Luther löste seine Reformation mit dem Annageln seiner 95 Thesen an die Tür der Schlosskirche von Wittenberg aus, deren erste Feststellung sich so las: „Da unser Herr und Meister Jesus Christus spricht: ‚Tut Buße‘, hat er gewollt, dass das ganze Leben der Gläubigen Buße sein soll.“

Beachten Sie das „Das *ganze* Leben der Gläubigen“. Buße ist kein einmaliger Akt, sondern ein Prozess – ein Prozess, in dem wir uns Tag für Tag so sehen, wie wir wirklich sind: sündig, bedürftig, abhängige Menschen. Und in diesem Prozess sehen wir auch Gott, wie er ist: Furcht einflößend, majestätisch, heilig. Buße stellt den ultimativen Akt der Selbstübergabe dar. Der Ruf zur Buße gehört zu den durchgängigen Themen der Bibel.

Wir müssen uns bewusst sein, dass, wie radikal unsere Buße bei unserer Bekehrung auch gewesen sein mag, die sündigen Neigungen in unterschiedlicher Stärke in uns erhalten bleiben. Wir müssen ständig darauf gefasst sein, dass unsere fleischliche Natur an die Oberfläche kommt, um *nicht* mit Gott übereinzustimmen. Eine tiefe Gemeinschaft mit Gott wird uns solange unmöglich sein, wie wir keine Haltung der Buße einnehmen und pflegen. „Jedes Stückchen Wachstum im christlichen Leben“, sagt ein Theologe, „basiert auf einer Wiederholung des ursprünglichen erlösenden Geschehens.“ Damit will er ausdrücken, dass der Weg, auf dem wir in das Leben als Christ eintraten, derselbe ist, auf dem wir dann weitergehen – durch Buße. Buße ist das erste Wort des Evangeliums – und das letzte.

Danke, Vater, dass du mir die Tatsache buchstabierst, dass Buße weniger eine Tat als eine Haltung ist. Möge dies von nun an durch deine Gnade auch die beständige Haltung meiner Seele sein. In Jesu Namen bitte ich. Amen.

Röm. 12,1-8; Spr. 23,26; 1. Thess. 5,23
1. Wozu forderte Paulus die Römer auf?
2. Worum betete Paulus für die Thessalonicher?

Tag
316

Erstaunlich!

„… so werden viel mehr die, welche den Überfluss der Gnade … empfangen haben … im Leben herrschen …“ (V. 17; REÜ)

Zum Lesen & Nachdenken – Römer 5,12-21

Wenn wir unsere Beziehung zu Gott vertiefen wollen, dann müssen wir wissen, *wie wir Zugang zu seiner Gnade erlangen.* Unser heutiger Text spricht von solchen, „welche den Überfluss der Gnade empfangen haben“. Mag die Gnade Gottes auch im Überfluss vorhanden sein, so wirkt sie sich doch nur dann in unserem Leben aus, wenn sie empfangen wird. Doch was meinen wir überhaupt mit „Gnade“?

Sowohl das Alte wie auch das Neue Testament spricht von Gnade, wobei die Grundbedeutung des Wortes etwa die von Freundlichkeit und Gunst ist. Im Neuen Testament wird der Begriff hauptsächlich im Zusammenhang mit Gottes unverdienter Barmherzigkeit bei der Erlösung der Menschheit benutzt. Gnade – „unverdiente Gunst“ – kennt im Grunde auch das Geschäftsleben, insbesondere im Bereich der Versicherungen, hier als „Kulanz“ bezeichnet. So kann der Vertreter einer Versicherung etwa einem Klienten schreiben: „Unter diesen Umständen haben Sie zwar keinen Rechtsanspruch, doch aus Kulanzgründen zahlen wir Ihnen eine gewisse Summe.“ Sie geben damit keinerlei Verpflichtung zu, doch aus ihrer „Güte“ heraus (und in der Hoffnung auf zukünftige Geschäfte) gestehen sie dem Kunden eine Zahlung zu, auf die er eigentlich keinen Anspruch hat.

Eine Definition von Gnade, die mir sehr gefällt, lautet: „Gnade ist die Stärke, die Gott uns gibt, um seine Gebote halten zu können.“ Gnade ist nicht nur eine freundliche Einstellung, sondern auch eine Übertragung von Kraft. Wir können sicher sein, dass die Menschen Gott in tieferer Weise kennen werden, wenn sie mehr von dieser Kraft empfangen haben, die er „unverdient und frei“ gibt. Durch Gnade werden sie die Hindernisse auf ihrem Weg vorwärts überspringen können. Gottes Gnade ist wahrhaft erstaunlich!

Vater, wie kann ich dir dafür danken, dass, wie sich die Luft um meinen Körper legt, deine Gnade meine Seele einhüllt? Auf dass ich auf deine Gnade reagieren möge, wie mein Körper auf die Atmosphäre reagiert – und lebt. In Jesu Namen. Amen.

Apg. 15,1-11; Röm. 3,24; Tit. 3,7
1. Welche sind einige der Früchte der Gnade?
2. Schreiben Sie Ihre eigene Definition von Gnade auf.

Da folgt immer noch mehr

„Die Hochmütigen weist Gott von sich; aber er hilft denen, die wissen, dass sie ihn brauchen.“ (V. 6)

Zum Lesen & Nachdenken – Jakobus 4,1-17

Warum haben einige Christen mehr Gnade empfangen als andere? Wenn Gnade, wie wir sagten, eine unverdiente Gunst ist, heißt das dann, dass Gott Lieblinge hat? Hat Gott bei der Austeilung seiner Hilfe an seine Kinder irgendetwas Launenhaftes an sich?

Einige weltliche Autoren haben Gott so beschrieben, dass er im Grunde vergleichbar ist mit Männern und Frauen, voreingenommen in seiner Zuneigung, mit einer unerklärlichen Vorliebe für die eine und einem entsprechenden Desinteresse an der anderen Person. Doch ganz sicher hat Gott keine Vorlieben und Abneigungen Menschen gegenüber. Bei Gott gibt es wohl Gunst, aber keine Günstlinge. Seine Gunst wendet sich jedem zu, der willig und eifrig ist, sie zu erlangen.

Doch kommen wir zu unserer Frage zurück: Warum erhält der eine mehr Gnade als der andere? Ich glaube, der Hauptgrund ist, dass erstere wissen, dass sie Gnade brauchen. Manchmal treffe ich Christen, die meinen, dass es Gott nur darauf ankommt, uns auf den Pilgerweg zu bringen, um uns dann unseren eigenen Möglichkeiten zu überlassen. Das merkt man ihnen schon alleine dadurch an, wie sie über ihre Bekehrung reden. Gleichgültig stehen sie der Tatsache gegenüber, dass es nicht nur Gottes Absicht ist, uns in das christliche Leben hineinzubringen, sondern dass wir uns auch darin entwickeln sollen. Er gibt sich nicht damit zufrieden, uns nur als „Heilige“ zu bezeichnen, er möchte uns auch zu Heiligen machen, will nicht nur die Sünde tilgen, sondern ihre Macht über uns brechen. Die, welche sich der Gnade Gottes bedienen, wissen, dass er viel zu geben hat, dessen sind sie sich sicher und das haben sie allezeit im Hinterkopf. Wenn sie das, was sie haben, verbraucht haben, dann wissen sie, dass da immer noch mehr folgt.

Vater, welch ein Trost liegt in dem Gedanken, dass, egal, wieviel ich mich deiner Gnade bediene, immer noch mehr folgt. Dinge können mir nicht übermäßig viel geben, doch du kannst das. Auf dass das mehr als nur ein Gedanke sei, möge es zur Tatsache werden. In Jesu Namen. Amen.

Röm. 5,1-15; Tit. 2,11; 1. Tim. 1,14
1. Bei wem strömte die Gnade über?
2. Was bezeugte Paulus dem Timotheus gegenüber?

Ein Gnadenthron

„Lasst uns nun mit Freimütigkeit hinzutreten zum Thron der Gnade, damit wir …Gnade finden …“ (V. 16)

Zum Lesen & Nachdenken – Hebräer 4,1-16

Wir sehen, dass der Grund, warum manche Christen eine engere Gemeinschaft mit Gott entwickeln, darin liegt, dass sie wissen, wie sie von seiner Gnade Gebrauch machen können. Sie erkennen, dass sie dafür da ist, in Besitz genommen zu werden, und sie öffnen sich ihr ganz eifrig. Menschen, die Gott auf sehr intime Weise kennen, sehen die Gnade als den größten aller Schätze an. Nicht, dass sie irdischen Dingen keinen Wert beimessen, doch ist Gnade für sie das Allerwertvollste.

John Wesley, der Gründer der Methodistenkirche, hatte einen Freund namens Fletcher of Madeley – ein sehr geistlicher Mann, den Wesley als seinen Nachfolger ausersehen hatte, jedoch starb er noch vor Wesley. Bei seiner Beerdigung nahm Wesley Psalm 37,37 als Predigttext: „Achte auf den Rechtschaffenen“. Er erzählte, wie Fletcher sich bei einer Gelegenheit über die damalige Regierung geäußert hatte, eine Stellungnahme, welche das Kabinett tief beeindruckt hatte. Kurz darauf sandte der Lordkanzler einen Beauftragten zu ihm, um ihm eine Belohnung in Aussicht zu stellen. Der Beamte hatte sichtlich Mühe, diese delikate Botschaft zu überbringen, und sagte: „Die Regierung wäre sehr erfreut, wenn … ähm … sehr verbunden, wenn Sie … ähm … wenn es da etwas gäbe … ähm, das Herr Fletcher gerne …“ „Sehr freundlich“, antwortete dieser große Mann, „aber ich brauche nichts … außer mehr Gnade.“

Das ist der Unterschied zwischen denen, die Gott auf tiefe Weise kennen gelernt haben, und denen, die diese Beziehung nicht kennen. Sie besehen sich die irdischen Werte im Lichte des Himmels und erkennen dabei, dass das einzige Wertvolle die Gnade ist. „Wenn ich das habe“, so sagen sie, „bin ich zufrieden.“

Gott, hilf, dass auch ich die irdischen Dinge im Licht des Himmels sehen kann. Zeig mir, wie töricht es ist, Reichtümer anzuhäufen, und wie unsinnig, die Schätze der Erde zu sammeln. Möge ich erkennen, welches den größten Reichtum von allem bedeutet – deine unvergleichliche Gnade. Amen.

2. Kor. 8,9; 12,9; 2. Tim. 2,1-10
1. Wie beschreibt Paulus „Gnade in Aktion“?
2. Welches war sein Rat an Timotheus?

Erfolgreicher Dienst

***„Ich habe mich mehr als alle anderen eingesetzt,
aber das war nicht meine Leistung,
sondern Gott selbst hat alles in seiner Gnade gewirkt." (V. 10)***

Zum Lesen & Nachdenken – 1. Korinther 15,1-11

Gestern betrachteten wir die Begebenheit, wo Fletcher of Madeley dem Regierungsbeamten antwortete: „Ich brauche nichts … außer mehr Gnade." Man fragt sich, welchen Bericht er dem Lordkanzler bei seiner Rückkehr erstattete. „Nichts, was wir ihm bieten können, scheint ihn zu beeindrucken. Alles, was er will, ist mehr Gnade."

Dr. W. E. Sangster schreibt in *Pure in Heart*, dass alle, die Gott in tiefer Weise kennen gelernt haben, eine hohe Sicht von der Gnade haben. Sie haben gelernt, die Dinge der Erde im Licht des Himmels zu betrachten. Sie wissen um die Unsinnigkeit des Unterfangens, Vertrauen in Reichtum zu setzen, wissen um die Bedeutungslosigkeit des Beifalls der Menge, der Würdigungen und Auszeichnungen. Sie sind für sich zu dem Schluss gekommen, dass die einzig wertzuschätzende Sache im Leben die Gnade ist.

Einige werden einwerfen, dass der Apostel Paulus einer der größten Christen gewesen ist, die je gelebt haben, und es ist interessant, aus unserer heutigen Stelle zu erfahren, dass auch er nicht aus eigener Kraft für Gott gearbeitet hat, sondern in der Kraft, die Gott ihm gab. Gottes Gnade ist nicht nur unverzichtbar dabei, ein heiliges, sondern auch, ein nützliches Leben zu führen. Der beste Weg, anderen zu dienen, ist der, sich ihnen in der Kraft Gottes zuzuwenden. Darauf will der große Apostel hinaus: „Ich arbeitete härter, *doch nicht ich*, sondern Gottes Kraft in mir." Das Werk Christi muss von Christus selbst getan werden, denn niemand anderes ist dazu in der Lage. Der, welcher in uns lebt, muss auch durch uns arbeiten.

Gott, wie dumm bin ich, wenn ich in meiner Kraft für dich arbeiten will. Wenn ich die Gnade, die du für mich bereithältst, zurückweise, tue ich mir und anderen einen schlechten Dienst. Und viel schlimmer – ich betrübe dich. Vergib mir, Vater, und mache aus mir einen vertrauenswürdigen Menschen. In Jesu Namen. Amen.

2. Kor. 1,1-12; 6,1; 1. Petr. 4,10
1. Womit rühmte sich Paulus?
2. Worin spornte er die Korinther an?

Tag 320

„Christus nicht in uns …“

„Ich bin mit Christus gekreuzigt, und nicht mehr lebe ich, sondern Christus lebt in mir.“ (V. 20; REÜ)

Zum Lesen & Nachdenken – Galater 2,11-21

Gestern sahen wir, dass der Apostel Paulus für sich in Anspruch nahm, dass er in seinem Tun von Gott mit Kraft ausgestattet wurde. Etwas ganz Ähnliches sagt er in unserem heutigen Text: „Nicht mehr ich lebe, sondern Christus lebt in mir.“ Der Apostel hatte gelernt, dass es nicht genug war, alle seine Kraft in das Werk Christi einzubringen (wiewohl er das bestimmt getan hat). Um das Werk Christi tun zu können, muss man seine Kraft empfangen.

Ich habe Christen gesehen, die bei dem Versuch, ein christliches Leben aus eigener Kraft zu führen, zusammengebrochen sind. Einmal war ich bei einem Abendessen zu Ehren eines Bischofs anwesend. Bei den Ansprachen, die dem Essen folgten, unterlief einem der Redner, einem „Laien“, ein schlimmer Patzer: „Herr Bischof, wir beide tun Gottes Arbeit, Sie auf Ihre Weise, ich auf seine.“ Halten Sie einen Moment inne und fragen Sie sich: Tue ich Gottes Arbeit auf meine oder auf seine Weise?

„Wenn Christus nicht in uns ist und uns seine Gnade zukommen lässt“, sagte einst der große Prediger William Law, „dann ist das dasselbe, als wenn Christus gar nicht unser wäre.“ Wie geht es Ihnen? Ich finde diesen Satz furchtbar herausfordernd. Liegt es daran, dass soviele von uns dabei versagen, tiefer mit Gott zu gehen, wie wir sollten? Wir haben Christus angenommen, doch erlauben wir ihm nicht, alle unsere Bereiche zu durchdringen, uns mit seinem Leben und seinem Geist zu beleben. Lassen Sie William Laws Worte tief in Ihre Seele eindringen: „Wenn Christus nicht in uns ist und uns seine Gnade zukommen lässt …, ist das dasselbe, als wenn Christus gar nicht unser wäre.“

Gütiger, liebender Vater, deine Herausforderungen sind meine Rettung. Du verwundest mich, um mich zu gewinnen. Hilf mir, die Medizin ohne Murren zu schlucken und mich dem zu öffnen, was du mir mit den Worten, die ich gerade gelesen habe, sagen willst. In Jesu Namen. Amen.

Eph. 3,1-9; Jak. 4,4-6; 1. Petr. 5,5
1. Wozu wurde Paulus durch die Gnade befähigt?
2. Was war Jakobus' Kernaussage?

Gnade um Gnade

„Aus seiner Fülle haben wir alle empfangen … Gnade um Gnade." (V. 16; REÜ)

Zum Lesen & Nachdenken – Johannes 1,1-17

Die *Amplified Bible* umschreibt den heutigen Vers so: „Denn aus seiner Fülle (seinem Überfluss) haben wir alle empfangen – alle haben Anteil bekommen und wurden versorgt – eine Gnade nach der anderen und einen geistlichen Segen nach dem anderen, auch Gunst um Gunst und eine Gabe wurde auf die nächste gehäuft." Ich mag die Formulierung „eine Gnade nach der anderen". Der Gedanke, den der Originaltext vermitteln will, ist der von einer Gnade, welche die andere noch übersteigt.

Das Maß, in dem es uns möglich ist, Gnade auf jedweder Ebene zu empfangen, hängt davon ab, wie wir sie auf dem untersten Level annehmen. Weigern Sie sich, Gottes Gnade auf dem einen Level Ihres Lebens zu empfangen, und Sie werden es schwer haben, sie auf einem anderen zu bekommen. Wir müssen von der gegenwärtig angebotenen Gnade Gebrauch machen, um die nächste, sie übersteigende Gnade gewährt zu bekommen. Ein Prediger erzählte: „Als ich mein erstes Stipendium antrat, ging ich zu meinem Professor und fragte: ‚Was mache ich, wenn ich mein Schreibpapier aufgebraucht habe?' Er erwiderte lachend: ‚Keine Sorge, wenn es aufgebraucht ist, bitten Sie einfach um mehr.' Erleichtert fragte ich noch einmal nach: ‚Und Sie geben mir, so viel ich will?' ‚Nein', antwortete er, ‚aber so viel, wie Sie brauchen können.'"

Gott ist begierig danach, jedem von uns seine Gnade zu geben – und es gibt so viel davon. Jedoch darf sie nicht verschwendet werden. Sie können so viel haben, wie Sie in der Lage sind zu verwenden, aber um mehr zu erhalten, müssen Sie das, was Sie haben, auch benutzen. Wie gut sind Sie darin, Gottes Gnade zu benutzen?

Mein Vater und mein Gott, zeige mir, wie ich deine Gnade gebrauchen kann – wirklich gebrauchen. Hilf mir, mich ganz auf dich zu werfen, weniger auf mich und mehr auf dich zu vertrauen. Ich muss das einfach besser begreifen, Herr. Bitte hilf mir. In Jesu Namen. Amen.

Phil. 4,14-19; Eph. 1,7; 2,7
1. Wessen war sich Paulus sicher?
2. Wie beschreibt er Gottes Gnade?

Runter von der Sandbank

***„Es hat so gut mit euch angefangen. Wer konnte euch nur so beeinflussen, dass ihr der Wahrheit nicht mehr folgen wollt?“** (V. 7)*

Zum Lesen & Nachdenken – Galater 5,1-15

Spüren Sie beim Lesen der heutigen Bibelstelle die Enttäuschung, die Paulus über einige der galatischen Christen empfand? „Ihr seid einmal so gut gelaufen!“ Das war einmal, da liegt das Problem. Sie hatten einen guten Start, sind dann aber irgendwie vom Weg abgekommen.

Ob der Heiland über uns Ähnliches sagen muss? Einst waren wir begeistert, reagierten auf die Gnade. Sie erreichte uns wie eine Meereswoge – die eine Gnade übertraf die andere – und wir ließen uns von ihr tragen. Dann kam der Moment, wo Gott uns an eine neue Aufgabe heranführte oder uns einen neuen Akt der Hingabe abverlangte – doch wir wichen vom Kurs ab. Als wir die Aufgabe ablehnten, lehnten wir gleichzeitig die Gnade ab. Wir liefen auf eine Sandbank. Andere Menschen, die nach uns gestartet waren, zogen an uns vorbei, nicht etwa, weil sie besonders begünstigt waren, sondern weil sie all die Gnade, mit der Gott sie versorgte, in Anspruch nahmen. Es ist nicht gut, unseren Mangel an Beisterung dem zunehmenden Alter oder irgendwelchen Hindernissen zuzuschreiben.

Bevor Sie sich heute Abend hinlegen, sollten Sie sich eine Zeit der Stille vor Gott nehmen. Betrachten Sie Ihr Leben im Licht Gottes, fragen Sie sich: An welcher Stelle des Rennens bin ich ausgefallen? Bitten Sie Gott Ihnen zu zeigen, wo Sie sich zurückgezogen haben. Wenn er das tut, dann tun Sie über Ihre Unwilligkeit, seine Gnade zu gebrauchen, Buße (Sie werden die Gnade finden, dem ins Gesicht zu sehen). Sagen Sie Gott, dass Sie das Rennen wieder aufnehmen und geistlich vorwärts streben wollen, gemeinsam mit anderen begeisterten Menschen, die Sie kennen. Gott wird sich freuen und die Engel werden singen. „Schau an“, werden sie sagen, „er bewegt sich wieder. Und ganz schön flott. Halleluja!“

O Gott, möge dieser Tag ein Wendepunkt in meinem geistlichen Fortschritt sein. Hilf mir, diese Wahrheit zu beherzigen, dass, wenn ich mich deiner Herausforderung verweigere, ich mich auch der dazugehörigen Gnade verweigere. Heute löse ich mich von der Sandbank. Durch Gnade. Amen.

Phil. 3,7-16; 1. Tim. 4,15; 1. Kor. 9,24
1. Was konnte Paulus sagen?
2. Wie lauteten Paulus' Worte an Timotheus?

Zwei Extreme

„Gepriesen sei der Herr! Tag für Tag trägt er unsere Lasten.“ (V. 20)

Zum Lesen & Nachdenken – Psalm 68,12-21

Eine andere Sache, um zu einer tieferen Gemeinschaft mit Gott zu gelangen, ist die, dass wir *Zeit mit ihm verbringen* müssen. Das heißt, dass wir uns Zeit nehmen müssen, um regelmäßig sein Wort zu lesen, mit ihm im Gebet zu sprechen, und dass wir eine geistliche Sensibilität entwickeln müssen, um seine Stimme zu vernehmen, wenn er direkt zu unserer Seele spricht.

Eine der großen Tragödien unserer Tage ist, dass so wenige geistliche Leiter Nachdruck auf die Notwendigkeit legen, dass alle Christen es sich zur Gewohnheit machen sollen, auf diese Weise Zeit mit Gott zu verbringen. Schuld an diesem mangelnden Nachdruck haben meiner Meinung nach zwei Dinge: Zunächst ist das eine Reaktion auf die Gesetzlichkeit vergangener Tage. Zu der Zeit wurde den meisten Christen beigebracht, dass ein Leben der Jüngerschaft davon abhinge, ob sie eine tägliche Zeit der Stille eingeplant haben oder nicht, und dass sie niemals davon abweichen sollten. In meiner Jugend hörte ich einen Bibellehrer sagen: „Wenn du den Tag nicht mit dem Lesen eines Kapitels in der Bibel und mit mindestens dreißig Minuten Gebet beginnst, dann kannst du nicht erwarten, dass Gott den Tag segnen wird.“ Und wie sieht es dann mit Zeiten aus, wenn gewisse Umstände – Verschlafen, ein familiärer Notfall, eigene Krankheit, unerwartete Ereignisse – es unmöglich machen, den Tag mit Bibellesen und Gebet zu beginnen?

Indem man sich von der gesetzlichen Haltung vergangener Tage abwandte, ersetzte man sie durch einen eher zufällig zu nennenden Ansatz in Bezug auf persönliche Andacht. Wenn man sich nicht danach fühlt, dann macht man eben keine Stille Zeit. Ich denke, das ist genauso schädlich wie die Gesetzlichkeit, die man hinter sich gelassen hat.

Gott, wenn du, wie dein Wort sagt, täglich meine Lasten trägst, ist das dann nicht einer Antwort durch Gebet und Lobpreis wert? Vielleicht kann ich nicht jeden Tag viel Zeit mit dir verbringen, doch zumindest einige Zeit. Hilf mir, mich immer daran zu erinnern. In Jesu Namen. Amen.

Ps. 119,1-15; 119,72; 119,97; Jer. 15,16
1. Was, sagte der Psalmist, würde er niemals tun?
2. Womit verglich Jeremia Gottes Wort?

Tag 324

Zwei Gewohnheiten unseres Herrn

„Am Sabbat ging er wie gewohnt in die Synagoge.“ (V. 16)

Zum Lesen & Nachdenken – Lukas 4,14-30

Ein Grund für die heutzutage übliche Vernachlässigung der persönlichen Andacht ist die Gesetzlichkeit vergangener Tage und unsere Reaktion darauf. Ein weiterer Grund ist das Aufkommen der Charismatischen Bewegung.

In der Frühzeit der Charismatischen Erneuerung betonten – ganz zu Recht – viele ihrer Leiter, die lange Zeit auf der Diät der Gesetzlichkeit gehalten wurden, die Freude des Wissens um die Gegenwart Jesu durch den innewohnenden Heiligen Geist. Teilnehmer an charismatischen Gottesdiensten hörte man oft sagen: „Ich habe keine tägliche Stille Zeit, um Gottes Gegenwart zu verspüren. Jede wache Minute ist für mich ‚Stille Zeit‘.“ Gefährliche Sache. Die Gefahr liegt nicht in der Betonung der Tatsache, dass wir uns jeden Augenblick des Tages in der Gegenwart Jesu befinden, sondern in der Unterbetonung der Wichtigkeit, uns alleine mit ihm zu Gebet und Bibelstudium zurückzuziehen. Obwohl kaum ein Leiter der Charismatischen Erneuerung die Menschen lehrte oder ermutigte, ihre persönliche Zeit der Stille mit dem Herrn einzustellen, so meinten doch viele, allein schon dadurch durch den Tag kommen zu können, dass sie in Zungen sprachen.

Nichts darf zum Ersatz für diese privaten, persönlichen Momente des Gebets und der Gemeinschaft mit Christus werden. Unser Herr kannte und verspürte die Gegenwart Gottes auf und in sich in einer Weise, die keiner von uns hier auf Erden je erfahren wird, doch berichtet die Schrift, dass er zwei „Gewohnheiten“ hatte. Die eine war, regelmäßig das Haus Gottes aufzusuchen, die andere das regelmäßige Gebet. Diese beiden sollten auch uns zur Gewohnheit werden.

Herr Jesus, wenn du schon eine Zeit der Abgeschiedenheit mit Gott brauchtest, wie viel mehr brauche ich sie dann. Hilf mir, einen Kurs zwischen Gesetzlichkeit und Zufälligkeit zu steuern. Um deines lieben Namens willen. Amen.

Matth. 6,5-15; 14,23; Lk. 5,16
1. Was lehrte Jesus über das Gebet?
2. Wie führte er das vor?

Der Vorteil der Leidenschaft

„Als ich den Herrn um Hilfe bat, antwortete er mir …“ (V. 5)

Zum Lesen & Nachdenken – Psalm 34,1-23

Je mehr Zeit wir mit unseren Familien und Freunden verbringen, desto besser kennen wir sie. Mit Gott ist das nicht anders.

Häufig bittet man mich, einen Plan aufzuzeigen, wie man eine Stille Zeit durchführt. Hier ist ein solcher Plan, den ich vor einigen Jahren machte. Legen Sie eine Zeitspanne fest, die Sie dafür einräumen können, im günstigsten Fall am Morgen. Der Morgen ist deshalb gut, weil er unsere Seele auf den Tag einstimmt. Nehmen Sie sich eine ganz bestimmte Zeit und halten Sie daran fest. Nehmen Sie Ihre Bibel und einen Notizblock und lesen Sie einen Abschnitt langsam durch. Dann lassen Sie ihn auf sich einwirken. Machen Sie sich über alles, das Ihnen in den Sinn kommt, Notizen. Beten Sie dann, indem Sie die Bitten und persönlichen Bedürfnisse nennen. Entspannen Sie und hören Sie zu, ob Gott Ihnen etwas zu sagen hat. Es ist viel einfacher zu reden als zuzuhören; seien Sie deshalb nicht beunruhigt, wenn da in den ersten Wochen und Monaten vielleicht nichts kommt. Sich auf Gott einzustimmen bedarf Zeit und Übung.

Heute zögere ich eher, Menschen diesen Plan zu erläutern, ohne darauf hinzuweisen, dass eine gewisse Gefahr darin besteht, mehr auf eine Struktur denn auf die Weisung des Heiligen Geistes zu vertrauen. Wir alle ziehen es vor, mit einem Plan in die Stille Zeit zu gehen, anstatt uns nur dem Heiligen Geist zu überlassen und auf ihn zu warten. Reifen Christen sollte es möglich sein, sich einfach mit Gott einzuschließen und dann schlichtweg seine Gemeinschaft und Gegenwart zu genießen, ohne auch nur ein Wort zu sagen. Die Stille Zeit wird viel nützlicher, wenn wir sie nicht mit einem Plan, sondern mit Leidenschaft angehen. Gute Ehen gedeihen mittels Spontaneität und Leidenschaft. Mit der Beziehung zu Gott verhält es sich genauso.

Vater, hilf mir, mit Erwartung in meine Stille Zeit zu gehen – der Erwartung, dass sich meine Schwachheit in Stärke, mein Zweifel in Glauben verwandelt – und dass meine Leidenschaft erwacht. In Jesu Namen. Amen.

Ps. 46,1-11; Jes. 30,15; 32,17
1. Wann lernen wir Gott kennen?
2. Nehmen Sie sich heute etwas Zeit in seiner Gegenwart.

Tag
326

Ein Vater und ein Freund

„Bittet Gott, und er wird euch geben! Sucht, und ihr werdet finden!“ (V. 9)

Zum Lesen & Nachdenken – Lukas 11,1-13

Eine große Gefahr der Stillen Zeit liegt darin, dass wir sie eher als Gelegenheit ansehen, Gott zu bitten, statt ihn dadurch besser kennen zu lernen und von ihm erkannt zu werden. Ich erinnere mich an eine Aussage, die ich einmal bei C. S. Lewis gelesen habe, wo er bemerkte, dass er, je älter er wurde, sich immer weniger um Bittgebete schere. „Das Seltsame ist“, so Lewis (und von hier an umschreibe ich etwas), „dass es so scheint, als ob meine Gebete umso weniger erhört werden, je mehr ich um Dinge bitte. Ich glaube, Gott will mich dahin bringen, dass ich immer weniger um Dinge und immer mehr um ihn selbst bitte.“ Und dann äußerte Lewis folgenden schwer wiegenden Gedanken: „Gebet hat Anteil an dem Prozess, erkannt zu werden.“

Während ich diese Sätze schreibe, blicke ich auf und sehe die Bäume in meinem Garten. Gott weiß alles, was man über diese Bäume wissen könnte, doch haben sie keine Persönlichkeit und können deshalb nicht an dem Prozess teilhaben, erkannt zu werden. Gott weiß alles, was es über mich zu wissen gibt, doch unterscheidet sich dieses objektive Wissen sehr von dem Vorgang, wenn ich mich ihm im Gebet nahe und ihn etwas von mir wissen lasse, indem ich mich ihm öffne. Das eine Wissen ist objektiv, das andere gründet auf Erfahrung. Was diese Sache so atemberaubend schön macht, ist die Tatsache, dass Gott bei jedem Tête-à-Tête, das ich mit ihm halte, versucht, mich in eine derartige Gemeinschaft mit ihm zu ziehen, dass ich ihn als Vater und als Freund kennen lerne. Ein solches Wissen ist fast zu schön um wahr zu sein. Aber auch zu schön um *nicht* wahr zu sein.

Mein Vater und mein Freund, möge die Zeit, die ich mit dir verbringe, mehr sein als nur eine Gelegenheit, die ein Antragsteller nutzt, um seine Anliegen vorzubringen. Ich weiß, dass du willens bist, dich ganz für mich zu öffnen, hilf mir, dass ich mich dir auch öffne. In Jesu Namen bitte ich. Amen.

Hiob 37,14-24; Ps. 4,4; 131,2
1. Was riet Elihu dem Hiob?
2. Was konnte der Psalmist sagen?

Gott kennen

„[Christus] will ich immer besser kennen lernen und die Kraft seiner Auferstehung erfahren.“ (V. 10)

Zum Lesen & Nachdenken – Philipper 3,1-11

Es ist nicht meine Absicht, an dieser Stelle eine Philosophie über das Gebet auszubreiten, aber ich glaube, dass es hilfreich sein könnte, darauf hinzuweisen, dass sich Gott auch darüber freut, gekannt zu werden. Die anderen Mitglieder der Dreieinigkeit kennen den Vater (und er kennt sie), und das bereitet ihm zweifellos große Freude. Doch sehnt er sich auch danach, von seinen Kindern gekannt zu werden. Im Herzen der Gottheit findet sich etwas, das seine Lust daran hat, gekannt zu werden.

Eine liebliche, wiewohl apokryphe Geschichte, die von einem jüdischen Rabbi erzählt wurde, berichtet von einer Unterhaltung zwischen Abraham und Gott. „Gott sagte zu Abraham: ‚Weißt du eigentlich, Abraham, dass du ohne mich nichts wärst?‘ ‚Ja, Herr, ich weiß wohl, dass ich ohne dich nichts wäre.‘ Dann überlegte er einen Moment, neigte den Kopf ganz tief und sagte: ‚Vergib, Herr, wenn ich anmaßend erscheine, aber es scheint mir, dass du ohne mich kaum bekannt wärst.‘“

Sicher, das ist nur eine Geschichte, und ich will damit nicht andeuten, dass Gott von seinen Geschöpfen abhängig sei. Sie soll nur veranschaulichen, dass wir Gottes Herz auf geheimnisvolle Weise bereichern, wenn wir ihn kennen. Ich sage auch nicht, dass wir ihm dadurch, dass wir ihn kennen, etwas hinzufügen oder ihn vervollständigen, das wäre töricht. Doch können wir ihm dadurch, dass wir ihn auf tiefere Weise kennen, eine Freude bereiten. Und wenn es keinen besseren Grund dafür geben sollte, Gott zu kennen, dann sollte dieser schon reichen.

Vater, ich bin dankbar für die Art und Weise, wie ich dich kennen lernen durfte, doch verlangt mich danach, dich noch besser zu kennen. Du öffnest dich mir, möge ich mich ebenso öffnen. In Jesu Namen. Amen.

Joh. 17,1-5; Jer. 9,22-24; Hiob 19,25-26
1. Was ist das Wesentliche am ewigen Leben?
2. Wessen sollten wir uns rühmen?

Festgelegte Zeiten

„Wenn du beten willst, geh in dein Zimmer, schließ die Tür hinter dir zu, und bete zu deinem Vater." (V. 6)

Zum Lesen & Nachdenken – Matthäus 6,1-15

Um zu einer tieferen Beziehung zu Gott zu gelangen, müssen wir ganz still in seiner Gegenwart sitzen, mit ihm reden und ihn zu uns reden lassen. Wer sagt, er könne seine Beziehung zu Gott auch ohne festgesetzte Zeiten des Gebets und des Bibellesens in positiver Richtung entwickeln, der täuscht sich selbst. Jesus, wir sahen es bereits, ist unser bestes Vorbild. Niemand anderer kannte Gott besser, trotzdem nahm er sich Zeit, mit seinem Vater alleine zu sein und zu beten.

Zu behaupten, wir könnten eine erfüllte Beziehung zu Gott entwickeln nur indem wir wissen, dass wir allezeit in seiner Gegenwart sind, jedoch ohne uns Zeit für ihn zu nehmen, ist etwa so sinnvoll wie die Behauptung, gut genährt durchs Leben gehen zu können, ohne regelmäßige Mahlzeiten zu halten. Ich reise viel und frage dabei oft Christen nach ihrem Verhältnis zur Stillen Zeit. Die Antworten sind manchmal recht erstaunlich. So sagte mir etwa ein Mann: „Ja, ich stehe früh auf, setze mich still in meinen Garten und schaue den Vögeln zu oder dem Goldfisch, wie er im Teich schwimmt … Dabei fühle ich, wie sich mein Geist verjüngt, und bin bereit für den Tag." Die moderne Vorstellung von Stiller Zeit!

Die ganze Sache mit der Stillen Zeit dreht sich eigentlich darum, die geistlichen Möglichkeiten Gottes in sich aufzunehmen. Die Natur ist schön und sie kann Kräfte erneuern, doch um geistliche Ressourcen aufzunehmen, bedarf es des Segens, der uns aus dem Wort Gottes und aus dem Gebet entgegenströmt. Die Stille Zeit ist die Zeit, in der die Seele aufnahmefähig wird, wo das Gebet Kraft bekommt. Im Gegenzug erlangen wir ein stilles Herz, das wiederum Zuversicht erlangt und stark wird.

Vater, vertiefe die Überzeugung in mir, dass ich meine Beziehung zu dir nicht weiterentwickeln kann, wenn ich mir keine Zeit für dich nehme. Hilf mir, die Verabredungen mit dir zu den Höhepunkten meines Lebens werden zu lassen. In Jesu Namen. Amen.

Apg. 10,1-9; 10,30; Jak. 5,17
1. Welche Gewohnheit hatten Petrus und Kornelius?
2. Wie zielgerichtet war Elia?

Ja, was dann?

„Hört auf, und erkennt, dass ich Gott bin!“ (V. 11)

Zum Lesen & Nachdenken – Psalm 46,1-12

Während der Stillen Zeit kommt die Seele zur Ruhe, sie kann sich auf Gott konzentrieren und in diesem Prozess wird das geistliche Leben vertieft. Der bekannte französische Christ Blaise Pascal erklärte einst, „dass nahezu alle Übel des Lebens in einer Quelle ihren Ursprung haben: in unserer Unfähigkeit, für eine längere Zeit still in einem Raum zu sitzen“. Heutzutage scheint es für Menschen wirklich schwer zu sein, längere Zeit still zu sein. Sie brauchen das plärrende Radio oder etwas anderes, das die Stille ertränkt.

Das Stillsitzen an sich kann schon therapeutische Wirkung haben, doch was ist, wenn wir in der Stille Gott begegnen? Dann erfahren wir eine geistliche Therapie. Gott wartet darauf, uns unendliche Ressourcen anzuvertrauen – wir müssen nur bitten und nehmen. In der Stillen Zeit wird die Seele zusehends empfänglich, das Gebet wird, wie es ein Dichter einmal ausdrückte, zum „Werkzeug geistlicher Berührung“, einer Berührung, die so wirksam und heilsam ist wie die der Frau, die den Saum von Jesu Gewand anrührte. Dann fließt Frieden in unsere Aufgewühltheit, unser Ärger wird von Liebe aufgesaugt, Freude heilt all unseren Kummer und wir treten ein in den Prozess, bekannt zu werden. Die Stille Zeit schließt uns mit Gott ein, die Tür fällt hinter uns zu und Gottes unendliche Möglichkeiten fluten in unsere Seele. Wenn sich die Tür dann wieder öffnet und wir hinaustreten, ausgestattet mit einem größeren Bewusstsein von Gott, sind wir bereit, einer Welt zu begegnen, die so wenig von ihm weiß. Die Stille, wir sagten es, bringt großen Gewinn, doch wenn wir in der Stille Gott begegnen – ja, was dann?

Mein Vater und mein Gott, ich merke, dass ich doch einmal ernsthaft über das Wesen der Stillen Zeit nachdenken muss. Ich will nicht gesetzlich sein, doch hilf mir, auch nicht alles dem Zufall zu überlassen. Im Namen deines lieben Sohnes bete ich. Amen.

Ps. 33,17-22; 62,2-3; 130,5-6; 40,2
1. Was tat der Psalmist?
2. Mit welchem Ergebnis?

Tag 330

Kann man Gott vertrauen?

„Manche Völker schwören auf gepanzerte Kriegswagen … Wir aber vertrauen auf die Kraft des Herrn, unseres Gottes." (V. 8)

Zum Lesen & Nachdenken – Psalm 20,1-10

Denken wir über eine andere Sache nach, die wesentlich ist, wenn wir in eine tiefere Beziehung mit Gott eintreten wollen – *Vertrauen in sein Wesen und seinen Charakter*. Ist Gott gut und kann man ihm vertrauen? Wie wir diese Frage beantworten, entscheidet darüber, wie unser Verhältnis zu ihm aussehen wird. Wenn wir an seinem Charakter zweifeln – etwa an seiner Gerechtigkeit –, wird das ganz sicher unsere Sicht von ihm und die Weise, wie wir uns ihm nahen, beeinflussen.

Vielleicht kennen Sie die Geschichte von dem Bauern, dessen einziger Traktor liegen geblieben war. Der Bauer entschloss sich, querfeldein zu einem Nachbarn zu gehen, der drei Traktoren besaß. Während er zum Nachbarhof wanderte, dachte er darüber nach, was er über den anderen Bauern wusste. Ihm fiel ein, dass er sich noch nie bei einem der dörflichen Veranstaltungen hatte sehen lassen, zudem genoss er den Ruf eines rechten Geizkragens. Ihm gingen noch einige andere unschöne Gedanken über den Nachbarn durch den Kopf, als er sich plötzlich vor dessen Eingangstor wiederfand. Der Nachbar hatte ihn kommen sehen und kam ihm auf der Tenne entgegen. „Worum geht's?", fragte er. „Ich bin nur gekommen", antwortete der andere, „um dir zu sagen, dass du deinen blöden alten Traktor behalten kannst."

Vielen ist gar nicht bewusst, wie unser Denken über Gott unsere Anbetung, unseren Dienst für ihn und die Art, wie wir von ihm Zeugnis geben, beeinflusst. Jeder Zweifel an der Güte Gottes wird unsere Seele dazu anhalten, auf Distanz zu bleiben. Wenn wir kein volles Vertrauen zu ihm haben, werden wird auch kein Verlangen nach einer engen Gemeinschaft mit ihm verspüren.

Vater, ich ahne, wie entscheidend dieses Thema ist. Hilf mir, mit den Zweifeln, die in meinem Kopf kreisen, richtig umzugehen. Ich will nicht auf Abstand zu dir sein, ich will deine Nähe. Ich höre, lieber Vater, fahre fort, mich zu führen. Amen.

Neh. 9,19-25; Ps. 23,6
1. Was genossen die Kinder Israel?
2. Was war die Grundüberzeugung des Psalmisten?

Zweifel und Ungehorsam

„‚Hat Gott wirklich gesagt, dass ihr von keinem Baum die Früchte essen dürft?', fragte sie die Frau." (V. 1)

Zum Lesen & Nachdenken – 1. Mose 3,1-19

Gestern besprachen wir den Punkt, dass, solange wir nicht zutiefst davon überzeugt sind, dass Gott rundweg vertrauenswürdig ist, wir nicht den Wunsch nach einer tiefen, fortgesetzten Gemeinschaft mit ihm haben werden. Wir sagten, dass unsere Seelen sich von Gott zurückhalten werden, wenn wir Gedanken des Zweifels an seiner Güte Nahrung geben. Ist Ihnen bewusst, dass der Grund für die Entzweiung zwischen Gott und dem ersten Paar im Garten Eden der Zweifel an Gottes Güte war? Zweifel an Gott führt schnell zur Abneigung ihm gegenüber, zum Ungehorsam ist es dann nur noch ein kleiner Schritt.

Nachdem Eva den Einflüsterungen des Versuchers, dass Gott nicht ihr Bestes im Sinn hätte (indem er ihr etwas vorenthält), Gehör geschenkt hatte, kam Zweifel auf. Danach fiel es ihr nicht mehr schwer, den nächsten Schritt zu tun und ihm ungehorsam zu sein. In dem Moment, als sie ihrem Zweifel an Gottes Güte Ausdruck verlieh, indem sie die verbotene Frucht nahm, brach die Grundlage, auf der ihre Gemeinschaft mit Gott aufgebaut war – Vertrauen – zusammen. Adam beeilte sich, es ihr gleichzutun, indem er dieselbe Sünde, nämlich an Gottes Güte zu zweifeln, beging. Unausweichlich stellte sich anstatt der gewohnten Nähe eine Distanz zwischen Gott und ihnen ein.

Seit dem Fall trägt schon jedes neugeborene Kind dieses grundsätzliche Misstrauen Gott gegenüber wesensmäßig in sich. Paulus drückt das so aus: „Die Gesinnung des Fleisches ist Feindschaft gegen Gott" (Röm. 8,7; REÜ). Feindschaft! Niemand vertraut jemandem, den er als Feind ansieht. Gott und Mensch entfernten sich in dem Moment, als das erste Paar seine Güte anzweifelte. Nähe zwischen Gott und Menschen stellt sich dort ein, wo die Menschen Zutrauen in seine Güte haben. Wir sagten es schon: kein Vertrauen – keine Gemeinschaft.

Gott, mein Vater, verhilf mir zu einem unerschütterlichen Vertrauen in dein Wesen, damit kein Zweifel, mit dem der Teufel auf mich zielt, meine Seele durchdringen kann. Ich will nicht, dass wir einander fern sind, ich will eine zunehmende Nähe. Bitte gewähre sie mir! In Jesu Namen. Amen.

Ps. 145,1-13; 31,20; 16,2
1. Was feiert das Volk Gottes?
2. Was sagte der Psalmist dem Herrn?

Tag 332

Auf den Felsen gebaut

„Wer sich meine Worte nur anhört, aber nicht danach lebt, der ist so unvernünftig wie einer, der sein Haus auf Sand baut.“ (V. 26)

Zum Lesen & Nachdenken – Matthäus 7,15-29

„Das größte Problem, dem wir uns im christlichen Leben gegenübersehen“, so Dr. Cynddylan Jones, ein bekannter walisischer Prediger, „ist die Ferne.“ Er fährt fort: „Der einzige Weg, diese Ferne zu überwinden, ist der, sich die Perspektive Hiobs anzueignen, der sagte: ‚Gewiss wird Gott mich töten, dennoch vertraue ich auf ihn.‘“

In der Ausbildung anderer Seelsorger sage ich immer, dass sie, wenn ihnen ein Ratsuchender seine Geschichte erzählt, auf Anzeichen mangelnder Nähe achten sollen, denn das liegt den meisten Problemen, die Menschen in die Seelsorge bringen, zugrunde. Das heißt nicht, dass wir andere, vielleicht etwas mehr an der Oberfläche liegende Probleme, mit denen die Menschen zu kämpfen haben, ignorieren oder auf die leichte Schulter nehmen sollten. Doch lautet die schlichte Wahrheit: Wenn wir uns nahe bei Gott halten und eine tiefe, innige Gemeinschaft mit ihm haben, dann mögen wir uns vielleicht niedergeschlagen fühlen, nicht jedoch zerstört. Darum sollte es das letztliche Ziel jedes christlichen Beraters sein, die Distanz zwischen seinem Klienten und Gott zu überwinden und ein geistliches Einssein zu fördern. Seelsorge ist nicht nützlich und vollständig, wenn das nicht geleistet wird.

Wie kommt es zu einer Distanzierung zwischen uns und Gott? Da gibt es viele Gründe: Bitterkeit und Vorbehalte, beharrliches Sündigen, Nachlässigkeit beim Pflegen regelmäßiger Andacht, doch in der Hauptsache resultiert sie aus einem Mangel an Vertrauen. Wenn wir eine Schneise durch den Irrgarten menschlicher Probleme schlagen, dann stoßen wir hierauf: die Unfähigkeit zu vertrauen. Das passierte seinerzeit im Garten Eden – und das geschieht noch heute in unserem persönlichen Garten Eden. Eine enge Beziehung zu Gott aufbauen zu wollen und an diesem Kernpunkt vorbeizugehen, das ist so erfolgversprechend wie der Versuch, auf einem sandigen Acker einen Wolkenkratzer errichten zu wollen.

Gott, obwohl so viele Dinge die Nähe zu dir stören wollen, ist der Mangel an Vertrauen wohl das Haupthindernis. Hilf mir, dieses Problem in den nächsten Tagen ein für alle Mal unter die Füße zu bekommen. In Jesu Namen bete ich. Amen.

Jak. 4,7-11; Spr. 3,5-6; 29,25; Hebr. 10,22
1. Wann naht sich Gott uns?
2. Wie sollen wir uns Gott nahen?

Wo ist Gott?

„Gott, greife endlich ein, denn ihr Angriff gilt dir … Sieh auf diese Meute, die dich Tag für Tag verspottet!“ (V. 22)

Zum Lesen & Nachdenken – Psalm 74,1-23

Wie können wir Vertrauen in die Güte Gottes aufbauen, wenn so vieles, das auf der Welt geschieht, ihr zu widersprechen scheint? Wenn Gott denn gut ist, wie kann er die Unglücke und Katastrophen zulassen?

M. Scott Peck leitet sein Buch *Der wunderbare Weg* mit den Worten ein: „Das Leben ist schwierig. Das ist eine große Wahrheit, denn wenn wir diese Wahrheit wirklich erkennen, überschreiten wir sie.“ Mit einigen der Aussagen von Dr. Peck habe ich große Schwierigkeiten, diese jedoch kann ich voll unterschreiben. Wenn wir einmal akzeptiert haben, dass das Leben schwierig ist, dass das Geheimnis, warum es Katastrophen und Leid gibt, in diesem Leben nie ganz gelüftet wird, dann werden wird nicht mehr länger nach einer befriedigenden Antwort darauf suchen und uns dem Leben wieder richtig zuwenden.

Christen gehen mit dem Problem von Not und Leid unterschiedlich um. Einige verschließen die Augen davor und behaupten, dass es die überwältigenden Probleme gar nicht gäbe. Doch erfordert die Wahrhaftigkeit, dass wir der Wahrheit ins Gesicht blicken. Die Realität ist grausam: Unschuldige Kinder werden missbraucht, verhungern, werden massakriert – unzählige andere Gräuel ereignen sich täglich weltweit. Wir dürfen unsere Augen angesichts dieser Tatsachen nicht verschließen und behaupten, dass sie nicht stimmen, nur weil sie dem Konzept von der Güte Gottes zu widersprechen scheinen. Wir dürfen niemals in derartigen Scheinwahrheiten Zuflucht suchen. Wir müssen gewillt sein, diese Dinge, so unangenehm und schrecklich sie auch sein mögen, anzusehen und uns von ihnen erschüttern zu lassen. Wenn wir dem Leben ehrlich begegnen und uns selbst erlauben, von dem, was wir sehen, durchgeschüttelt zu werden, dann, und nur dann, sind wir bereit für das Reden Gottes.

Gütiger, liebender Vater, gib mir den Mut, den Kopf nicht in den Sand zu stecken und vorzugeben, es gäbe keine Probleme. Hilf mir, aufrichtig zu sein, selbst wenn ich manches nicht verstehe. Um deines lieben Namens willen. Amen.

Ps. 73,1-17; 25,8; 34,9
1. Welchen Schluss in Bezug auf Gott zog der Psalmist?
2. Womit hatte er zu kämpfen?

Tag 334

Gott ist da

„Herr, ich kannte dich nur vom Hörensagen, jetzt aber habe ich dich mit eigenen Augen gesehen!" (V. 5)

Zum Lesen & Nachdenken – Hiob 42,1-17

Das Buch Hiob berichtet von einem gottesfürchtigen Mann, der einige der bittersten Erfahrungen machen musste, die einem in diesem Leben überhaupt begegnen können. Zunächst berichtet Hiob nur wenig von seinen Schwierigkeiten, doch später in dem Buch stellt er sich der Realität dessen, was ihm widerfuhr, und erklärt, dass er, wenn er ein Gespräch mit Gott haben könnte, ihm sehr genau sagen würde, was er von ihm denkt (Hiob 23,1-17). Als er seine Not wirklich wahrnahm, anerkannte, wie er sich fühlte, und das zugab, da begegnete ihm Gott und antwortete ihm (Hiob 38,1 bis 41,34). Wir dürfen niemals Angst davor haben, zuzugeben, dass das, was wir um uns sehen, nicht mit dem Charakter Gottes übereinstimmt. Unsere Augen vor den Realitäten des Lebens darum zu verschließen, weil wir fürchten, dass das, was wir da sehen könnten, uns gegen Gott aufbringen könnte, ist ziemlich töricht. Wir müssen uns schwierigen Dingen stellen, denn nur dann sind wir bereit für das Reden Gottes; wenn wir uns weigern, ist unsere Seele nicht bereit, seine Stimme zu hören. Wir haben Angst, dass wir vielleicht etwas hören könnten, das uns in Bezug auf Gott noch mehr verunsichern könnte, und so ziehen wir es vor, in eine Illusion zu flüchten.

Als sich Hiob seiner Situation stellte und dem, wie er wirklich empfand, da öffnete er sich für Gottes Reden. Doch beachten Sie, dass Gott dem Hiob keine Antworten auf seine Fragen gab. *Er gab sich selbst.* Hiob hatte eine Begegnung mit Gott, die ihn mehr als zufrieden stellte. Er konnte ohne die Antworten leben, als er wusste, dass Gott da war.

Liebender Vater, je mehr ich dich kenne, je mehr sehe ich, wie wunderbar du bist. Hilf mir, niemals in Illusionen Zuflucht zu suchen, sondern mit meinen Zweifeln und Ängsten direkt zu dir zu kommen. Tue für mich, was du für Hiob tatest – bereichere mich mit deiner Gegenwart. In Jesu Namen. Amen.

Jes. 40,1-31; Ps. 89,6; 1. Chr. 17,20
1. Welche Frage stellt Jesaja?
2. Wie lautete die Antwort?

Das Unvermeidliche annehmen

„Den Elenden errettet er in seinem Elend und öffnet durch Bedrängnis sein Ohr.“ (V. 15)

Zum Lesen & Nachdenken – Hiob 36,1-15

Oswald Chambers bemerkte einmal: „Das Leben ist eher tragisch als wohlgeordnet.“ Chambers wusste, dass Christen, solange sie nicht bereit sind, sich dieser Wahrheit auszusetzen und sie zu akzeptieren, von inneren *Sollte* und *Müsste* geplagt werden, die sie auf den Weg der Täuschung führen. Sie ertappen sich dabei, dass sie sagen: „Das *sollte* nicht so sein“ oder „Die Dinge *müssten* anders laufen“; das Einzige, was bei dieser Anspruchshaltung herauskommt, sind Frustration und Verärgerung.

Durch den Fall wurde das gerechte Universum Gottes in ein Schlachthaus verwandelt, und wenn auch immer noch vieles an der Welt wunderschön ist, so überwiegen doch Unglücke, Widrigkeiten und Leiden. Das wird auch so lange so bleiben, bis Gott die Dinge einer Lösung zuführt. Nichts ist verkehrt daran zu *wünschen*, dass die Dinge nicht so laufen würden, doch wenn wir das *verlangen*, wenn wir sagen, dass die Folgen des Falls umgekehrt werden müssen – und zwar *jetzt*! –, dann werden wir in herber Frustration enden.

Das Leben ist, wie Scott Peck sagte, schwierig, und wenn Gott auch durch Gebet bewegt werden kann, in manchen Situationen übernatürlich einzugreifen, so wird das Leben doch weiterhin „eher tragisch als wohlgeordnet“ sein, so lange, bis Christus wiederkommt und seine Pläne für diesen gefallenen Planeten zu einem Ende bringt. So ist die Realität – und je eher wir uns dem stellen, desto besser. Wahrer Glaube gründet nicht auf Täuschung oder Illusion, sondern auf der Realität. Uns mag die Art, wie sich die Dinge in der Welt präsentieren, nicht gefallen, doch die Augen vor ihnen zu verschließen, nur weil sie mit dem, was wir von Gott wissen, nicht zusammenpassen, ist dumm. Wie ich schon eher betonte: Allein der ehrliche Blick auf die raue Wirklichkeit des Lebens macht uns bereit, Gottes Reden zu vernehmen.

Gott, die Konfrontation mit den schweren Dingen des Lebens treibt mich dazu, verzweifelt nach Antworten zu suchen. Dann erscheinst du – und gibst mir keine Antwort, sondern dich selbst. Ohne Antworten kann ich leben, doch nicht ohne dich. Bleib nah bei mir, Vater. In Jesu Namen. Amen.

Hebr. 11,1-40; 2. Kor. 11,16-29; 4,7-10
1. Was ist Glaube?
2. Nennen Sie einige schwierige Lebensumstände, die man im Licht des Glaubens betrachten muss.

Tag
336

Vermasselte Theologie

„Gewiss wird Gott mich töten, dennoch vertraue ich auf ihn.“
(V. 15)

Zum Lesen & Nachdenken – Hiob 13,1-15

Einer meiner Freunde, Ausbilder für christliche Lebensberater, erzählte, dass es ihm sehr viel Spaß macht, seinen Studenten ihre Theologie zu vermasseln. Das macht er dadurch, indem er ihnen schwierige Fragen bezüglich der Gegebenheiten in unserem Universum stellt, um dann zu sehen, wie sie diese Fragestellungen mit ihrem Gottesbild in Einklang bringen. „Ein Gebet des Glaubens wird von Gott immer beantwortet“, sagte einer seiner Studenten. „Und warum“, fragte er zurück, „hatte mein Vater gestern die schlimmste Nacht, seit er im Krankenhaus ist, obwohl ich über eine Stunde gebetet hatte, dass er, der so krank ist, eine gute Nacht haben würde?“ „Sie haben nicht im Glauben gebetet“, erwiderte der Student.

Das ist so eine oberflächliche Antwort, die viele Menschen auf diese Frage geben würden. Diese Menschen können einfach nicht still angesichts des Geheimnisses sitzen und zugeben: „Ich verstehe nicht, warum das so ist, doch glaube ich trotzdem, dass Gott gut ist.“ Sie müssen irgendeine Antwort zur Hand haben, an der sie sich festhalten können, denn wenn sie keine Antwort haben, haben sie auch keinen Glauben. Glaube hört sich so an, wie Hiob sagte: „Gewiss wird Gott mich töten, dennoch vertraue ich auf ihn.“

Solange es Erklärungen und Antworten gibt, kann jeder glauben. Der Mensch, der sich aufmacht, Gott in tieferer und engerer Weise kennen zu lernen, ist jemand, der auch dann zustimmen kann, dass Gott gut ist, wenn der Augenschein tausend Mal das Gegenteil erweist. Beten Sie für mich, ich bete für Sie, dass wir gemeinsam an den Ort kommen, wo wir Gott vertrauen, auch wenn wir ihn nicht verstehen.

Gott, bringe uns täglich näher an den Ort der tiefen Zuversicht und des absoluten Vertrauens. Auf dass wir dich so gut kennen, dass nichts, was wir um uns herum sehen, unseren Glauben an deine unveränderliche Güte erschüttern kann. Im Namen des Herrn Jesus beten wir. Amen.

Dan. 3,13-30; Hab. 3,16-18; Ps. 46,2
1. Wie zeigten die hebräischen Jünglinge ihren Glauben an Gott?
2. Was erklärte Habakuk?

„Das altraue Kreuz“

***„Gott aber hat uns seine große Liebe gerade dadurch bewiesen, dass Christus für uns starb, als wir noch Sünder waren.“** (V. 8)*

Zum Lesen & Nachdenken – Römer 5,1-11

Können wir auch dann noch glauben, dass Gott gut ist, wenn das, was um uns herum geschieht, diese Aussage augenscheinlich Lügen straft? Der einzige Ort, den wir Christen aufsuchen können, wenn wir von Zweifeln bezüglich der Güte Gottes befallen werden, ist das Kreuz. Auf Golgatha wird uns der unleugbare Beweis geliefert, dass Gott gut ist. Wir müssen uns an das Kreuz klammern und uns daran erinnern, dass ein Gott, der seinen einzigen Sohn gibt, um für uns zu sterben, ganz einfach all-gütig sein muss. Der Liederdichter drückte es so aus:

O Gott, sei gelobt,
für die Liebe im Sohn,
der am Kreuz für uns starb
und dann aufstieg zum Thron

Vieles, was das Kreuz anbelangt, ist ein Geheimnis, doch umgibt die Güte Gottes nichts Geheimnisvolles. Dort auf Golgatha lodert sie auf, damit jeder sie sehen kann. Ich habe mich oft gefragt, was gut daran war, dass meine Frau an Krebs gestorben ist. Ich sah nichts Gutes darin, doch weil ich wusste, dass Gott gut ist, konnte ich akzeptieren, dass letztlich etwas Gutes dabei herauskommen sollte. Ein guter Gott war am Werk, und ich bin bereit, so lange auf die Klärung zu warten, bis ich selbst heimgehen werde. Dann wird er es mir selbst sagen.

Gott ist gut, egal, ob der Augenschein etwas anderes zu unterstellen scheint. Das „altraue Kreuz“ macht das kristallklar. Daran klammern wir uns, komme, was will.

Vater, ich bin so dankbar für das Kreuz. Es ist der eine Ort in diesem dunklen und geheimnisvollen Universum, an dem das Licht durchbricht. Hilf mir, die Dunkelheit durch das Licht zu deuten, nicht das Licht durch die Dunkelheit. Um Jesu willen. Amen.

Gal. 6,1-14; 1. Kor. 1,17; Eph. 2,16; Kol. 1,20
1. Wie sah Paulus das Kreuz an?
2. Denken Sie heute eine Zeit über das Kreuz nach.

Tag 338

Der Stempel der Ewigkeit

„Wen soll ich senden, und wer wird für uns gehen? Da sprach ich: Hier bin ich, sende mich!“ (V. 8)

Zum Lesen & Nachdenken – Jesaja 6,1-13

Ein anderes Thema, das wir bedenken müssen, wenn wir uns mit der Frage nach einer tieferen Gemeinschaft mit Gott beschäftigen, ist die nach der *Anbetung*. Der Westminster-Katechismus fragt: „Was ist die vornehmste Bestimmung des Menschen?“ und beantwortet diese Frage: „Die Bestimmung des Menschen besteht darin, Gott zu verherrlichen und sich in Ewigkeit an ihm zu freuen.“

A. W. Tozer drückt es so aus: „Zunächst sind wir dazu da, Anbeter zu sein, erst in zweiter Linie Arbeiter. Wir nehmen einen Bekehrten und machen sofort einen Arbeiter aus ihm. Gott hat sich das nie so gedacht. Ein Bekehrter sollte zunächst lernen, ein Anbeter zu sein, erst dann ein Arbeiter. Die Arbeit, die von einem Anbeter getan wird, trägt die Ewigkeit in sich.“ Kräftige Worte! Die, welche mit Gott mehr in die Tiefe gehen wollen, werden sich mehr in die Anbetung einbringen als in die Arbeit für Gott. Tatsächlich ist ein Kennzeichen, dass wir auf unserem Weg mit Gott nicht weiterkommen, das, dass wir mehr damit beschäftigt sind, für Gott zu arbeiten als ihn anzubeten.

Wir brauchen keine Sorge zu haben, dass wir uns zu sehr um die Anbetung kümmern und dabei unsere Arbeit für Gott vernachlässigen, denn niemand kann anbeten, ohne dabei auch die Notwendigkeit des Dienstes und des Tätigwerdens für ihn zu verspüren. Eine Vision von Gott in der Art, wie sie Jesaja im Tempel erlebte, beinhaltet unausweichlich auch den Ruf zum Dienst: „Wer wird für uns gehen?“, ruft die Dreieinigkeit. Und froh antwortet der Anbeter: „Hier bin ich, sende mich!“ Und der Dienst, der von einem Anbeter getan wird, trägt, wie es Tozer so treffend ausdrückte, den Stempel der Ewigkeit.

Gott, hilf mir, zunächst ein Anbeter und erst dann ein Arbeiter in deinem Dienst zu sein. Alles, was ich tue, soll der Ausfluss meiner Anbetung sein, damit mein Dienst den Stempel deiner Anerkennung trägt und damit Ewigkeitscharakter hat. In Jesu Namen. Amen.

Ps. 95,6; Joh. 4,1-26; 1. Chr. 16,29
1. Wozu ermutigt uns der Psalmist?
2. Wie sollen wir anbeten?

Das eine, das Not tut

„Nur eines aber ist wirklich wichtig.“ (V. 42)

Zum Lesen & Nachdenken – Lukas 10,38-42

Gestern sagten wir, dass Gott uns zuerst als Anbeter, erst in zweiter Linie als Arbeiter sehen will. Martha wuselt in ihrer Küche herum und beschwert sich über ihre Schwester Maria, die lieber zu Jesu Füßen sitzt und ihm zuhört, anstatt ihr zu helfen. Mit dem ihm typischen Durchblick grenzt unser Herr das Dringliche vom Wichtigen ab, wenn er sagt: „Es gibt eigentlich nur eine Sache, um die man wirklich besorgt sein sollte. Maria hat sie entdeckt – und das werde ich ihr nicht wegnehmen“ (V. 42; nach der *Living Bible*). Marthas Bemühung, gastfreundlich zu sein, wurde von Jesus nicht übersehen, er macht nur klar, dass, wenn es um die Prioritäten geht, erst die Anbetung kommt und dann der Dienst. Beachten Sie bitte auch, dass Jesus den Missionsbefehl an eine Gruppe von anbetenden Menschen richtete: „Als sie Jesus sahen, beteten sie ihn an … Dann sagte Jesus: … ‚Geht hin und macht alle Nationen zu Jüngern …‘“ (Matth. 28,17-19; a. d. Engl.).

Es ist wirklich wahr: Solange wir keine liebende, anbetende Beziehung mit Jesus Christus eingegangen sind, besitzen wir nichts von wirklichem Ewigkeitswert, das wir einer bedürftigen Welt anbieten könnten. Bevor wir auch nur einen Schritt weiter tun, müssen wir in dieser Angelegenheit zu einem klaren Standpunkt gekommen sein – unsere Anbetung muss Vorrang vor unserer Arbeit für Gott haben. Wenn das geschehen ist, werden wir das richtige Maß an Arbeit für ihn zugeteilt bekommen. Nicht der Herr lädt uns Aufgaben auf, die uns niederdrücken und zusammenbrechen lassen, diese Zwänge erlegen wir uns eher selbst auf. In einer Atmosphäre der Anbetung sehen wir klar, was wir zu tun haben, und unsere tägliche Arbeit wird eher Freude sein als Schinderei

Gütiger und liebender himmlischer Vater, hilf mir zu begreifen, dass „nur eins wichtig ist“, wenn die Prioritäten des Lebens stimmen sollen – dich anzubeten. Dich klar zu sehen, heißt, in allem klar zu sehen. Danke, mein Vater. Amen.

2. Mo. 20,1-21; Ps. 29,1-2; 99,5
1. Welchen Stellenwert hat die Anbetung bei Gott?
2. Welche Ermahnung äußerte der Psalmist?

Anbetung – von allen erwartet

„Betet den Herrn an, unseren Gott! Fallt vor seinem Thron nieder, denn er ist der heilige Gott.“ (V. 5)

Zum Lesen & Nachdenken – Psalm 99,1-9

Wenn Sie in der Lage sind, inmitten der drängenden Probleme des Lebens innezuhalten und sich der Anbetung Gottes zu widmen, dann sind Sie auf dem Weg, Gott in tieferer Weise kennen zu lernen. Hin und wieder hatte ich Gelegenheit, Auge in Auge mit Menschen zu sprechen, die gerade durch schwierige Situationen gehen mussten. Ich fragte dann oft: „Welchen Einfluss hat das auf Ihre Fähigkeit, Gott anzubeten?“ Meistens kam eine Antwort wie: „Es fällt mir schwer, mich der Anbetung hinzugeben, während ich diese Probleme durchmache.“ Einige sagten sogar: „Vollkommen unmöglich.“

Haben wir das Recht, uns der Anbetung Gottes zu verweigern, weil uns das Leben einige heftige Schläge versetzt hat? Die, welche geistlich zum Stillstand gekommen sind, mögen so reagieren: „Ja, wie kann Gott denn erwarten, dass ich ihn anbete, während er alle diese Dinge zulässt, die mich niederdrücken?“ Andere, die den Weg der Nachfolge noch schleppend vorwärtsgehen, antworten vielleicht: „Ich weiß, dass ich anbeten sollte, doch bin ich so mit meinen Problemen beschäftigt, dass es mir fast unmöglich ist.“ Die geistlich Gereiften stimmen zu: „Nichts ist wichtiger, als den, der mein Leben in seiner Hand hält, anzubeten. Weil er Gott ist, werden alle Dinge, egal, wie es auch aussehen mag, ein gutes Ende finden. Darum ist es meines Herzens Freude, ihn anzubeten.“

Christliche Seelsorge sollte (in einigen Teilen der christlichen Kirche ist es leider nicht so) als ein Dienst angesehen werden, der dazu dient, die Anbetung der Menschen zu erneuern. Manchem mag es schwer fallen, das anzunehmen, doch ist es wahr: *Nichts*, was passiert, gibt einem Christen das Recht, sich der Anbetung Gottes zu verweigern.

Vater, wieder einmal ist deine Wahrheit unbeirrbar zu meinem Problem vorgedrungen – dem Problem meiner Ichbezogenheit. Viel zu oft bin ich zu besorgt darüber, was mit mir geschieht, um dir Aufmerksamkeit zu schenken. Vergib mir und mache mich heil. In Jesu Namen. Amen.

Ps. 30,1-12; 96,1-13; Lk. 19,37-40
1. Warum sagt der Psalmist, dass wir Gott inmitten von Schwierigkeiten erheben können?
2. Warum wies Jesus die Pharisäer zurück?

Ein Verlangen nach Anbetung

***„Betet den Herrn an in heiliger Pracht.“** (V. 2)*

Zum Lesen & Nachdenken – Psalm 29,1-11

Der Gedanke, mit dem ich gestern endete, muss in manche Seele wie ein scharfer Dolch eingedrungen sein: „*Nichts*, was passiert, gibt einem Christen das Recht, sich der Anbetung Gottes zu verweigern.“ Vielleicht fragen Sie: „Meinen Sie wirklich, dass es möglich ist, sich von Herzen der Anbetung Gottes zu widmen, wenn alles im Leben furchtbar schlimm läuft?“ Meine Antwort lautet: „Ich finde es schwierig, aber nicht unmöglich.“ Es fällt mit heute leichter, Gott anzubeten, wenn in meinem Leben das Unterste nach oben gekehrt wird, als es mir etwa noch vor zehn Jahren fiel. Es fällt einem umso leichter, je mehr Erfahrung man damit hat.

Nachdem meine Frau vor einigen Jahren gestorben war, fand ich es, wenn ich vor dem Allmächtigen kniete, extrem schwer, Worte zu finden und sie zu einem Gebet der Anbetung zusammenzufügen. Doch obwohl ich meinte, dass mir die Worte auf den Lippen gefrieren würden, spürte ich auch, dass mein Herz ihn anbeten *wollte*. Als ich *das* wahrnahm, wusste ich, dass ich einen Schritt tiefer mit Gott gegangen war, als ich meinte. Der Schmerz des Verlustes betäubte mich förmlich (was für sich genommen gar nicht einmal negativ war), doch in meiner Seele entdeckte ich das Verlangen nach Anbetung.

Damit sind wir eigentlich wieder bei dem, was ich schon eher ansprach, beim Wesen Gottes. Wenn wir über seinen Charakter im Zweifel sind, dann werden wir ihn nicht anbeten. Wir sind so gestrickt, dass wir uns nicht jemandem hingeben können, dem wir nicht trauen. Wenn wir uns dann inmitten unserer Schwierigkeiten sagen: „Gott ist nicht gut, wenn er das zulässt“, dann wird Anbetung fast zur Unmöglichkeit.

Vater, wie sehne ich mich danach, dir, egal, wie mir geschieht, mit Anbetung und Verehrung zu begegnen. Und ich weiß, dass dieses mein Verlangen auch das deine ist. Hilf mir, lieber Vater. In Jesu Namen. Amen.

Ps. 109,1-31; 136,1-26

1. Welche schwierigen Erfahrungen musste der Psalmist machen?

2. Was war seine Erwiderung und Überzeugung?

Ein guter und vergebender Gott

„Darum wollen wir uns Gott nähern mit aufrichtigem Herzen und im festen Glauben …“ (V. 22)

Zum Lesen & Nachdenken – Hebräer 10,19-31

Heute wollen wir uns das hinter dem Wort „Anbetung“ stehende Konzept anschauen. Die grundsätzliche Bedeutung des Wortes – sowohl im Alten wie auch im Neuen Testament – ist die des ehrfürchtigen Dienstes. Das heutige englische Wort *worship* hat sich aus dem angelsächsischen *weorthscipe* entwickelt, was einfach bedeutet: „einer Sache einen Wert beimessen“, hat also auch mit dem Wort „Wertschätzung“ zu tun.

Dieser Gedanke begegnet uns überall in der Schrift, so etwa auch in unserem heutigen Abschnitt. Wahre Anbetung Gottes findet da statt, wo sich Menschen „mit aufrichtigem Herzen und im festen Glauben“ Gott nahen, im Glauben, eigentlich: *Wissen*, dass er da ist und dass er ein guter und vergebender Gott ist. Ihm geben sie alle Ehre und alle Wertschätzung, die seinem Namen gebührt. Erzbischof William Temple, der große anglikanische Theologe, schrieb etwas zum Thema Anbetung, das zum Schönsten gehört, das ich je gelesen habe: „Anbetung bedeutet die Unterwerfung unseres ganzen Seins unter Gott, ein Wiedererwachen des Bewusstseins für seine Heiligkeit, ein Nähren des Geistes mit seiner Wahrheit, die Reinigung der Gedankenwelt durch seine Schönheit, ein Sich-Öffnen des Herzens für die Liebe, eine Auslieferung des Willens an seine Absichten – und all dies kommt zusammen in anbetender Bewunderung, der selbstlosesten Emotion, zu der unser Wesen fähig ist, die deshalb das Hauptheilmittel gegen jene Ichzentriertheit darstellt, die die Ur-Sünde und die Quelle jeder aktuellen Sünde ist.“

Wenn wir Gott anbeten, werden wir nicht erniedrigt, vielmehr entfalten wir uns, denn wir sind erschaffen worden zur Anbetung. Indem wir Gott verherrlichen, finden wir wirkliche Erfüllung.

Vater, hilf mir, mich dir so zu nahen, wie es dein Wort beschreibt: „mit aufrichtigem Herzen und im festen Glauben“. Ich bin aufrichtig und ich habe Glauben, doch sehne ich mich danach, dass beides vertieft und vergrößert wird. Hilf mir, mein Vater. In Jesu Namen. Amen.

Ps. 73,1-28; 145,1-21

1. Was war, nach Aussage des Psalmisten, gut für ihn?

2. Welche Gründe nennt der Psalmist für die Anbetung Gottes?

Warum Gott Anbetung fordert

„Selbst wenn ich Hunger hätte, würde ich dich um nichts bitten; denn die ganze Welt gehört mir und alles, was auf ihr lebt.“ (V. 12)

Zum Lesen & Nachdenken – Psalm 50,1-23

In der Zeit, als ich meine ersten Erfahrungen mit dem christlichen Leben sammelte, rätselte ich, warum uns Gott so viele Stellen in der Bibel gegeben hat, in denen wir zur Anbetung aufgefordert werden. Viele dieser Texte schienen mir schon hart an Geltungsdrang und Ichbezogenheit zu grenzen. Wir alle verachten diese Menschen, die um unsere Aufmerksamkeit oder unser Lob betteln, und die Vorstellung von einem Gott, der ständig Streicheleinheiten benötigt, drohte seinerzeit sich in meinem Geist festzusetzen. Das ging mir insbesondere beim Lesen der Psalmen so: „Preist mich!“ „Betet mich an!“, schien der Allmächtige dauernd auszurufen.

Doch dann las ich C. S. Lewis' *Das Gespräch mit Gott* und fand dabei zur richtigen Sichtweise. Er schrieb: „Der armseligen Vorstellung, dass Gott in irgendeiner Weise unsere Anbetung nötig hätte oder gar darum flehen würde, etwa wie eine eitle Frau nach Komplimenten giert oder wie der selbstverliebte Autor, der sein neues Buch einem Publikum präsentiert, das ihn noch nie getroffen oder von ihm gehört hat, wird eine ausdrückliche Absage mit den Worten erteilt: ‚Selbst wenn ich Hunger hätte, würde ich *dich* um nichts bitten‘ (Psalm 50,12). Selbst wenn eine derart lächerliche Gottheit vorstellbar wäre, würde er wohl kaum zu uns, der niedrigsten verstandbegabten Kreatur, herniederkommen, um sein Verlangen zu stillen. Ich will auch nicht, dass mein Hund meine Bücher anbellt.“

Lewis fährt dann fort zu erklären, dass der Allmächtige dadurch, dass er uns die Anbetung befiehlt, mehr Interesse an uns als an sich selbst bekundet. Unsere Anbetung ihm gegenüber macht uns erst vollständig. Unsere Persönlichkeit wird in dem Maße „ganz“, wie wir uns ihm in der Anbetung hingeben. In der Ewigkeit werden wir völlige Freude erleben, weil wir dann in der Lage sein werden, ihn völlig anzubeten. Und in der Zwischenzeit stimmen wir unsere Instrumente.

Gott, ich möchte dich in einer Weise anbeten, die du verdienst. Hilf mir, dir meine Anbetung nicht deshalb zu bringen, weil ich mich noch unvollständig fühle, sondern weil du es wert bist. Ja, ich bete dich, Vater, von ganzem Herzen an. Amen.

1. Chr. 16,8-36; Offb. 4,8-11; 5,11-13
1. Wie lautet die Lobeshymne des Himmels?
2. Warum sollten wir heute nicht das Echo dieser Hymne sein?

Tag 344

Anbetung ist die Hauptsache

***„Kommt, wir gehen zur Wohnung des Herrn! Wir wollen uns zu seinen Füßen niederwerfen!"** (V. 7)*

Zum Lesen & Nachdenken – Psalm 132,1-18

Beschäftigen wir uns noch einen Tag mehr mit dem Gedanken, dass wir, wenn wir zu einer tieferen Beziehung zu Gott gelangen wollen, beides, die Wichtigkeit und die Bedeutung der Anbetung, verstehen müssen. Dick Averby, Professor für Altes Testament am *Dallas Seminary*, behauptet, dass Anbetung das Gegenmittel für alle menschlichen Probleme sei. Ich bin mir sicher, dass er dabei an Persönlichkeitsprobleme denkt, nicht an physische; wenn man mir diese Einschränkung erlaubt, stimme ich ihm zu. Larry Crabb, Professor für Seelsorge an der *Colorado Christian University*, sagte etwas Ähnliches: „Anbetung bedeutet, mitten im Leben, so wie wir es erfahren, einen Weg zu finden, derart von Gottes Charakter und seinen Zielen eingenommen zu sein, dass sein Wille zum Mittelpunkt wird."

Reife Christen sehen sich selbst zunächst und in erster Linie als Anbeter. Ihre anderen Platzanweisungen im Leben – als Väter, Mütter, Fabrikarbeiter, Geschäftsleute, Landwirte, Ärzte, Evangelisten, Pastoren usw. – sehen sie als zweitrangig an.

Manche ehren den Diener Gottes mehr als sie Gott selbst anbeten. Man erzählt sich die Geschichte, als Christmas Evans, der große walisische Gottesmann, bei einer Gelegenheit predigen sollte. Schon lange vor dem Gottesdienst war der Saal voll von Leuten, die diesen begnadeten Prediger hören wollten. Zu Beginn des Gottesdienstes wurde bekannt gegeben, dass Christmas Evans verhindert sei und dass ihn stattdessen ein weniger bekannter Redner vertreten werde. Unruhe kam auf und es schien, dass die Leute gehen wollten, als der Bruder, der durch den Abend leiten sollte, sagte: „Alle die, die gekommen sind, um Christmas Evans anzubeten, mögen gehen. Die, welche gekommen sind, Christus anzubeten, mögen bitte bleiben." Keiner ging …

Vater und Gott, möge dieser Nachdruck auf Anbetung unvermindert auf mir bleiben, auch, wenn ich mich anderen Dingen zuwende. Es ist die Hauptsache. Hilf mir, mich nicht nur daran zu erinnern, sondern es auch anzuwenden. In Jesu Namen. Amen.

1. Kor. 1,1-17; Apg. 3,11-16; 14,11-15
1. Was war eins der Probleme der ersten Gemeinden?
2. Wie gingen Petrus und Johannes damit um?

Geistliche Leidenschaft

***„Gott, du bist mein Gott! Ich sehne mich nach dir, ich brauche dich … Ich dürste, o Gott, nach dir.“** (V. 2)*

Zum Lesen & Nachdenken – Psalm 63,1-12

Ein weiterer Punkt, dem wir Beachtung schenken müssen, wenn wir tiefer in die Gemeinschaft mit Gott kommen wollen, ist die Wichtigkeit, *ihm mit Leidenschaft nachzujagen*. Hier geht es mir um etwas Größeres, als nur Zeit mit ihm zu verbringen, es geht darum, den tiefen Durst und dem Verlangen, das Gott in uns hineingelegt hat, zu erlauben, ungehindert und völlig Erfüllung zu finden.

Eines der traurigsten Dinge, die in der christlichen Kirche Einzug gehalten haben, ist die Haltung: „Ich habe Gott doch gefunden, wozu ihm also noch weiter nachjagen?“ Gott gefunden zu haben und doch erfüllt zu sein mit dem großen Verlangen, ihn zu finden, gehört zu den großen Paradoxien des Christenlebens. Der religiöse Mensch, der nach nicht mehr sucht, als nach einer Garantie für den Himmel, hat für eine solche Haltung nur Spott übrig. Dieses Paradoxon wird sehr eindrücklich von Bernhard von Clairvaux beschrieben:

Wir schmecken dich, lebendges Brot,
und doch begehren wir zu fasten.
Wir trinken von dir, du Lebensquell,
doch unsere Seele dürstet nach dir.

Es erscheint mir wie ein Fluch auf der heutigen Christenheit, dass sich so viele der Nachfolger Jesu so leicht zufrieden stellen lassen. Sie trinken von der lebendigen Quelle und scheinen damit so zufrieden zu sein, dass sie kein Verlangen nach mehr haben. Sie können das Paradoxon nicht verstehen, dass das Wasser, das Christus gibt, einen Durst stillt, aber mit einem unstillbaren Verlangen nach mehr.

Vater, kann es sein, dass ich in geistlichen Dingen zu leicht zufrieden zu stellen bin? Dass mir das, was ich habe, reicht und mich nicht nach mehr verlangt? Hilf mir, mein Herz zu erforschen. Im Namen meines Retters bete ich. Amen.

Jes. 55,1-9; Ps. 42,2-3; 38,10; 73,25
1. Wie drückte Jesaja seine Sehnsucht nach Gott aus?
2. Zu welchem Schluss kam der Psalmist?

Das Paradoxon der Seele

„Trachtet aber zuerst nach dem Reich Gottes und nach seiner Gerechtigkeit …“ (V. 33; REÜ)

Zum Lesen & Nachdenken – Matthäus 6,25-34

Wir befassen uns hier mit Dingen, die leicht missverstanden werden können, aber sie sind so wesentlich, dass ein falsches Verständnis unser Verlangen nach einem tieferen Umgang mit Gott ersticken kann. Gestern schlossen wir mit einem eigentlich widersinnigen Gedanken. Ganz gewiss stillt Christus den Durst unserer Seelen, doch beim Trinken tut sich der Durst nach mehr auf. Viele Gläubige heutzutage verstehen dieses Paradoxon nicht und bleiben deshalb innerlich arm. „Gott gefunden zu haben und ihm immer noch nachzujagen“, sagt Bernhard von Clairvaux, „das ist das liebende Paradoxon der Seele.“

Als ich über diese Angelegenheit nachdachte, schlug ich nochmal im Wörterbuch nach, um mich der genauen Bedeutung des Wortes „Paradox“ zu versichern. Da stand: „Paradox: eine scheinbar falsche Aussage, die bei genauerer Analyse auf eine höhere Wahrheit hinweist.“ Zu sagen, dass Gott befriedigt und uns doch durstig stehen lässt, erscheint widersinning, doch scheint es doch auf eine „höhere Wahrheit“ hinzudeuten. Es kommt mir wie ein Widerspruch vor, doch je mehr ich darüber nachdenke, desto richtiger erscheint es.

Manche Menschen mögen sich nicht mit Paradoxen herumschlagen, sie ziehen die „einfache Logik“ vor. Als ich einmal in Malaysia war, sagte ein Mann zu mir: „Ich bin dankbar, Christus gefunden zu haben, doch jetzt erscheint es mir logischer, zunächst meine Karriere voranzutreiben und es mit dem Wissen um Gott bewenden zu lassen, bis ich in den Himmel komme.“ Etwas wie ein Eiseshauch legte sich auf meinen Geist, als ich das hörte. Es ist nichts Falsches daran, sich um die Karriere oder sonst etwas zu kümmern, doch nicht, wie es auch unser heutiger Vers sagt, auf Kosten des Verlangens nach Gott.

Gütiger und liebevoller himmlischer Vater, ich habe dich geschmeckt, doch jetzt verlangt meine Seele nach mehr von dir. Heißt das, dass ich wachse? Muss wohl so sein. Mach weiter, Vater. Ich bitte ich um mehr und mehr und mehr. Amen.

Lk. 6,17-21; Ps. 143,6; 84,2-3
1. Was wird denen versprochen, die hungern?
2. Wie beschrieb der Psalmist seinen Durst?

Wie wunderbar!

***„Mose bat: ‚Lass mich dich in deiner Herrlichkeit sehen!‘“** (V. 18)*

Zum Lesen & Nachdenken – 2. Mose 33,12-23

Die Sichtweise „Jetzt, wo ich Gott gefunden habe, gibt es keinen Grund, ihn weiter zu suchen“ lässt sich nirgendwo in der Bibel finden. Sowohl Altes wie auch Neues Testament sind voll von Beispielen von solchen, die Gott kennen gelernt haben und die in der Folge danach verlangten, ihn noch besser zu kennen. Unser heutiger Text gibt uns ein Beispiel.

Mose benutzt die Tatsache, dass er in eine Beziehung zu Gott eingetreten ist, als Begründung dafür, ihn noch tiefer kennen lernen zu wollen. Die *Living Bible* beschreibt das so: „Du sagst, du seist mein Freund, und dass ich Gunst bei dir gefunden hätte; bitteschön, wenn das so ist, dann führe mich klar auf dem Weg, den du willst, dass ich ihn gehen soll, damit ich dich verstehen, und dir wohlgefällig wandle“ (V. 12). Das ist die Form von Bitten und von kraftvollem Gebet, die nur derjenige anwenden wird, den mit großer Leidenschaft nach Gott verlangt. Später äußert Mose dann die kühne Bitte, die unseren heutigen Leitvers bildet: „Lass mich deine Herrlichkeit sehen!“ Ganz offensichtlich freute sich der Allmächtige über Moses Bitte, denn er lud ihn für den nächsten Tag auf den Berg ein, wo er ihm dann seine Herrlichkeit offenbarte.

Wie wunderbar wäre es, wenn wir heute von solch einem überwältigenden Verlangen erfasst würden, Gott besser zu kennen, mehr von ihm zu schmecken, ihn kraftvoller in unserer Seele am Werk zu sehen, ihn wie Hiob mit unseren inneren Augen zu sehen, dass wir uns vom Alltäglichen abwenden und uns eine stille Ecke suchen, wo auch wir beten: „O Gott, zeige mir deine Herrlichkeit!“

Vater, ich habe deine Güte und Gnade geschmeckt, und obwohl ich zufrieden bin, habe ich Durst nach mehr. Zeige mir deine Herrlichkeit und beginne heute ein tiefes Werk der Liebe in mir. In Christi Namen. Amen.

Phil. 3,1-11; Hos. 6,3; Kol. 1,10
1. Was war Paulus' großes Verlangen?
2. Wie weit war er bereit, dafür zu gehen?

Tag 348

Nur ein Appetithäppchen

„Mein Herz erinnert dich: ‚Suchet mein Angesicht!' – Dein Angesicht, Herr, suche ich.“ (V. 8)

Zum Lesen & Nachdenken – Psalm 27,1-14

Eines der Dinge, welches die Heiligen und die Seher der Schrift kennzeichnen, ist ihr brennendes Verlangen nach Gott. Der König David ist ein weiteres Beispiel. Obwohl er sich zwei der schlimmsten Sünden schuldig gemacht hatte – Mord und Ehebruch –, wird doch ganz klar, dass ihn mit verzehrender Leidenschaft nach Gott verlangte. Seine Psalmen klingen vom Schrei des Suchenden und vom Freudenruf dessen, der gefunden hat, wider. Doch selbst da möchte er noch mehr haben und wissen.

Das gleiche Verlangen sehen wir im Leben des Apostels Paulus – eines des hervorragensten Christen in der ganzen Geschichte. Hat je jemand Gott besser gekannt als der große Apostel? Und doch finden wir diese Bitte im Brief an die Philipper: „… um ihn und die Kraft seiner Auferstehung … zu erkennen“ (Phil. 3,10; REÜ). Aber er kannte ihn doch! Ja, aber er bat darum, ihn *noch besser* zu kennen.

„Heute lassen wir den Großteil unserer Sucharbeit von Andachtenschreibern tätigen“, bemerkte ein Kritiker von Andachtshilfen kürzlich in einer Zeitschrift. „Sie legen fest, worüber wir in unserer Stillen Zeit nachdenken sollen.“ Teilweise gebe ich ihm Recht. Ich sage Ihnen: Wenn Sie sich mit diesem Andachtsbuch zufrieden geben und sich nicht daranmachen, selbst Gott zu suchen, dann verarmen Sie und sind zu leicht zufrieden zu stellen. Es ist nur als geistlicher Einstieg gedacht, nicht als „die ganze Sache“, nur als Appetithäppchen, nicht um satt zu machen. Das Verlangen nach ihm, das Gott in Ihre Seele gelegt hat, kann nur von ihm selbst gestillt werden.

Gott, meine Seele ist zu groß, um nur mir dem Geschriebenen eines Menschen befriedigt zu werden. Inspirieren können mich menschliche Worte schon, doch satt werde ich nur durch dein Wort. Auf dass ich dich ohne Unterlass suche. Amen.

Joh. 6,25-58; Jes. 55,2; 1. Kor. 10,3-4
1. Was verkündete Jesus?
2. Warum stießen sich die Juden daran?

Es gibt mehr!

„Wie ausgedörrtes Land auf Regen, so warte ich sehnsüchtig auf dein Eingreifen.“ (V. 6)

Zum Lesen & Nachdenken – Psalm 143,1-12

Mehr als einer der Autoren, die ich in der letzten Zeit gelesen habe, legt nahe, dass das Fehlen von Leidenschaft einen der größten Mängel heutiger Jüngerschaft darstellt.

A. W. Tozer (1897-1963) behauptete, dass der beste Maßstab, um den Grad der Gesundheit der Gemeinde zu messen, die jeweils verwendeten Lieder und die bevorzugte Literatur sei. Ein Vergleich etwa der ihm vertrauten Lieder mit denen, die vielleicht fünfzig Jahre zuvor geschrieben wurden, zeigt einen markanten Wandel in der Stimmungslage der Gemeinde. Früher waren die Leute eher damit beschäftigt herauszufinden, wie sie einen tieferen Umgang mit Gott pflegen konnten, doch heute geht es, zumindest in den meisten Fällen, mehr darum, was wir bereits in Gott gefunden haben. Wenn ich mich an meine Jugend zurückentsinne, dann denke ich an Lieder, die das Verfolgen seiner Spuren und Ähnliches zum Thema hatten. Findet man vergleichbare Gedanken in unseren zeitgenössischen Liedern? Bestimmt nicht in dem Maße. Natürlich sollen wir uns an dem erfreuen, was wir schon in Gott gefunden haben, doch dürfen wir nicht aus dem Blick verlieren, dass es noch mehr gibt.

Ähnlich ist es mit der heutzutage gebräuchlichen Literatur. Vieles von dem, was heute geschrieben wird, ist sehr erfahrungsorientiert, was dazu führen kann, dass wir Gott nicht um deswillen suchen, was er ist; wir werden nur angeleitet, wie wir möglichst viel aus ihm herausholen können. Gott zu kennen ohne das Verlangen nach mehr ist eher ein Zeichen von Krankheit denn – wie es manche darstellen – geistlicher Zufriedenheit. Schämen Sie sich nie Ihres Mangels an Zufriedenheit. Gott zu kennen – *ihn wirklich zu kennen* – heißt, immer noch durstiger zu werden.

Vater, hilf mir, das Paradoxon zu begreifen, dass meine Seele, je zufriedener ich bin, umso mehr nach größeren Dingen verlangt. Nimm mich in die Tiefe, lieber Vater. Ich bitte im Namen deines lieben Sohnes. Amen.

Eph. 3,14-21; 1. Chr. 28,9; Ps. 100,3
1. Was sollten die Epheser mehr erkennen?
2. Wie lautete Davids Rat an Salomo?

Ein dürstendes Herz

„Wie ein Hirsch nach frischem Wasser lechzt, so sehne ich mich nach dir, o Gott.“ (V. 2)

Zum Lesen & Nachdenken – Psalm 42,1-12

Jetzt ist es an der Zeit uns zu fragen: Haben wir ein Verlangen nach Gott? Haben wir *Durst* nach ihm? In unserem heutigen Vers zeichnet der Psalmist das Bild eines Hirsches, den nach Wasser dürstet. Vielleicht hatte er gerade einen Hirsch beobachten können, der dem Häscher entronnen war und der jetzt nach Wasser suchte, um seinen Durst zu stillen. Das hebräische Wort, das an dieser Stelle mit „lechzen, dürsten“ übersetzt wird, bezeichnet eigentlich ein Verlangen, das so stark ist, dass es hörbar wird. Nichts zählte für den Psalmisten mehr als Gott nachzujagen.

Das „Lechzen“ setzt natürlich Durst voraus. Haben wir einen Durst nach Gott, der sich mit dem des Hirsches nach Wasser vergleichen lässt? Jeder von uns hat Durst nach Gott, doch wird er nicht jedem bewusst. Vor unserer Bekehrung haben wir diesen Durst entweder verleugnet oder unterdrückt – oder wir versuchten, ihn ohne Gott zu stillen. Mit unserer Bekehrung gaben wir, zu einem gewissen Grade zumindest, den Versuch auf, ihn zu unterdrücken, zu verleugnen oder ihn an anderer Stelle zu befriedigen; mehr und mehr ließen wir das Verlangen nach Gott zu, das der Allmächtige in uns gelegt hat. Das wurde in dem Moment offensichtlich, als wir den Drang verspürten, sein Wort zu lesen und mit ihm im Gebet zu reden.

Die, welche mit Gott tiefer gehen, sind die, welche mit dem Durst, den Gott in ihre Seelen gelegt hat, in Berührung kommen und die zulassen, dass er voll zur Wirkung kommt.

Vater, wenn du mir diesen Durst in die Seele gelegt hast, warum bin ich dann nicht durstiger nach dir? Warum „lechze“ ich nicht auf die Weise, wie es der Psalmist beschreibt? Hilf mir, dass ich in dieser Sache klarer sehen kann. In Jesu Namen. Amen.

Ps. 63,1-12; 105,4; 119,20; 119,131
1. Wie suchte David Gott?
2. Wie beschrieb der Psalmist seine innere Leidenschaft?

Der Unabhängigkeit abschwören

„Denn mein Volk … [hat] mich verlassen, die Quelle mit frischen Wasser, und dann haben sie sich rissige Zisternen ausgehauen …" (V. 13)

Zum Lesen & Nachdenken – Jeremia 2,1-14

Was müssen wir tun, damit wir mit dem tiefen Sehnen nach Gott in Berührung kommen, das unser Schöpfer in uns gelegt hat?

Der Haupthinderungsgrund ist unser sturer Hang zur Unabhängigkeit, der, seit dem Fall, uns alle auszeichnet. Wir behalten gern die Kontrolle darüber, wie der Durst unserer Seele gestillt werden soll. In unserem heutigen Abschnitt sehen wir, wie Israel zweier Vergehen angeklagt wird – sie verlassen die Quelle des frischen Wassers und graben nach ihren eigenen Zisternen, um Wasser zu sammeln. Warum tat das Volk Israel solche unsinnigen Dinge – wenden sich von der Quelle des frischen Wassers ab und graben Zisternen, *löchrige* Zisternen, die kein Wasser halten können? Sie mochten einfach das Gefühl, *unabhängig* nach Wasser für ihre Seelen zu suchen.

Das Gegenteil von Unabhängigkeit ist Abhängigkeit. Und das ist die wichtigste Voraussetzung dafür, diesen unbändigen Durst nach Gott zu verspüren, den er in uns hineingelegt hat. Aber es ist nicht einfach für uns, unsere Unabhängigkeit aufzugeben und Gott zu vertrauen. Keiner von uns mag es, Kontrolle abzugeben. Die wichtigste Ursache für ISD (gehemmtes sexuelles Verlangen), ein verbreitetes Problem unter verheirateten Frauen, ist die Angst, verletzbar zu sein, außer Kontrolle zu erscheinen. Hilflosigkeit, Verletzbarkeit, Abhängigkeit, Vertrauen – das alles sind Begriffe, die unsere fleischliche Natur verabscheut. Glauben Sie mir, es ist unsere Unabhängigkeit, die uns davon abhält, das zu verspüren, was Gott tief in uns hineingelegt hat. Wenn wir lernen, unsere Unabhängigkeit aufzugeben und ein Leben des Vertrauens zu beginnen, dann wird die Leidenschaft in unseren Seelen nicht nur erfahrbar sein, sondern sie wird explodieren.

O Vater, mir ist bewusst, dass, obwohl du einen Durst nach dir in mich gelegt hast, die Sünde auch in meiner Seele arbeitet. Reiße diesen schrecklichen Hang zur Unabhängigkeit nieder und mache mich zu einem geistlich abhängigeren Menschen. In Jesu Namen bitte ich darum. Amen.

Ps. 36,1-9; 46,4; Joh. 4,10; 7,37-38
1. Wovon können wir trinken?
2. Wo können wir diese Quelle finden?

Tag
352

Christliche Vergebung

„Wenn ihr ihnen aber nicht vergeben wollt, dann wird Gott auch eure Schuld nicht vergeben.“ (V. 15)

Zum Lesen & Nachdenken – Matthäus 6,5-18

Ein anderes Thema, das wir angehen müssen, wenn wir eine tiefere Beziehung zu Gott haben wollen, ist die *Vergebung*. Genauso wie uns vergeben wurde, so sagt uns die Schrift, müssen wir anderen vergeben. Glauben Sie mir: Kein Mensch kann eine Beziehung zu Gott haben, wenn er Bitterkeit oder Böswilligkeit anderen gegenüber in sich trägt.

Unser heutiger Vers ist einer der herausforderndsten der ganzen Bibel. Ihn zu ignorieren bedeutet, uns geistlicher Gefahr auszusetzen. Ich glaube von ganzem Herzen, dass, wenn jeder Christ die Wahrheit dieses Verses begreifen und täglich anwenden würde, dies zu einer weltweiten geistlichen Erweckung führen würde. Einer der charakteristischen Auswirkungen jeder geistlichen Erweckung, die jemals in der Kirchengeschichte stattgefunden hat, ist, dass bereits lang gehegte Bitterkeit ausgerottet wird.

Wenn wir uns weigern, anderen zu vergeben, zerstören wir die Brücke, die wir überqueren müssen, um zu Gott zu kommen – die Brücke der Vergebung. Wenn wir es ablehnen, anderen Vergebung anzubieten, dann blockieren wir Gottes Vergebung. Es ist nicht so, dass Gott uns nicht vergeben will, aber weil die Brücke an unserem Ende zerbrochen ist, kann er nicht zu unseren Herzen gelangen. Bedenken Sie: Unvergebenheit bindet die Hände des Allmächtigen und macht es selbst Gott unmöglich, zu uns durchzukommen. Diejenigen, die weiterhin sagen: „Ich kann nicht vergeben“, sollten sich diesen Vers zu Herzen nehmen. Eigentlich meinen sie nämlich: „Ich will nicht vergeben“. Wenn Sie nicht vergeben wollen, dann kann Ihnen auch nicht vergeben werden.

Du großer und vergebender Gott, vergib mir meine Weigerung, anderen zu vergeben. So, wie mir vergeben wurde, erlasse ich nun allen, die mich verletzt haben, ihre Schuld mir gegenüber. In Jesu Namen bitte ich. Amen.

Eph. 4,17-32; Hebr. 12,15; Jak. 3,14
1. Wie ermahnte Paulus die Epheser, mit ihrer Bitterkeit umzugehen?
2. Was ist das Ergebnis von Bitterkeit?

Die höchste Moral

„Seht auf Jesus Christus …“ (V. 5)

Zum Lesen & Nachdenken – Philipper 2,1-11

James Moffat übersetzt unsere heutigen Worte folgendermaßen: „Behandelt euch untereinander in demselben Geist, den ihr in Christus erfahren habt.“ Das geht über die Zehn Gebote und über jeden Moralkodex hinaus. Christus vergibt, und er vergibt großzügig. Er vergisst und vergisst gänzlich. Die Sache ist begraben und damit erledigt.

Manchmal hörte ich Leute sagen: „Ich kann vergeben, aber nicht vergessen.“ Normalerweise antworte ich darauf: „Das meinen Sie doch nicht wirklich, oder? Schauen Sie mal, wie sich das anhört, wenn Sie das Vaterunser mit dieser Einstellung sprechen: ‚Vergib mir, Vater, wie auch ich anderen vergebe. Ich vergebe Menschen, aber ich werde nicht vergessen, was sie mir angetan haben. Wenn ich also etwas falsch mache, dann bringe dieses Problem wieder auf den Tisch.“ Gott vergibt – und vergisst. Und das müssen auch wir tun. Dann habe ich auch manchmal Leute sagen gehört: „Ich werde ihnen vergeben, aber nachher nichts mehr mit ihnen zu tun haben.“ Nun bringen Sie das im Vaterunser unter und hören Sie sich das Resultat an: „Vergib mir Vater, wie auch ich anderen vergebe. Ich vergebe den Menschen und werde nichts mehr mit ihnen zu tun haben. Nun vergib mir in der gleichen Weise; vergib mir, aber lass mich dann links liegen. Ich werde auch ohne dich zurechtkommen.“ Sie erkennen die Unsinnigkeit, oder?

Also gibt es für einen Christen absolut keine Rechtfertigung zu sagen: „Ich kann nicht vergeben“, „Ich vergebe, aber ich werde nicht vergessen“ oder: „Ich werde vergessen, will aber nichts mehr mit dem Menschen zu tun haben.“ Wenn wir das, was unser Herr uns gelehrt hat, in unseren Herzen tragen, sollten solche Aussagen nie mehr über unsere Lippen kommen. Wir sind Gott am ähnlichsten, wenn wir vergeben.

O Gott, ich bin so dankbar, dass du mich nicht so behandelst, wie ich oft mit anderen umgehe. Ich lege mich jetzt darauf fest, anderen so zu vergeben, wie du mir vergibst. Ich bin willig, jetzt gib du mir deine Kraft. In Jesu Namen bitte ich darum. Amen.

Mt. 18,21-35; Lk. 23,26-34; Kol. 3,13
1. Was lehrt Jesus in diesem Gleichnis?
2. Wie führte er Vergebung vor?

Tag 354

„Beachte die Reihenfolge“

„Wenn dir plötzlich einfällt, dass dein Bruder dir etwas vorzuwerfen hat, dann ... geh ... und versöhne dich mit ihm.“ (Vs. 23-24)

Zum Lesen & Nachdenken – Matthäus 5,21-26

Für mich war Vergebung nie einfach. Obwohl ich denke, dass ich diese Schwierigkeit jetzt überwunden habe, erinnere ich mich daran, wie ich als junger Mann zu meinem Pastor ging und ihm meine starke Abneigung jemandem aus meiner Gemeinde gegenüber, der mich verärgert hatte, bekannte. Zu meiner Überraschung sagte er: „Du bist Christ. Beachte die Reihenfolge.“ „Und wie lautet die Reihenfolge?“, fragte ich. Dann las er mir aus Matthäus 5 unsere heutige Textstelle vor und sagte: „Bevor du nächstes Mal kommst, um Gott anzubeten, geh zu der Person und stelle die Dinge richtig.“ Ich befolgte diese „Reihenfolge“ nur sehr widerwillig, aber ich tat es, und das Gefühl der Erleichterung und der Freiheit, das in meine Seele einzog, ist etwas, das ich nie mehr vergessen habe.

Aber was ist, wenn wir zu einem Menschen gehen und versuchen, ein Problem zu lösen, und er nicht darauf reagiert? Das ist dann seine Verantwortung. Sie müssen die Reihenfolge einhalten und die Konsequenzen dann Gott überlassen. Ein Christ soll nicht nur den halben Weg gehen oder drei Viertel des Problems lösen, sondern ganze Sache machen. Auch, wenn die andere Person nicht darauf reagiert (und das wird Traurigkeit verursachen), haben Sie Ihre eigene Seele gereinigt. Fahren Sie fort, für diesen Menschen zu beten, dass er zu irgendeinem zukünftigen Zeitpunkt fähig sein wird zu erkennen, wie wichtig es ist, sich mit Ihnen auszusöhnen. Wir sollten nie vergessen, dass der christliche Glaube uns lehrt, dass, wer immer einen unserer Brüder oder Schwestern ausschließt, unseren Vater ausschließt – automatisch. Religiöse Betrachtungen sind nutzlos, wenn wir nicht den Versuch machen, uns mit dem entfremdeten Bruder oder der Schwester auszusöhnen.

Vater, ich weiß, dass deine Gnade da ist, um mir die Stärke zu geben, alles zu tun, was du anordnest. Hilf mir, von dieser Gnade Gebrauch zu machen, wenn ich die Reihenfolge beachten und mich mit jemandem aussöhnen will. In Jesu Namen. Amen.

Mk. 11,20-25; Lk. 11,4; 17,3-5
1. Warum ist es so wichtig, anderen zu vergeben?
2. Wie haben die Jünger auf die Herausforderung der Vergebung reagiert?

So viel vergeben

„Auf die gleiche Art wird mein Vater im Himmel euch behandeln, wenn ihr euch weigert, eurem Bruder wirklich zu vergeben.“ (V. 35)

Zum Lesen & Nachdenken – Matthäus 18,15-35

Vergebung fließt uns nicht einfach so zu. Im Film *Der diskrete Charme der Bourgeoisie* von Luis Buñuel ist einer der Charaktere ein Bischof, der, als seine Eltern vergiftet wurden, als Kind zur Waise wurde. Der Mörder war nie gefasst worden. Viele Jahre später wurde der Bischof ans Sterbebett eines Mannes gerufen, um ihm die Beichte abzunehmen. Der Bischof hörte ohne irgendeine Gefühlsregung zu, als der Mann ihm erzählte, dass er derjenige war, der seine Eltern vergiftet hatte. Der Bischof gewährte ihm die Absolution, ging dann in eine Zimmerecke, griff sich die dort lehnende Schrotflinte und schoss dem Mann mitten ins Gesicht.

Dies ist ein extremes Beispiel, aber im Laufe der Jahre habe ich Christen getroffen, die, als ich ihnen die Geschichte erzählte, meinten, unter ähnlichen Umständen zur gleichen Reaktion fähig zu sein. Manche meinen, dass Vergebung die schwierigste Aufgabe beim Christsein wäre. Wir bringen erstaunliche Argumente vor, die unseren Unwillen zu vergeben rechtfertigen und stützen sollen. Ein Christ sagte mir einmal: „Vergeben – das kann Gott gut. Doch ich bin ein Mensch. Er kann nicht erwarten, dass ich darin genauso gut bin.“ Wie Shylock in *Der Kaufmann von Venedig* bestehen wir eisern auf dem Recht auf ein Pfund Fleisch – und auf eine Lebenszeit voller Groll.

Die zentrale Aussage unseres heutigen Gleichnisses ist sehr deutlich: Gott hat uns so viel mehr vergeben, als jemals von uns erwartet wird, anderen zu vergeben. Wenn wir das zurückweisen, setzen wir unsere eigene Vergebung aufs Spiel.

O Gott, hilf mir, niemals das Wunder deiner Vergebung an mir zu vergessen. Du hast mir nicht zähneknirschend, sondern großzügig vergeben. Auf dass ich erkenne, wie reich ich durch die Vergebung geworden bin, so reich, dass ich sie an andere verschwenden kann. In Jesu Namen. Amen.

Lk. 7,36-50; Ps. 103,3
1. Warum wies Jesus Simon zurecht?
2. Wofür hatte er den Blick verloren?

Ihre Pflicht tun

„… dann sollt ihr sagen ‚Wir sind einfache Knechte und haben nur unseren Auftrag ausgeführt!'" (V. 10)

Zum Lesen & Nachdenken – Lukas 17,1-10

Der Herr hat das Thema Vergebung mit den Jüngern offensichtlich ausführlich erörtert. Hier sagt er ihnen: „Und wenn er dir siebenmal am Tag Unrecht tut und dich immer wieder um Vergebung bittet: Vergib ihm!" (V. 4)

Jay Adams, ein amerikanischer Bibellehrer, betont die Beziehung zwischen dieser Aussage und dem folgenden Dialog. Die Betonung unseres Herrn darauf, einer Person siebenmal täglich zu vergeben, forderte etwas, das die Jünger als eine fast nicht zu erreichende Stufe des Glaubens ansahen. Stellen Sie sich vor, wirklich zu versuchen, jemandem siebenmal am Tag zu vergeben, möglicherweise dafür, dass er Ihnen tatsächlich siebenmal am Tag auf gleiche Weise Unrecht getan hat. Einem Menschen, der sich siebenmal am Tag bei Ihnen entschuldigt, ist vielleicht noch schwerer zu vergeben als jemandem, der sich überhaupt nicht entschuldigt, denn die siebenfache Entschuldigung kommt einem doch eher wie Hohn und wie eine Provokation vor.

Die Jünger reagierten auf diesen Aspekt der Lehre Jesu mit absoluter Hilflosigkeit und riefen aus: „Hilf uns, dass unser Glauben größer wird!" (V. 5) Sie nahmen wohl an, dass sie, wenn sie mehr Glauben hätten, seinem Befehl eher nachkommen könnten. Doch Jesus sagt (so deutet es Jay Adams), dass ihr Problem nicht der Mangel an Glauben ist (weil selbst Glauben, so klein wie ein Senfkorn, Berge versetzen kann), sondern ein Mangel an Gehorsam. Das folgende Gleichnis (Vs. 7-8) erscheint hart, aber der Punkt ist: Das Problem ist nicht ein Mangel an Glauben, sondern ein Mangel an Gehorsam. Die Jünger mussten den Glauben, über den sie bereits verfügten, in die Tat umsetzen. Vergebung ist unsere Pflicht, manchmal vielleicht eine undankbare, aber nichtsdestotrotz Pflicht.

Vater, ich sehe, dass Vergebung, wie die Arbeit des Dieners im Gleichnis, eine undankbare Aufgabe sein mag, ist sie trotzdem meine Pflicht. Hilf mir daher, weiterzukommen und anderen zu vergeben, so wie auch mir vergeben wurde. In Jesu Namen. Amen.

1. Joh. 1,1-9; Mt. 7,24; Joh. 14,23
1. Wer ist wie ein weiser Mann?
2. Was zeigt der Gehorsam?

Entscheide dich zu vergeben

„Wer über die Fehler anderer hinwegsieht, gewinnt ihre Liebe …“ (V. 9)

Zum Lesen & Nachdenken – Sprüche 17,1-9

Jesus gibt uns ernste und kompromisslose Warnungen zum Thema Vergebung. Aber wenn Vergebung so wichtig und doch so schwierig ist, wie können wir dann damit klarkommen? Wir müssen mehrere Dinge tun.

Als erstes dürfen wir nicht den Versuch machen, die Kränkung, die uns angetan wurde, herunterzuspielen oder so zu tun, als wäre sie nie passiert. Wenn es uns verletzt, dann müssen wir uns dem stellen und uns dem Gefühl aussetzen. Eine verbreitete Fehlkonzeption, die Leute davon abhält zu vergeben, ist die Meinung, dass sie, bevor sie vergeben, erst an den Punkt kommen müssen, an dem ihnen die Dinge nicht mehr so schlimm erscheinen. Das ist entschuldigen, nicht vergeben. C. S. Lewis sagt: „Wirkliche Vergebung bedeutet, unausgesetzt auf die Sünde zu schauen, die ohne jede Entschuldigung auch noch dann bestehen bleibt, nachdem alle nur denkbare Nachsicht gezeigt wurde. Sie in ihrem ganzen Schrecken und ihrer Schmutzigkeit zu sehen, ihrer Gemeinheit und Bösartigkeit, und trotzdem ganz mit dem Menschen, der sie begangen hat, ausgesöhnt zu sein. Das, und nur das, ist Vergebung.“

Zweitens müssen wir erkennen, dass Vergebung keine emotionale Sache ist (obwohl sie unsere Gefühle berührt), sondern eine Willensentscheidung. Vergeben heißt, die Entscheidung treffen, dass das Falsche, das Ihnen angetan wurde, nicht angerechnet wird und dass es keine Trennung verursachen soll. Wenn Sie die Entscheidung treffen, dann denken Sie daran, dass Ihnen alle Ressourcen Gottes zur Verfügung stehen. Das trifft nicht nur auf geringfügigere Situationen zu, etwa, wenn man Ihnen eine Abfuhr erteilt, sondern auch schwerwiegende wie etwa bei einer Scheidung.

Vergeben heißt mehr als es nur mit dem damit verbundenen Schmerz aufzunehmen. Unser heutiger Text zeigt uns, dass es um eine Entscheidung geht. Egal, wie viel Unrecht uns widerfahren ist – die Liebe drängt uns zur Vergebung.

Herr Jesus Christus, du hast denen, die dich ans Kreuz genagelt haben, in die Augen geschaut und gerufen: „Vater, vergib ihnen!“ Hilf mir, das Gleiche zu tun, wenn ich mit geringeren Verletzungen konfrontiert werde. In deinem Namen. Amen.

Micha 6,1-8; Jes. 43,25; Micha 7,18
1. Was tut Gott gerne?
2. Was sollten wir lieben?

Tag 358

Sei wie dein Vater

„Liebt eure Feinde … So erweist ihr euch als Kinder eures Vaters im Himmel.“ (Vs. 44-45)

Zum Lesen & Nachdenken – Matthäus 5,38-48

Wir beschäftigen uns einen weiteren Tag mit dem Thema Vergebung. Vergebung entscheidet sich, jeden offenen oder verdeckten Versuch der Vergeltung aufzugeben. Keine Erinnerung an die Beleidigung, keine kalte Schulter, kein Schmollen, keine abgekühlte Zuneigung, kein Aussetzen von Freundlichkeit, keine sture Ablehnung von Zusammenarbeit, kein überhebliches Lächeln, keine Drohungen, die Beziehung abzubrechen, und keine Demütigung vor anderen. Erleichterung und Befreiung durch Vergebung können eine große Last von unseren Seelen nehmen. Ein Herz, das nicht vergibt, trägt Groll in sich – und damit auch die vergiftenden Auswirkungen dieses Ärgers. Einem Freund, einem Nachbarn oder dem eigenen Gatten zu vergeben kann zu einem gewaltigen Durchbruch in der Beziehung zu Gott führen. Und eine durchgängige Haltung des Vergebens hilft uns enorm, die Beziehung zu ihm zu pflegen.

Ein letzter Punkt über Vergebung ist dieser: Vergebung beendet Konflikte, aber es ist nur ein Anfang. Sie lässt uns mit einem sauberen, geräumten Grundstück zurück, auf dem wir nun ein neues Gebäude errichten müssen. Wir sollten nach der Vergebung nicht sagen: „Jetzt bin ich frei die Beziehung zu beenden und die betreffende Person zu vergessen.“ Wir sollten vielmehr fragen, ob Gott möchte, dass wir die Beziehung fortführen oder nicht. Bei einigen Beziehungen mag es unmöglich oder unangemessen erscheinen, sie fortzuführen, doch sollte diese Angelegenheit eine Sache des Gebets sein. Indem wir die Vergebung zu einem neuen Anfang machen, ahmen wir Gott nach, der nicht bei der Vergebung aufhört, sondern uns in seine Familie aufnimmt und eine neue Beziehung zu uns aufbaut.

Und denken Sie daran – Gott gibt die Kraft des Heiligen Geistes, die uns befähigt, seinen Geboten zu gehorchen. Wir sündigen, wenn wir keinen Gebrauch von dieser Kraft machen.

Vater, danke, dass du mich über Vergebung lehrst. Nun zur Praxis. Hilf mir, von den Ressourcen des Heiligen Geistes Gebrauch zu machen, nicht nur bei der Vergebung, sondern auch in jedem anderen Aspekt meines christlichen Lebens. In Jesu Namen. Amen.

Mt. 5,1-7; Lk. 6,36; Tit. 3,5; Jak. 2,13
1. Was passiert, wenn wir Gnade erweisen?
2. Was hat Jesus seinen Zuhörern nahe gelegt?

Last, not least

***„Gehorsam ist wichtiger als das Schlachten von Opfertieren. Es ist besser, auf den Herrn zu hören, als ihm das beste Opfer zu bringen.“** (V. 22)*

Zum Lesen & Nachdenken – 1. Samuel 15,10-23

Nun wenden wir uns dem letzten Thema zu, auf das wir ein Schwergewicht legen müssen, wenn wir zu einer tieferen Beziehung zu Gott gelangen wollen – die Notwendigkeit des *Gehorsams.* In dem Moment, in dem wir aufhören, Gott zu gehorchen, hören wir auf, mit ihm voranzugehen. Wir gehen den Weg zu einer tieferen Erfahrung mit Gott, wobei wir uns, wie wir bereits gesehen haben, mit vielen Dingen auseinander zu setzen haben. Gehorsam, obwohl als Letztes genannt, ist ganz sicher nicht das Unwichtigste. Es steht auf gleicher Ebene mit den anderen Prioritäten und ist von der gleicher Bedeutung.

In unserer heutigen Textstelle sehen wir, wie Samuel den Kern des Problems trifft, mit dem König Saul kämpft – dem Wunsch, die eigenen Wege zu gehen, anstatt gerne und freiwillig Gottes Vorgaben zu folgen. Sauls größte Sünde war, dass er Gott nicht ernst genommen hat. Er missachtete die göttliche Anweisung, alle Amalekiter zu vernichten, und rettete Agag, ihren König, vor dem Schwert. Sehr wahrscheinlich sagte er sich: „Solange ich die meisten der Gebote Gottes halte, wird er auf das eine, welches ich nicht befolge, nicht so viel Wert legen.“ Vorsicht! Wenn wir in diesen Gedankengang einsteigen, wissen wir nicht, wo das hinführen wird. Für Saul endete es in der Zerstörung. Egal, wie viele Opfer er gebracht hat, sie konnten seinen mutwilligen Ungehorsam nicht wieder gut machen. Wenn Gott uns Anweisung gibt, ihm zu gehorchen, müssen wir sie sorgfältig beachten, denn kein treuer Gottesdienstbesuch, kein Gebet und kein noch so eifriges Bibellesen kann fortwährenden, mutwilligen Ungehorsam kompensieren.

O Gott, brenne diese Wahrheit tief in meinen Geist ein, dass ich gefährlich lebe, wenn ich eines deiner Gebote in Frage stelle. Hilf mir, nicht darüber nachzudenken, wie ich Ausnahmen wieder ausgleichen kann, sondern wie ich deine Regeln einhalten kann. In Jesu Namen. Amen.

Jos. 1,1-8; 11,15; 24,31
1. Was versprach Gott Josua als Ergebnis seines Gehorsams?
2. Wie lautete der Nachruf auf Josua?

Tag 360

Vergebliche Mühe

„Er wusste nicht, dass der Herr sich von ihm abgewandt hatte.“ (V. 20)

Zum Lesen & Nachdenken – Richter 16,1-22

Wer von Ihnen, der diese Zeilen liest, ist nicht schon durch Zeiten gegangen, in denen er mit sich gekämpft hat, ob er dem Gebot gehorchen soll, das Gott ihm gegeben hat? Vielleicht konnten Sie gar keinen Grund dafür erkennen. Als Sie darüber nachdachten, haben Sie sich einfach entschieden, ihm zu gehorchen, einfach nur darum, weil Gott sie darum gebeten hat. Es gibt einen großen Unterschied zwischen Kämpfen, die schnell überwunden sind, und *anhaltendem* Ungehorsam. Christen, die mutwillig die Gebote missachten, die Gott in der Schrift gegeben hat, werden niemals, wie sehr sie sich auch in christliche Aktivitäten stürzen, die Freude der Gemeinschaft mit Gott erfahren.

Christliche Leiter, die in außereheliche Affären verwickelt wurden, behaupteten: „Gott scheint sich nicht so sehr darum zu sorgen, wie seine Leute, wenn sie es wüssten, denn offensichtlich segnet er meine Verkündigung mehr als je zuvor.“ Diese Menschen halten sich selbst zum Narren. Sie sind wie Simson, der, wie wir im heutigen Textauszug sehen können, dachte: „Alles super! Ich werde rausgehen und mich freischütteln.“ Aber er wusste nicht, so die Schrift, „dass der Herr ihn verlassen hatte“. Der Grund, warum solche Prediger gesegnet erscheinen, ist, dass sie unbewusst mehr Aufwand für ihre Predigten betreiben, um ihre tiefen Schuldgefühle zu kompensieren. Die Tragödie ist, dass so viele dadurch getäuscht werden können.

Traurigerweise mangelt es uns heute an dieser Sensibilität für den Geist, die in der ersten Gemeinde noch vorhanden war; dort wurden derartige Dinge schnell bezeichnet und ans Licht gebracht. Verkündiger mögen bei ihrer Predigt schwitzen, schreien, kreischen, sie mögen sich schütteln – alles das ist bedeutungslos, wenn sie nicht gehorsam sind.

Vater, bewahre mich davor, mich auf den Ungehorsam anderer zu konzentrieren, und dabei die Fehler des eigenen Herzens zu übersehen. Hilf mir zu verstehen, dass ohne Gehorsam alles bedeutungslos ist. In Jesu Namen bete ich. Amen.

5. Mo. 5,1-29; 1. Kön. 3,14; 1. Sam.12,15; Jak. 1,25; Eph. 5,6
1. Was war Gottes Wunsch für sein Volk?
2. Was ist das Ergebnis von Ungehorsam?

Nicht nur zur Probe

„Das Gesetz des Herrn ist vollkommen, es macht glücklich und froh …" (V. 8)

Zum Lesen & Nachdenken – Psalm 19,1-15

Wir leben in einer Zeit, in der Gesetze und moralische Verbote zunehmend verachtet werden. Nicht nur die moralische Lehre der Bergpredigt, auch die Zehn Gebote werden ungestraft von Millionen von Menschen verspottet. Traurigerweise, mit einigen Ausnahmen, scheint es wenig Bedauern darüber zu geben. Wir Christen müssen aufpassen, dass sich diese Einstellung nicht auf uns überträgt. Wir müssen dem Geist der Zeit widerstehen und es uns verbieten, die Regeln zurechtzubiegen oder moralisch-ethische Sachverhalte rational umdeuten zu wollen, nur weil es uns gerade so passt.

Vor einiger Zeit ereignete sich etwas Amüsantes vor einem Londoner Gericht. Ein Mann wurde vorgeladen, weil er seinen Fernseher nicht angemeldet hatte. Zu seiner Verteidigung behauptete er, dass der Fernseher nicht ihm gehören würde, der Händler hätte ihn nur „zur Probe" geliefert. Solange er ihn nicht gekauft hätte, fühle er sich nicht in der Verpflichtung, das Gerät anzumelden. Entsprechend hätte er auch gegen kein Gesetz verstoßen. Der Richter verurteilte ihn zu einer Geldstrafe und begründete dies: „Das Gesetz kennt kein ‚Zur Probe'. Das Gesetz muss einfach befolgt werden. Also zahlen Sie die Strafe!"

In manchen Köpfen scheint heute die Ansicht vorzuherrschen, dass uns das Gesetz nur gilt, wenn wir es gutheißen. Die Argumentation ist dann folgendermaßen: Wenn das Gesetz nicht nach deinem Geschmack ist, verliert es die Autorität über dich. Christen sollten sich einen solchen Standpunkt nicht zu Eigen machen. Gott hat uns die Gesetze nicht gegeben, damit wir sie genehmigen, er gab sie, damit wir sie befolgen.

Herr Jesus Christus, mein Retter und Erlöser, wenn ich meine Augen von dir abwende, bin ich wie Petrus in Gefahr zu sinken – in den moralischen Morast des Tages. Hilf mir, meine Augen immer auf dich zu richten. Dann werde ich die ethischen Anforderungen des Tages klar und deutlich erkennen. Amen.

Joh. 14,1-31; 15,10; Röm. 5,19
1. Was konnte Jesus sagen?
2. Was, sagte er, sei das Ergebnis?

Tag 362

Kein anderer Weg

„... in seinem Namen den Gehorsam des Glaubens aufzurichten.“ (V. 5)

Zum Lesen & Nachdenken – Römer 1,1-17

Wenn Sie darüber nachdenken, sich neu einzukleiden, haben Sie die Wahl. Aber wenn Sie über das Gesetz Gottes nachdenken, wie es in der Schrift steht, können Sie es nur akzeptieren.

G. K. Chesterton erzählte von einem Mann, der nicht an das Gesetz der Schwerkraft glaubte, und um seinen Unglauben zu bekunden, balancierte er am Rand einer Klippe. Jedoch konnte er seinen Unglauben nicht beweisen, vielmehr bewies er dann doch das Gesetz der Schwerkraft. Oft wird von Predigern und Bibellehrern gesagt, dass man die Gebote Gottes nicht brechen kann, wir können nur selbst an ihnen zerbrechen. Als Gott uns schuf, wusste er, dass das Leben nur in eine Richtung gelebt werden kann, und so gab er uns seine Gesetze und Wegweisungen für das Leben. Wenn wir uns entscheiden, gegen diese Gesetze und Weisungen zu handeln, macht es keinen Sinn, vor Gott zu stehen und zu sagen: „Ich habe nie behauptet, vollkommen zu sein, also sollte ich auch keine Konsequenzen tragen müssen!“ Was, glauben Sie, würde passieren, wenn jemand, der ein schweres Verbrechen begangen hat, in einem Gerichtssaal aufträte und plädieren würde: „Aber ich behaupte nicht, vollkommen zu sein“? Diese Unverschämtheit würde sich bei der Urteilsfindung wohl negativ auswirken.

Ich sage es noch einmal: Gottes Gebote und Weisungen bedürfen nicht unserer Billigung. Jeder ist an sie gebunden und keiner ist davon unbeeinflusst. Wenn wir mit Gott in die Tiefe gehen wollen, dann sollten wir nicht über Ausnahmen nachdenken; lassen Sie uns lieber die Regeln befolgen. Es gibt einfach keinen anderen Weg, um als Christ zu leben.

O Gott, du hast mir viele Instruktionen gegeben, wie ich für dich in dieser Welt leben soll. Hilf mir, mich hier und jetzt den Aufgaben, die du für mich bereithältst, zu widmen. Nichts anderes zählt für mich. In Jesu Namen bitte ich darum. Amen.

Apg. 5,1-29; 2. Kön.18,1-6; 1. Mo. 6,22
1. Welche Position nahmen Petrus und die Apostel ein?
2. Was tat Hiskia?

Keine Grenzen

„Weil ihr Gottes Kinder seid, gehorcht ihm und lebt nicht mehr wie früher, als ihr euch von euren Leidenschaften beherrschen ließt und Gott noch nicht kanntet.“ (V. 14)

Zum Lesen & Nachdenken – 1. Petrus 1,1-16

In manchen Situationen scheinen gewisse Unterarten von Unehrlichkeit akzeptabel zu sein, etwa Bestechung, Lügen usw. Anlässlich einer Reise nach Übersee erzählte mir kürzlich ein Pastor: „Eines meiner angesehensten Gemeindeglieder berichtete mir stolz, dass er einen idiotensicheren Weg gefunden habe, wie er Telefonate tätigen könnte, ohne dafür zu bezahlen. Er bot mir an, mir zu zeigen, wie das geht. Als ich ihm entgegnete, dass ich nicht den Wunsch hätte, das zu wissen und dass er seine Seele beflecken würde, wenn er einen derartigen Betrug begeht, antwortete er: ‚Im Blick auf meine Seele habe ich da keine Probleme – ich kenne viele, die das tun. Und meine Beziehung zum Herrn ist so gut wie noch nie.‘“ Wirklich traurig.

Lassen Sie uns darüber im Klaren sein – Unehrlichkeit ist Unehrlichkeit, ganz egal, ob mancher darüber hinweggeht, weil es andere auch tun, und es so als akzeptabel darstellt. Es bekümmert Gott, wenn Christen es zulassen, dass sie in einem solchen Maß von der sie umgebenden Kultur beeinflusst werden, dass ihr Gewissen aussetzt. In Großbritannien scheuen sich einige Christen nicht, etwa die Versicherungssumme künstlich nach oben zu „korrigieren“, Steuern zu hinterziehen oder, wie sie es bei uns nennen, „weiße Lügen“ zu erzählen.

Das Gesetz des Herrn ist, wie wir vor einigen Tagen sahen, perfekt, die Rechtssetzungen des Herrn sind vertrauenswürdig und gelten für die ganze Welt. Sie gelten gleichermaßen für Moskau und Manchester, Lagos und London. Gesetze, die von Menschen gemacht sind, mögen von Land zu Land verschieden sein, aber Gottes Gebote sind die gleichen auf der ganzen Welt. „Gottes Gesetze“, so sagt man, „kennen keine Grenzen.“

O Gott, erwecke deine Kirche auf der ganzen Welt für das Anliegen, dein Wort über die Kultur zu stellen. Hilf mir, für mein Leben die Entscheidung zu treffen, dass, wo immer Christus und die Kultur kollidieren, ich mich für Jesus entscheide. In Jesu Namen. Amen.

1. Tim.1,1-19; Röm. 13,5; Apg. 24,16; Röm. 9,1; 2. Kor. 1,12
1. Wozu hat Paulus Timotheus ermahnt?
2. Worum bemühte sich Paulus?

Tag 364

Gottes Gesetze sind unveränderlich

***„… noch glücklicher sind die Menschen, die Gottes Botschaft hören und danach leben.“** (V. 28)*

Zum Lesen & Nachdenken – Lukas 11,14-28

Manche Menschen denken, dass sich die Gesetze Gottes im Laufe der Zeit ändern, weil sich die menschlichen Gesetze ändern. In John Wesleys Tagen etwa gab es in Großbritannien 160 verschiedene Verbrechen, für die Männer, Frauen und Kinder gehängt werden konnten. Keines dieser Verbrechen wird heute noch mit derselben Strafe geahndet. In den Tagen konnte man gehängt werden, weil man einem das Portemonnaie oder ein Schaf geklaut hatte. John Wesley schrieb an einer Stelle in seinem Tagebuch, dass er in einem Gefängnis zwei Schwerverbrechern gepredigt hatte, die darauf warteten, gehängt zu werden – einer der beiden war ein zehnjähriger Junge! Wie sich das Gesetz in 200 Jahren geändert hat. Es scheint tatsächlich, dass wir heute in einer anderen Welt leben.

Die Konsequenz daraus, dass Menschen die ernsten moralischen Gesetze Gottes als veränderlich betrachten, ist, dass sie sich nicht länger daran gebunden fühlen. In der Tat: Wenn man heute eine Zeitung aufschlägt, hat man manchmal das Gefühl, dass es schlimmer ist, in gewissen Gesellschaftskreisen die Etikette zu verletzen, als das Moralgesetz Gottes zu brechen. Was früher für die Gesetze und Gebote Gottes galt, das ist auch heute noch wahr und wird für alle noch folgenden Generationen wahr sein.

Inmitten einer Zeit, in der die Gesetze Gottes verhöhnt werden und wo man meint, sie ganz nach Gusto anerkennen oder ablehnen zu können, müssen wir, die wir eine tiefere Beziehung zu Gott haben wollen, festen Widerstand leisten und durch unser Leben und unsere Verpflichtung dem Wort Gottes gegenüber zeigen, dass das Gesetz des Herrn vollkommen ist.

O Gott, wenn auch die Welt ihre Haltung zu deinen Geboten ändert, so hilf uns als deiner Gemeinde, durch die Art, wie wir leben, zu zeigen, dass wir sie als unabänderlich und unverletzlich ansehen. Reinige dein Volk, damit die Welt sieht und glaubt. In Jesu Namen. Amen.

Mk. 7,1-9; Ps. 19,1-7; Röm. 7,12-14; 1. Tim. 1,7-11
1. Welche Anklage erhob Jesus gegen die Pharisäer?
2. Was bringt das Gesetz ans Licht?

Seien Sie ein Schrittmacher!

„Wenn ihr nach meinen Geboten lebt, wird meine Liebe euch umschließen …“ (V. 10)

Zum Lesen & Nachdenken – Johannes 15,1-17

Heute werden wir unsere Betrachtungen abschließen, in denen wir uns mit Themen beschäftigten, die uns in eine tiefere Beziehung zu Gott führen sollen. Wir sagten erstens, dass wir eine *Haltung* der Buße kultivieren müssen. Unsere Beziehung zu Gott *beginnt* mit Buße und *verbessert* sich durch Buße. Zweitens: Wir müssen von seiner Gnade Gebrauch machen. Gott ist immer bereit, uns seine Gnade zu geben … *es gibt so viel davon*. Drittens müssen wir regelmäßig Zeit mit ihm verbringen und ihm dabei Gelegenheit geben, zu uns zu sprechen.

Viertens müssen wir uns seines Charakters sicher sein. Wir können dem großartigen Gott, der das Universum beherrscht, in allem vertrauen. Aus unserer Perspektive können wir nicht all das Gute sehen, dass seinem Tun zugrunde liegt, aber wir müssen unseren Blick stets auf das Kreuz gerichtet halten. Dort sehen wir am klarsten, dass Gott Liebe ist. Fünftens muss seine Anbetung für uns Priorität haben, denn Lobpreis ist, wie es C. S. Lewis ausdrückte, „innere Gesundheit, hörbar gemacht“. Sechstens: Wir müssen ihm mit Leidenschaft nachfolgen, ihn nicht nur verehren, sondern nach ihm *dürsten.* Siebtens: Wir müssen den Menschen vergeben. Gott hat uns vergeben, daher müssen wir anderen auch vergeben und sie so behandeln, wie Jesus uns behandelt. Achtens: Wir müssen Gottes Gebote achten. Wenn wir ihn lieben, werden wir froh sein, das zu tun, wonach er verlangt.

Verpflichten Sie sich, diese Dinge zu tun. Wenn Sie es tun, gibt es keinen Grund, warum Sie nicht leidenschaftlich vorwärts schreiten sollten. Sie können zum Schrittmacher werden!

Vater, lass diese Zeit meines Lebens eine Zeit der Vision sein, eine Zeit, in der ich mich auf die Dinge Gottes einlasse, und eine Zeit der geistlichen Reifung, in solchem Maß, wie ich es noch nie zuvor erfahren habe. Ich bitte darum in Jesu Namen. Amen.

Kol. 3,1-17; 1. Joh. 2,6; 2,28; 3,6; 2. Joh. 9
1. Wo sollten unsere Herzen und unser Verstand sein?
2. Wie wird das Ergebnis sein?

Thematischer Index

H

I

K

L

M

O

P

R

S

T

U

V